国家出版基金项目

上海三联人文经典书库

118

论革命
从革命伊始到帝国崩溃

[法]托克维尔 著

[法]弗朗索瓦丝·梅洛尼奥 编

曹胜超 崇明 译

CONSIDÉRATIONS SUR LA RÉVOLUTION

上海三联书店

"十四五"国家重点图书出版规划项目

国家出版基金资助项目

总　序

陈　恒

　　自百余年前中国学术开始现代转型以来,我国人文社会科学研究历经几代学者不懈努力已取得了可观成就。学术翻译在其中功不可没,严复的开创之功自不必多说,民国时期译介的西方学术著作更大大促进了汉语学术的发展,有助于我国学人开眼看世界,知外域除坚船利器外尚有学问典章可资引进。20世纪80年代以来,中国学术界又开始了一轮至今势头不衰的引介国外学术著作之浪潮,这对中国知识界学术思想的积累和发展乃至对中国社会进步所起到的推动作用,可谓有目共睹。新一轮西学东渐的同时,中国学者在某些领域也进行了开创性研究,出版了不少重要的论著,发表了不少有价值的论文。借此如株苗之嫁接,已生成糅合东西学术精义的果实。我们有充分的理由企盼着,既有着自身深厚的民族传统为根基、呈现出鲜明的本土问题意识,又吸纳了国际学术界多方面成果的学术研究,将会日益滋长繁荣起来。

　　值得注意的是,20世纪80年代以降,西方学术界自身的转型也越来越改变了其传统的学术形态和研究方法,学术史、科学史、考古史、宗教史、性别史、哲学史、艺术史、人类学、语言学、社会学、民俗学等学科的研究日益繁荣。研究方法、手段、内容日新月异,这些领域的变化在很大程度上改变了整个人文社会科学的面貌,也极大地影响了近年来中国学术界的学术取向。不同学科的学者出于深化各自专业研究的需要,对其他学科知识的渴求也越来越迫切,以求能开阔视野,迸发出学术灵感、思想火花。近年来,我们与国外学术界的交往日渐增强,合格的学术翻译队伍也日益扩大,同时我们也深信,学术垃圾的泛滥只是当今学术生产面相之一隅,高质量、原创作的学术著作也在当今的学术中坚和默坐书斋的读书种子中不断产生。然囿于种种原因,人文社会科学各学科的发展并不平衡,学术出版方面也有畸轻畸重的情形(比如国内还鲜有把国人在海外获得博士学位的优秀论文系统地引介到学术界)。

有鉴于此,我们计划组织出版"上海三联人文经典书库",将从译介西学成果、推出原创精品、整理已有典籍三方面展开。译介西学成果拟从西方近现代经典(自文艺复兴以来,但以二战前后的西学著作为主)、西方古代经典(文艺复兴前的西方原典)两方面着手;原创精品取"汉语思想系列"为范畴,不断向学术界推出汉语世界精品力作;整理已有典籍则以民国时期的翻译著作为主。现阶段我们拟从历史、考古、宗教、哲学、艺术等领域着手,在上述三个方面对学术宝库进行挖掘,从而为人文社会科学的发展作出一些贡献,以求为 21 世纪中国的学术大厦添一砖一瓦。

目录

中译本导言

自由的艰难:托克维尔的革命论述

崇　明

　　《旧制度与大革命》只是托克维尔关于革命与帝国的宏大研究的一部分。1856 年在该书出版后,他继续其关于革命与帝国的研究。很遗憾的是,他未及完成这一研究就去世了,留下来一些提纲、少数初步成型的章节和大量的笔记,主要讨论了 1787—1789 年以及督政府到拿破仑政变掌权这两个时期,少量涉及恐怖和拿破仑帝国。①这些散乱的手稿显然无法让我们重构托克维尔关于革命与帝国的完整思考,但是其中不乏深入的剖析。它们表明,托克维尔对大革命本身及拿破仑的论述与着重剖析革命起源的《旧制度与大革命》表达了同样的关切:何以从反抗君主专制开始的大革命以法国历史上前所未有的强大集权告终? 在《旧制度与大革命》中,托克维尔对 1789 年的自由精神大加赞赏,同时指出法国人对平等的热爱最终压倒了自由精神。在这些手稿中,托克维尔更为详细地讨论了大革命中自由与平等的辩证法。在被他视为大革命的第一个阶段的 1787—1789 年这一时期中,自由精神所激发的宪制斗争逐渐向民主激情所支配的阶级斗争转化。虽然他还没有能够对 1789 年之后到 1794 年的革命进程特别是恐怖展开深入研

---

① Alexis de Tocqueville, *Considérations sur la Révolution*, in Alexis de Tocqueville, *Oevures*. François Furet and Françoise Mélonio eds. Tome. III, Gallimard, 2004, pp.453—723, 1117—1187.(以下出自该书的引文均在引文后直接注明页码)

1

究,但是可以看出,他在分析革命的第一阶段时一直在民主激情和阶级斗争中探究革命的激进化和恐怖的根源。通过对督政府时期的混乱和拿破仑轻易掌权的分析,托克维尔指出革命的暴力与恐怖使法国人对自由感到恐惧和厌倦,而大革命带来的平等和利益则使他们始终热爱革命,因此继承了革命平等而取缔了自由的拿破仑得到了法国人的拥戴。托克维尔的革命论述更直接地呈现了《旧制度与大革命》所揭示的旧制度、革命和帝国在集权与平等进程上的延续性,同时也初步对革命的历史断裂特别是革命进程的政治动力提出了富于洞察的阐释。

可能是由于托克维尔留下的手稿较为杂乱,他对大革命本身的论述一直没有得到学术界的充分重视。法国著名大革命史学者孚雷在《思考法国大革命》以及《托克维尔文集》第三卷的导言中讨论了这一部分内容,但他过于强调托克维尔对革命与旧制度的连续性的关注,没有恰切对待托克维尔对革命动力的分析。①美国历史学者帕尔默翻译了托克维尔的革命论述,在其英译本导言中指出它揭示了托克维尔的贵族视野,但没有论及托克维尔对革命的激进化的分析。②埃尔斯特简要讨论了托克维尔对导致革命爆发的直接原因的分析。③卡汉的论述相比而言更为全面,把握了托克维尔对自由革命和平等革命的区分,但没有注意到托克维尔对自由革命内部张力的剖析,也未能讨论托克维尔对督政府以及拿破仑的分析。④总之,以上研究均未能深入把握托克维尔的革命论述的理论和史学意义,而国内很少有人会注意到这一论述。笔者认为,如

---

① François Furet, *Penser la Révolution française*, Gallimard, 1978, pp. 207—211. François Furet et Françoise Mélonio,《Introduction》, in Tocqueville, *Oevures*, T. III, pp. lxviii—lxxvii.

② Robert Palmer, "Introduction", in Robert Palmer, ed and trans. *The two Tocquevilles Father and Son: Hervé and Alexis de Tocqueville on the Coming of the French Revolution*, Princeton University Press, 1987, pp. 3—37.

③ John Elster, "Tocqueville on 1789: Preconditions, Precipitants, and Triggers", in *The Cambridge Companion to Tocqueville*, ed. Cheryl. B. Welch, Cambridge, 2006, pp. 49—80.

④ Alan Kahan, "Tocqueville's Two Revolutions", in *Journal of the History of Ideas*, Vol. 46, No. 4 (Oct.-Dec., 1985), pp. 585—596.

果参照托克维尔在《民主在美国》以及《旧制度与大革命》中所呈现的政治理论和历史思考,并且结合当代大革命史学研究成果对其革命论述进行全面分析,我们会发现托克维尔在自由与平等的张力及其暴力转化中把握了作为民主革命的法国大革命的本质特征。在分析大革命时,托克维尔继续采用了其政治和历史研究的主要方法,从社会状况与政治组织和行动的互动来理解大革命这一宏大事件相对于旧制度历史的延续和断裂,同时在行动者的观念意图与历史进程的差距之间揭示革命的巨大政治动力的某种自主性。事实上,当代的大革命史学证实了托克维尔的革命论述的原创性。

一 贵族自由的空洞

托克维尔是最早指出法国大革命首先是一场贵族革命的史学家之一。[1]大革命开始于旧制度法国并不鲜见的一场上层政治斗争:1787年和1788年特权阶层特别是贵族利用财政危机为他们带来的政治机会,通过显贵会议特别是高等法院试图对王权的专制加以抑制,进而争取以贵族政治权力为主导的民族自由。自由而非平等是这一贵族革命的主要特征:"人们提出的并非权利的平等,而是政治的自由。"[2]但贵族所要求的政治的自由是立足于特权的贵族自由。

早在1836年,还在撰写《民主在美国》第二卷的时候,托克维尔就在"1789年前后法国的社会和政治状况"一文中区分了自由的贵族制概念和民主制概念。我们可以将这两者简称为贵族自由和民主自由。前者是对"某种特权的享用",体现为贵族的独立;它是等级社会的产物,仅仅由少数人和阶层掌握。提倡贵族自由的贵族自由主义是18世纪法国的重要政治思潮,其代表人物是布兰维耶和

---

[1] Robert Palmer,《Introduction》, in *The two Tocquevilles Father and Son: Hervé and Alexis de Tocqueville on the Coming of the French Revolution*, Princeton University Press, 1987, p.31.

[2] Tocqueville, *Considérations sur la Révolution*, p.467.

孟德斯鸠，主旨是重建贵族的政治权力，借助地方自治、三级会议和中间性政治团体遏制王权、领导民众。①贵族自由以团体主义社会观为基础，在维持等级和团体之间的区分时注重等级的分工与联合，但强调特权特别是贵族的政治领导地位。民主自由则首先体现为平等的个体自主权，因为每个人都被认为从自然那里获得必要的能力来处理自己的事务，而集体事务的处理则需要所有人的同意。②在《民主在美国》中，托克维尔指出从民主自由中引申出来的政治原则是人民主权。③贵族自由因其狭隘和不平等是不正确和不公正的，而民主自由则因其普遍和平等而是公正的。④1787 年到 1789 年的政治发展呈现为民主自由取代贵族自由并确立人民主权的过程。

在 1787 年和 1788 年的贵族革命中，很多贵族仍然维护各种立足于地方、阶级和团体的传统特权，以此来彰显独立、约束王权并维持对第三等级的支配。同时他们诉诸民族权利来反对国王的绝对权力，尤其抱怨"各省的三级会议遭到取缔，全国的三级会议遭到终止，整个民族被置于监护当中，国家被剥夺管理自身事务的权利"（479—480，482）。贵族要求召开全国三级会议对王权进行民族监督，征税须得到整个民族的批准。贵族进而声称自己是国王和平民之间的中间制衡力量，是民族的中坚和领袖，因此希望借助三级会议恢复其政治特权，而作为交换他们可以放弃他们认识到已经不合时宜的免税特权。所以贵族坚持在三级会议中各等级单独议事并按等级而非按人头投票，从而获得对第三等级的政治优势。由此可见贵族革命是明确的追求贵族自由的革命。⑤

---

① 孟德斯鸠的思想较为复杂，可以做现代自由主义的解读，这里涉及的是 18、19世纪比较流行的贵族自由主义的解读。关于 18 世纪的贵族自由主义，参见 Annelien de Dijn, *French Political Thought from Montesquieu to Tocqueville：Liberty in a Levelled Society*? Cambridge，2008，pp.11—39。

② Tocqueville, "Etat Social et Politique de la France avant et depuis 1789(《1789 年前后法国的社会和政治状况》)", in Tocquville, *Oeuvres*, t. III, p.35。

③ Alexis de Tocqueville, *De la Démocratie en Amérique*(《民主在美国》), Ed. Eduardo Nolla, Vrin：1990, Tome I, p.303。

④ Tocqueville, "Etat social et politique de la France avant et depuis 1789", p.36.

⑤ 关于贵族的政治观念和诉求，参见 Vivian Gruder, *The Notables and the Nation：The Political Schooling of the French，1787—1788*. Cambridge：Harvard University Press. 2007, pp.67—73，82。

不过贵族的反专制和民族话语使他们获得了民众的支持。国王在 1787 年和 1788 年推行削弱特权、强化平等因而是有利于民众的改革,由于特权阶层反对而流产,但民众依然在贵族革命中站在了特权阶层一边。这里托克维尔回到了他在《旧制度与大革命》中表达的核心问题:国家主义的自我摧毁。绝对主义君主制对社会的长期干涉和压迫造成了社会对国家的普遍不满,引发了民众对王权政府的敌视:"很长时间以来,政府患上了一种疾病,就是那种试图掌控一切、预料一切、操纵一切的权力的常见却无法治愈的疾病。政府对一切都承担责任。无论人们因为抱怨的对象不同而产生多大的分歧,大家都很愿意聚在一起指责政府;在此之前,那还只是一种人心的普通倾向,这时却突然变成一种普遍的、澎湃的激情……一时间,对专断的仇恨变成法国人唯一的激情,政府成为共同的敌人。"①认为国家应该并且能够控制一切的国家主义导致民众和社会认为国家应该对一切问题负责,②而一旦遭遇危机,政府就可能被视为罪魁祸首而受到社会的普遍攻击。在托克维尔看来,认为可以通过全面控制社会而建立强大政府的国家主义最终恰恰可能建立一个基础脆弱的政府。③1787 年危机中法国社会在税收问题上对王权的抵抗证实了这一点。政府推行的土地税和印花税改革打击特权而有利于民众,但却遭到很多维护自身特权的贵族及高等法院法官的反对,但是他们在税收问题上对王权的批

---

① Tocqueville, *Considérations sur la Révolution*, p.470.

② 在《旧制度与大革命》中托克维尔已经谈到了这一问题:即便是自然原因造成的灾害,民众也认为应当由国家负责。Tocqueville, *L'Ancien Régime et la Révolution*（《旧制度与大革命》）, in *Oeuvres*, T. III, p.112.

③ 在《旧制度与大革命》中,托克维尔指出君主制行政集权和分而治之的统治术所造成的阶级分裂导致"没有什么能被组织起来制约政府,但同时也没有什么组织起来帮助政府。因此,一旦作为其基础的社会开始震荡,君主们的宏伟大厦会顷刻间全盘崩溃"。"在这些危急时刻,中央政府对自身的孤立和虚弱感到恐惧;它希望在这时能恢复被它摧毁的个人影响或政治团体,它号召它们来帮助它:没有人响应,它通常会吃惊地发现这些人已经死了,而且是它亲手把他们杀死的。"Ibid., pp.163—164, 167—168。

评迎合了民众对政府的不信任。①在旧制度时期，由于政府可以不经国民同意征税和使用这一税收，而税收来自国民的财产，因此国民无法掌握自己的一部分财产的运用。结果，民众普遍把税收视为官员和包税人对民众的一种掠夺。在这种背景下，显贵会议和高等法院均声称，只有整个民族才有权利同意新的赋税，三级会议被认为是解决财政和政治危机的唯一道路。这时他们立刻得到了民众的支持。②所以，虽然国王推行的土地税改革符合国家利益，尤其有利于并非土地所有者的民众，但国王推行改革的权利遭到了高等法院与法国社会的质疑。国家主义的困境在于它追求的全权政府的正当性并未得到社会的认可，因此在危急时刻，控制民族的政府将面临试图控制政府的民族的挑战。

所以，对王权的普遍不满和反抗塑造了社会各阶层的某种政治联盟，它暂时遮盖了它们之间的矛盾。英国历史学者 John Hardman 指出，在 1787 年，公共舆论并非没有注意到显贵对其利益和特权的捍卫，但他们认为王权的专制是最大的敌人，因此试图借助显贵来打倒这一专制。③在 1788 年 5 月到 8 月高等法院与王权的斗争的高潮期间，大多数爱国派很清楚高等法院的特权立场，但是他们看到后者的反叛打开了一条意想不到的自由之路，因此他们与之联合来

---

① 18 世纪法国民众对所谓大臣专制（ministerial despotism）的憎恨源于国家对日常生活的过多干预，税收就体现了这一干预，譬如政府为了收入城税于 1785 年围绕巴黎修筑城墙，对民众的生活造成影响。这是民众往往支持高等法院反对王权的重要原因。J. B. Collins, *The State in Early Modern France*, Cambridge, 2009, p.297。

② 托克维尔指出了 18 世纪后期所形成的民族性的公共舆论的强大。对政治问题的关注和讨论不再仅仅是上层精英的事，而是在整个社会中展开。所以，虽然高等法院对王权的批评不过是延续其一贯的做法，"但听众扩大了，这次争论没有局限在从前因为享有特权而对赋税不太敏感的阶层，而是产生很大动静而且不断重复，到最后传到饱受赋税之苦的人们耳中，并燃起他们的怒火"（474）。旧制度末期，围绕税收的个人和社会财产性质的辩论促进了民主和代议制理论的兴起。Gail Bossenga, "City and State: An Urban Perspective on the Origins of the French Revolution", in *The Political Culture of the Old Regime*, ed. Keith Baker, Pergamon Press, 1987, pp.133—134。

③ John Hardman, *Overture to Revolution*, *The 1787 Assembly of Notables and the Crisis of France's Old Regime*, Oxford, 2010, p.286。

反对王权。①而一旦王权被打败,阶级矛盾就暴露出来。1788 年下半年,在三级会议召开问题上,贵族和高等法院顽固捍卫教士和贵族的政治特权,这导致特权阶层彻底丧失民心,他们在一度成为民族领袖之后,又迅速被第三等级抛弃。

托克维尔批评贵族没有认识到贵族自由已经完全失去了根基:它和旧制度的许多残余的自由一样是"混乱的、病态的",足以促成专制的颠覆,却不利于法治的建立。②在中央集权不断扩张的过程中,贵族保留了特权而失去了实质性特别是领导民众的政治权力,③沦落为封闭狭隘的某种种姓制度。捍卫贵族特权、在 1787年、1788 年上层革命中扮演了决定性角色的高等法院就经历了这种沦落。在其诞生初期,高等法院法官中不乏出身卑微贫寒的优秀法学人才,被托克维尔视为中世纪精英贵族制社会中最强大的民主机构(488—489)。④对于托克维尔而言,精英贵族制(aristocratie)容纳某种平等和社会流动,因此不是封闭的,并且能够在维持贵族统治的同时使得这一统治因其开放而得到社会的认可并成为社会的纽带。只有当精英贵族制逐渐蜕化为狭隘的寡头式甚至是种姓式贵族制(noblesse)时,后者的排他性破坏了贵族制的社会纽带功能,造成了贵族阶层和民众之间的社会断裂。⑤不幸的是,高等法院逐渐堕落为这样一种狭隘的寡头机构。当然,高等法院的寡头化很大程度上要归咎于王权的扭曲的财政制度。国王为了获取财政收入而实行的捐官制导致高等法院被一些出身富裕的家族控制,而这些家族把高等法院的职位变成他们的特权加以垄断和传承(489)。高等法院的扭曲不过是旧制度精英贵族制的寡头化变

---

① Jean Egret, *La Pré-Révolution Française* (1787—1788) (《法国的预备革命(1787—1788)》), Presses Universitaires de France, 1962, pp.277—278。

② Tocqueville, *L'Ancien Régime et la Révolution*, p.154.

③ "那些阶级却只保留了权力的外表;我们知道,它们已经永远失去了权力的实质。它们变成某种空壳,虽然貌似强大,实际上却不堪一击。它们仍然可以搅动民众,却已无力领导他们。"(468)

④ 正是因为高等法院的这一民主性,在 1614 年三级会议中,贵族迫使高等法院法官代表和第三等级坐在一起。J.B.Collins, *The State in Early Modern Francev* p.304。

⑤ 关于这两种贵族制的区别,参见 Tocqueville, "Etat Social et Politique de la France avant et depuis 1789", pp.7, 16—17。

形的集中体现罢了。

不难理解，到了 1788 年下半年，贵族领导的革命迅速转化为反贵族的革命，贵族在成功地打败王权后成为自己发动的革命的牺牲品。这是因为他们要求的贵族自由固然在王权衰弱时是对抗王权的有效武器，但它严重背离时代潮流而必然被淘汰。在《民主在美国》中，托克维尔曾明确指出，在正在来临的民主社会中，"所有试图把自由建立于特权和贵族制之上的人都将失败。所有那些试图在一个阶级内部吸引和保留权威的人也将失败"[1]。大革命中贵族的失败证明了这一点。

二　精英自由的含混

在托克维尔看来，王权与贵族以及高等法院在 1787 年和 1788 年的尖锐斗争和相互攻击事实上宣告了旧制度政治体制的破产（475，1138）。绝对主义君主制的国家主义和贵族自由主义的困境为精英自由观念和激进的民主自由观念的兴起提供了机会。然而，这两种自由主义也遭遇了失败。

事实上，旧制度后期，国王和某些大臣已经认识到过度的中央行政集权的弊病。但是直到 1787 年，为了应对财政危机，政府才推行了一次较大规模的地方行政改革，目的是给予有产者精英特别是土地所有者有限的政治自由，以某种代议制来巩固君主制。托克维尔在《旧制度与大革命》及后续论述中对这一改革进行了分析，指出它几乎是一场行政革命，动摇了旧制度的基础。最初推行改革的卡罗纳所构想的地方议会将无视等级区分，以财富为基础，由有产者代表组成，并且排斥教士的传统影响。这在托克维尔看来意味着"在贵族和教士等级之外建立整个法国的行政系统"，甚至是以民主共和国取代封建君主制的残余、民主取代贵族制、共和国取代王国，可以说是对旧制度的一种摧毁（475）。[2]其实，卡罗纳本人丝毫无意于改变法

---

[1]　Tocqueville, *De la Démocratie en Amérique*, T. II, p. 271.

[2]　参见 Tocqueville, *L'Ancien Régime et la Révolution*, p. 223. Jean Egret, *La Pré-Révolution Française*, p. 21。

国的政治体制。他所要建立的省议会不过是咨询机构,在税收和地方行政问题上来辅助国王作出决定,然后以其通过民选获得的合法权威来保证国王的决定得到执行和贯彻。所以,地方议会绝不是体现行政分权和地方自治的机构。忽视等级区分仅仅是为了保证省议会能更充分地代表有产者纳税人,从而便于征税。卡罗纳根本不打算把省议会中的等级混合扩展到法国社会中去,在他看来前者中等级区分的淡化和法国社会中这一区分的维持可以并行不悖。①托克维尔显然认识到,这种有产者的自由一旦得到承认,它不可能像卡罗纳希望的那样只被局限于地方议会当中而不扩展到整个社会并转化为更为广泛的社会平等和政治参与的诉求。②

确实,卡罗纳在显贵会议上提出该方案后遭到了多数代表的反对。这种偏重财富而无视传统等级差别的方案像托克维尔理解的那样被大多数代表视为对法国宪政的颠覆。③接替卡罗纳的布里耶纳(Birenne)推行的改革接受了这些反对意见,维持了等级的区分,由特权阶层的成员主持。在托克维尔看来,布里耶纳建立的省议会给予第三等级双倍代表人数并且按人头投票,这已经是一项重大变革。他指出,最初是国王和大臣提出了第三等级代表数目翻番。正是政府自己为第三等级准备了革命武器,后者日后要求以同样的方式召开全国三级会议(495,507)。④此外,政府并没有处理好这一准代议制与传统行政集权体制的关系,结果省议会与总督的冲突以及集体行政权力的低效共同导致了地方的行政混乱。⑤

---

① John Hardman, *Overture to Revolution*, p.297.

② 参见托克维尔对杜尔阁 1775 年建立咨询议会的建议提出了批评:在社会普遍期待改革的时刻,这种行政性而非政治性的半吊子改革必然失败,只会激起民众的期望而无法予以满足,Tocqueville, *L'Ancien Régime et la Révolution*, p.175。

③ Jean Egret, *La Pré-Révolution Française*, pp.22—23; Vivian Gruder, *The Notables and the Nation*, p.66.

④ 参见 Timothy Tackett, *Becoming a Revolutionary: The Deputies of the French National Assembly and the Emergence of a Revolutionary Culture (1789—1790)*. Princeton: Princeton University Press, 1996, p.81.

⑤ Tocqueville, *L'Ancien Régime et la Révolution*, pp.218—220. Pierre Renouvin, *Les Assemblées Provinciales de 1787: Origines, Développement, Résultats*(《1787年省议会:起源,发展,结果》),Paris, 1921, p.251。

更重要的是,这一改革在教区层面也就是在农村里造成了秩序的混乱和阶级的冲突。政府没有看到的是,在地方政治生活被长期剥夺以及在农村中存在着免税特权所造成的严重的纳税不平等的情况下,这一有限的改革虽然在某种程度上提升了第三等级中的有产者的地位,但必然造成它与其他两个等级的冲突。在以第三等级为主体的教区会议中,贵族和教士代表在很多问题如纳税问题上没有发言权,他们和某些富裕平民甚至会被教区会议和乡镇会议拒绝接纳。①这一改革本想通过提升第三等级特别是有产者的地位来形成阶级之间的合作,但反而造成阶级间的仇恨和冲突。②这一改革甫一推行就不得人心,困难重重,托克维尔认为其失败和引起的不满应该归因于"各阶层的法国人在领导大小事务中极端缺乏经验,以及他们反感被他们的邻居而非共同的主人来治理"(525)。

　　这里我们又一次看到在《旧制度与大革命》一书中托克维尔对旧制度法国的政治精英的批评:即使掌握政治权力的政治人物或者国家领导也缺乏对政治的理解。对于理解政治而言,重要的不是在任何一种政治治理中获得的政治经验,而是政治自由。③政治自由的缺乏使得他们往往无法认识到社会参与对于政治的重要意义,结果他们很容易陷入到对国家和集权的迷信;而当他们认识到社会参与的必要性时,又往往不知道如何为社会的政治参与创造条件并且引导社会阶级之间的合作。1787年地方行政改革像路易十六及其大臣试图推行的很多其他改革一样在根本上都是符合社会发展方向的改革,但因为统治者缺乏政治智慧而失败。④同时托克维尔也指出,如果一个民族长期缺乏政治自由和阶级合作,当它突然获得机会运用这一自由时,往往不知道如何加以运用。法国

---

① Tocqueville, *L'Ancien Régime et la Révolution*, p.222.这一改革同样揭示出特权等级对第三等级特别是平民的不信任和敌视,Pierre Renouvin, *Les Assemblées Provinciales de 1787*, pp.181—182。

② 这一冲突事实上成为对第三等级精英的政治教育和动员,Timothy Tackett, *Becoming a Revolutionary*, pp.81—82。

③ Tocqueville, *L'Ancien Régime et la Révolution*, pp.174—175.

④ 此外,由于其失败而导致很多法国人对政府的改革能力感到失望,因而把改革希望寄托于三级会议。因此这一不成功的改革加速了革命的到来。

人不愿意被邻居治理,这首先是中央集权和特权政治造成的社会断裂和狭隘的团体主义的结果,其次是政治自由的缺乏导致法国人没有在共同的政治生活中养成彼此合作、妥协的政治文化。①这两个方面相互激发,不信任、嫉妒、怨恨乃至仇恨支配了法国社会中不同团体和阶级之间的关系。当遇到社会和政治危机,这些彼此嫉恨和敌对的法国人被迫走到一起时,冲突乃至战争往往难以避免:"要让在几个世纪中形同陌路或彼此为敌的同胞公民相互靠近,并教导他们共同掌管自己的事务,这是非同小可的事情……六十年前,当分割旧法国社会的各阶级在被诸多障碍长期相互隔离后要彼此接触时,他们触到的首先仅仅是他们的痛处,他们聚在一起仅仅是为了相互厮杀。"②

托克维尔的分析让我们看到,平等原则为旧制度末年法国的阶级冲突提供了思想燃料。1787年行政改革承认的精英自由包含着有限但明确的平等诉求。托克维尔经常在其政治论述中指出,平等一旦进入社会和政治生活,它将不断扩张其范围,进入到各个领域,并且挑战和突破既存的种种不平等。当有产者精英可以因为财产而与昔日的特权阶层在某个机构中取得平等时,他们必然会逐步要求把这一平等扩展到其他社会和政治领域。同时,社会和政治权利的财产资格的正当性也会被视为特权而遭到质疑,人们将谋求突破财产的限制而把平等界定为所有人的自然权利,从而以民主自由来取代有产者的自由。因此,向有限平等敞开的精英自由将在平等的强大逻辑的推动下走向自我否定,和贵族自由一样失去其正当性。这个趋势在第三等级所向往的更为政治化的精英自由主义那里也体现出来。

这一自由主义远远突破了行政改革的范围,成为一种政治诉求,其核心政治理念是通过有产者精英的代议制宪制约束王权并治理国家。它并不谋求废除等级制和全部特权,而是以一种有产者的权利和民主加以调和。在财政方面,它要求特权者放弃纳税

---

① 参见《旧制度与大革命》一书第二编第九章和第十章的论述,Tocqueville, *L'Ancien Régime et la Révolution*, pp.121—143。

② Tocqueville, *L'Ancien Régime et la Révolution*, p.143.

特权，接受纳税平等；在宪政方面，它主张在各级议会特别是全国三级会议中，给予第三等级双倍的代表数目，从而与特权等级代表总人数相同。这一自由主义表现出一种调和贵族自由和正在出现的民主自由的尝试，模仿英国宪政的色彩很明显。它一定程度上在多菲内省于 1788 年 7 月 21 日于维齐耶城堡自发召开的省三级会议上得以实践。在这次会议的 491 名代表中第三等级代表占了半数以上。它要求恢复省三级会议并召开全国性的三级会议，在这两个会议上第三等级代表人数与教士、贵族代表人数总和相等，第一、第二等级应该与第三等级平等承担公共税负。该会议希望在法国建立所有纳税公民的联合来防止专制，实现自由。①托克维尔对多菲内的三级会议予以了高度评价。他指出参加该会议的第一第二等级代表的自由主义中具有某种民主精神，而阶级联合所体现出来的自由力量导致了绝对权力的无力。确实，多菲内三级会议产生了全国性影响（484），②担心其他地区效法多菲内是促使政府最终放弃以国家力量强行推行改革并因而在 1787 年和 1788年贵族革命中败北的重要原因之一。

多菲内三级会议的重要特点是第三等级或者说资产者的领导角色在 1787 年以来贵族主导的上层革命中第一次凸显出来（481）。但是第三等级并没有通过发起针对第一第二等级的阶级斗争来攫取领导地位，而是通过等级的联合来发挥其影响。后来多菲内省在推举参与全国三级议会的代表时，由三个等级共同选举产生每个等级的代表，此举再次体现出等级合作的精神。托克维尔认为这一做法非常有助于等级和解，对它未能在全国推广感到遗憾（531）。托克维尔在这一精英自由主义当中所欣赏的是它没有完全否定历史，也没有挑动阶级斗争，而是试图通过阶级合作来推动法国的政治和社会变革。但是正如他对地方行政改革的分析表明的那样，国家主义所造成的社会断裂使得这一合作困难重

---

① Jean Egret, *La Pré-Révolution Française*, pp.303—305.
② 关于多菲内三级会议及其作为一种政治动员方式在全国产生的影响，参见 Timothy Tackett, *Becoming a Revolutionary*, pp.83—86。

重。多菲内的成功只是某种特例。①这一精英自由主义与地方行政改革面临同样的困难，即以财产为基础的宪制所承认的精英平等的原则与旧制度的不平等必然产生冲突，而调和新旧的自由与以新取旧的平等存在巨大张力。

在托克维尔的讨论中我们可以看到，当时很多自由派如同样在多菲内事件中发挥重要作用的巴纳夫并没有清醒地认识到自由主义中的民主张力。在巴纳夫于 1788 年发表的著名的小册子中，他即表现出对专制的仇恨、对传统和等级制的尊重和民主激情（511—512）。②巴纳夫似乎并未感受到其思想中的传统与现代因素之间的紧张。然而，一旦当第三等级与特权等级无法达成妥协，当平等诉求对旧制度和传统发起冲击时，某些幻想在维持传统等级的框架下构建自由宪制的自由主义者很快也走向激进。巴纳夫就经历了这样的转变。1789 年 7 月，巴纳夫为民众暴力的著名辩护表现出对特权阶层的敌视："那血就那么纯洁吗?"在其后的宪法辩论中，他坚决反对建立两院制议会，目的是彻底摧毁贵族制。1791 年春天他也要求对流亡者予以严厉惩罚（576）。③

自由主义的民主化和激进化是 1788 年下半年和 1789 年一个很普遍的现象。托克维尔在孔多赛和布里索那里同样看到了这一变化。他对他们在 1788 年 9 月 Le Moniteur 上发表的文章进行了分析，此时正是高等法院在对王权的斗争中取得胜利的时刻。在这些文章中托克维尔看到的是在多菲内三级会议中表现出来的自由主义的和非革命的精神：政治自由的重要性，反对阶级斗争，提

---

① 在很多地方，如普罗旺斯特别是布列塔尼地区，就三级会议召开问题发生了严重的阶级冲突。乔治·勒费夫尔著，《法国大革命的降临》，洪庆明译，上海人民出版社，2010 年，第 38—39 页。

② 巴纳夫诉诸自然法要求赋予第三等级以人的不容置疑的权利，Antoine Barnave, *Esprits des édits enregistrés militairment au Parlement de grenoble le 10 mai 1788*, 1788, pp.2, 19, 21。

③ 关于巴纳夫在革命中的激进化，参见 François Furet, 《Barnave》, in *Dicitonnaire critique de la Révolution Française*, ed. François Furet et Mona Ozouf, pp.217—218; Patrice Gueniffey, *La Politique de la Terreur. Essai sur la Violence Révolutionnaire*, Gallimard, 2003, pp.156—158。

倡人们联合起来反对专制。孔多赛和布里索日后都成为共和派，后者尤其随着革命的发展而日益激进。托克维尔由此得出结论："1.舆论在短时间内能发展到什么地步。2.人们能很快被形势、被革命改变，不仅抛弃他们最初的观点，而且还接受完全与这些观点针锋相对的观点。"（519）革命的激进化很大程度上是激进的民主自由思想取代了温和的精英自由观的结果，或者说是平等诉求的强大动力的体现。

三　民主自由的激进

在托克维尔看来，法国的公共舆论在 1788 年 9 月前后发生了较为重要的转变：之前舆论拥护贵族反对国王，而之后舆论中批判特权阶层的声音日益突出。①前文提及，1788 年下半年，高等法院和显贵会议在三级会议问题上作出了维护贵族特权的决定，②结果失去民心，一种反贵族、反特权的平等主义话语兴起，民主自由的概念逐渐取代贵族自由的概念；或者说"民主和革命逐渐取代对自由的激情"，阶级斗争的意识和革命精神日益突出（518）。

托克维尔在 1788 年 12 月出版的小册子《给法国人民的报告》看到了该变化的明确表达。小册子指出贵族理解的自由是相对于君主获得独立并统治第三等级的自由，而真正的自由是以所有人的平等为基础的自由（535）。③托克维尔因此指出民主对自由的真实情感就是对平等的热爱。④他观察到，这个作者拒绝了刚刚发生

① 参见托克维尔对 1788 年下半年出版的几个小册子的分析，他指出当时很多小册子的作者也提到了这一舆论的变化以及在 8 月到 10 月之间法国人政治激情的高涨（533—534，1157）。

② 托克维尔分析了体现了第二次显贵会议在召开三级会议问题上的保守立场的《多位亲王致国王的报告》（1788 年 12 月）。他指出："这本报告是一个重大事件。它发出阶级间战争的信号，并使斗争随即变得更加激烈。"（533）

③ 作者对平等的自由与贵族的自由作了对比："它立足于某种平等，贵族只知道独立与支配。"*Mémoire pour le Peuple Français*，1788，Paris，p.34。另参西耶斯著，冯棠译，张芝联校，《论特权　第三等级是什么？》，商务印书馆，1990 年，第 24 页。

④ 托克维尔在另外一个小册子《一位阿洛布罗热的法学家给第三等级的忠告》中也看到这种对自由的平等主义理解（536）。

的以贵族自由为基础、实现了某种阶级联合的自由运动。民主自由概念对贵族自由概念的取代不仅仅是一场思想上的变化,而是体现为阶级斗争的民主革命将替代试图以阶级合作来推行改革的自由主义运动。换言之,从 1788 年下半年,人们已经看到了大革命的趋势:人民民主压倒自由主义。托克维尔指出,民主自由概念蕴含了革命精神,也就是第三等级为了实现平等而针对特权等级展开阶级斗争的激情。随着革命的开展,这一斗争从三级会议召开初期的政治斗争演化为全国性的暴力斗争,扼杀了自由。与《民主在美国》关切一致,托克维尔非常重视民主自由概念中潜藏的民主压倒自由的可能。

托克维尔在激进派佩蒂翁的《关于祖国的拯救致法国人书》一书中发现了这一革命精神的清晰表达,但同样在拉博·圣艾蒂安的小册子《对第三等级利益的思考》中发现了"温和派的革命精神"。前书成书于 1788 年 9 月到 11 月之间。托克维尔提到他没有在 1787 年初到 1788 年 9 月之间的出版物看到明确的革命激情,但在佩蒂翁的书中却已经感受到了 1792 年——它在 1788 年就已经给大革命定了调:"通过取得平等而获得自由,但是宁可一百次失去自由也不要继续处在不平等当中或者变得不平等!"(526)自由的内涵不再是通过各阶级的政治联合来反对专制、保障权利,而是彻底的社会和政治平等,因此也就意味着特权和贵族制度的毁灭,为此第三等级甚至可以与国王联合。拉博·圣艾蒂安认为贵族和教士对于民族而言可有可无,而没有第三等级民族则不复存在(528),①并且他提醒第三等级"你们就是民族"。这与西耶斯《第三等级是什么》的看法如出一辙。②托克维尔认为推动拉博的"最大激情是对贵族的仇恨,而非对自由的热爱"③。由平等激情

---

① Jean-Paul Rabaut Saint-Etienne, *Considérations sur les Intérêts du Tiers Etat*, 1788, p.30.

② 二人的区别在于,拉博·圣艾蒂安认为第三等级是除了贵族和教士之外的民族,几乎就是整个民族,贵族和教士属于民族,但不是民族。Ibid.,41.西耶斯则甚至拒绝承认贵族属于民族,西耶斯著,冯棠译,张芝联校,《论特权第三等级是什么?》,商务印书馆,1990 年,第 22—23 页。

③ 在托克维尔看来,即便是温和派穆尼埃耶也表达了类似的想法(546)。

激发的对贵族的仇恨将可能导致王权的强化,譬如佩蒂翁就宣告:
"受一个君主统治终究要比受一百个贵族统治好。"(526)拉博在这
一点则更为明确,托克维尔指出他试图让国王认识到摧毁团体将
强化中央权力,因为这些团体所捍卫的自由不过是特权罢了,而特
权比王权更令人害怕。①

　　回到佩蒂翁的文本,我们看到,他要求把彻底摧毁特权和贵族
制作为第三等级在三级会议中的第一个行动,由此实现国民的联
合,从而制定新的宪法来约束王权;如果第三等级自己做不到这一
点,他们将和王权联合来对付特权阶层,特别是防止后者掌握权
力,但这样革命就"未能进行"。可见在佩蒂翁看来,同时摧毁特权
和约束王权才是革命。②他的目的是通过平等实现自由、消除君主
专制,与王权联合只是不得已的情况下打击特权的一种手段。托
克维尔承认,佩蒂翁这时仍然主要被一种自由的激情所推动。在
拉博的小册子中,他主要要求的是教士和贵族放弃纳税特权,从而
不再是拥有个别利益的团体,由此实现民族的普遍利益。在他看
来,国王与民族的利益是同一的,特权团体的利益背离了民族的普
遍利益因而也是违背国王的利益的,第三等级的利益则等同于民族
的普遍利益,因此国王的利益在于提升第三等级而压制特权等级。③

　　看起来,佩蒂翁和拉博致力于实现民族的统一和普遍利益,而
在他们看来特权和等级制是达到这一目的的最大障碍,因此他们
都认为第三等级和王权的联合可以破除这一障碍。显然,曾经深
入思考过平等社会的专制前景的托克维尔在这里看到了平等对自
由的威胁和平等与专制的密切关联,并以此来解释革命的激进趋向
和专制结局。他知道佩蒂翁、拉博等民主自由的追求者都热爱自由、
反对专制,但是在托克维尔看来,他们没有认识到他们思想中的某些
因素使得专制成为可能,结果就像托克维尔描述拉博的那样,他们
"所有奴役的种子埋在头脑里,对自由的热爱怀在心里"(528)。托克

① Ibid., 529. Rabaut Saint-Etienne, *Considérations sur les Intérêts du Tiers Etat*, pp.39—40.

② Jérome Petion, *Avis aux Français sur le Salut de la Patrie*, 1788, pp.251—253.

③ Rabaut Saint-Etienne, *Considérations sur les Intérêts du Tiers Etat*, pp.38—40.

维尔致力于诊断的正是这脑与心的分裂和"奴役的种子"。

这个种子就在于,民主自由的显著特点是否定性的。它首先体现为对特权阶层特别是贵族的仇恨,因而必然导致阶级斗争,而阶级斗争反过来又会强化这一仇恨。托克维尔对佩蒂翁的潜在批评是:后者希望通过阶级斗争来实现民族的统一,但他不知道这样恰恰是导致民族的分裂;反贵族的平等激情将导致阶级斗争和革命高于宪法和宪法维护的权利,结果使自由成为民主激情的牺牲品。所谓民主自由很有可能演化为牺牲自由的民主。

托克维尔对西耶斯的批评也着眼于这一点。在托克维尔看来,西耶斯《第三等级是什么?》最充分地体现了大革命精神(537)。这本小册子的宗旨是攻击特权等级、把第三等级提升为民族。托克维尔承认西耶斯对特权等级的分析有其合理的一面,即特权等级已经失去了存在的正当性。不过,他不能同意西耶斯以激进的方式在瞬间摧毁特权等级的想法。在托克维尔看来,这完全背离了政治审慎。特权阶层固然失去了正当性和效用,但由于其植根于古老的历史和传统,同时蕴含了某些值得尊敬的价值,因此突然将其连根拔起必然会对社会和政治秩序造成巨大破坏,所以应该逐渐将其拆毁。更重要的是,托克维尔对西耶斯的民主理论也提出了质疑。在他看来,固然种姓贵族制度很糟糕,西耶斯设想的完全依赖多数的制度也并不更可取(538—539)。早在《民主在美国》中他就指出民主社会中多数暴政的可能性。他指出,西耶斯声称一个等级可以构成一个民族,这意味着要把这个等级之外的人从民族中排除出去,从而宣告了内战或革命。

在托克维尔对佩蒂翁、拉博·圣艾蒂安、西耶斯的分析中,他并不否认平等诉求和反贵族立场的正当性,但是他批评他们特别是西耶斯没有认识到由此引发的阶级斗争将颠覆政治秩序,最终葬送他们自己追求的自由。托克维尔指出,他们尤其没有认识到他们的某些政治观点与这种反贵族激情的结合将把革命送上他们自己也没有预料和无法控制的激进道路。人民主权学说是民主自由的追求者的基本政治理论。在托克维尔看来,西耶斯的政治思想是一种简单的人民主权理论,后者认为体现这一人民主权的就是多数的意志,在多数之外的任何力量和利益都不具备正当性,多数的意志可以为所欲为包括改变宪法。①佩蒂翁同样认为三级会议掌握最高权力，什么都能做，而人民拥有无限主权，"他们可以改变、消灭任何权力，可以赋予一个政府他们认为最好的形式"。拉博·圣艾蒂安宣称只有大多数人的利益才是真正值得尊重的利益。他虽然承认君主制也是符合宪政的体制，但是"除王权之外，其他的一切都不过是形式，可以按照民族的意志进行改变"（527—528）。在1788年11月出版沃尔内（Volney）的小册子《论三级会议具有合法性所必需的条件》中我们也看到了激进的人民主权的思想。他要求通过普选建立单一议会，废除对选举的财产资格限制，并且要警惕富人可能对选举施加的不良影响。这个议会什么都可以做，但是人民高于议会，人民不应该被议会限制；人民如果对议会的工作不满意可以废除议会（520）。从以上讨论我们可以看到，大革命当中的民众起义，如1792年8月10日推翻国王的起义、1793年5月31日—6月2日清洗国民公会的起义、1793年9月巴黎民众对国民公会的冲击都是这一人民主权学说的体现。

在强调人民意志的至高无上的同时，民主自由的追求者均表现出一种理性主义，似乎对他们而言，人民或者民族的意志必然是理性的。他们要求根据自然法、社会契约来行动，蔑视传统和历史，认为法国根本没有宪法。把法国划分为若干大小等同的省份，建立一院制的议会，这些想法均是这一理性主义的体现。它很可能导致某种单一、绝对的中央权力的出现，与大革命中反中间团体、反结社的人民主权学说相结合必然强化集权。吊诡的是，这一集权倾向背离了主张民主自由的革命者自身的意愿："他们被自己的思想和体系的基础拖向行政集权。但是这是连他们自己都不知道的；出于意愿，他们比今天的任何人都更倾向地方分权。"（524）②

托克维尔揭示了大革命中的一个重要现象：很多革命者没有认识到他们的思想中的民主与自由、革命与自由的内在紧张，他们的行动也往往因此背离他们自己的意图。托克维尔赞同他们通过民

---

① 西耶斯著，《论特权　第三等级是什么？》，第56—68页。
② 参见托克维尔对穆尼埃的批评："他想要的不是集权，而是那些导致集权的因素。"（547）

主实现自由的追求,但批评他们没有认识到以阶级斗争和理性主义来建立人民主权和民主将威胁和背离自由。结果:"在法国,那些进行革命的人取得的胜利超出他们的希望。这虽然不是法国大革命独有的现象,但是它在法国大革命中比任何其他革命出现得都多:胜利几乎全都超过革命领导者的希望,有时超越了他们愿意得到的。这一点的原因在于这场大革命的民主性质,还在于法国人出其不意的性格……"(555)法国大革命具有某种超越了人的意志的巨大力量,反革命思想家迈斯特不无夸张地指出了这一点:"丝毫不是人领导革命,而是革命利用人。"①法国大革命在阶级斗争中释放了民主激情,导致革命不断走向激进,1787 年—1789 年的自由革命逐渐被日趋暴力化的平等革命取代。

四　政治自由的缺失

在《民主在美国》中,托克维尔论证了民主与平等的道德正当性和某种历史必然性,同时指出在民主时代人们热爱平等胜于自由,并且这种平等主义很可能带来多数人的暴政和监护式的国家专制。在他看来,以个体自主和人民主权为基础,通过地方自治、结社等政治生活形式体现出来的政治自由是防止专制、维护平等与自由的有机结合的主要途径。在《民主在美国》中,他明确表明贵族制在民主社会已经失去了存在的正当性,但由于贵族制具有抵抗专制的功能,因此取消了贵族制的民主社会更容易产生强大的集权和专制。所以民主社会应该通过结社、法律制度等方式来恢复贵族制的反专制能力。在《旧制度与大革命》的前言中,托克维尔重申了这些观点。他指出 19 世纪中期以后的法国和欧洲必须接受三条真理:1　贵族制的毁灭势不可挡;2　最难摆脱专制的正是那些失去了贵族制的社会;3　专制在无贵族制的社会中产生的后果最为糟糕,因为个人主义和拜金主义将在其中大行其道,而专制则会推动和强化它们而造成国民的普遍败坏。因此,丧失了贵族制

---

① Joseph de Maistre, *Considérations sur la France*(《论法国》), *in Ecrits sur la Révolution*, ed. Jean-Louis Darcel, Puf, p.98.

的社会必须诉诸自由尤其是政治自由来维护公民道德和精神，防止堕落。①可以说，托克维尔在这里阐明了他的毕生关切和思考。

在托克维尔那里，法国大革命显然是这些真理的历史说明。贵族自由的不合时宜和昙花一现昭示了贵族制的历史终结，激进的反贵族的民主自由的集权和专制倾向展示了非贵族制的平等社会的专制趋势。在托克维尔对 1787 年到 1789 年的大革命的论述中，他抨击了贵族和当权者的盲目，但尤其批判了革命者缺乏对政治自由的理解："过去有许多权利、某些政治习惯、某些构成了真正的虽然并非成文的法律的习俗，在触及这些习俗时只能是以谨慎的态度，这些习俗创造了真正的、应该得以宽待的权利，要改变它们只能循序渐进，不能在过去的样子和人们希望实现的样子之间实行全面的割裂。这种思想是实践性的、有条理的政治自由的基本概念，在穆尼埃心中却完全缺席。"（548）主张君主立宪、反对人民主权的温和派穆尼埃尚且缺乏对政治自由的理解，遑论那些主张民主自由的激进派了。在托克维尔那里，政治自由首先是一种面对历史和现实的审慎的政治行动，其目标是社会的合理变革而非飞跃式的民族再生。②这一自由要求政治行动者通过商议与斗争而非暴力革命、渐进变革而非激进断裂来推动国家政治和公共事业的发展。政治自由诉诸的是不同的政治力量之间的合作与博弈，不同于制造阶级斗争、消灭政治对手、造成社会断裂的暴力革命。西耶斯等人虽然并不主张暴力革命，但由于他们拒绝政治自由，因此事实上为暴力革命作了准备。

托克维尔尤其提醒民主的追求者，政治自由的意义在于使人们认识到在政治事务中重要的不仅仅是个体的抽象平等和权利，而是财产、普遍利益、不同团体的利益和价值诉求等等，因此在政治中需要的是"温和、制衡的政府，也就是说组成社会的不同阶级、划分社会的各种利益都得到某种制衡；在这种政府之下，人不仅作为个体单位加以衡量，而要根据他们的财产、他们的庇护关系以及他

---

① Tocqueville, *L'Ancien Régime et la Révolution*, pp.48—50.
② 关于法国大革命中的民族再生话语，参见高毅著《法兰西风格：大革命的政治文化》，浙江人民出版社 1991 年版，第 163—189 页。

们在普遍福祉中的利益加以考虑"。然而,法国大革命中欠缺的恰恰是这一政治理解:"哪怕在那些最温和的人心里……都没有任何这样的想法;一种取代它们的想法认为,社会是由相似成分构成的一群人,由代表人数而非利益或人的议员所代表。"(1146)这种立足于人的相似和平等、以人数作为政治权力来源的主要依据的政治观念正是西耶斯等人主张的民主自由的基本内涵。正是出于这些观念,西耶斯和拉博·圣艾蒂安既谋求推翻贵族制,又拒斥中间团体和结社,视团体利益为普遍利益和共同体的威胁(529)。①他们既谋求推翻贵族制,同时又排斥了在托克维尔看来可以在民主社会中替代贵族制来发挥反专制功能的结社,结果是让一群平等孤立的个体直面强大集权的国家,从而为专制开辟了道路。在托克维尔看来,即使在平等个体构成的民主社会中也存在一个基本的政治事实,即人同样处在复杂的社会和政治关系当中,形成交错多重的团体和局部利益;因此,公民通过政治自由在具体事务中处理和驾驭个体、团体、国家之间的关系的能力至关重要。然而民主自由的主张者却忽视了这一政治事实,以为通过人民主权和理性主义就可以在平等当中实现普遍利益并因此来抑制不正当的个体利益。结果当革命者在 1789 年掌握权力时,他们的政治理念显然让他们无力应对错综复杂的政治现实,于是一种强调普遍意志、民族利益和公民美德的唯意志主义政治文化开始占据上风,它与民众暴力的结合导致革命不断走向激进与恐怖。

在大革命的第一阶段,我们看到的是贵族自由与民主自由的尖锐对立。以特权为基础的贵族自由缺乏道德正当性,因此不可能在现代平等社会立足。以平等为前提的民主自由得到了道德和历史的支持,但却因为没有能够与政治自由结合,或者说因为没有能够转化为政治自由而在革命当中走向了平等与自由的分离,最终平等压倒了自由。在这一对立的夹缝当中的精英自由虽然最有可能引导革命向温和的方向发展,但因为其内在的平等张力以及缺乏政治自由的基础,也不能不走向失败。因此,我们可以理解托克维尔在《旧制度与大革命》中的感慨:"在准备了大革命的所有观念

---

① 西耶斯著,《论特权第三等级是什么?》,第 78 页。

和情感中,严格意义上的公共自由的观念和趣味是最后出现的,也是最早消失的。"①

五 暴力革命的展开

尽管政治能力的缺失使激进革命成为可能,但托克维尔并不认为革命的激进化是完全不可避免的。虽然 1787 年和 1788 年的政治危机和王权的削弱使得阶级冲突难以避免,但是"没有什么比当时采取的措施更能使冲突变得迅疾而致命"(498)。②正是国王和政府的政治错误导致了社会的迅速政治化,也就是说在旧制度下没有政治权利的精英和通常不过问政治的民众被迅速动员到政治当中,而前者为争夺政治权力展开激烈斗争,后者的行动则转化为暴力革命。1789 年,政治化的首要后果是主权从国王向民族转移,而国王与国民代议机构、后者与民众为了掌握主权发生了斗争,暴力革命由此展开。

托克维尔指出,国王的第一个严重错误是要求法国人就三级会议的形式展开讨论,这也就意味着把宪政和政治问题交给公共舆论进行审查。本来,只有作为主权者的国王可以决定三级会议的组成和运行方式,但国王却首先要求民族来发表意见。这已经隐约意味着国王向民族转让了主权。③公共舆论的特点是随意性和情绪性,难以掌控,在政治危机时刻尤其容易被各种激情支配而走向激进。很快,舆论从对三级会议的讨论发展到对宪制和社会制度的讨论,就权力、法律、社会的基础和构成这些抽象的政治哲学问题展开辩论,进而要求制定新宪法、消除政府的专断、取消特权乃至废除等级制度。旧制度和国王权威的正当性在这场讨论中被侵蚀。结果"政府主动要求人们进行讨论,到此时却无力控制论题了"。托克维尔指出,把宪政和政治问题诉诸公共舆论的后果是使

---

① Tocqueville, *L'Ancien Régime et la Révolution*, p.186.
② John Elster 对托克维尔所指出的国王的错误进行了总结,John Elster,《Tocqueville on 1789》, pp.65—66.
③ François Furet, Ran Halévi, *La Monarchie Républicaine*: *La constitution de 1791*, Fayard, 1996, p.69.

得本来可以限制在三级会议内部的阶级斗争在全国范围内以一种公开和暴烈的方式展开。公共舆论把长期遭到政府和教会压抑的启蒙政治理念转化为明确的政治话语,为阶级斗争提供了思想燃料,使之"找到了一个无限的领域,可以从普遍的思想中吸收营养,于是在短时间内就变得特别大胆,表现出一种前所未有的暴力",从批判贵族走向对贵族的否定,而第三等级从要求一个位置发展到寻求领导地位(490—492,1145)。

然而,这场讨论并未就三级会议问题给国王提供什么明确的结论,他自己仍然要作出最后的决定。最后他给予第三等级双倍的代表数目,从而使其代表总数与两个特权等级总数相当,这一点显然有利于第三等级,但是却不对会议的表决方式这一核心问题给出明确规定,而这是一个危险的决定:"他(国王)犯的最大错误是,将按人头投票的问题作为最大问题恰当地提出来,并顺着有利于第三等级的方向讨论,并最终激起第三等级的希望和热情,然而他并没有对问题予以解决,这就是说,他采取了所有能想象到的方式中最坏的一种。假如国王一开始就坚决拒绝按人头投票,平民就很难再提出要求。假如国王一开始就下令采用按人头投票,享有特权者就很难对抗潮流。革命仍旧会发生,但是有可能更加温和、在更平和的精神状态中进行。然而,给人希望按人头投票却并没有授权那么做,这是在激起第三等级奋起进攻,也给特权等级进行抗击的余地。换句话说,这让改革突然转化为激烈的革命。"(546,497)①国王的错误不仅仅在舆论中激起了阶级斗争的激情,而且又让这一激情在全国性的议会中释放出来,使得全民族的代议制机构首先成为激烈的阶级斗争的场所:"在燃起仇恨的激情后,又提前准备好了战场,而这是一个最危险的战场,因为那关系的不是一次具体的胜利,而是在所有问题上的最高权力。"(1145)

在托克维尔看来,在一院制的代议制机构里议事必然导致第三

---

① 美国学者 Dale Van Kley 肯定了托克维尔的看法,"From the Lessonsof French History to Truths for All Times and All People:the Historical Origins of an Anti-Historical Declaration", in *The French Idea of Freedom:The Old Regime and the Declaration of Rights of 1789*. Ed. Dale Van Kley, Stanford University Press, p.97。

等级和特权等级展开直接、面对面的交锋,因为没有什么中间力量可以协调,而且由于王权软弱无能,事实上放弃了主权,因此也不存在什么更高的力量来对双方加以约束。结果,"这不是逐渐改变权力的天平,而是将它一下子推翻。这不是[让第三等级]分享贵族等级的过分的权力,而是一下子让强权易手。这是把事务的领导权转交给唯一的激情、唯一的利益、唯一的思想。这不是在进行一项改革,而是一次革命"(496)。三级会议就表决方式问题产生的冲突最后导致第三等级单方面于 1789 年 6 月 17 日成立国民议会(7 月 9 日改名为国民制宪议会),事实上完成了一场主权革命,而国王和特权等级被迫屈服。

通过阶级斗争所建立的国民议会非常脆弱,这首先是因为缺乏坚固的共识,其次是由于第三等级是在民众的暴力支持下才在这一斗争中取得真正的胜利。1789 年的民众暴力对于大革命而言是决定性的,不仅仅是因为它在 1789 年保障了革命的胜利,而更重要的是因为它决定了大革命的暴力走向。托克维尔很重视攻占巴士底狱事件,这并非因为它通常被视为革命的开始和象征,而是"从这一刻起,不仅大革命业已形成;它已经具有那些重要的特点:人民的介入;人民的暴力;巴黎掌握一切;残酷性;大革命不仅是民主性,而且是煽动性的。……(革命)不仅符合人民的利益,而且要通过人民来进行"(1131,456)。它和随后的十月事件一样在 1789 年就预示着革命将由民众暴力主导。

前文指出,托克维尔在 1788 年的激进革命精神里已经看到了 1792 年,那么他很可能在 1789 年已经看到了 1793 年的恐怖。托克维尔留下了极少的关于恐怖的正面论述。他可能并不像很多历史学者那样认为在 1789 年和 1792 年到 1794 年的激进化和恐怖时期之间存在着激烈的断裂,因为在他看来 1789 年已经揭示了暴力对大革命的支配性。[1]所以,对托克维尔而言,理解革命的首要问

---

[1] 托克维尔这一深刻的洞察后来在法国著名大革命史学家孚雷那里得到了充分的发挥,后者强调在大革命在 1789 年就已经蕴含了日后导致恐怖的因素,在 1789 年的革命和 1792 年的激进革命之间并无断裂。Furet, *Penser la Révolution Française*, p.80。

题是,为什么完成革命的不是国民议会这样的主权机制,而是民众暴力?或者说,为什么国民议会不能掌握民众的政治化,控制民众的政治动员和暴力?在他看来,这并非因为民众力量过于强大,而主要是由于制宪议会的不成熟;制宪议会没有能够确立稳固的政治自由和强大稳定的政府,这是问题的关键所在。制宪议会再一次揭示了革命的吊诡之处:革命者的意图和行动之间的差距。"进入制宪议会阶段之后,要表明其整体观点的正确、意图的宏伟、情感的慷慨与高宏、它让人看到的对自由平等的爱好的结合……但是由于它的笨拙和对实践的无知,如此良好的意图和正确的见解却发展成为一个不可能的政府,一个混乱而无能的行政机构,以及一种产生出恐怖的普遍混乱。"(555,457)

制宪议会的政治不成熟首先体现在其立法和辩论的抽象性和理论性。这是大革命的哲学性特点的体现(610—611)。[1]托克维尔更关注的是国民议会对抽象讨论的热情、在理论上的大胆与其在现实政治中的无能软弱所形成的鲜明反差(598)。[2]议会未能及时也缺乏能力应对更为急迫的政治挑战:确立权威和秩序。1787年贵族革命以来王权和政府的权威被严重削弱。1789年,因为饥荒和社会失序在各地爆发了很多骚乱,这导致民众自发联合,"在正常的政府周围就形成大量的不正规小政府"。同时,国民议会的成立、巴黎的革命加速了对民众的政治动员,推动了动乱的扩展。1789年7月,网球场宣誓的消息传到里昂后也引起了骚乱,攻占巴士底狱事件进一步激发了外省的暴力(587,589—590)。然而国民议会并未能为法国民众提供生计和秩序的保障。从市长巴伊的通信中,托克维尔看到从1789年到1791年巴黎和周边始终处于某种混乱当中(584)。政治职责的缺失和盛大的政治仪式、混乱的无秩序状态和虚幻的团结和联合之间形成了鲜明的反差。[3]

国民议会无法确立权威并恢复秩序,这并非因为贵族的反抗,[4]而

---

[1]　Tocqueville, *L'Ancien Régime et la Révolution*, p.176.

[2]　参见托克维尔对制宪会议关于人权宣言的讨论的批评(593,597)。

[3]　这一点体现在1790年纪念攻占巴士底狱一周年的联盟节的欢乐团结与严峻的现实之间的反差(585)。

[4]　在托克维尔看来,贵族根本不能组织什么有效的反抗(588)。

在根本上是因为它不知道如何应对民众暴力。虽然国民议会需要民众的支持包括暴力支持(如攻占巴士底狱)在与国王的斗争中取得胜利,但是这并不意味着它不能采取更坚定的措施来控制民众暴力。1789 年 7 月 22 日,财政总监富隆及其女婿索维尼被暴民私刑处死,国民议会未能采取任何措施惩罚凶手、节制民众暴力,甚至给民众写的一封胆怯的公开信提议也没有被通过。托克维尔认为这件事表明"巴黎人民正在变成主权者"。然而议会本来可以牢牢把握主权:"当时议会具有巨大的道德权威,它看起来也团结一致,它在各方面都得到民族的支持;假如它认识到自身的力量和分量,它本来完全可以同时面对王权和民众,并牢牢把握大革命的领导权。"(576)被托克维尔视为大革命中最致命的事件的十月事件则宣告民众成为了主权者。

在托克维尔的手稿和笔记中反复出现的一个主题就是国民议会遭到的奴役、国民议会以及巴黎市政府对民众的屈服:"那一事件将最终摧毁的王权,将国民议会置于巴黎民众的掌控之中,后者已成为巨大的政治动力;尽管违背国民议会多数派的愿望及整个国家的愿望,它还是发生了;那可能是不久后经常发生的类似事件中的首例。"(603)①这一事件是对国王和国民议会同时进行的双重打击,也就是说,它是以人民名义自居的巴黎民众对民族的合法政治权威的打击乃至颠覆。十月事件宣告表明革命的政治动力的是民众以及能够掌握和组织民众的政治力量。所以,在托克维尔看来,"从 7 月 14 日开始,尤其在 10 月 6 日以后,我们可以说国民议会不再是自己的主人了,无论在管理国家还是在制定法律方面,它都在巴黎人民的或明显或隐蔽的监控下行事。同时受到巴黎人民的支持和支配,它才能运行。支持和支配,这两个词足以涵盖要勾画的全部画面"(599)。

支持和支配揭示了国民议会在面对巴黎民众时的政治失败。

---

① 托克维尔在手稿中多次提到国民议会面对民众的奴役(609、503)。托克维尔所谓不久后经常发生的类似事件无疑指的是 1792 年 8 月 10 日、1793 年 5 月 31 日—6 月 2 日、1793 年 9 月 4 日—5 日这些民众攻击国王和议会并推动革命激进化和走向恐怖的事件。

议会需要民众的强力支持来迫使摇摆不定的国王接受变革,打击试图维持旧制度的反革命力量,但是议会没有能够把民众的支持转变成接受其领导的服从,反而因为这种支持而不得不接受民众的支配。也就是说,虽然国民议会取代国王成为主权者,获得最高的政治和道德权威,但它未能控制暴力,因此事实上未能掌握主权和国家。国民议会代表缺乏只有在长期的政治实践中才能获得的经验和坚定,对民众暴力所带来的后果缺乏清醒的认识。他认为国民议会被第三等级控制,暴露了资产阶级的政治软弱;资产阶级在革命初期付出了极大的努力"不但要对抗上面,还要对付下面",即不但要对抗国王和保守力量,而且要压制民众暴力,但整体而言资产阶级在政治上较为软弱,"缺乏有组织、守纪律的力量"(579,590,576)。

从托克维尔的论述来看,大革命的焦点是国民议会与民众就主权问题发生的斗争。孚雷指出,从1789年到1794年,革命斗争并非主要在革命和反革命之间展开,而是在革命议会和俱乐部与巴黎各区民众——人民民主的直接表现场所——之间展开;这一斗争根本上围绕人民主权和民主展开的,而不是传统史学理解的那样源于社会利益的冲突。①革命的不断激进性和恐怖化很大程度上是民众不断对议会施加压力或者说议会被迫回应民众的压力的结果。

民众压力的另一个重大后果是激化了国民议会的内部张力,为激进派和温和派的分裂以及前者的优势作了准备。托克维尔引用穆尼埃说明国民议会的大多数成员是温和派,"有意或无意制造混乱的人数不超过八十个"。然而很多温和派如前面提到的巴纳夫、拉博·圣艾蒂安随着革命的推进变得日趋激进。首先,革命的集体行动会刺激一部分人的欲望与激情,也会迫使某些人扭转和放弃自己的意志来顺从革命潮流:"当人们从单独斗争转入集体行动时,他们如何会激动起来、发生变化、在顷刻间改变自己,他们中的某些人是出于利益、恐惧而有意为之……然而另外许多人则是不情愿的,是受到一种突如其来的、引人好感的煽动,被突袭、被鼓

---

① François Furet, *Penser la Révolution Française*, p.75.

动、被裹挟进来的。"（605）可见，很大程度上是革命塑造了革命者，而不是相反。其次，更重要的是，民众的介入使得议会中的少数激进派利用民众的支持不断加强其力量和影响，随着革命的推进借助民众暴力迫使议会屈服，清洗温和派，掌握革命的领导权，推动革命的激进化。制宪议会虽然并没有发展到这一步，但这一趋势已经出现，而最终在立法议会和国民公会阶段表现出来。托克维尔认为制宪议会的第三等级代表中有两个派别：一派试图控制和阻止革命，而另一派则试图把革命推进到底："人民的到来完全改变了政治界的整个面貌，不仅使上述两个派别开始出现——即使没有人民它们也会多少表现出来——，而且改变了两派之间的关系；人民的到来把一方推到比他们的预想更远的地方，既推动他们又支配他们；同时突然让大革命变成与到目前为止的情形截然不同的东西，从而立刻让另一方不仅感到变得矮小而且有挫败感。"穆尼埃的受挫和离开标志着议会中温和派的第一次失败，而他在1789年就已经预见到人民专政的可能（607）。

在托克维尔的论述中，从1787年开始，革命从反王权的宪制斗争转化为反贵族的阶级斗争，进而又形成了国民议会和民众的斗争，并且在革命内部造成了激进派与温和派的斗争。革命释放出一种巨大的斗争态势和动力，最终导致了恐怖。托克维尔引用马莱·杜庞的深刻洞见来说明恐怖的机制和动力："通过恐怖（la terreur）来进行的恐怖统治（la Terreur）。马莱·杜庞非常生动地描述了这一现象。他用几句话恰当地说明了这些人的精神状况。他们的暴行首先是出于对革命的敌人的仇恨、这些敌人的反抗和反革命在他们当中激发的恐惧。之后，当这些敌人被征服之后，他们继续其暴行，出于对革命者自己的恐惧；他们首先因为对敌人的恐惧而变得狂暴，之后因为对他们的朋友的恐惧而变得更加狂暴；害怕自己被恐怖吞噬而加剧恐怖；为了不被杀而杀人；他们为了保住性命被迫成为独裁者，被迫对人类进行永恒的战争，因为如果他们一旦恢复人类的原则他们就要失去性命。"（669）恐怖（la Terreur）是一种通过非正常的暴力恐怖手段（la terreur）来加以维系的统治形式，它是革命斗争的逻辑及其激发的仇恨、恐惧、狂暴等心理氛围的产物，也是将革命斗争常态化的机制。大革命必然产生敌人，而在敌我对立的革命环境中,对阴谋和潜在敌人的恐惧会把并非敌人的人指认为敌人。某些革命者出于其真实的或者是为了推进革命而展现出来的激进立场需要敌人的存在,因此他们会创造敌人甚至把朋友转化为敌人。一旦革命发展到这个阶段,革命者为了避免自己被指控为革命的敌人,也就是说为了自己的安全而必须竭力掌握甚至垄断权力,因为他们一旦权力旁落则可能沦落为革命的敌人而遭到清洗。于是恐怖统治导致掌权者不得不出于自保而不断维系甚至扩大恐怖,维持例外和战争状态,也就是杜庞所说的"被迫对人类进行永恒的战争"——包括对内和对外的战争,否则它就失去了存在的正当性。

托克维尔强调以后要重读杜庞这些话,显然杜庞所揭示的恐怖统治的逻辑与他在革命政治中看到的动力颇为一致:大革命通过不断推翻新的敌人来走向激进,国王、贵族、教士、温和革命派,最后是激进派本人依次成为革命的敌人。因此,对于理解法国大革命及其后果来说,革命政治本身比大革命的社会起源更为重要:"阶级之间多少都比较狂暴持久的仇恨不仅仅产生于社会状况中多少都很严重的弊病,而且产生于改变了社会状况的斗争。"(665)①固然阶级斗争的发生是因为存在着阶级矛盾,但阶级仇恨往往被革命斗争强化。一旦以斗争特别是暴力斗争的方式来消除阶级矛盾,则会唤醒民众本来可能并不明确的阶级意识和仇恨,而斗争本身造成的痛苦、伤害和死亡则会予以强化。所以并非社会状况本身就决定了改变社会状况的斗争,这一斗争进行的方式很大程度上取决于行动者自身的政治行动。换言之,革命的展开并非对社会状况的机械回应,而是在很大程度上由革命者的意志和行动决定。

托克维尔认识到大革命的唯意志主义特征的重要性,指出它将会对现代政治造成巨大冲击。建立了恐怖统治的国民公会以其狂暴、盲目的大胆犯下大量可怕的罪行的同时,"以其榜样犯下了一个永恒的罪行。国民公会创造了不可能的政治(la politique de l'impossible),

---

① 参见 *De la Démocratie en Amérique*,II,18:"当组成旧社会的不同阶级之间的漫长斗争造成了身份平等之后,对邻居的嫉妒、仇恨和蔑视,对自我的骄傲和夸大了的信心可以说侵占并占据了人的心灵。"

关于疯狂的理论,对盲目大胆的崇拜"。后来人"相信只要像它那样去尝试看上去不可能的事,以一种疯狂的暴力和盲目的大胆去尝试,就能取得成功"(665—666)。换言之,他们相信只要凭借意志的强力诉诸暴力就能颠覆旧秩序、建立新社会,完成在经验和理性看来是不可能的事——这就是所谓"不可能的政治"。发明这一政治的正是大革命创造的新型革命者。在《旧制度与大革命》中,托克维尔就勾勒了他们的肖像:"他们的大胆发展为疯狂,没有什么新事物能让他们意外,没有什么顾虑能让他们放慢脚步,为了实现任何计划而从不犹豫。"在论述革命时,在谈及他们的暴力特征的同时剖析了他们的意识形态:"他们不仅仅采用暴力,蔑视个体权利,压迫少数,而且他们宣称应该如此——这是一个新现象。他们的教义是不存在个体权利,因此也不存在个体,只存在大众,对于大众来说,为了达到目的可以为所欲为。"这种意识形态是革命的民主和哲学特征的体现。革命通过人民进行,因此轻视个体权利,而革命的哲学特征为暴力建立了某种理论。大革命创造的新革命者将在文明世界中始终以同样的激情和面貌出现和行动,进行破坏和建设,成为具有自身的"传统和学校"的革命"种群"(720—721)。[1]

六 平等革命的胜利

新型革命者的恐怖统治不可避免地对包括他们自己在内的很多人的生命都构成了威胁,它的持续使法国人对革命本身感到恐惧。同时,从革命创造的平等中获得的大量利益又使他们对反革命感到恐惧。法国人渴望的是既结束了革命又防止了反革命从而维护了平等的政治秩序。最终,拿破仑满足了他们的渴望,平等革命最终取得了胜利。

1794 年夏天,热月政变推翻了罗伯斯庇尔,恐怖统治自此逐步被拆毁。然而 1795 年宪法建立的督政府共和国同时受到激进革命派和反革命的威胁,陷入持续的政治动荡中。1792 年建立的共和国似乎只能带来恐怖或者动荡,而共和国被认为是实践民主自

---

[1] Tocqueville, *L'Ancien Régime et la Révolution*, p.185.

由的政体,结果对共和国的厌恶自然意味着对民主自由的排斥。在督政府时期,反革命王党和激进雅各宾派试图利用政治自由通过选举等方式夺取政治权力,法国人因此对政治自由感到恐惧。①托克维尔指出,在漫长革命的末期,只剩下一种强烈的政治激情,那就是恐惧。在恐惧的支配之下,法国人"在十年来他们获取或得到的一切事物中,唯一他们愿意放弃的是自由"。在革命的后期,他们在自由中看到的仅仅是束缚和危险(658,647)。

"在政治上,恐惧是一种以消耗其他激情为代价而增长的激情。"(650)伴随革命和政治的去魅的是道德上的混乱和虚无以及享乐主义和个人主义的兴起。"法国大革命同时攻击政治信仰和宗教信仰,希望同时改革个人和国家,试图在所有事情上同时改变古老的风俗、约定俗成的舆论、已经养成的习惯,结果这造成了道德世界的普遍震荡,导致良心在各个方面失足跌倒。"(647)革命造成的混乱和暴力导致人们怀疑、漠视甚至鄙视他们最初为之献身的权利、自由、美德等信念,它们在恐怖的血腥和残酷中显得非常空洞。更致命的是,恐怖恰恰是以德性和自由为名来践踏权利和道德。在革命初期,人们曾以彼此称呼公民而自豪,而现在公民成了一种侮辱的称号(649)。②道德幻灭带来了玩世不恭的厌倦和虚无主义。结果,当严肃的政治视野和道德追求不再能够激发国民的热情,当虚无主义压倒了崇高的信念时,法国人抛弃了他们的公民职责,热衷于退缩到私人空间享受私人生活,个人主义、享乐主义开始横行(648)。③虽然督政府后期巴黎危机重重,但却丝毫没有影响人们享乐的兴致和追逐时髦的热情。结果,虽然法国人对政治丧失了热情,但并不意味着他们完全不关心政治。他们需要

---

① 在督政府统治后期,雅各宾俱乐部重新开放。雅各宾派的政治鼓动非但不能激起法国人的政治热情,相反使法国人因为对他们的恐惧而害怕这种允许他们活动的政治自由(643)。

② 法国大革命时期对"公民"称呼的理解和使用,参见高毅著《法兰西风格:大革命的政治文化》,浙江人民出版社1991年版,第122—123页。

③ 托克维尔在《民主在美国》中就曾指出,革命将导致个人主义的膨胀。参见《民主在美国》第二卷第二部分第三章"为什么个人主义在民主革命的末期比其他任何时期都更为显著"。Tocqueville, *De la Démocratie en Amérique*, T.2, pp.98—99。

一种能够保护他们从革命中获得的既得利益、能够为他们的个人主义、利己主义和享乐主义提供保障的政治："他们准备放弃这个大革命一直仅仅向他们承诺的自由，目的是最终平静地享受革命让他们充分享受的其他好处。"(658)

这些好处中最重要的就是革命创造的平等。革命颠覆了等级制和不平等，确立了社会平等，农民摆脱了残余的领主特权和封建租税的压迫，并且成为土地所有者；在贵族特权被废除和社会平等建立后，资产者以其财富、技能和知识在社会上占据主导地位。姑且不说革命剧变所带来的债务的废除或轻易偿还、投机的收益、廉价地产房产的获得，革命实现的平等已经让大量法国人获得了丰厚的物质和社会利益。①当拿破仑以政变结束革命、维护了平等的同时抛弃了自由时，他立刻得到了大多数法国人的支持。所以追求自由和平等的大革命的最终以平等压倒自由而告终，这既反映了民主时代人们热爱平等甚于自由②，也揭示了大革命本身强大的平等动力。

拿破仑有意识地把自己塑造为大革命的继承者，宣称雾月十八日是1789年的七月十四日的完成。他让人们相信将由他把恐怖和混乱从革命中彻底清除出去，在秩序中完成革命。在波拿巴和拉法耶特的谈话中，托克维尔指出，拿破仑对大革命有"儿子对父亲的情感"(699—700)。正是由于大革命，他才得以从一个普通的士官成为统帅。事实上，军队的崛起是大革命的另一个后果，并且也体现了大革命特别是大革命创造的民主的特征，而我们也由此可以进一步理解拿破仑与革命民主的密切关联。

托克维尔指出，大革命开始后，法国的军队和民族正好以两个相反的方向运动。起初，民族充满革命激情和献身精神，而军队却纪律松弛、斗志涣散。然而随着革命的推进，民众的革命和政治热情逐渐消退，民情日趋懈怠萎靡，而军队在革命战争的锤炼中节节胜利、斗志昂扬。一方面，民主话语和革命的内在动力把革命政治推向激进、恐怖与混乱。与此同时，废除了贵族制的民主军队则极

---

① 这就是"何以这个民族虽然不再是共和的，但却仍然是革命的"(652)。

② Tocqueville, *De la Démocratie en Amérique*, T.2, pp.93—96.

大地激发了平民士兵的斗志,因为平等使他们能够以战场上的勇敢和机智来谋求在军队中的迅速晋升。在《民主与美国》中,托克维尔指出漫长的战争能激发民主军队的斗志,因为战争像革命一样打破了日常规则,允许有才能的人迅速升迁,追求迅速成功的民主激情使人们热爱战争。①大革命的平等使得在旧制度军队中升迁无望的士兵得以成为将官乃至将军:"事实上在法国人当中,军队成为唯一一个所有成员都毫无区别地赞成革命并且出于个人利益维护革命的阶级。所有将官的头衔都应当归功于革命,所有士兵都应当感谢革命让他们有可能成为将官。事实上,军队就是站立着、武装了的大革命。"

而更重要的是,军队是热爱平等而漠视自由的大革命。军队对公共自由毫不在意,不理解甚至厌恶复杂缓慢的代议制机制,它只接受简单强大的政府,关心的只是国家的胜利。因此当斗志昂扬而漠视自由的军人与精神萎靡而恐惧自由的公民相遇时,当拥有共同的目标和激情的军队与在革命中四分五裂的民族相遇时,前者的统治顺理成章(659—660)。拿破仑是革命平等创造的卓越将军中最出色的一个,其统治则象征革命平等对自由的彻底胜利。前文指出的大革命的民主自由当中民主压倒自由的潜在可能在拿破仑身上得到了彻底的实现。

所以,就大革命的平等激情而言,拿破仑确实是革命的儿子。拿破仑的统治揭示了民主革命的专制可能:"个人专制树立在民主基础上;这是一个最完全的结合,而根据时间和人,它可以带来最无限制的专制,这个专制得到了法律和神圣利益——最大多数人的利益的表象——的最佳支持,然而同时它也是最不负责任的。对于一个起源于民众选举的政府(至少假设如此),这一点不同寻常,但它却是真的。"(702)民主革命之后的专制有可能成为最强大、最无限制的专制,因为民主革命摧毁了能够对权力构成约束和抵抗的贵族制和一切中间团体,而在缺乏贵族制的社会中建立的专制最难被摆脱。②其强大还在于它得到了民众的政治认可,被视为符合

---

① Tocqueville, *De la Démocratie en Amérique*, T.2, pp.229—230.

② Tocqueville, *L'Ancien Régime et la Révolution*, p.48.

最大多数人的利益，顺应了平等的时代精神。不难理解，雾月政变后，法国人表现出广泛而强烈的满意和快乐（651）。

拿破仑确实不负众望，迅速恢复了秩序，人们对此普遍感到吃惊和钦佩。拿破仑并不诉诸暴力，而是充分掌握了法国人渴望利益和稳定的心理，在剥夺其政治自由的同时，确立秩序、利益和合法性，诉诸法律、宗教和行政来建立了某种柔和而强大的专制："有我的省长，我的卫兵和我的神父，我总是可以做我想做的事情。"托克维尔引用维尔曼来概括拿破仑专制的特点："他习惯采用的武器并非（暴力）。秩序的维持、法律的正规实施、远离无用的残酷手段，甚至对正义的趣味构成了其政府的总体特征。但是对人们的意志的专制、社会状况中人的性格的堕落，同时在战场上对勇气的崇拜，这些也是政府的原则和支持。"（713）在致力于在政治上驯服法国人的同时，拿破仑诉诸战争来激发法国人的民族激情，通过军事荣耀来制造个人崇拜并强化其统治的正当性。托克维尔指出，虽然拿破仑试图在政治上剥夺法国人的灵魂力量、使其丧失对自由的兴趣，但他知道需要让法国人的心灵激情得到某种寄托和宣泄，否则法国人将陷入腐化和败坏。因此，托克维尔认为拿破仑并没有试图让所有法国人仅仅关注个人福祉。可以推论，拿破仑正是希望法国人在陶醉于民族的光荣和崇拜皇帝的英明伟大时自觉甘心地放弃政治自由，伟大的领袖可以比国民自己更好地来满足他们的需要，并且为他们带来他们所梦想的光荣。当然，战争特别是漫长的战争必然会加强集权。[①]

在内政方面，拿破仑的民主专制的最为有效的手段是一套完备的行政体制。托克维尔并没有能够对这一行政体制进行详细阐述，不过他指出了其最为重要的特点之一：独立性——"在今天的法国，行政管理系统在国家里在某种意义上说在主权之外形成了一个特别团体，有其特殊的习惯、属于其自身的规则、仅仅属于它的执行人，以至于在一段时期内呈现出这一现象，身体在与头分离后仍然运转。这是拿破仑的作品。"在《旧制度与大革命》的一则笔记中，托克维尔指出拿破仑的这一作品如此完善，几乎可以自行运

---

① Tocqueville, *De la Démocratie en Amérique*, T.2, p.249.

转,因此即使是愚笨的统治者也可以加以利用。而且,更重要的是,即便发生革命和主权政府的崩溃更替,这个系统也仍然可以运转。托克维尔指出,19世纪的许多革命虽然推翻了政府,但行政系统却依然运转,因此减轻了革命带来的混乱:"人们处在革命当中,但不是处在无政府当中。"拿破仑创造的行政系统减少了19世纪革命的破坏性,①不过托克维尔指出,这一系统也"使得革命在我们中间更加容易发动"。他对此并没有予以解释。他对大革命的起源的阐释已经说明了这一点:行政集权对政治自由的限制和剥夺导致民众认为政府有义务承担一切事务,因此在遭遇危机时政府会引起社会的普遍不满而引发革命。民主革命所建立的民主专制成为民主革命的根源。七月革命和1848年二月革命均是政府对政治自由的限制所造成的,而第二帝国对第二共和国的取代再次上演了民主革命带来民主专制的大革命戏剧。

七 大革命的普世信仰和民族激情

在托克维尔看来,仅仅关注法国是无法理解法国的。这一点对于大革命这一划时代的世界性事件更是如此,因此他非常注重从革命在法国外部的影响以及革命战争入手来理解大革命。

在《旧制度》一书的第一部分,托克维尔指出了大革命作为人类历史上的全新事件所表现出来的几方面的意义:普世性,与宗教革命的类似性。他尤其要澄清当时人们对大革命的误解:革命是为了摧毁宗教和秩序。他特别强调,革命非但不是要摧毁权威和秩序,而是要以新的方式建立更强大的权威和更稳固的秩序。因此那些被大革命和法国扩张威胁到的欧洲君主对革命既恨又爱:恨的是革命威胁到他们的统治,爱的是革命扫除了封建制的残余并建立了一个前所未有的强大国家,而这正是这些君主渴望实现而又无能为力的。在《民主在美国》下卷托克维尔也指出了这一点:民主同时削弱和强化权威,在使主权者的统治变得不稳定的同

---

① 关于这一系统在19世纪的连贯性和稳定性,参见 Tocqueville, *L'Ancien Régime et la Révolution*, pp.223—224。

时却增加了主权的权力。①在对法国革命对德国的影响和革命战争的讨论中我们再次看到这些主题。

大革命的爆发使很多德国人感到新的时代就要到来,旧制度将一去不返,这在他们当中激发了希望,甚至带来重生之感。法国革命者斩断历史、更新法国的梦想和行动也感染了德国人。在革命对心灵的颠覆性冲击中我们能够看到革命的宗教性:革命像宗教一样以其理念和希望使人改宗。同时,这一革命宗教也表现出某种宗教战争的暴力。在《旧制度与大革命》第一编第三章当中,托克维尔指出,大革命成为某种新宗教,虽然没有上帝、崇拜和来世,但像伊斯兰教一样用士兵、使徒和殉道者淹没了大地。

当然,这种新时代即将到来的感受在革命前十年到十五年间就已经出现了。对新时代的强烈的期盼和模糊的感受以及对旧制度的不满和厌恶所造成的混乱和动荡成为大革命前欧洲精神的特点(459):一方面是对理性和启蒙的无限信心,一方面是对其时代的政府和社会的蔑视;一方面对人类感到自豪,一方面又对自己的国家感到自卑(459)。这里我们看到一种普世主义和理性主义正在挑战欧洲的历史。很多人认为,这种挑战将通过一场大灾难来实现再生,②但是这种判断却更多地是一种文学性和宗教性的想象和预感,是精英的沙龙话题,而不是对现实和历史的某种审慎考察得出的结论,因此也未能成为推动某种切实改革的动力。有类似感受的人往往是哲学家和作家,而那些从事实际政治和行政工作的人却对即将到来的剧变几乎没有任何预感。不过这种想象和感受逐渐浸染了整个社会,即便普通民众也往往热衷于谈论关于人类生存的哲学问题。同时,颇为悖谬而又相辅相成的是,在启蒙的理性主义和科学精神的表面下同时酝酿着强烈的神秘主义情感,各种秘密会社盛行。这些哲学、文学、宗教③的热情和激情不可避免地对政治产生影响,人们提出种种普遍的方案来进行教育的、政治

---

① 《民主在美国》下卷第四部分第五章。
② 后来拿破仑的入侵和对德国旧制度的颠覆被视为这一必要的灾难,拿破仑被视为上帝的计划的代理人(625—626)。
③ 托克维尔指出,德国启蒙与法国启蒙的一个重要区别是前者并不表现出反宗教的特征,"宗教感情依旧占据着人们的灵魂深处"(621)。

的和社会的变革。虽然文学政治在革命前的法国最为突出①,但也多少在欧洲人的精神世界中呈现出来。总之,欧洲精神的动荡以及这种文学政治都预示着社会和时代将发生某种剧变。

美国革命特别是法国革命的爆发证实了很多人的模糊的预感和期待,它们特别是后者给人们带来了某种重生的激情:既是世界的也是自我的重生;既是政治的也是宗教的激情。在托克维尔所引用德国作家斯特芬斯关于美国革命和法国革命的回忆中我们能充分体会这一重生的激情。美国革命结束时,斯特芬斯只有七八岁,他所在的小城埃尔瑟诺伊尔像节日般欢庆美国人民的胜利,他的父亲在家里设宴庆祝。人们并不知道这个新世界的小民族的自由意味着什么,但视之为某种信号,虽然他们并不明白这一信号要宣示什么。斯特芬斯将其比喻为救世主的到来预备的施洗约翰在旷野中的呐喊(465—466)。几年后爆发了法国大革命。那时他十六岁,他的父亲激动地给他们讲述法国革命的爆发、巴士底狱被攻占,他告诉他们平等将冲破一切出身和贫穷的障碍,他们将能够以自己的努力争取独立和自由。大革命成了他生命中的决定性时刻:"那的确是一个神奇的时刻!那场革命不仅发生在法国,而是发生在整个欧洲。它在千百万灵魂里有根可寻[……]即使在革命没有爆发的地方,大革命早已在所有自由心灵的深处生根发芽。这最初的热血时刻后跟随的是一个如此可怕的将来,但它们自身包含着某种纯粹的、神圣的东西,令人永远无法忘怀。"虽然身处德国的一个偏僻小城,但他密切关注革命,"似乎经历了革命的所有阶段",革命"深深地感染了我,使我升华,让我燃烧……我整个存在都从中接受一种崭新的印象"(614—615)。我们可以看到大革命对斯特芬斯而言是生命更新的伟大事件。他的论述中所浸润的宗教语言不仅仅是某种文化习惯,而是表达了对革命的神圣体会。可以说,如果美国革命是施洗约翰,那么法国革命就是耶稣基督。美国革命的信号要宣示的就是作为法国大革命的旗帜的自由、平等。法国大革命以普世性的平等和自由作为拯救的教义,为所有

① 参见托克维尔对德国知识分子佩尔特斯年轻时期的作品的分析;他认为大革命前德国的思想运动与法国人一样表现为理论性和哲学性(620—621)。

人突破国籍、传统、种族、身份的限制被救赎为自由、平等的公民提供了某种希望乃至允诺。①教育家坎佩说"我们感到不再有法国人了;我们自己也不再是汉堡人、不伦瑞克人。一切民族的界限都灰飞烟灭。这些人刚刚取得人类的权利,而我们就是人"(616)。当他到达巴黎时(1789 年 8 月),感到心灵和道德得到了极大的升华(617)。

这就是为什么在德国小城,那些最初与大革命毫不相干的普通德国人会为其热血沸腾,并因其而感到生命的改变。虽然很多德国人对大革命后来的进程特别是恐怖感到失望,但最初大革命带来的这种再生的激情对他们而言始终是难忘的。即便是后来积极反对大革命和法国的佩尔斯特也如此评价革命:"我认为,人类此时正处于一场革命之中,而革命之后,人类将辉煌地朝着完美跨越一大步……在我看来,成为自己的主人,这是真正的个体自由。假如所有人都能够以这样的方式实现自由,公民自由很快就会到来;因为我们将不再需要一个权威来限制我们……我,作为人和作为世界公民,为法国军队的推进深感高兴;但是作为德国人,我要哭泣(需要约束才能把我们引入正当的事业,这将给我们带来永远的耻辱)。"(619)

这里我们可以看到大革命对德国影响的第二个方面,也就是革命和革命战争对德国民族意识的刺激。这体现出大革命的第二个特点:革命的民族性。这一民族性并不仅仅体现在大革命首先是法国的民族革命、革命对法国民族主义的激发以及革命向民族战争的转化,而是说大革命同样唤醒和激发了其他民族的民族意识。普世性和宗教性向民族性的转化并不矛盾,相反民族性完全可以以普世性和宗教性为基础。上述佩尔特斯对大革命的评价表明了这一点。他在大革命中看到的首先是革命的普世性:个体自由和人类的进步和完善。这种成为个体主人的个体自由是摆脱专制的公民自由的前提,也就是说,这也是德国成为一个自由民族的前

---

① 托克维尔很准确地揭示了大革命的宗教性:"法国大革命是依据某些相互紧密联系而构成统一学说体系的普遍性理论进行的,那是某种政治福音书,其中的每条原则都类似一个教义。大革命提出的目标不仅燃起法国人的激情,还激发他们进行传道和宣传。革命学说不仅被他们信仰,而且被他们热情地宣讲,这是历史上从未有过的新事物。"(610—611)

提。所以佩尔特斯对法国军队的推进表现出矛盾的态度。这一推进将促成人类自由的进步,但这也意味着德国人自己还没有能力获得个体和公民自由。法国革命既是德国人的希望也是其耻辱。德国的民族意识首先以对大革命的普世价值的追求为前提。换言之,如果没有法国革命带来的自由观念,德国人并不会强烈地感受到旧制度的压迫。这一自由意识开始推动他们把自己的民族从压迫中拯救出来,或者说建立一个自由的民族。正是普世意识唤醒了民族意识。没有普世意识,则民族意识仍在沉睡。

当然,法国的侵略和德国的战败更为直接在民族的较量与失败中刺激了德国人的民族自尊。反抗压迫者的情感在德国人当中制造共同的纽带,拿破仑带来的压力促成了德国人的团结和凝聚。战败了的德国人依然以普世精神和选民意识来保持对自己的民族的骄傲,认为他们肩负了全人类和全欧洲的某种使命(626—627)。德国人的这一民族精神很大程度上依赖于德国文学。佩尔特斯指出了德国民族主义的一个重要特点:虽然德国在政治上分裂、动荡,但德国文学和思想成为凝聚德国的力量,德国仍然存在一个"文学共和国"。

然而,法国大革命对德国的最直接和具体的影响是德国的国家建构。或者说,大革命在唤醒了德国的民族意识的同时为他们提供了建构民族的手段。事实上,这也在某种意义上预示了19世纪德国历史的发展:在19世纪完成了国家建构的德国最终实现了民族的统一。德国邦国的统治者和上层精英很快从法国革命和拿破仑那里学习了国家主义和平等精神。在大革命和拿破仑的冲击下,德国也开始了挑战旧制度的革命。但与法国不同,在德国是君主而非民众发起这一革命。托克维尔引用德国历史学家霍伊瑟尔来说明德国革命:"他们将89年以来改变封建法国的、以暴力推进扩张和平等的革命思想引入德国的政体。在这边和那里一样,都是通过强力实现的。大量个体权利被迫让位于有关共同福利的新国家理性。但是在这边和在那边一样,许多败坏的或者腐朽的机构都遭到摒弃,社会整体分裂为许多小部分的局面受到指责;由于隔阂为小邦而受到阻碍的血液循环,这时加速了许多。那些经过革新和扩展的小邦集团引入和法国一样的政府系统。这种领导法国的行政系统倾向于平等和统一、活跃而且具有常规,在被移植到德国的多片领土后,同样强劲、蓬勃、富有革命精神,同样对历史或传统之事缺乏敬意,同样充满国家至上的理论和波拿巴法国官僚系统的平等主义倾向。"(630)这种国家主义和平等主义在斯坦因改革中表现得很突出。托克维尔不无嘲讽地写道,最反对法国并且以反对法国来凝聚普鲁士的斯坦因男爵为了实现其反法的目标,所推行的是"直接源自于法国大革命精神的改革"(632):废除农奴制、建立民事平等、城市中的政治平等、军队中的任人唯贤……法国大革命在法国以平等为基础建立了一个前所未有的强大国家,其强大在革命战争特别是拿破仑战争中展露无遗——这是大革命对欧洲特别是德国统治者的最为强烈的刺激。压倒了自由精神的国家主义和平等主义成为被旧制度困扰的欧洲统治者的羡慕对象。

然而,托克维尔并没有因为大革命的国家主义和平等主义的强大影响而对这两者加以推崇。他一方面承认民主革命的强大军事动员能力和战斗能力,但他也指出了革命的国家主义虽然最初帮助法国人打败了自己的敌人,但也帮助敌人集中了力量来打败自己:"共和国和帝国的胜利消灭了小国家,并使全部政治力量都集中到两三个人的手里。"更重要的是,法国人的革命国家主义最终败给了英国人的自由:"关于法国大革命战争的这一章要以论述英国的自卫作为结尾,因为它以与法国类似的力量对抗法国。它们都有一个中央集权的政府,都是整个民族都奋起抗争。挽救它的不是海洋,而是它的精神,它的宪法,尤其是它的自由。宏伟的场面,唯有自由才能对抗大革命。"(634)

托克维尔强调要以这一点作为革命战争这一章的结束。他延续了《旧制度》的比较史学,也表达了其对自由精神的忠诚。

八 余论:托克维尔的革命论述与当代法国大革命史学

众所周知,托克维尔的《旧制度与大革命》对 70 年代以来国际大革命研究的更新作出了重大贡献。传统史学倾向于把大革命解释为创造了资本主义社会或者共和国的历史断裂,但托克维尔则指出大革命延续和强化了旧制度开始的中央集权的进程,因此把握旧制度及其与革命的延续性对于理解大革命至关重要。法国著名大革命史学家孚雷正是借助托克维尔的这一洞见揭示了大革命的政治虚幻,推动了革命史学的更新。①在方法论上,托克维尔对旧制度与大革命的政治和文化解释也推动史学界超越了传统的社会经济解释。同样,托克维尔的革命论述中的很多洞见仍然可以为大革命史学作出有益的贡献。在他那里,大革命不仅仅是社会状况的变化所带来的政治调整,还是展示了革命这一呈现了历史断裂的现代政治形态的特点。②他非常注重通过行动者、政治话语(意识形态)、阶级斗争、革命心理、权力斗争等角度来阐释革命政治的巨大的内在动力。我们可以这样概括托克维尔对这一动力论述:在中央权威被削弱以及错误的政治决策所造成的革命势态中,包括舆论斗争在内的政治斗争推动了革命意识形态的兴起,更重要的是它引发了激烈的阶级斗争;③其后民众的暴力介入在强化阶级

---

① 在孚雷看来这是《旧制度与大革命》对革命理论的根本性贡献。Furet, *Penser la Révolution Française*, p.206。

② 传统大革命史学强调大革命是推翻封建主义实现资本主义的社会革命,今天人们通常都接受美国学者泰勒的看法:"它(法国大革命)本质上是具有社会后果的政治革命,而非具有政治后果的社会革命。"George V. Taylor, "Noncapitalist Wealth and the Origins of the French Revolution", in *American Historical Review*, Vol.72(Jan 1967) p.491。

③ 这里,我们需要指出托克维尔的革命论述中需要修正的一点:他夸大了1788年下半年和1789年上半年法国公共舆论的激进性。孚雷指出,托克维尔受到某种目的论的影响过度阐释了1788年的小册子和陈情书,François Furet et Françoise Mélonio,《Introduction》, p.lxxiii。在托克维尔看来体现了激进的民主的自由观念的佩蒂翁、拉博、布里索、西哀耶斯的小册子在当时并非主流。Gruder, *The Notables and the Nation*. p.174。托克维尔虽然已经指出阶级斗争本身对于1789年革命的激进化的重要意义,但还没有充分把握1789年的革命斗争所造成的革命动力。他认识到从三级会议召开(1789年5月5日)到网球场宣誓这决定性的六个星期当中三级会议的内部斗争对于革命进程的决定性影响,但鉴于他认为第三等级代表在会议前已经明确了建立国民议会的目标(Tocqueville, *Considérations sur la Révolution*, p.563),他关注的是这一内部斗争如何导致激烈的阶级斗争而非和缓变革的方式成为革命的主要手段。换言之,托克维尔认为在三级会议召开前,民主自由观念已经成为第三等级的革命意识形态。John Elster指出托克维尔引用的安茹代表的通信来说明第三等级代表早已明确成立国民议会的目标,这一点并不充分。John Elster, *Tocqueville on 1789*, p.64。更重(转下页)

斗争的同时也导致了革命内部的分裂，革命内部的斗争演化成为了掌握权力和革命的激进态势的恐怖。

孚雷1978年出版的《思考法国大革命》把大革命研究的重心调整到政治文化和革命政治的逻辑，对大革命研究界产生了重大影响。在这方面，孚雷同样受到托克维尔的启发。孚雷把1787年作为大革命的起点，强调1788年末和1789年春天由于权力空白而形成的意识形态和革命动员对于大革命具有决定意义，认为议会与民众围绕主权展开的斗争是大革命的主要内容，指出了1789年和1793年之间的连续性以及大革命的政治唯意志主义对现代政治的深刻影响。这些方面均在托克维尔的革命论述中得到了体现。不过，孚雷并没有公正地对待托克维尔的革命论述，认为托克维尔囿于对革命与旧制度的延续性的强调而未能阐述革命动力的历史。①但在笔者看来，孚雷本人对托克维尔的革命论述的分析已经表明后者把握到了革命动力的基本因素，而如果他能够更深入地考察托克维尔对暴力与革命的内部分裂的讨论，他可能会承认这一点。②

（接上页）要的是，美国学者 Timothy Tackett 的研究表明，在三级会议召开时，第三等级代表中的很多人并无明确的启蒙和民主的政治理念，但在由于特权阶层的顽固而引发的激烈斗争的冲击下，他们逐渐接受了西哀耶斯等人提倡的平等和民族主权等思想并且明确了成立国民议会的政治目标。可以说，政治斗争的动力不仅仅创造了以阶级斗争为主的革命方式，同时完成了对第三等级的政治教育，创造了革命意识形态。Timothy Tackett, *Becoming a Revolutionary*, pp.140，308。

① François Furet et Françoise Mélonio, "Introduction", p. lxviii; François Furet, *Penser la Révolution française*, pp.209—210.

② 可能是因为孚雷认为托克维尔的思维过于系统化而陷入某种"概念滞碍"当中。Robert Gannett 同样不同意孚雷对托克维尔的"概念滞碍"的判断，参见 Robert Ganett,《The Shifting Puzzles of Tocqueville's The Old Regime and the Revolution》, in *The Cambridge Companion to Tocqueville*, p.209。另外，我们也不同意 Richard Herr 的观点，即托克维尔长于分析社会力量和阶级结构而弱于剖析人物和事件，所以无法撰写革命本身的历史。Richard Herr, *Tocqueville and the Old Regime*, Princeton, 1962, p.103。托克维尔的1848年革命回忆录表明托克维尔同样善于刻画人物和解析事件，并且他明确强调他的大革命研究的重心是"真实地刻画与其说伟大不如说不同寻常的人"。Tocqueville, *Considérations sur la Révolution*, p.455。可能在托克维尔看来大革命中只有不同寻常的而没有伟大的人物，但人一定是他的思考的主要对象。

受到托克维尔高度重视的、被他认为在革命激进化进程发挥了决定性作用的暴力中也在近年的大革命史学中得到了新的关注。自法国大革命两百周年以来,从革命政治动力的角度对暴力与恐怖的再阐释成为大革命史学的主要方向之一。①托克维尔尤其关心民众暴力如何在革命形势所产生的政治动员当中获得了正当性并且逐渐主导革命政治。曾任巴黎大学法国大革命史讲席教授的马丹(Jean-Clément Martin)的在其关于革命暴力的一项颇有影响的研究中表明了这一问题的重要性,他像托克维尔一样分析了国王在攻占巴士底狱事件以及十月事件中对民众暴力的屈服,以及国民议会需要民众暴力的支持而无法对其进行有效控制的两难处境。②在暴力的正当化之外,托克维尔关注的是暴力如何成为革命动力和工具,特别是在民众暴力的冲击下革命内部的分裂以及剧烈的权力斗争与民众暴力的结合如何推动了恐怖统治的形成。这个主题在法国学者葛尼菲(Patrice Gueniffey)关于革命暴力的重要研究《恐怖的政治:论革命暴力》中得到了充分论述。③

综上所述,我们对托克维尔未能完成大革命研究感到遗憾。如果假以时日,他能够写出关于大革命和拿破仑的著作,我们有理由期待它们会和《旧制度与大革命》一起形成对法国大革命的全面阐释,也许可以构成某种完整的革命史学论述和革命理论,正如他的《民主在美国》提出了一种深刻的民主理论一样。作为毕生思考民主和追求自由的政治思想家和政治作家,托克维尔在法国大革命的起源、进程和结局中看到了它如何呈现为一种揭示了自由和平等之张力的极端民主政治形式,并预见了其在民主时代的广泛而

---

① Jeremy Popkin, "Not Over After All: The French Revolution's Third Century", *Journal of Modern History*, 2002, Vol. 74, No. 4 (December 2002), pp. 801—821; Antoine de Baecque. "Apprivoiser une Histoire Déchaînée: dix ans de Travaux Historiques sur la Terreur". In: *Annales. Histoire, Sciences Sociales*. N. 4, 2002. pp. 851—865.

② Jean-Clément Martin, *Violence et Révolution: Essais sur la Naissance d'un Mythe National*, Seuil, 2006, p. 78. 关于暴力的正当化,另参见 Patrice Gueniffey, *La Politique de la Terreur: Essai sur La Violence Révolutionaire*, Gallimard, 2003, pp. 90—91。

③ Patrice Gueniffey, *La Politique de la Terreur*.

深刻的影响。在托克维尔笔下，"革命在法国"与"民主在美国"构成了现代政治相互映衬的两幅图景，对今天仍然需要审视民主与革命之挑战的现代人构成了重要参照。

曹胜超博士翻译了本书的第三编之前的部分，笔者翻译了第三编，并且对全书进行了统一校订。在托克维尔的词汇中，aristocratie 和 noblesse 虽然均指以特权为基础的贵族阶层（前者也指贵族制），但一般来说，前者有一定的开放性，可以接纳有产者和有才华的精英，作为一个阶层掌握政治权力并承担政治职责；后者则较为封闭，有鲜明的排他和种姓特征，作为一个阶层往往丧失了政治权力。因此笔者将前者译为贵族，把后者译为权贵。①这一译法的区别仅仅针对托克维尔的论述。中译本导言的相关内容在《学术月刊》、《社会》刊物和拙著《创造自由：托克维尔的民主思考》（上海三联书店 2014）中发表过，特此说明。本书原编者将本书命名为"关于大革命的思考：从革命伊始到帝国崩溃"（参见法文本编者导言），笔者将主标题简化为"论革命"。

崇　明

2015 年 3 月上海

---

① 托克维尔在 1836 年发表的文章"1789 年前后法国的社会和政治状况"和《旧制度与大革命》一书中论及这两者的区别。在本书中，可以参见托克维尔在 475 页和 657 页的注释中的相关表述："这是具有贵族性（aristocratique）的，但却不再属于权贵性的（nobiliaire）"，"没有什么比这一事实更好地表明这一权贵（noblesse）如何不再是（政治划掉）贵族（aristocratie）。"

法文本编者导言

1856年1月,在完成《旧制度与大革命》的撰写之后,托克维尔这样向该书的英文译者阐明他下一部作品的要旨:"[它]将从第一卷的内容中呈现出大革命及其独特面貌[……];如果我没有搞错,它将让人感受到革命在法国内外的普遍运动;在大革命结束其作为之后,该书将切实地指出这一作为到底是什么,从那场暴力运动中诞生出一个什么样的新社会,从这一运动攻击的这个古老的制度中,它消除了什么、又存留下什么。"①这个被死亡(1859年4月16日)打断的计划今天只剩下大堆的文件夹,里面是他于1850年到1858年之间完成的厚厚笔记和草稿。文件夹里不仅有参考书目、引言的清单、寥寥数行的想法,还有许多几近完成的章节和对文件的深入分析。这些文件夹内容的芜杂给出版带来重重困难,但其中思想的连贯性比形式的断断续续更能引起读者的关注。因为托克维尔提出的问题一直没有改变:那就是通过建立民主专制主义的谱系来理解"从革命伊始到帝国崩溃"②的大革命。作者将谴责那"显而易见的荒谬",那就是"将'民主政府'的称号赋予一个完全没有政治自由的政府"③。这已经是《民主在美国》第二卷的关切。因此,托克维尔在1856年将许多早年的文字放入这最后的研究工作的文件中就不足为奇了:1841年写就的关于1640年英国革

① 1856年2月6日,致亨利·里弗(Henry Reeve)的信,《英国通信集》,载《托克维尔全集》,伽里玛出版社,卷六,1954年,第161页。

② 1854年3月7日,致侄子于贝尔·德·托克维尔的信,《家庭通信集》,载《托克维尔全集》,伽里玛出版社,卷十四,第295页。

③ 参见本书第611—612页(指原法文版页码,即中译本边码,下同。——出版者注)。

命和 1789 年法国大革命的比较①;1842 年托克维尔进入法兰西科学院时的就职演说,那是他最早关于帝国的思考;原来为《旧制度与大革命》而准备的关于"大革命的运动"笔记②。这些关于大革命的未完成著作的文件夹是托克维尔思想的坟墓。

这些手稿里的最早资料与从热月国民公会末期到帝国的那段时期的有关。1850 年 12 月,托克维尔最早的计划是仿照孟德斯鸠的方式写一本关于帝国十年的著作。③简单说来,也就是"关于拿破仑的伟大与衰落的原因的思考"。对他而言,那是通过类比来理解第二共和国向第二帝国的发展。在 1851 年 12 月 2 日政变之后的六个月里,他拟定了一份参考书目。我们在他的文件中找到一份国家图书馆 198 部藏书的书单。督政府时期、执政府时期或者帝国时期出版的小册子;康庞夫人④、奈伊元帅⑤的回忆录等;一些论战性小册子,如约瑟夫·德·迈斯特的《关于法国的思考》(1797);新近的著作,如米什莱的《法国大革命史》(1847—1853)。托克维尔检视一些专业的目录,如藏书家安托万-玛丽-亨利·布拉尔(Antoine-Marie-Henri Boulard)的目录;他委托一些博学的朋友为他做一些笔记,并计划拜访亲朋中曾经在帝国时代显赫一时的人,如路易-马蒂厄·莫莱(Louis-Mathieu Molé),或艾蒂安-德尼·帕基耶(Etienne-Denis Pasquier),这两人在拿破仑时代分别是司法部长和巴黎市警察局长。同样在 1852 年初,为了把握住那个时代的精神,他潜心阅读国民公会和督政府时期的回忆录。1 月间,他先后阅读了拉法叶特、雅克·马莱·杜庞(Jacques Mallet du Pan)、蒂博多伯爵(Thibaudeau)、约瑟夫·菲耶韦(Joseph Fievée)⑥的回忆录;后者是他在 1830 年后结识的。5 月间,他在帝国图书馆阅览共和三年至八年之间出版的督政府小册子。从所有这些材料之中,

---

① 该文本收入在《〈旧制度与大革命〉纲要》当中,《托克维尔著作集》第三卷, Pléiade,2004,第 342—343 页。
② 同上书,第 239 页。
③ 参关于《旧制度与大革命》的编者说明,同上书,第 995 页。
④ Mme Campan.
⑤ Ney.
⑥ 参见第 648 页、669 页、662 页和 661 页相关注释。

他得到一部公众舆论史的基本材料。但是对托克维尔来说,舆论永远都不足以表现出激情、实际行动或民情的真相。因此,在那些材料以外,他还要认真阅读行政文件。在行政文件中,他可以细究权力的策略和人们的抵抗;4月,他对国家档案馆中有关共和四年(1795—1796)的材料进行剖析①;5月,分析督政府(共和五年至八年)决议文件记录、国内安全部门的档案、部长们的通信。然后,在夏天,他像所有上层社会一样去乡下度假。在托克维尔城堡,在1852年7—8月间,他开始写作。法国的政治让他一点儿都高兴不起来。托克维尔感到需要让自己有写作的欲望。这就是为什么,他没有从刚刚研究过的国民公会晚期着手,而是从雾月十八日的准备着手;他用两章对其进行分析:"共和国如何准备接受一个主子"和"何以这个民族虽然不再是共和的,但却仍然是革命的"。那段时间和刚刚发生的路易-拿破仑·波拿巴政变具有最多的相似性。因此,托克维尔投入到把脉现实的苦涩乐趣之中,并以一种复仇的笔触去敲打专制主义的帮凶,正如他在致路易·德·凯尔戈莱(Louis de Kergorlay)的信中所说的那样:"一两个章节已初步写成[……]我并没有从应该是书的开头的地方开始写,而是主要跟我在巴黎搜集到的材料有关之处着手,也是在我感到最多乐趣的地方着手。因为最难的是让自己进入状态,而要进入状态就要在某种程度上随心所欲。我所写的,是对雾月十八日之前的时期以及导致这一政变的精神状况的描画。自然而然地,我在那里发现要重新勾勒出一些我早已很熟悉的线条,因为在上述的时期和我们刚刚经历过的时期之间,虽然有种种区别,但存在很多相似之处。"②然而,就在写信的时候,托克维尔已经修改了这些研究的目标。从1852年4月起,他开始质疑法国人对大革命的充满矛盾的记忆。③他们崇拜大革命的平等原则,极力捍卫大革命的社会成就,

1119

---

① 1852年4月22日,《托克维尔—博蒙通信集》;《托克维尔全集》,伽里玛出版社,卷八,1967年,第41页。

② 1852年7月22日,《托克维尔—凯尔戈莱通信集》;《托克维尔全集》,伽里玛出版社,卷十三(二),1977年,第243—244页。

③ 参见关于《旧制度与大革命》的编者说明,《托克维尔著作集》第三卷,Pléiade,2004,第998页。

但是对共和国的政治自由却并没有真正的眷恋。第二共和国的经历续演了督政府时期的演示。为了理解这种独特政治心理的根源,托克维尔于是转向研究旧制度。1852 年 12 月的一段笔记足以表明这种转变:"我把蒂博多关于执政府的回忆录归还给图书馆了,并没有读,将来研究那段时期的时候要再看吧。"关于帝国时期的卷宗里,1852 年后的材料仅仅是一些断片,那是交往和读书的偶遇的产物:谈话的摘要、偶尔的想法,比如 1853 年 1 月写下的关于罗马帝国和拿破仑帝国的比较,①或者 1853 年 3 月 27 日关于帝国时期征兵的一份长注释②。直到 1856 年,托克维尔才重新继续这一卷宗。他当时似乎已经在考虑写关于帝国的第三本书③;该计划目前仅剩下我们以"卷三［拿破仑］"为题汇拢起来的材料。④

因此,从 1852 到 1856 年的这段时间里,托克维尔将关于大革命和帝国的研究往后推迟。但是他关于旧制度的工作同样是对这项研究的准备。1856 年著作的第一卷分析了大革命的总体特征,构成了大厦的门厅。托克维尔在该书中粗略描绘了 18 世纪末期欧洲公众舆论的面貌,后来在关于大革命的著作的开篇中对这一舆论再次进行了详细论述⑤。他在 1856 年的著作中首先将大革命尤其定义为一次象征性的重大事件,尽管他随后注重考察的是使法国人盲目热衷于抽象理论的各种社会条件。拉马丁就此断言托克维尔不理解大革命的哲学宏伟性,那在他眼里颇为神秘。然而 1856 年后,托克维尔恰恰倾注全力去研究这一神秘。为了把握住各种社会诉求的推进以及思想与事件的纠葛,他努力研究革命行

1120

---

① 参见本书第 703—706 页。
② 参见本书第 708—711 页。
③ 1856 年 2 月 6 日,致亨利·里弗的信,《英国通信集》,载《托克维尔全集》,伽里玛出版社,卷六,1954 年,第 161 页。
④ 参见本书第 635 页以下。
⑤ 因此,在 1853 至 1857 年之间,托克维尔不间断地准备这部未竟著作的第一章"在法国大革命即将爆发之际,人们的精神发生的强烈而不确定的动荡"。参见 1853 年 1 月 2 日致邦森(Christian von Bunsen)男爵的信,《外国通信集》,《托克维尔全集》,伽里玛出版社,卷八(二),1977 年,第 243—244 页。

动者的言辞。《旧制度与大革命》呈现为一个社会的画像；关于大革命的未竟之作则旨在叙述舆论的激昂与迷失。对于这项研究，托克维尔花费了三年多的时间，从 1856 年直到他的最后一次旅程，也就是于 1858 年 9 月 28 日离开托克维尔城堡来到巴黎，后又来到戛纳，并在那里去世。

　　撰写一部革命意识形态的历史，这要求在从 1856 年前考察的行政档案之外还要考察其他资料，因此也意味着要克服其他一些困难，而托克维尔很早就意识到这些困难。他于 1856 年 10 月 6 日写道："我的目标更在于描绘那些依次制造了法国大革命各事件的那些感情和思想的运动，而非讲述事件本身。与历史文件相比，我更需要那些能展示出每个阶段公众精神的文字，报纸、小册子、私人信件、行政通信。"[1] 最主要的困难，当然还是资料的浩瀚无涯："对于旧制度时代，困难之处在于缺乏足够的、确定的概念；在大革命的第一阶段，困难在于那个时代的人发表的文字数量过于庞大。阅读一切是不可能的；选择是危险的。"[2] 除了选择资料的难题，困难还在于要写的那段历史依然灼热。对托克维尔而言，大革命的历史几乎是一种当代史："我的研究对象依然那么接近我的目光，以至于它的不同部分之间的比例关系很难被建立起来。"[3]

　　在确定了研究方法和资料来源之后，托克维尔要做的就是确定大革命的阶段以便分步骤进行阅读。

　　1853 年，他草拟了一份分为五章的提纲[4]：大革命的整体精神；在内部的共和国；在外部的共和国；督政府；雾月十八日。1856

---

[1]　致乔治·刘易斯的信，《英国通信集》，《托克维尔全集》，伽里玛出版社，卷六（三），2003 年，第 221—222 页。

[2]　1856 年 9 月 1 日，致迪维吉耶·德·奥拉纳的信，《亚历克西·德·托克维尔全集（博蒙主编）》，巴黎，米歇尔-莱维兄弟出版社（Michel-Lévy frères），卷六，1866 年，第 335 页。

[3]　1856 年 9 月 20 日，致皮埃尔·弗雷隆（Pierre Freslon）的信，托克维尔，《书信选·回忆录》，洛朗斯·盖莱克和弗朗索瓦丝·梅洛尼奥选编，伽里玛出版社，2003，第 1213 页。

[4]　参见本书第 455 页。

年，他在撰写一份"主题总揽"①中，他一直构想的是一部以拿破仑的画像为高潮的历史。1856 年 9 月 1 日，他向一位议会的旧同事、历史学家迪维吉耶·德·奥拉纳（Duvergier de Hauranne）咨询："如何并且在哪里才能最好地研究从 89 年到督政府这段时期的事实、思想和已知的激情。"②是年 10 月，他在"工作进展"中决定首先集中处理对付 1788 年到 1792 年 8 月 10 日的这段期间，并且向法兰西研究院（Institut）图书馆助理管理员莫里（Maury）进行详述③："为更好地完成任务，我不得不将它划分为时期。而我应当很自然地开始的时期，也是我实际上现在研究的，是从 1787 年 1 月 1 日到 1789 年 6 月 20 日，也就是说直到网球场宣誓这段时期。在此阶段，大革命以千百种方式宣告其来临：宫廷与高等法院之间的斗争，显贵会议，君主自己试图推行的各种革新措施，最后还有四处争论的三级会议问题，其召集方式、其应遵循的规则。"在那一时期，托克维尔确定了将构成著作第一编的主题：从 1787 年到 1789 年 5 月 5 日三级会议的召开，以及对下个月的概观。我们可以对他的出发点感到惊奇。在《旧制度与大革命》中，托克维尔已经对 1787 年王权所实施的不谨慎政策给出了整体的评价。④不过他仍然不乏犹豫，构想从 1789 年 7 月 14 日开始，随后才决定对 1787 年和 1788 年的事件进行连续的讲述，目的不再像 1856 年那样把握大革命的整体意义，而是把握大革命的方式，追问的不再是大革命"为什么"，而是其"怎么样"。

通过托克维尔的通信，我们得以追踪他于 1856 年 7 月到 1857 年 11 月之间——亦即他开始撰写本书第一编的时候——所进行的资料搜集工作。除两次研究旅行之外，托克维尔很少离开诺曼底；那是两次为准备研究而进行的出行：1857 年 4—6 月间，他寓居在妻子的姑母家里，在沙马朗德城堡（Château de Chamarande，埃松省⑤），以

---

① 参见本书第 455—457 页。
② 《亚历克西·德·托克维尔全集》（博蒙主编），卷六，第 331 页。
③ 1856 年 10 月 13 日的未出版信件（现存于法兰西研究院图书馆）。
④ 参见《旧制度与大革命》第三部分第七章。
⑤ Essonne，位于巴黎南部。——中译注

方便从那里出发去巴黎的国家档案馆；1857 年 6 月 19 日到 7 月
24 日之间，他在英国受到热情接待，并在伦敦查询收藏在大英博物
馆里的革命小册子。这种远离藏书和档案馆的幽居生活看起来并
不利于历史学家的研究，其实却有其隐衷。托克维尔夫人患有神
经衰弱，只有在乡下才感到舒适；托克维尔本人咳血，加之对世局
纷扰感到厌倦和沮丧，于是乎在孤独中反倒自得其乐。他以一种
忧伤的语调谈论自己的生活，说上午是"对自己颇为不满的写
手"①，午后则是村夫；他在写给朋友古斯塔夫·德·博蒙的信中说：
"我早晨六点钟早早起床，然后在午饭前就一直待在书斋里。我在那
里几乎什么都做不了，一天剩下的时间则用来休息。［……］我给自
己找借口说，在这里没有研究所必需的书籍及其他资料。可是我
有了那些材料就能工作了吗？"②对托克维尔的单调的城堡生活，
让-雅克·安培（Jean-Jacques Ampère）留下一幅更为轻快的画面：
大家一起读报纸或游记、打台球、散步或者观看轻喜剧，这些活动
冲淡了写作研究的枯燥乏味。③但是我们不要从这些记述中轻易得
出结论，认为托克维尔会绕过原始材料而投入轻易的哲学性历史。
在 1856 年后，他和往常一样不关注博学本身。但是他对材料进行
的整理仍然颇为壮观：他不仅获得议会文件的汇编集和大量小册
子，帝国图书馆的管理员甚至殷勤到将革命小册子成百册地给他
寄送到诺曼底……一位前部长，再加上法兰西学士院著名院士的
身份，能够将国家图书馆或者法兰西学士院的任何一本藏书带到
乡下。

1122

　　1856 年 9 月 1 日，托克维尔在给迪韦吉耶的信中说，他已经完成
对"制宪议会的文件以及这些文件在议会内外引起的争论"所进行的
研究"。在随后的数月内，他阅览了今藏于法国国家图书馆内 Lb 系

---

① 1857 年 12 月 5 日的信，《托克维尔-西尔古尔及托克维尔-西尔古尔夫人通信
集》（*Correspondance Tocqueville-Circourt et Tocqueville-Mme de Circourt*）；《托克
维尔全集》，伽里玛出版社，卷十八，1983 年，第 428 页。
② 1856 年 12 月 21 日，《托克维尔—博蒙通信集》；《托克维尔全集》，伽里玛出版
社，卷八（三），第 453 页。
③ 见 1856 年 2 月 10 日的信（写于 1 月），《托克维尔—安培及托克维尔—鲁瓦埃—
科拉尔通信集》；《托克维尔全集》，伽里玛出版社，卷十一，1970 年，第 428 页。

列的政治宣传册和论战册①。由于缺少清单，那些资源在当时很少
被人利用。为了研究旧制度，托克维尔在图尔找到档案学的先驱
者之一②。1857 年，他富有远见地利用了布罗迪耶（Brodier）的学
问；此人曾于 1855 年出版了第一份目录专著，《法国的档案》，并把
尚未发表的笔记寄给托克维尔③。接下来，就要阅读官方文件，以便
把握公众舆论的激情和官方话语之间的关系。在国家档案馆里，托
克维尔查询了王室的通讯集，有关第二次显贵会议的文件，有关
1789 年选举会议的文件，以及博学的学者罗沙（Rochaz）提示他关注
的多菲内文件。是年 6 月，在迪韦吉耶的建议下，托克维尔从巴黎去
伦敦。对于一个从 1851 年 12 月 2 日就被迫离开公共事务离群索居
的政治家而言，英伦之旅给他带来自尊心的极大满足。在受到伦敦
上流社会的盛情招待之后，托克维尔以英国王室官方客人的身份乘
英国海军的一艘军舰返回瑟堡（Cherbourg④），这令诺曼底的军民目
瞪口呆。然而对于作为历史学家的他而言，此行收获甚微。大英博
物馆里的小册子没有编目，托克维尔从匆忙安排的档案中收获的仅
仅是灰尘。于是他退而求其次，转而求助于专门收藏英国政治档案
的国家档案室（State Paper Office）。英国外交大臣克拉伦登（Claren-
don）勋爵特别允许他查阅当时尚未对公众开放的 1787—1793 年英
国外交档案。托克维尔从中得出的确定的观点与流行的看法背道
而驰，他认为英国人没有在革命进程中扮演任何马基雅维利式的
角色，因为他们丝毫都没有预感到那场革命的重要性。⑤尽管他在
回法国后曾要求提供尤其关于 1788 至 1789 年间档案的复件⑥，我

1123

---

① 这些资料的列表出现在 1857 年 1 月 25 日致国家图书馆手稿部研究员朱尔·
拉弗内尔（Jules Ravenel）的一封信中，该信未出版（国家图书馆手稿）。
② 指的是图尔档案馆管理员 Charles de Grandmaison。——中译注
③ 参见《国家图书馆印版书目录史》（Eugène G. Ledos, *Histoire des catalogues des
Livres Imprimés de la Bibliothèque Nationale*, Editions des Bibliothèques Nation-
ales, 1936）。
④ 托克维尔家乡所在地。——中译注
⑤ 见 1857 年 7 月 25 日的信，《托克维尔—博蒙通信集》；《托克维尔全集》，卷八
（三），第 491 页。
⑥ 见《英国通信集》，《托克维尔全集》，卷六（一），第 239—241 页。

们在他撰写的章节中没有找到那些匆忙浏览的材料的任何痕迹。对于撰写革命战争史而言,那些材料日后倒可能特别有用。

1857 年 9 月,托克维尔积累的资料已经足以让他进行编目①。该项工作实际上已经相当充分,因为附录在第一编内七个章节后的读书笔记节选已经不是简单的引言清单,而是可以被视作草稿②。托克维尔丝毫不会被材料湮没。他身上丝毫都没有 19 世纪末的史学家所做出来的谦卑姿态。对于小册子和报纸,他采用了某种统一的阅读视角,段落的标题毫不掩饰地说明了这一点:"1788 年的 1792"、"温和派的激进主义"。托克维尔把这种激进视为革命疾病,并在各处都捕捉到它:"这是研究这一主题的最有原创性的办法。"没有人能幸免:陈情书的作者们、沃尔内、孔多塞、布里索、西耶斯,甚至勒德雷尔或者属于自由派并亲英国的穆尼埃。笔记和草稿围绕着一个研究轴心进行,即寻找使大革命和卢梭思想相遇的环境。在其中,托克维尔思考的是个体权利的宣示与尊崇绝对权威之间的某种勾连。就这样,在准备叙述革命开端的同时,他已经在寻找对恐怖的解释。

经过对 1788—1788 年间资料的重读和编目,托克维尔对该段时期已经一目了然,于是他在 1857 年 12 月到 1858 年 1 月中旬不到两个月的时间内写完了七个章节。从对 1787 年德国的精神状况的描摹(第一章)开始,然后是关于法国的精神状况的一章(第二章),此后他就按照时间顺序进行:君主制的危机,从 1787 年 7 月高等法院的斗争到 1788 年 9 月法院被召回(第三章);1788 年 9 月间高等法院的名声一落千丈(第四章);从 1788 年 9 月到 1789 年 3 月的选举,这期间关于代表的方式展开的斗争(第五章);陈情书的撰写(第六章)。第一编以 1789 年 5 月 5 日三级会议召开的崇高时刻而结束,第七章的全部内容都是围绕那一时刻,那也是大革命自由阶段的高潮。在那一刻,时间似乎停顿,但随后整个民族就会

---

① 直到 1858 年 1 月,托克维尔仍然就 1787 年的法院斗争作笔记。
② 参见本书第 507 页以下。

1124 陷入奴役。1858 年 1 月 12 日,托克维尔向他的朋友、法学家皮埃尔·弗雷隆交代说,"构成第一编的所有章节都已经就位了"①。实际上,我们今天看到的只有七个章节的整体架构。托克维尔撰写这些章节的时候几乎没有参考笔记,这也造成某些混乱,比如 1787 年 11 月的高等法院危机和 1788 年 5 月的危机可能混淆。在书稿边缘上多次出现的"此处加入引文"的注释告诉我们,托克维尔还会对整个写作进行补充。但是这种未完成状态也有一个好处,那就是让我们"亲临工作现场"②。托克维尔主要关心的是阐明他所谓的"主体思想"(idées mères)和呈现革命运动的整体意义。因此他在要回到叙事时不无抗拒,因为叙事有可能这会干扰主线;他在第三章的页边上写道:"我现在的困难和危险在于,我无法足够进入对事件的叙述当中以便引起读者对事实的关注,然而即使我稍微进行这种叙述,却会耽误思想的进展。"③从旧制度的描画过渡到革命进程的叙述,他并没有归附到梯耶尔、米什莱或亨利·马丁的宏大叙事历史的模式,而是追求一种新的诗学。叙事应该让人感触到那种将时间进程缩短的革命动力。为此,要进行一种"富有活力的描绘"、"简捷的画卷",并"迅捷地"表现出古老机构的轰然倒塌。④叙述的简洁表明大革命的狂飙突进。

　　1858 年 1 月,托克维尔着手准备第二编。这一编应该从召开三级会议直到 1791 年 9 月 30 日,即制宪议会结束。但是他仅仅有积累笔记、草拟一份粗略大纲的时间:第一章关于 7 月 14 日之前所发生的危机;第二章的大纲于 1857 年 12 月完成,该章论述的应该是 7 月 14 日到制宪议会结束这段时间,但保留下来的笔记只集中在攻占巴士底狱及其后的农村骚乱上;第三章考察的是"大革命国外战无不胜的原因",从 1853 年就开始构想,但是该章的位置和结构却没有确定下来。工作方法仍然未变。虽然除了于 1858

---

① 致弗雷隆的信,《亚历克西·德·托克维尔全集(博蒙主编)》,卷七,第 478 页。
② 1856 年 2 月 10 日致安培的信,《托克维尔—安培及托克维尔—鲁瓦埃—科拉尔通信集》;《托克维尔全集》,卷十一,第 385—386 页。
③ 参见本书第 476 页相关边注。
④ 卷宗 45B 中的注释。

年 4、5 月间到巴黎小住之外,托克维尔一直定居在他的诺曼底城堡里,他仍然重视小册子和回忆录,因为大革命首先是一次文化的撕裂,我们只有严肃对待当事人的言论才能真正理解这种撕裂。除了法国作者的作品,他又加上外国人的见证,包括美国人、瑞士人及德国人。1858 年 11 月 11 日,托克维尔要求博蒙寄来有关 1788 年和 1789 年的回忆录。[1]在巴黎的小住让他抓住链条的另一端;在研究过提供舆论状态的小册子之后,他要研究官方的话语:1858 年 3、4 月间,托克维尔在国家档案馆查阅了关于三级会议省的档案和王室总管(Ministère de la Maison du Roi)的记录簿;在帝国图书馆,在 4 月和 5 月,查阅巴伊和内克、巴伊和拉法叶特或古维翁之间的官方通信,以及巴黎市政府的档案。

这其中,几乎没有关于 1789 年之后的任何资料。这样我们就无法得知托克维尔会怎么写立法议会,尽管他留下了一些参考书单,还搜集了有关该议会文件的不同出版物。关于国民公会,仅剩下 1851—1852 年的一些旧笔记。他会对恐怖着墨很多吗?[2]1852 年,在他关于马莱·杜庞的笔记中,他认为可以"顺便谈论那个时代",因为他感到 1788 年已经包含了 1792 年。[3]他很可能并不仅满足于粗暴地论断一种延续性的存在,而他的思想就常常被人归结为对连续性的强调。他最后的读书笔记让人看到这位历史学家表现出一种新的困惑。或许托克维尔已经有些厌倦了吧;经常为胃病所困的他,感叹昔日在韦尔讷伊街(Rue de Verneuil,巴黎七区)的狭小卧室里写作《民主在美国》时的青春活力。然而写作的缓慢和困难以及他的种种怀疑也是由于革命事件的性质本身。托克维尔在 1858 年 4 月写给妻子的信中说:"不幸的是,我仍然无法找到照亮道路的光明";"我迷失于文件的浩瀚海洋中,从任何方向都找不到海岸,以致经常陷入深深的悲哀之中,我都准备放弃这项研究了[⋯⋯]我的主题的最大的困难之处在于,如何看清楚它究竟要

---

① 见《托克维尔-博蒙通信集》,《托克维尔全集》,卷八(三),第 604 页。
② 关于恐怖,参第 661—672 页。
③ 参见第 669—672 页。

说什么以及如何把握住它"①。他在 1858 年 5 月 16 日写给路易·德·凯尔戈莱的信中对挫折的理论原因给出这样的解释："随着大革命的进展，法国人的社会状态、制度、精神和民情逐渐发生了变化，这些变化就是我的主题。为了看清楚这一点，我目前只找到一种方法，那就是在某种意义上和当事人一道经历革命的每一时刻；要做到这一点，需要阅读的不是此后别人对他们的论述或者他们关于自己的论述，而是他们自己当时说了什么，并且应该尽可能地理解他们当时在想什么。为此，当时的末流文字、私人通信……比议会的讨论更有用。通过我选择的道路，我将很好地到达我追求的目标，也就是让我依次置身于时间当中。但是，这种方法是如此地缓慢，常常使我陷入绝望。那么是否还有其他方法呢？而且在这场法国大革命的疾病中，有某种特别的东西，我能感觉它的存在，却无法描述，也无法分析其原因。这是一种全新的、未知的病毒。世界上已经有许多暴力革命；但是在我看来，这些革命者的毫无节制的、暴力的、激进的、决绝的、放肆的、几乎疯狂然而却那么强大而高效的特征，在过去许多世纪的巨大社会动荡之中都毫无先例。

₁₁₂₆ "[……]在法国大革命可解释的一切东西之外，其精神和行动中总有某种尚未被解释的东西。我感到未知的目标在哪里，但是我的努力却总是徒劳，总也无法揭去盖着它的面纱。我试探它，但总有一种异物，要么阻挡我触摸到它，要么阻挡我看到它。"②为了把握住思想在事件的磨砺中的作为，托克维尔似乎不由自主地进入了对大革命话语的无尽阐释之中。托克维尔最后的笔记仿佛是他的遗嘱，留给我们一个作为弥赛亚意识形态的大革命的历史的研究计划。

弗朗索瓦·孚雷、弗朗索瓦丝·梅洛尼奥

---

① 《家庭通信集》，《托克维尔全集》，卷十四，第 633 页和 637 页。
② 《托克维尔—凯尔戈莱通信集》；《托克维尔全集》，卷十三（二），第 337—338 页。

关于文本的说明

手稿

这部作为《旧制度与大革命》续篇而写的著作,以手稿的形式收藏在作家的个人档案馆(托克维尔档案)内。这些手稿分为三个部分。

第一部分(托克维尔档案编号2827—2835,即以前的44号卷宗)是资料的搜集和片段性的笔记。它包括四十八沓放在由托克维尔手书名称的文件扎里的文件,由古斯塔夫·德·博蒙手写档案袋名称的四个文件扎,以及其他一些散乱的文件。文件多与帝国时期有关,内容比较杂乱:对印刷品或档案的笔记、参考书目单、提纲等。文件扎上没有编号,纸张上也没有任何连续的页码。

第二部分(托克维尔档案编号2444—2580,即以前的45A和45B号卷宗)是许多扎经过编号、排列的文件,都是关于大革命初期的笔记、提纲和草稿,被放在一些手写名称的文件扎里:

— 标有"A. A. 大革命前的人心的模糊躁动。已检查"的文件扎收有关于法国以外的精神状况的许多笔记(佩尔特斯、福斯特、光明异端派);ff^{os}1—34。[ff^{os}:folios,纸张编号]

— 标有"1787。关于本年的各项工作。B. B."的文件夹,汇集了关于显贵会议、法院斗争、1789年的政论小册子的笔记;ff^{os}1—52。

— 标有"1788。关于本年的各项工作。C. C."的文件夹,汇聚对小册子和政论册的笔记、对1788年官方文件所作的笔记,那是他1857年在国家图书馆和国家档案馆完成的;ff^{os}1—150;缺少编号19—22之内的稿子。

一 标有"D. D. 1787、1788、1789. 多菲内"的文件扎；ff^os 7—39。

一 标有"1789。从 1 月 1 日直到三级会议召开。E. E. 已经检查"的文件夹，放在标有"1789。从 1 月 1 日到三级会议召开"的文件袋里，汇集关于三级会议准备、富歇（Fouchet）和西耶斯的著作的笔记；ff^os 1—65。

一 标有"Y. Y.。在给这些文件取名之前首先要研究这些笔记。研究完毕"的文件夹，里面有二十七张无连续编号的书页，都是一些一般性的思考。

一 一个博蒙手写的、题为"1789 年和 1640 年革命的比较（要与有关法国大革命的笔记放在一起）"文件袋，里面有一个折叠纸做成的手写笔记本，上面用石墨写着一个英国革命和法国大革命之间的对比表，有几页纸上是关于 1841 年政治和学术文章的清单和日常记录。这可能是博蒙在准备编托克维尔全集的时候转移出来的文档。

一 几页"探索"或先后写成的提纲草稿被放在六个手书题名的文件袋里。

第三部分（托克维尔档案编号 2836—2843，即以前的 45A 和 45B 号档案）包含如下章节：关于 1787—1789 的七个章节，每章都有一个与笔记文件扎相对应的索引，一个草稿（缩写为 rubbish A），一份写在单栏的、编页码的手写草稿（缩写为 ms. A），页边有许多笔记和增补，还有博蒙的一份抄本。

两个手写的文件袋里放着关于督政府两章的文本，都经过编号，上面有很多涂抹痕迹，它们被托克维尔题为："共和国如何准备接受一个主子"和"何以这个民族虽然不再是共和的，但却仍然是革命的"。第一个文件袋（缩写为 rubbish B）上写着"前两章的废稿（rubbish），1852 年写于托克维尔城堡。第一共和国的结束"，里面放着十张双面写字的文稿。第二个文件袋（缩写为 ms. B）包含最终稿的四十张文稿（仅正面写字）；它的题名为"共和国如何准备接受一个主子"，在放在里面的一个文件袋上写着"关于大革命的著作中第二卷某章的完备文稿"。

出版

丈夫死后，托克维尔夫人委托古斯塔夫·德·博蒙出版手稿的部分节选。后者首先在《亚力克西·德·托克维尔未出版的作品和信件》（巴黎，米歇尔-莱维兄弟出版社，1861年，卷一）出版了关于督政府的两章："共和国如何准备接受一个主子"和"何以这个民族虽然不再是共和的，但却仍然是革命的"。

博蒙于1864—1866年间出版的九卷本《托克维尔全集》将这关于督政府的两章收入第五卷。

在题为"杂集：关于旧制度、大革命和帝国的历史片段和笔记；游记；想法；从未出版"的《全集》第八卷中，第1128页博蒙出版了"作为《旧制度与大革命》续篇而写的著作中从未出版的七个章节"，涉及国民议会的召集之前的那段时期（pp.55—148）。他还出版了"一部关于大革命的未定题目著作的笔记和思考"，涉及从制宪议会到帝国建立之间的时期（pp.169—225）。

1953年，在《旧制度与大革命。关于大革命的片段和笔记》①中，安德烈·雅尔丹（André Jardin）根据托克维尔手稿出版了关于督政府的两章，关于1787—1789年的七章，一些关于旧制度、大革命、执政府和帝国时期的读书笔记节选，以及一份包含很多思考笔记的资料。这一著作中的文本经过认真的抄写，数量也比博蒙版本中多许多。

本版

这里出版的文本对应于很不同的撰写状况。

在手稿（1788年，Y.Y.文件夹）中，以及在1858年1月12日写给皮埃尔·弗雷隆的信中②，托克维尔都曾提及自己新书中的"第一编"。博蒙将上面带有托克维尔手书题名的文件袋中的七章汇集成一书，并沿用"第一编"的名称。因此，我们将前七章的标题确定为"第一编 大革命前夕公共精神的运动"。这一题目借自托克

---

① 《托克维尔全集》第二卷第二册，Gallimard，1953，pp.31—350。
② "所以我写作时并无激情，但下了大功夫，完成了新书的第一编"（《亚历克西·德·托克维尔全集（博蒙主编）》，卷七，第478页）。

维尔，出现在有关1788年笔记的小档案袋上。

在第一编的结尾，我们附上两部分读书笔记：

— 附录一①包含收录在手写题为"D.D. 1787、1788、1789。多菲内"的文件袋中的笔记。鉴于这一文件夹没有连续的页码，而现在的顺序是博蒙和20世纪的档案家相继排序的结果，我们就根据对托克维尔本人研究中所分析的资料的日期——由托克维尔本人标注，对笔记的顺序进行重新排列。（我们知道，托氏对他研究的每种出版物的日期都极其重视，因为他试图把握的是人心的动荡。）这些笔记有时仅仅是抄录的引文；因此我们就只选择抄写那些完整的分析，如某个资料的分析中出现空缺，我们会用放在方括号中的省略号标示出。

— 附录Ⅱ②包括文件夹C.C.（"1788。关于本年的各项工作"）和文件夹E.E.（"1789。从1月1日直到三级会议召开"）。由于缺少连续的页码，第1129页我们也决定用托克维尔在分析中对资料所定的日期来排序。

在"第二编 大革命"的题目下，我们将看到许多根据托克维尔拟定的提纲③而汇聚一起的笔记。仅有"第三章 大革命在国外取得胜利的原因"这一标题是托克维尔手写的，出现在44号卷宗的一个文件袋上。由于托克维尔没有对这些关于大革命的文件扎进行排序，我们根据所评论事件的顺序对笔记进行排列；按照提纲的说法，这也是托克维尔本人准备使用的顺序。

最后一部分被我们命名为"第三编 拿破仑"，它又分为三部分。第一部分包括关于国民公会和督政府的两章，附录有撰写于不同时间、关于这一时期的"笔记"。第二部分包含关于执政府和帝国时期的草稿；第三部分是一些对大革命进行总结的宏观思考。我们所不知道的是，如果他重新使用这些几乎都完成于研究的最

---

① 本书第507—519页。
② 本书第519—553页。
③ 本书第554—555页。

早期的笔记,他会采用哪种结构。

    在文本各处,我们都可以看到许多托克维尔写给自己的指示("此处插入引言","对此原因进行展开")。这些"指导性注释"(notes de régie)前后由破折号标示出来。[1]

    我们不知道托克维尔会如何命名这本著作。1854 年,他这样向侄子于贝尔解释他的整个写作计划:"你知道,这是关于法国大革命的一本书。不是一部历史,也不是一系列的哲学思考,而是两者的混合。我根据时期追踪着大革命,从其开始直到帝国的崩溃。"[2]在题为"探索"、时间为 1856 年 11—12 月的手稿里,他的意图表述得更清楚。他不想写一本"法国大革命史",也不是一本"大革命的哲学史",那样要对事件的顺序亦步亦趋,而是要写一本对大革命的"思考":我们保留这一题目,它显示出托克维尔和孟德斯鸠及其《关于罗马的伟大与衰落的原因的思考》(1734)之间的传承关系,而且这一题目还清楚地表明他以大线条"描绘"历史以便思考它并做出判断的愿望。

梅洛尼奥

---

[1] 如第 475 页。

[2] 致于贝尔·德·托克维尔的信,《家庭通信集》;《托克维尔全集》,卷十四,第 295 页。

论革命：
从革命伊始到帝国崩溃
（1850 —1858）

最初想法、基本观点、开始时对主题的整体感想

须反复阅读，

以便自己总可以重新回到

思想的轨道上(1856)①。

我的研究主题是：

1. 真实地刻画与其说伟大不如说不同寻常的人，我把这作为研究对象。迄今为止，似乎还没有既忠实又深刻的对人的描绘。这是我的主题新颖的一面。

所有表达出他的思想和情感的一切，也就是说那个真正的"他"应该引起我特别注意。

2. 他从所处时代的事件和舆论的状态中获得的好处。

3. 他使用的手段。

但是我想描绘的——尤其为了他、由于他——，是他在其中扮演主要角色的法国大革命。对大革命进行判断和描述时，要具有一种比此前论述此主题的人更自由的精神，同时又不要忽视伴随大革命始终的启蒙精神；如果能做好的话，这会很了不起，并令人耳目一新。

我还想认真刻画处于大革命进程——人类历程中的这个阶

① **44 号卷宗里的笔记。关于大革命的著作写作计划最早追溯到 1853 年 6 月 26 日，放在档案夹 K 里（参见关于《旧制度与大革命》文本的注释，第 1014 页）：第一章，大革命的整体面貌。第二章，大革命在法国。第三章，大革命在外国。第四章，何以在共和国的末期法国准备接受一个主人。第五章，雾月十八日。**

段——当中的法国的面貌：革命从民族性格中借取的东西，民族性格对革命所添加的东西。如果我能给大革命研究带来精神自由的话，这将是一种崭新的视角。我有能力做到这一点，尤其此时此刻，我与我的时代和国家再无利害关系，没有任何情感能够促使我美化或篡改什么，我除了发现并表达真实别无激情。

456　**探索（56 年 11、12 月）**①

对于大革命历史的前一阶段，这也是大家写得最多的一部分，我认为要尽量少地涉及事实和细节，否则我会陷入其中找不到头绪。然而，选取哪些整体特征和重大问题呢？

给人物安排什么位置呢？他们无疑在初期起到重要的作用。

路易十六，尤其是宫廷。米拉波。

我的头脑被细节纠缠，根本找不到主体思想。

如果我想写——甚至用哲学的方法写——某种大革命初期史，如果我试图得到"思考"（considérations）之外的其他东西，我将一筹莫展。那么，哪些"思考"呢？

何以改革会迅速转向革命？

何以在表面或实际的团结之后会出现强烈的分裂？革命怎能被一场骚乱完成（faite）？巴黎。何以人民会突然变得怒不可遏并成为最强大的力量？

个人何以变得如此无能为力？内战何以不可能发生？

要描述的第一件事情，是从三级会议到占领巴士底狱和立宪会

---

① 保存在 45B 卷宗内的一个档案袋里（A.A.文件夹）的一篇文字表明，托克维尔对于从哪里写起这部关于法国大革命的著作犹豫不决。与这篇文字放在一起的笔记中有一个注释，谈及这一问题：有人说大革命始于攻占巴士底狱。其实那时它已经完成了。为了准备第一章，我要把精力完全放在确定的期间范围内。/1.地方议会的会议记录。/2.选举会议的会议记录。/3.当时的小册子和报纸（报纸的数量很少）。/4.从三级会议召开的当天直到制宪议会的成立时期的资料。/当时的赤字有多少呢？这是当时所有革命愿望所聚集的中心问题/高等法院的斗争是那个时期最值得研究的事件。但是不幸的是，我手头缺少有关那场斗争的会议记录和其他材料。或许可以专门写一章：何以高等法院本来自视力量强大却突然发现自己什么都不是。为什么。或者，把这一点进行某种整体勾画，作为不审慎的、民主的、煽动性的大革命所具有的不仅是革新的而且是崭新的性质。/或许是否最好从三级会议开始呢？尽管没有进入细节，第一卷已经指出之前发生的事情。

议稳定下来的早期阶段。从那时起,大革命就完成了。

那既是本书的开头,也是最难做的部分。我要把所有精力都集到那一时间段上。如果先入为主,我将做不出什么好的东西;而如果从细节出发,将可能会产生主体思想。

对早期阶段,要选定那些导致制宪议会稳固下来的问题。

从那里出发,对国民议会的成果形成判断。在其成果中,梳理出在根本上真实、伟大和持久的东西,然后指出国民议会何以仍然会失败,何以会把一切搞砸。这是我研究的关键部分。

表面上团结一致;良好的愿望,对自由的共同热爱。第一幅画面。①

一旦到达分析和评价国民议会成果的阶段,前景就会明朗起来:一方面要指出,它提出的各项原则的伟大、诚实和瑰丽之处,另 *457* 一方面要指出它缺乏实践智慧,这最终把一切都引入混乱。

何以人们会突然从旧制度进入革命。

或许要首先提出这一个问题:没有大革命,旧制度是否依然会崩溃?②

---

① **一段附加在此文本的笔记**:在对民心的整体描述之后,要对后一点花费笔墨描述:在所有人眼里,那是全人类的一次改变,是有待实现的人类命运的巨大变化。/应该在那里,而不是在其他地方寻找大革命的灵魂。正是在那里,可以看到摧毁法国的旧君主制和世界上所有旧权力的力量;正是在那里,即使在恶贯满盈的恶棍的心里也被混入了荣誉,在可怜人的生活里也夹杂了伟大,让哪怕最自私的人的心灵也被忠诚渗入。要想看到真正面貌中的大革命,就要想象并传达出这一点。/纯粹的个人算计、纯粹的个人情感、贪婪的欲望、个人利益从来不能激起那么多努力。那些感情不论多么激烈,从来都不能让人成就大事。

② **一个附于此文本的笔记**:如何从旧制度一下子进入大革命。我应该将这一问题放在从第一次显贵会议到攻占巴士底狱的期间。从这一刻起,不仅大革命业已形成;它已经具有那些重要的特点:人民的介入;人民的暴力;巴黎掌握一切;残酷性;大革命不仅是民主性,而且是煽动性的。与此相关的革命的症状,是个体的无能为力,内战的不可能……不仅符合人民的利益,而且要通过人民来进行。

第一编
"大革命前夕公共精神的运动"

第一章　在法国大革命即将爆发之际，人们的精神发生的强烈而不确定的动荡①

法国大革命发生前的十年或十五年间，何以整个欧洲都人心惶惶

法国大革命前的十年或十五年间，整个欧洲的人心都陷入无规律、不连贯、奇怪的运动当中，这是许多世纪以来都不曾发生的事情：它是一种奇异的新病表现出来的症状，如果当时的人能看清那症状，他们肯定会为之战栗。②

整体意义上的人之伟大、理性的万能、理性启蒙的无限，这些想法侵入并占据所有人的头脑；在关于整体人类的非凡观念当中，还混杂着一种对人们生活于其中的具体时代和他们厕身其间的社会的一种违背自然的蔑视。③

---

① **Rubbish A 里面有一个第一章的整体注释**：这一段的总体缺点。开始时，它似乎想同时描绘法国和欧洲其他国家。事实上，它谈的不是法国，也不应该谈论法国，因为在整个第一卷(指《旧制度与大革命》——中译注)我都在描绘大革命在法国的准备。只有描绘法国以外的情况，这一章才能引起读者的兴趣，才不会让人感到老生常谈。因此，要在开始时说这样的话：我此前说的关于法国的很多事情可以适用于整个欧洲大陆。

② 1854 年 8 月，托克维尔在波恩与德国历史及文学教授约翰·威廉·洛贝尔(Johann Wilhelm Lobell)进行了交谈。他在交谈后写道："**一般观念**：我们可以从整体上说，这种人心的普遍骚动，这种对过去的制度的隐秘反抗，对未来不稳定的想法——这成为法国大革命前的德国的特征，所有这些都扩散在整个德国文学中，而不是在某本书中去寻找。那是大环境，所有人都呼吸其中，歌德年轻时代的作品都带有明显的痕迹。(维特[《少年维特之烦恼》，1774]以及另一部我忘记名字的作品)"(44 号卷宗)

③ **在 ms. A 里，上面这段话末尾的页边写着**：这里是世界主义(取代爱国主义的新词)，对人类的爱代替了对国家的爱。

人们对人类既感到无比自豪，又奇怪地对他们的时代和国家感到自卑。对他们特有的机制、他们的传统风俗、他们父辈的智慧或美德，各个时代和国家的人们都会具有自发的热爱和可谓无意识的敬畏之心，但在当时整个欧洲大陆上，这在有教养阶层身上都几乎看不到了。

460　　各地的人们都在谈论政府机关的积贫积弱、结构松散与滑稽可笑，谈论同时代人的流弊，谈论社会的堕落和腐败。①

有关厌恶时代的引文

厌恶时代的根本原因是，人们隐约感到不久后要发生变化，却无法想到确切的时间与方式。

——所有这些甚至表现在小说里。雅各比于 1780 年前后发表的那部以《沃尔德马》为题的哲理小说，尽管极其拙劣、幼稚可笑，在当时却造成很大的影响，因为这种滑稽属于那个时代，一切都充满对那个时代的嘲讽和对即将到来的灾难的预言：

"现在社会的状态只能让我想起一潭凝滞的死水，这就是我为什么渴望来一场滔天洪水，甚或蛮族的扫荡，以期能把这臭气熏天的沼泽冲刷干净，露出一尘不染的茫茫大地。"②这是我能看到的唯一药方，我期待它有一天真地实现。卷一，第 154 页。

听到这一席话，赫尼希（Hornich，一个脚踏实地的人，小说里的次要人物）吓得不知所措：那话的确惊世骇俗。我相信，如果小说作者的确相信存在蛮族入侵的危险，他会比他笔下的人物更加惊恐不安。

小说发生在一座漂亮的乡下房子里，一些富人在那里举办开放的文学沙龙，他们无休止地高谈阔论，表达柔情，激动，争论，每天

---

① **在 ms.A 中该段落的结尾处，托克维尔指出：此处……引言……文件夹 A.A.，第 31 页。我们根据该文件夹的内容对补充了随后的段落，直到"我们不要认为"（第 461 页）。**

② 弗里德里希-海因里希·雅各比（Friedrich-Heinrich Jacobi, 1743—1809），德国哲学家，代表作《沃尔德马》（Woldmar，1779，两卷）。托克维尔参考的为罗贝尔·H.德·范德堡（Robert H. De Vandelbourg）的法语译本（巴黎，共和国四年[1795—1796]，两卷，十二开，卷一，第 154—155 页）。

在想象里挥洒眼泪,并以此消磨时日。

接着:"我们生活在机制和形式的废墟之上;在恶魔般的混乱中,到处都展示出一派腐败和死亡的景象。"①(……)

没有什么比这能更清楚地告诉我们,某种安逸、动荡、充满文学色彩的社会的所有怪癖(进行哲学思辨、分析情感、把世界变得繁琐化的激情,玩伤感,激烈的风格)蔓延到整个欧洲。这本书以沉闷而笨拙的德国手法,夸张地传达出当时法国的精神——

——发觉人们正在走向某种社会巨变的人,并非王公、大臣、行政官员,总之不是那些以各种身份决定事务细节的人。认为可以用其他方式治理国家,摧毁已经持续很久的东西、代之以一种仅存在于少数作家脑袋里的东西;认为可以推翻当下的秩序,并在无序和废墟之上建立一种新秩序——在他们看来,这一切都是可笑的幻觉。对他们而言,可能发生的事情顶多是现状的逐渐完善。我惊奇地发现,在那个时代的行政信件中,精干而富有先见之明的官员们在制定计划、调整措施,提前安排将来对权力的使用,哪怕到那时他们服务的政府、他们运用的法律、他们生活的社会和他们自己都已不复存在。

那些被认为聪明而实际的人通常会犯这样的错误,那就是他们继续根据规则来判断那些目标恰恰是破坏与改变规则的人。然而,在激情开始控制人类事务的时候,与富有经验和学识的人们的想法相比,我们更要注重占据梦想者头脑的东西——

对于这种厌恶时代和自己国家的感情,我们将其视为一种肤浅、暂时的东西,事实上,它已经不可思议地占据着几乎所有人。十年之后,当法国大革命已经让德国遭受了伴随着破败和死亡的各种激烈变化时,一个……[原文如此]的德国人在回首往事时,这样表达内心的感受:"过去存在的,已经破产。在这废墟之上将耸立什么样的新建筑?我不知道。我只能说,最可怕的事情莫过于,历经恐怖时代之后,过去那个萎靡的、各形式都已破产的时代再次

461

①　雅各比,《沃尔德马》,第277—278页:"这是我们已知人类形式的命运:它们全都被摧毁了,而且我们就生活在它们的碎片中间;这种可怕的混沌状态在各处都展示出腐败和死亡的画面。"

复生。退回第一幕，这不是我们演戏的方式。往前走啊！"

"是啊，老门面总会塌掉的。"①跟他交谈的人（一位权贵）说。

法国大革命前的十到十五年间，几乎整个欧洲都是极其繁荣的时代。实用技艺在各地都获得发展；物质享受的需要深入人心；满足人们需要的工业和商业到处都变得更加完善，不断扩张。看起来，随着人们的生活变得日益充实和耽于声色之乐，人类精神应该摆脱以人和社会为对象的抽象研究，越来越专注于日常的琐事。今天就是这种情况。当时的情况却恰恰相反。整个欧洲几乎都和法国一样，所有的知识阶层都在进行哲学思辨、讲授教义。甚至那些习惯和工作都与此类活动格格不入的人，一旦有闲暇也会乐此不疲。在商业最发达的德国城市里，如汉堡、卢贝克、但泽，许多店铺老板、工场主和商贩都会在结束一天的工作之后，聚在一起高谈阔论，纵论人类生存、处境和幸福这样的大事。连女人们虽然家务琐事缠身，有时也会思考我们生活中的这些大问题。②

我们会说，每个人都想摆脱个人事务的束缚，时不时地只思考

---

① **文本在这里中断。在 ms. A 里，本页下端有几个关于如何展开的指示：**文学生活，文明社会/空中的精神/德国的文学革命/光明异端派。超自然之物。美国的革命。/英国也无法摆脱这种普遍的传染病。但它只能根据自身的特性感受到这种传染。**接着的一页纸上写着：**在描绘这种东西之后，再完全返回我自己这里：那一切都是什么？是一种无缘由的状态吗？还是纯属人心的反复无常？［……］何以人心隐隐的危机会突然在法国变成一种明确而坚决的政治激情。/何以这种激情首先是一种对自由的热爱。/何以上等阶层首先感到这种激情并启动大革命。

　　1856 年，托克维尔阅读了法学家克莱门斯-特奥多尔·佩尔特斯（Clemens-Theodor Perthes, 1809—1867)讲述其父弗里德里希·克里斯托弗·佩尔特斯（Friedrich Christoph Perthes, 1772—1843)生平的传记：《弗里德里希·佩尔特斯的生平，通过书面和口头记录而写》(*Friedrich Perthes Leben*, *Nach dessen Schriftlichen und Mündlichen Mittheilungen Aufgezeichnet*, Hambourg & Gotha, 1848—1855, 3 vol.)。引言出自卷一，第 178 页。关于佩尔特斯，托克维尔在卷二第三章中有较多引述；关于破坏欲持续的时间，参见卷二第三章中对霍伊瑟尔的摘抄，第 630 页。

② **ms. A 中该段的页边写着：**仔细描绘这一点。如有可能找到一些引文。这可以让画卷更富有生气。这段文字受到《弗里德里希·佩尔特斯生平》的启发，见卷一，第 58 页(见 461 页注 1)。

人类的大事。

同在法国一样，哪怕在那些最不得闲的人们的生活里，文学的乐趣都占有非常重要的地位；无论在小城镇还是在大都市里，一本书的出版足以成为大事。一切都成为好奇的对象，一切都能引发热情。人们的灵魂里似乎已积累起激情的宝库，只是蓄势待发。①

一个环游世界的旅行者是所有人关注的对象。福斯特——詹姆斯·库克的随从之一——于1774年返回德国之后，受到人们热情的接待。哪怕最小的城市为他的到来欢呼雀跃。人们对他趋之若鹜，渴望听他亲口讲述他的冒险故事；而他们尤其希望听到听他讲述他走过的未知国家和他曾生活过的风土人情。人们不禁要问，那些人野蛮的纯朴与我们的财富和艺术相比孰优孰劣；他们的本能是否能和我们的美德相提并论。②

巴泽多③是一个被开除教籍的路德派教士，他无知、爱争吵、酗酒成性，仿佛是路德的漫画像。他想象出一种新的学校制度，而且据他说，那制度能改变他的同时代人的思想和风俗。他用来宣讲该制度的语言虽然粗俗不堪，却激情澎湃。他特别指出，他的目的不仅仅是为了改变德国人，而是为了改变整个人类。人们只需要遵行简单易行的方法就可以达到目的，他们将轻而易举地变得睿

463

---

① **手稿 ms. A 中该段的页边写着**：这跟今天的人不一样，如今的人们都唯利是图，对日常的工作感到厌烦，退缩到自己家里，满脑子只想吃喝和睡觉。

② 约翰·乔治·亚当·福斯特（Johann Georg Adam Forster, 1754—1794），德国博物学家。1772 年他父亲作为博物学家参加库克的第二次远征，他陪同前往，事后发表一部游记：《世界环游记，在 1772、73、74、75 年间，乘坐詹姆斯·库克船长带领英王所属单帆桅船"决心号"》（*A Voyage Round the World in His Britannic Majesty' "Resolution" Commanded by Capt. James Cook*, *During the Years 1772*, 3, 4, 5, B. White, J. Robson, P. Elmsly & G. Robinson, London, 1777）。此处，托克维尔从福斯特的妻子特雷泽·许贝尔（Therese Huber）为其夫所写的传记的一个片段中得到启发（《约翰-乔治·福斯特通信，包括几个关于他生平的消息》[*Johann-Georg Forster Briefwechsel. Nebst einigen Nachrichten von seinem Leben*, Leipzig, 1828—1929, 2 vol.]；卷一，第 60 页）。

③ 约翰·伯恩哈德·巴泽多（Johann Bernhard Basedow, 1723—1790）德国神学家、教育家。1774 年，他在德绍创建"博爱堂"（Philanthropinum），是面向六岁儿童到十八岁青年的寄宿学校，也是面向教师的研讨班。同年，他发表关于基础教育的教程《初等教育指南》（*Elementarwerk*）。——中译注

智而富有道德。很快，整个德国为之振奋：王公、大臣、权贵、资产者、法官和自由城市都对革新者伸出援助之手。最显赫的王族和最高贵的夫人都给巴泽多写信，谦卑地征求他的意见。家庭主妇纷纷把他的著作放到她们孩子的手中。在整个德国，由梅兰希通建立的学校已经衰败不堪。以培养人类革新者为宗旨的中学被创建起来，名字为"*博爱堂*"；他迅速名声大噪，但也很快销声匿迹。热情消退了，所有精神却陷入动荡和困惑中。我们很难想象这样一个人物可以制造这样的影响，除非我们知道，革命期间革新家的力量更多地来自他们偶然在群众的灵魂里遇到的反响，而不是来自他们自己。

我们知道，在法国大革命前夕，欧洲各处都充满着五花八门的协会和秘密会社，它们有些是新成立的，有些的名字长期以来已经被人们遗忘了。斯维登堡①的门徒，马丁教派的追随者、共济会会员、光明异端派、蔷薇十字会、原教规修会的信徒、动物磁气学说的信徒，以及上述教派的许多变种。②

---

① 斯维登堡（Emanuel Swedenborg, 1688—1772），瑞典科学家、哲学家和神学家，他鼓吹一种具有唯灵主义的自然哲学，具有神秘主义倾向，在当时和后世的影响较大。——中译注

② 托克维尔的读书笔记中有他查阅某些讨论光明异端派的作品的记录：玛丽-尼古拉·布耶（Marie-Nicolas Bouillet），《历史和自然百科辞典》（*Dictionnaire Universelle d'histoire et de Géographie*, L. Hachette, 1842）；亨利-巴蒂斯特·格雷古瓦（Henri-Baptiste Grégoire, dit Abbé Grégoire），《宗教邪教史，从上世纪初迄今在世界各地产生、变化、灭亡的邪教》（*Histoire des Sectes Religieuses qui, depuis le Commencement du Siècle Dernier jusqu'à l'époque Actuelle, sont nées, se sont Modifiées, se sont éteintes dans les Quatre Parties du Monde*, Paris, Potey, 1810），第二卷；让-约瑟夫·穆尼埃，《论被认为是哲学家、共济会和光明异端派造成的对法国大革命的影响》（*De l'influence Attribuée aux Philosophes, aux Francs-Maçons et aux Illuminés sur la Révolution de France*, Tübingen, J. G. Cotta, 1810）；奥诺雷-加布里埃尔·里克蒂（Honoré-Gabriel Riqueti）、米拉波伯爵，《论弗里德里希大帝时期的普鲁士君主制》（*De la Monarchie Prussienne sous Frédéric le Grand*, Londres et Paris, Lejay, 1788, 8 vol，第三卷作者署名为米拉波，实际上却由莫维永[J. Mauvillon]和蒂博·德·拉沃[J. Thibault de Laveaux]撰写，其中有专章论述秘密社团）。

许多教派在创立时都仅仅关心成员的利益。但是它们全部都宣称负责全人类的命运。它们中的大部分在创立时不过是纯粹的哲学或宗教学说,但它们无一例外地全都转向政治并很快就陷入其中。它们的手段各有不同,但它们共同的目标却都是复兴社会和改革政府。医生证明,在流行病时期,所有的个别疾病都会最终显示出主要疾病的症状。同样的现象在当时也表现在精神领域里。

另一点也值得注意:在那个时代,科学变得更准确、更可信,神奇现象信誉扫地,不可解释的现象很轻易就被认为是虚假的,在一切方面理性都宣称取代权威,现实取代想象,自由追求取代信仰。心智的主要部分都是朝着这个方向前进的;然而,在我刚刚提及的那些教派中,无不触及不可见的世界。它们最终都会从多个方面进入到某种虚幻当中。在这些教派中,一些从神秘想象中吸取营养,另一些则相信发现了改变某些自然规律的秘密。在这一运动中,任何热情都不乏追随者,任何梦想者都不乏倾听者,任何招摇撞骗者都不乏信仰者。没有什么能比这更好地表现当时人类精神所处的骚动不安的状况,它像一个四处漂泊的旅行者那样找不到道路,有时非但没有前进,反而突然掉头往回走。

光明异端派的信徒尤其集中在上层阶级。

今天的秘密会社成员主要是贫穷的工人、无名的工匠、愚昧的农民。而在上述的时代里,那些组织里只有王公、望族、资本家、商人、文人。1786 年从光明异端派的首领魏斯豪普特家中搜出来的秘密文件上,写有这样的极端无政府主义的原则:私有财产被认为一切罪恶的根源,他们宣扬绝对的平等。人们还在那些档案里发现了信徒的名单:上面写的全都是最著名的德国人的名字。①

那个时代的许多人都察觉不到他们经历的奇怪的社会震荡的

---

① **在手稿 ms. A 中,本页出现在 466 页的第一段之后,它以这样的话作为结尾:** 那就好像施洗约翰在沙漠深处呼喊,新的时代即将到来。**在此之前的页边上有用方框圈着的一句话:** 我认为有必要删除这个过于笼统的想法,而是要抓住其背后的独特事件。因此要将它放到第七页。**因此,我们根据托克维尔的指示对结构进行了修改。**

465 普遍原因,而只是将其归结为秘密会社的阴谋。似乎某种特别的阴谋就足以解释整个现存体制的毁灭。

秘密会社肯定不是大革命的原因,但是必须将它们视为革命临近的最显著信号之一。

美国

人们错误地认为,美国革命仅仅在法国引起人们深深的同情;其动静传遍到欧洲的各个角落;各地都将它视为一种信号。那个三十年后积极参加德国反抗法国的起义、直至全副武装地进入巴黎的斯特芬斯[1]教授,在回忆录中这样回忆他的童年时代[2]:

——他父亲在埃尔瑟诺伊尔(Elseneur)当医生,晚上回家,向年幼的孩子们讲述美国革命的事件(海因里希当时有七八岁):"在得知美国革命的重要性之后,我极其敬佩那个勇敢争取自由的民族……签订和平协议、自由得以确保的那一天在埃尔瑟诺伊尔发生和海港里发生的事情,我记得清清楚楚。那是一个晴天,海港里停着各国的船只。前一天晚上,我们就焦急地等待着白天的到来。所有船只都被装饰得像节日一般漂亮,桅杆上装饰着长长的彩带,到处都覆盖着旗帜;天空万里无云,彩带和旗帜在风中轻轻飘扬;隆隆的炮声和聚集在甲板上的船员发出的阵阵欢呼使这一天成为节日。我父亲邀请他几个朋友来家里就餐;我们庆祝美国人的胜利和民众自由的实现;在这欢庆的氛围里,也有人对伟大胜利后的前景表示隐隐的悲观。那是在一个血腥的日子后的温柔而光明的晨曦。我父亲想让我们感受政治自由的情感。一反家族的常规,他让我们到餐桌上与客人一起就餐;他试图让我们理解我们刚刚见证的事件具有重大的意义,并让我们和宾客们一起为新生的共和国的健康而干杯。"——

---

① 海因里希·斯特芬斯(Henrich Stephens, 1773—1845),德国作家、哲学家,代表作为《我的经历。回忆录节选》(*Was Ich Erlebte. Aus des Erinnerung Niedergeschrieben*, Breslau, J. Max, 1840—1844, 10 vol.)。在此处,托克维尔引自卷一,第78页以及79—80页。

② **文本在此中断。页边写道:翻译这段话。根据 A. A. 文件夹中的笔记,我们确定采用破折号之间的那段话。**

第一章　在法国大革命即将爆发之际，人们的精神发生的强烈而不确定的动荡

在那些居住在老欧洲的偏僻角落里的人们当中，虽然有许多人为这个新世界的小民族获得独立而感动，但是谁都预料不到该事件将带来的后果。极少人知道这样一次强烈的感动会给他们的内心带来什么；但人们全都感到激动，把那遥远的声音视为一个信号；而信号的内容，他们却不得而知。那仿佛是施洗约翰①从沙漠腹地发出的呐喊：新的时代即将来临。

请不要试图在我讲述的故事中寻找个别的原因；它们全都是同一种社会疾病的不同症状。旧的制度和权力已不再完全符合新形势，不再符合人们的新需求。

因此，这无法名状的不适感让上流社会和普通民众都觉得他们所处的环境令人无法忍受。因此，尽管谁都不曾试图变革，尽管谁都不知道改变将如何发生，这种关于变革的普遍想法还是进入所有人的脑袋里。一种内部的、无动机的运动似乎正动摇社会的全部公共生活，同时又动摇着每个人熟悉的想法和习惯。人们感觉到已经站不住脚了。但是他们还不知道自己将往那边跌倒。而且整个欧洲都上演一出大戏，巨大的人群正经历着坠落前的摇晃。②

---

① 《新约》福音书中给以色列人施洗、宣告耶稣到来的人物。——中译注
② 在 rubbish A.中的第一个版本中，这一段话是这样写的：整个欧洲像一个在凌晨醒来的营地，在太阳升起照亮前行道路以前，大家都吵吵嚷嚷、骚动不安。

第二章　人心的隐约骚动何以在法国 突然变成一种明确的激情? 开始时这种激情以什么形式出现?

（与绝对权力斗争，显贵）

1787 年，我前面描述的人心骚动，在漫无头绪地搅动整个欧洲很长时间之后，在法国突然变成一种明确的、有清晰目标的激情。①

但实在奇怪! 开始时，它的目标并非法国大革命要达到的目

---

① 手稿此处插入一个更详细的读书笔记，受到《两世界杂志》上的文章"关于斯塔尔大使夫人的新资料"的启发（A. Geffroy，《Mme Staël Ambassadrice，Avec des Papiers Inédits》，*Revue des Deux-Mondes*，1er Novembre 1856，pp.5—43）：大革命前夕的公共精神的运动：1.首先是一种强大的、普遍的改革愿望，一些激烈却潜在的、不明确的、无明确目标的阶级激情，这些激情对自我没有明确的意识，仿佛在社会和政治的停滞中沉睡似的。那就是旧制度的结束，我以前的研究停在这里。/天启光明派就应该被放在这里，1 号和 2 号之间，那是其进一步发展的阶段。/2.但是在 1787 年，这种对立精神、创新精神、危机精神，在各种事务中表现得明确清晰。它从模糊的对立发展到明确的斗争。它强烈地指向某些人、某些事；对某几位大臣的仇恨，对几个人的热爱；它尤其是宫廷里的战斗，"宫廷"这一含糊的词语仍然掩藏着整个旧制度。/3.在三级会议召开前进行的关于其构成的讨论中，阶级的仇恨、嫉妒突然获得明确的形式，表现出极端的暴力。人心深处显露出来，大革命的真正的、根本的特点浮出水面。/然后就开始1789 年和陈情书。随着出现这样一个宏伟的目标，一时间人心安静下来、崇高起来。于是，阶级仇恨和嫉妒似乎短时间内已被遗忘，而只考虑即将进行的事情之宏伟，大家共同努力的未来之美丽。这样，才会出现那些大公无私的、慷慨的感情，才会出现那种令人震惊的同心协力精神。人们远远地、在黑暗里互相伸出双手。一旦天色大白，人们互相靠近、面对面出现在眼前，然后互相拥抱。

第二章　人心的隐约骚动何以在法国突然变成一种明确的激情？
开始时这种激情以什么形式出现？

标；最早、最强烈地预感到这种新激情的，恰恰是大革命必须吞噬掉的那些人。

实际上人们提出的并非权利的平等，而是政治的自由；①那些先于其他人行动并撼动整个社会的法国人，并不属于下等阶层，而是来自上层。在波及下层民众之前，这种针对旧王权和旧主宰的新仇恨，首先影响到了权贵、教士、法官以及享有最多特权的资产者，总之是在整个国家中除国王外最有能力反抗他、最有希望与他分享权力的那些人。

显贵②

1787 年，迫于财政的窘迫，国王路易十六将各大亲王以及权贵、教士以及上层大资阶级召集起来，开一次显贵会议，并把国家的局势跟他们摊牌；对这些我就不再赘言。我在谈论而非叙述历史。③

---

① **手稿 ms.A 中该段的页边写着**：为什么首先产生的是对专制主义的仇恨？这是人们心中会问的问题，重要的是能用寥寥数语立即给出一个令人满意的答案。这是上层阶级可以运用的唯一的政治激情，但这不过是转移了问题的困难之处：因为，为什么是上层阶级开始的革命呢？//1.在普遍不适的情况下，人们最可能达成一致的一点就是对政治权力的斗争，这个权力维持了所有约束人和约束所有人的事物。/2.因为富人和权贵比所有其他人都更强烈地感受到这种不适，自然只能以这种方法来表达出来。/所有这些都具有玄学意味，而且由于不太让人印象深刻而不足以放在最前，此外很难用一两句话概括。

② 托克维尔此后展开的主要资料来源是让-皮埃尔·帕蓬神甫（Abbé Jean-Pierre Papon）的著作，《法国政府的历史，从 1787 年 2 月 22 日显贵会议的召开到同年 12 月底为止》(*Histoire du Gouvernement Français depuis l'assemblée des Notables Tenue le 22 Février 1787，jusqu'à la Fin de Décembre de la même Année*，Londres，1788)，他说这本书"写得好，并且是站在政府的一边，这在当时很少见"（45B 号卷宗）。

③ 从菲利普-约瑟夫-本雅明·比谢（Philippe-Joseph-Benjamin Buchez）和普罗斯珀-夏尔·鲁（Prosper-Charles Roux）的著作《法国大革命中议会的历史，或从 1789 直到 1815 年的国民议会的记录》(*Histoire Parlementaire de la Révolution Française ou Journal des Assemblée Nationales depuis 1789 jusqu'en 1815*，Paris，Paulin，1834—1838，40 vol.；t. I，p.480）中摘抄的一个笔记（45B 号卷宗，B.B.文件夹）对显贵会议的组成做了说明：1.大约九个重臣（pairs de France）；2.二十个普通权贵（nobles sans rang）；3.八个国务秘书；4.四个司法审查官（maîtres des requêtes）；5.十个元帅；6.十三个主教或大主教；7.各法院的第一院长，约为十八个；8.其他法官，总察长或其他最高法庭院长；9.各大城市的长官，约二十二个；10.三级会议省的代表，约十二个（勃艮第、郎格多克、布列塔尼、阿图瓦）；大约 125 个或 135 个人，包括王族以及那些不是第一院长的法院法官。"

19

亨利四世早就用这个办法来推迟三级会议，在民族缺席的情况下为其意志获取某种公共支持；但是时代变了。1596 年，法国刚刚从长期的革命中走出来，对自己的努力感到疲惫，对自己的力量也缺乏信心；它只求有时间休息，要求首领们只要假装尊重它就够了。显贵们轻而易举地就让人们把三级会议抛诸脑后。1787 年，他们突然在人们的记忆里激活了三级会议的形象。

468　　　在亨利四世的时代，那位君主号召并咨询的阶层①仍然控制着整个社会；那些阶层有能力限制它们引发的运动，它们虽然抵抗国王却仍然支持王权。但是在路易十六时代，同样那些阶级却只保留了权力的外表；我们知道，它们已经永远失去了权力的实质。它们变成某种空壳，虽然貌似强大，实际上却不堪一击。它们仍然可以搅动民众，却已无力领导他们。

由于这种大变化发生得悄无声息、难易察觉，还没有人能看得清楚。最主要的当事人都还对变化一无所知，甚至连他们的对手②都将信将疑。整个民族都被排斥在它自身的事务之外，对自身只有一种模糊的认识。

显贵成为反对派。舆论全都支持他们。

从被召集起来的那一刻起，显贵们就忘了，他们不过是受国王委派的人，是被他选中给他提出建议而非教训的人；他们做起事来就好像他们是民族的代表似的。③他们大胆地批评，对法规横加指责，并攻击其中的大部分措施，而事实上人家只期待他们让这些措施的执行变得更顺畅。人家寻求他们的帮助，最终却遇到他们的反对。④

---

① **手稿 ms.A 中该段的页边写着**：王公、大领主、主教、富裕的资产者。

② **在手稿 ms.A 中的初稿中写为**：革新者。

③ **在手稿 ms.A 中的初稿中写为**："作为选举出的议会"。

④ 读书笔记(45B号卷宗，B.B.文件夹)："**路易十六累计所犯的错误**：清单庞大，但是有必要从中选出最主要的。/1787.1.当他准备求助于一个全国委员会，即显贵会议，那就等于求助于公众的意见；他不明白，要紧的不是提出一些受欢迎的措施，而是要由一个受人欢迎的大臣推出措施。在一个自由国家的政府里，这是最起码的知识。他选择了卡洛纳，但眼看后者将事情搞砸之后，他就撤了他的职，这样他就既失去了呼吁民众所能带来的利益，也失去了仍然在他掌握之内的绝对王权。/2.召集一种议会以征求其对财政的意见，但他没有预先应对人们可能会提出的获得相关信息的要求，相信这个议会能帮助他调补亏空，却连这个亏空的程度也不愿意让它知道。哦，经验欠缺啊！

第二章　人心的隐约骚动何以在法国突然变成一种明确的激情？开始时这种激情以什么形式出现？

政府徒劳地试图奉迎民主激情，公共舆论反对政府。①

公共舆论很快就沸腾起来，并且全都站在反对派的一边。人们的演讲和文章都为他们声援。于是，我们看到奇特的一幕：一个政府出台许多为民众谋福利的措施来努力赢得民心，但却无法获得支持，而一个议会在公共舆论的支持下反对那些措施。

政府建议改革沉重甚至残酷地压在民众头上的盐税。它试图废除劳役，改革军役税，取消上层阶级已被部分免除的二十分之一税。政府提出一种土地税，以取代这些被废除或改革的旧税赋；那是一种与今天的土地税具有相同基础的税赋。它将妨碍商业与工业发展的国内税卡推到国境线上。最后，本来是总督在管理各个省份，现在政府想创立一种选举性的议会，与总督并列甚至几乎要取代总督，这个议会的职责不仅是监督各种事务，而且在大部分情况下能决定事务。②

所有这些措施都符合时代精神；所有这些措施要么遭到显贵的抵制，要么被迫延迟。但总是政府不受欢迎，而显贵则获得舆论的支持。

由于担心别人不理解，大臣卡洛纳在一份公开文件中进行解释，说新法律的结果将减轻穷人的部分税赋并将其转移到富人的头上。他说得没错，却依然不得人心。在另一个场合，他说："教士首先是公民和臣民。他们必须和其他人一样纳税。如果教会负了债，它就要卖掉部分财产以清偿债务。"③这就把矛头指向了公众精神最敏感的部分。但是他自己却似乎毫无察觉。

---

① **手稿 ms. A 中该段的页边、在副标题之后写着**：有关这一点的证据：有人提议一些符合现代精神和大革命精神的措施，但最后在民众的支持下被拒绝。/如有可能，最后在这里插进关于省议会的文字，它表明当时人极其无知。我怀疑肯定要打断叙事，否则无法写。/本章的唯一目的是突出革命初期的精神，反对政府的斗争，对政治自由的热爱，对绝对政府和专断的仇恨。要努力达到这一目的。

② **一个卷宗（第44号）里有许多散乱的思考，其中的一份笔记写着**：何以在1787年君主制还很完整的时候，在显贵会议通过的关于省级议会的法令里（在这一点上，显贵们和政府达成了一致），人们拆除了君主制的全部旧材料。但是所有人都似乎没有表现出他们在打击君主制，甚至没有人察觉到这一点。

③ 夏尔-亚历山大·德·卡洛纳（Charles-Alexandre de Calonne）的回忆录，1787年3月7日，此处并非逐字引用，转摘自帕蓬神甫所著《法国政府史》，第36—37页。

对于军役税的改革,显贵也表示反对,说这项改革的实行只会给其他纳税人带来新负担,尤其加重权贵和教会的负担,而这部分人在税收方面的特权已经差不多被取消了。他们以某些省份的特权为由断然否定废除国内关税,认为这些省份理应享受很多照顾。他们虽然高调赞同设立省级议会,他们至少还希望,在这种地方小团体里,不要把三个等级混在一起,而是让他们分别开会,而且主席一定要是一位乡绅或高级教士,用某些官员的话说:"因为,如果这些议会不接受上层等级开明头脑的领导,它们就会趋向民主政治。"①

然而,显贵把他们的盛名一直保留到最后。不仅如此,他们的名声还与日俱增。人们给他们鼓掌,鼓励他们,支持他们。他们进行反抗的时候,人们用巨大的呼喊推着他们进行斗争。而国王急忙打发他们走人,但却感到有义务感谢他们。

据说,某些显贵对公众的厚爱和他们突然获得的力量感到吃惊。

假如他们预见到后来发生的事情,他们会吃惊得更厉害。因为,他们在舆论支持下进行抵制的东西,即那些他们拒斥或推迟的新法律,恰恰建立在那些日后因大革命而取得凯旋的原则之上;他们用来反对政府推出新事物的那些传统制度,恰恰是日后被大革命打倒的对象。

显贵赢得民意的原因,不是他们展开反对的形式,而是那种反对本身。他们批评权力滥用,谴责挥霍浪费,让国王汇报他的花销;他们讨论国家的宪法性法律,讨论限制国王无限权力的基本原则,而且尽管他们并没有明确呼吁整个国家通过三级会议处理事务,却时刻向人们提醒这一思想。

那已足够了。

很长时间以来,政府患上了一种疾病,就是那种试图掌控一切、预料一切、操纵一切的权力的常见却无法治愈的疾病。政府对一切都承担责任。无论人们因为抱怨的对象不同而产生多大的分歧,大家都很愿意聚在一起指责政府;在此之前,那还只是一种人

---

① 此处并非逐字引用,转摘自帕蓬神甫所著《法国政府史》,第23页。

第二章　人心的隐约骚动何以在法国突然变成一种明确的激情？
开始时这种激情以什么形式出现？

心的普通倾向，这时却突然变成一种普遍的、澎湃的激情。与破产体制不断接触而产生的所有隐秘的痛苦——那些体制的碎片无处不在伤害思想和风俗，所有被压抑的愤怒——在分裂的阶级当中这些愤怒在有争议的身份、在可笑的或压迫性的不平等中得到滋养，这些痛苦和愤怒均把矛头指向政权。很长时间以来，它们都在寻找一条发泄的途径。一旦途径打开了，它们就会盲目地冲过去。那不是它们的自然道路，却是第一条出现的道路。一时间，对专断的仇恨变成法国人唯一的激情，政府成为共同的敌人。

第三章　高等法院如何借助
先例推翻君主制

（高等法院反抗宫廷的斗争，从早期
显贵会议的结束到 1788 年 9 月）[1]

当时的人仍然生活在封建政体的废墟之上。封建政体是一种掺杂着专断、暴力和重大自由的政府。在其法律之下，人们的行为常常受到限制，而话语几乎经常是独立而高傲的。

在那种政体里，国王总是行使立法权，但从来都不是毫无限制。在法国，在重要的政治议会停止召集之后，高等法院就部分地

---

[1]　一个读书笔记（第 45B 号卷宗，Y.Y. 文件夹）给出时间表："**政府和法院之间先后进行斗争的不同领域。**／为了更好地理解几组事件，有必要列出简表：／1.首先，在最早的几次显贵会议之后，我认为所有法院都反对征收印花税和土地税（impôt territorial）。"／2.在被流放到特鲁瓦之后，巴黎法院同意接受以新形式征收的 1/20 税，但其他法院（我认为是大部分法院）并不接受此种折中措施，仍然拒绝注册 1/20 税。／3.此外，省级议会的法令虽然已经通过巴黎法院以及**大部分**其他法院的注册，却在某些法院仍然遭到强烈抵制，尤其在波尔多法院以及多菲内法院。／4.1787 年 11 月召开关于借款的御前会议，会后奥尔良公爵被流放，巴黎法院的两个成员遭逮捕。几乎所有法院都站到巴黎法院的一边，并就个别事件尤其就国王密札向政府抗议。／5.1788 年 5 月围攻法院。武力逮捕德普雷麦斯尼尔（D'Eprémesnil）是这场斗争中的大事，却并没有引起其他法院的干涉，原因是政变或随后于 5 月 8 日进行的御临高等法院会议（lit de justice）。／6.这次政变迫使所有法院关门，法院所在地被军事占领，各家法院都怒不可遏，只能不定期地召开临时性的会议。

取代了它们；在把国王发布的新法律登记入被国王作为法规的法典之前，高等法院会向国王表达反对意见并阐述自己的观点。

许多人花很长时间去追寻，这种司法权对立法权的部分篡夺源于何处。答案只能在时代的普遍民情当中寻觅。普遍民情无法忍受——甚至不能想象——某种不允许人们对是否服从进行讨论的绝对的、隐秘的权力。法院这种机构并非经过深思熟虑才产生的。它同时地、必然地源自国王本人和臣民的思想与习惯。

在被执行之前，法令会被带到高等法院。国王派来的官员阐述法令的原则和好处；法官则对它展开讨论；这一切都是在公共场合大声进行的，具有中世纪制度所特有的阳刚之气。有时，法官多次派代表去见国王，请求他修改或收回法令。偶尔，国王会亲临法院；他允许别人在自己面前大声地、激烈地辩论他推出的法律。但是到最后，当国王要表述意志之时，一切都会恢复平静和服从，因为法官承认，他们不过是国王的高级官员和代表，职责是给国王启发而不是限制。

472

高等法院的独立体制

1787 年，人们所做的不过是严格遵循君主制下的古代先例。破旧的政府机器被重新发动开来，但人们很快就发现，那机器依赖的是一种新的、不为人知的发动机。结果它不是让机器转动，而是将其毁坏。

国王按照规矩，让人把新法令①送到高等法院，而高等法院则

---

① 这里指的是 1787 年 6 月 17 日颁布的法令，托克维尔在读书笔记上予以列举："1.关于谷物自由贸易的法令。2.关于劳役转化为金钱税的法令。3.关于省级议会。4.土地税（subvention territoriale）。5.印花税。各法院表示，对接受前两个法令无异议，对第三个接受但要进行修订，但拒绝注册后两个法令。"——在 1787 年 7 月 16 日的谏净书中，巴黎法院批驳了印花税，并要求提供支出和收入的清单。7 月 24 日的谏净书援引查理五世和亨利四世，要求召开三级会议。在 8 月 6 日国王亲自主持的御临会议之后，国王不得不于 14 日将巴黎法院放逐到特鲁瓦（Troyes），并让财税法院（Cour des aides）和审计法院（Chambre des comptes）对法令进行注册，这激起了后两者的抗议，各省法院也纷纷抗议。托克维尔在读书笔记中这样评论该会议（第 45B 号卷宗，B.B.文件夹）："国王的各项建议不仅很好，而且还符合民众的利益（我如果要研究这一问题，就（转下页）

根据惯例指出这些法令的问题。

国王进行答复,高等法院坚持己见。很多世纪以来,事情都是这样进行的,国民不时会听到这些在他们头上发生的、君主和法官之间的政治争议。这种情况只是在路易十四时期才一度被终止,但这次争议的新鲜之处在于争论的主题和论证的性质。

这一次,在对法令进行注册前,高等法院要求提供所有的财政报告作为这些法令的辩护和支持材料;如果在一个法国拥有一个正常运作的政府(un gouvernement respierable)的时代,那就是要提交预算报告;由于国王不无道理地拒绝把整个政府都交给一个不承担责任、没有接受委任的团体的手里,拒绝和一个司法法院分享立法权,高等法院宣布,只有民族才有权同意新的赋税,它要求国王把民族召集起来。

这样一来,高等法院就抓住了人民的内心,但不过只是暂时抓住而已。

法官用以支持他们的要求的论证也和他们的要求一样新鲜:国王只是公共财富的管理者而不是拥有者,是民族的代表和主要官员而不是主人,主权只存在于民族本身;在重大事务中,只有民族才能作出决定;民族的权利丝毫不取决于君主的意志;这些权利源

473

(接上页)要对它们加以考察,也要考察巴黎高等法院的会议记录)。但是在这次早期的斗争中,民心所向对国王不利,而是有利于法院。我们可以从中得出两个教训:1.在政治上,我们总是以其内在价值的好坏来判断一项措施给人的印象,这是非常错误的。它的影响主要取决于导致措施的局势,尤其取决于谁制订措施。这就决定了政治不能是科学,甚至不能是艺术。我们在其中找不到固定的规则,甚至为取悦于人而做对人有利之事这样的规则都不存在。当全部形势都让政权深孚人心的时候,人们会乐于承受其害;如不受欢迎,连它的好处都会伤人。/2.对于受到民众欢迎的对象而言,他很难看到事件中真正属于自己的东西,也很难看到他所拥有的权力的真正源泉。/法院认为,凭自身的特质和悠久历史……凭所有在过去的时代造就其根源和力量的东西,它可以对抗国王。它已经看不到自己早已失去了根源,不过是一件老朽的工具,其力量仅仅来自使用工具的双手。人们实际上对它没有任何尊重,人们在使用它的同时在等待出现更好的东西。他们以为自己参与的只是一场方式或者准确说程序都为人所知的斗;殊不知在它参与其中的事情中,它不过是一个无关紧要的附属物。法院以为力量来自它所享有的古老恩泽,而事实上,那种力量却偶然地来自民心,而那民心不仅对它不利,而且还像敌视一切旧势力一样敌视它。多少次,在我的时代里,我曾看到在其较小的舞台上由其他演员演过同一出戏!"

于人性,并和人性一样不可破坏。①

在国王对高等法院进行流放之后,高等法院在抗议信中宣称,行动和言论的自由是人的不可侵犯的权利,只有依据判决的常规程序才能剥夺它而不陷入暴政。

不要认为高等法院是把这些原则当成新鲜事物提出来的;相反,它十分巧妙地从君主制的古代历史中抽出这些原则。其申敕书充满历史引文,这些引文往往是用中世纪的蛮族拉丁语写成的。这里涉及的是我们的诸国王的敕令和古老的命令,是从幽暗的历史深处跑出来的法令和先例。

看到许多刚刚诞生的思想被包装在这些古代语言的褴褛里,这真是一出奇怪的戏剧。

在君主制的古老传统里,高等法院在它的谏净信中可以采用一种近似粗鲁的刚毅的坦率。高等法院已经习惯于动静颇大而收获很少。所以它的词语经常超过它的想法,它被允许使用某种夸张的语言。连最绝对的君主也都容许这种语言的放肆,原因就是它的无能;好像人家知道肯定可以让它听从命令、把它严密限制在它的范围内,因此也就愿意允许它自由讲话以作为安慰。在较为稳固的社会当中,这成为在国人面前上演的某种严肃喜剧。但这一次呢,剧本改动了,听众也不同了。

高等法院一直把这种古老的自由推到史无前例的境地,因为一股在人心中熊熊燃烧起来的新的火焰,在不知不觉间让它的语言充满火药味。②我们今天的政府几乎全部都多少以剑为基础,我敢

---

① **在手稿 ms.A 中的页边注释写着**:搜集法院在这场斗争中提出的所有新理论,把它们一起展示出来;尽可能用当时使用的革命词语来描述这些理论;要表现出18 世纪的哲学共和国精神渗透进古老君主制的破衣服当中。

② 读书笔记(第 45B 号卷宗,B.B.文件夹)对此有所展开:"**语言的浮夸**:情感的浮夸,词语的夸张,意象的不连贯和杂乱无章,引用古人名言……塑造了大革命语言特点的这些因素,在当时已经都成为全民族的说话习惯。对任何东西都不允许有心平气和的态度。内心深处的激情在一切情况下都展露出来,哪怕在人们感受不到激情的地方,大家都要充满激情,这已成为必要的表现;同样,无论谈论什么都不许用朴素的方式;表达本身一定要大大超越要表达的思想或感情。/更奇怪的是,官员们的语言一定要具有夸张的风格。这种风格一定要强烈地打击言及的一切,似乎要用语言的暴力来补偿谏净书通常得到的无用结果。"

说,这些政府中没有一个能让人以这种方式攻击它的大臣和它采取的措施而能坚持不倒台的。——此处需要一些引用——

474 　　如果是第一次说出这种语言,它将显得无法想象。但人家不过是在重复前人关于同一主题说过的陈词滥调,只不过有更多的火药味。因为在从前的君主制时代,大部分赋税的征收都是为了填塞某些个人的腰包,他们是包税人,税收由他们的代理人进行,所以许多世纪以来人们已经习惯了把赋税都看作某些人的利益而不是公共资源。人们更愿意把它们看作可憎的掠夺;人们历数它们的罪恶,夸大它们的沉重;人们谈到征税人就像他们是公共窃贼一般,认为他们从每个人的不幸中致富。政府已经把自己的权利让给了包税人们,因此它也不会表态。似乎他们的事与政府无关,在指责它的代理人的喧嚣声中,政府想的只是脱离是非。

　　因此,高等法院说——需要引文——自己只是在遵循一般的惯例,它不过是在重复已经说过一百遍的话。剧本还是那一个。但听众扩大了,这次争论没有局限在从前因为享有特权而对赋税不太敏感的阶层,而是产生很大动静而且不断重复,到最后传到饱受赋税之苦的人们耳中,并燃起他们的怒火。

　　高等法院①和国王只在一点取得一致:他们同意通过建立地方权力机构的法令,这些机构称为省议会(assemblées provinciales)。

　　当我们思考这个法令的重要性时,思考它构想并完成的针对政府和社会的古老建制所进行的奇怪革命时,我们无论感到多么吃惊也不为过分;这是因为,君主制的两大古老权力居然在此时达成这一协议,其中一个提出协议,而另一个予以通过。没有什么比这一点能更好地让人理解,在这个包括女人在内的所有人都

---

①　在手稿 ms.A 中这一论述的页边写着:我认为,此处[插入]关于省级议会的片段(它打断了事件的进行,因为在目的是表现斗争的一段文字里,它在谈论一致)。/尽管如此,它却含有值得强调的一点,因为再也没有什么比它更好地表现出政治的无知多么严重,无意间的社会混乱是这种无知的后果。由于这是一个题外话,只能通过一种明显的对比来谈及它;因此,在我要最充分地揭示斗争的暴力时,展示这一不合情理的一致。/从这种观点来说,我给这段文字的位置并不是最好的选择,因为其中的最后一段话谈到,为了打击包税人,政府和法院之间进行某种和解。

在谈论政府的国家里,人类事务的真正科学是多么不为人所知,而政府因为把整个民族拖入这种无知而最终也让自己深陷于这一无知。

　　——这里,通过一个简短的分析,表明关于省级议会的法令如何最终彻底摧毁了欧洲的旧政治体系,民主共和国何以取代封建君主制的残余,民主取代贵族制(aristocratie),共和国取代王国。①——

　　我不想对这种改变的价值进行判断,而只想说这里涉及的是所有旧体制的即刻和彻底的改变;高等法院和国王之所以会坚决地共同踏上这条道路,那是因为他们都看不到他们走向何方:黑暗里,他们携手前行。

　　如果说高等法院使用新的论证来建立它的传统权利,政府为辩护自己的古老特权同样也求助于新的论证。

　　——此处,我要尽量搜集我在国王、大臣的答复中、在他们的官方朋友们发表的著作中找到的这样一些看法,它们经常倾向于激起富人反对穷人、无特权者反对享有特权者、资产者反对权贵……

---

①　在读书笔记(第45B号卷宗,Y.Y.文件夹)中,托克维尔对《国王呈交1787年显贵会议的关于省级议会的计划》(*Projet du Roi Pour les Assemblées Provinciales Présenté aux Notables de 1787*)进行这样的分析:"1.议会是选举性的。/2.每三年选举一次。/3.无区别地从各个等级中选出。/农村教区和城市是这些议会的第一个层次;一定数量的此类教区和城市构成的区(district)所构成的选区,这是议会的第二个层次;整个省的议会构成第三个层次。这样一来,将会出现三个类别的议会:/1.由有产者构成的教区和市级议会。/2.由教区和市级议会的议员构成的区选举议会。/3.最后是省级议会,其成员将由各区的代表组成。/我们可以看到,这一计划完全从旧制度中产生,突然将社会奠定在一个新基础之上。对于中世纪所形成并一直留有残余的旧秩序,这一计划不啻一种彻底摧毁。证实这一点。这是在权贵和教士等级之外建立整个法国的行政系统。当我们看到,法国国王在没有受到任何胁迫的情况下提出这样的计划,我们可以得出这样的结论:/1.在不知不觉中,旧社会在人们的心底已经死亡。/2.所有关于三级会议的想法都自然而然地产生了。"托克维尔接着研究教区会议的构成,他写道:"根据计划,要有六百个里弗尔的收入才能在教区里投票。这是具有**贵族性**(aristocratique)的,但却不再属于**权贵性**的(nobiliaire)。没有六百里弗尔的人可以联合起来直到筹够这一数目,然后他们可以指定一个代表。这完全是杜尔阁的计划,而没有新精神的任何痕迹。"

然后说:——

最后,似乎高等法院和国王有所分工,目的是更快、更方便地教育民众。一个负责教导他们王国的邪恶,另一个负责宣讲贵族制的罪恶。①

他们争论政府原则本身的时候②,日常的行政工作有停顿的危险;缺钱了。高等法院拒绝征税的措施,拒绝通过借贷。在这种极端情况下,国王看到自己不能取得成功,就试图强迫高等法院妥协:他来到高等法院,在命令法官服从之前,让他们在他面前再次就法令展开讨论。

——非常简洁地描绘这次会议,我相信应该仅仅阐述国王允许人们在八个小时内在他面前阐述的主要事实。③

然而,在允许别人当面质疑他那些最被人认可、最不受怀疑④的权利之后,国王开始重新采用那种最受人质疑、最不得人心的做法。他本人让演讲家们开口说话,现在来又因为他们说话而加以惩罚。接着发生的那一幕,最充分地使一个宽厚的政权呈现出暴

---

① 在手稿 ms.A 中,后一句话的页边写着这段话的不同版本:一方攻击一个它不愿意摧毁的政权,另一方建立一些它不打算利用的可憎权利。两边都在玩危险游戏。

② 贵族制。政府一边使用这种新语言,一边在旧专制制度中寻找并使用那些被使用得最少的、对新精神最具冒犯性的武器。在允许别人在他面前质疑他的权利之后,国王试图用武力重新运用其权利。他本人已经允许讲演者发言,现在却想惩罚那些说过话的人。逮捕两个主要人物的命令已经下达,而这一点体现出当时的精神面貌的特征:这两个人当中,一个是血统缙绅(gentil-homme de race),另一个是神甫。在手稿 ms.A 中,此段文字被弃用,边缘有一句话:或许可以通过另外一条途径来讨论法院的会议,而且要直接说:"在……期间"。这里,托克维尔将法院参事奥诺雷-奥古斯特·萨巴捷·德·卡布尔(Honoré-Auguste Sabatier de Cabre)错以为"神甫"萨巴捷·德·卡斯特(Sabatier de Castres),后者是与启蒙哲学家对立的作家,而他只是一个受过剃发礼的教士。

③ 托克维尔这里暗示 1787 年 11 月 19 日的会议。此前,国王在受到法院成员抵制的情况下,被迫召回高等法院(9 月 20 日)并收回两个有争议的法令。但在 11 月 19 日那次会议上他试图让法院注册批准一次借款,却不愿详细谈论召开三级会议的诺言。

④ 手稿 ms.A 的初稿中写为:"可憎的"(odieux)。

政的特征。①

　　两个人以其讲话的放肆以及革命者的外表而尤其引人瞩目：瓜 476
拉尔和德普雷麦斯尼尔。②国王御临法院几天之后，政府决定逮捕
他们。他们获知消息后逃离住处，来到即将开会的高等法院里，穿
上他们的袍服，没入组成该庞大机构的众多法官当中。很多士兵
包围了法院大楼，抢占并封锁各个出口。指挥官阿古男爵单独进
入法院主厅。全体法官都在庄严的仪式中聚集在那里，并正在举
行会议。人数众多的法官，该团体令人肃然起敬的悠久历史，其服
饰之庄重，道德之严肃，权力之广泛，以及那个充满我国历史的无
数记忆的场所之巍峨庄严……这一切让高等法院成为法国除王权
外最令人生畏、最值得尊敬的地方。③

　　何以欧洲最古老的政府居然教唆老百姓蔑视那些最古老机构的
尊严，教唆他们甚至在宗祠里肆意践踏最受人崇敬的古老权力机关。
　　见此情景，指挥官一时不知所措。大家问他有何贵干。他用粗鲁
和不自信的口气回答说，他来逮捕法院的两个成员；他要求高等法院把
他们指认给他。法官们一动不动，一言不发。指挥官转身离去，随即又

_____

①　**在手稿 ms. A 中**，对这一点的展开写在前段的页边（"就在讨论这一点的期间"）：
　　限制的尝试逐渐升级。1. 首先对某些法院成员个人进行放逐。2. 然后把高等
　　法院作为整体进行放逐。3. 接着逮捕法院的两个成员。4. 最后，剥夺法院的主
　　要权力，摆脱它以单独行动。
②　由于他很可能是在笔记不在手头的情况下写作的——这样的情况经常发生，托
　　克维尔此处混淆了两件事：1787 年 11 月 20 日奥尔良公爵遭到放逐后，1787 年
　　11 月 23 日高等法院的参事弗雷托·德·圣茹斯特（Fréteau de Saint-Just）和萨
　　巴捷（Sabatier）遭到逮捕；1788 年 5 月 6 日，德普雷麦斯尼尔（Jean-Jacques Duval
　　d'Eprémesnil, 1745—1794，曾担任巴黎高等法院法官，积极捍卫高等法院的权
　　利、反对王权，1787 年高等法院与国王对抗事件中的主要人物。后来在大革命
　　临近和开始后又支持王权，1794 年死于断头台。——中译注）和瓜拉尔·德·
　　蒙萨贝尔（Goislard de Montsabert）被捕，他们是法院反对政府的领导者。这种
　　混淆的原因可能在于，帕蓬神甫曾经指出德普雷麦斯尼尔是 1787 年 11 月 19
　　日的高等法院会议上的发言者之一。
③　**在手稿 ms. A 中的页边写着**：我现在的困难和危险在于，我无法足够进入对事件
　　的讲述当中以便引起读者对事实的关注，然而即使我稍微进行这种讲述，却会
　　耽误思想的进展。

折回来,然后再次离开。法官们仍然静默不动,既不反抗也不屈服。

夜幕降临。士兵们仿佛在围攻某个要塞似的,(在高等法院旁边)点起火堆。老百姓的人群围着他们,没有推搡他们。人群中有骚动,但他们却尚未表现出什么威胁,只是透过篝火的微光观看君主制历史上这出怪异而新奇的表演。

时间就这样到了半夜,①德普雷麦斯尼尔终于挺身而出。他感谢高等法院为营救他所做的努力,说自己不愿继续利用这种保护……他将自己的公共事务和孩子们托付给他们,然后走下高等法院的台阶,他自首了。可能有人会想,他走出高等法院围墙,只不过是要走上断头台;他的确终将走到那里,但却将在另一个时代、在其他政权的统治下。那奇怪场面的唯一健在的见证者对我说,听他说这些话时,人无不落泪。那架势俨然是莱古鲁斯②毅然身赴迦太基,准备承受那布满尖刺的铁桶一般。诺阿耶元帅潸然泪下:哎!日后为了许多更高贵的命运,人们还将洒下多少眼泪啊!这些痛苦或许都算不得有缘由,但却绝无假装。因为在一场革命的最初日子里,感情的强度总是远远超过事实的强度,正如到了最后,前者又远远低于前者。

就这样给法院团体当头一棒之后,[国王]接着就要使它们毫无还手之力。于是,六个法令同时出现③。——用寥寥数语对法令

① 高等法院宣称躲藏在他们中间的这两个参事是处于"法律的保护之下"的。事实上,直到 1788 年 5 月 6 日上午 11 点,德普雷麦斯尼尔才最终自首。

② 莱古鲁斯(Marcus Matilius Regulus,约前 307—前 250)是罗马共和国的军事首领,曾在公元前 267 年、前 256 年两次当选执政官。公元前 255 年,他战败被俘,迦太基人释放他回罗马讲和,条件是如果谈判无果他要重返迦太基受死。在罗马,他不顾个人安危,劝说元老院不要与迦太基人讲和,而后他自己依言返回迦太基,受酷刑而死。——中译注

③ 在手稿 ms.A 中的页边写着:在讨论其他阶级之前,完全有必要首先论述各法院的联合,描绘司法界的全面抗议;这是有必要的。/1.这是事实然后是源自事实的思想的自然的顺序。/2.因为如果没有这一点,5 月的法令就变得无法解释……最后绝对要谈论 5 月的法令。这是基础,绕开它思路就无法继续下去。托克维尔的这一计划没有下文。

1788 年 5 月 8 日,国王强行注册了掌玺大臣拉姆瓦尼翁(Lamoignon)草拟的六个新法令。那些法令随即遭到各省法院和各等级的抵制。

进行分析,要表明它们本身并不坏;不仅如此,它们还实施了大革命日后完成的最重要和最有用的多项改革①。——专制通过带来秩序与平等而得到民主的原谅的时代还远未到来。一时间,整个民族都站起来了。

我们知道,法国当时被划分为十三个司法省,其中每个省都隶属于一家法院。所有这些法院相互间都绝对独立,享有相同的特权,同样拥有对立法机构的法令进行讨论以决定是否对其注册的权力。②如果我们考虑到这些法院中的大多数建立的时代,我们就会感到那似乎是自然而然的事。法国的不同地区在利益、气质、习惯、风俗……等方面的区别是如此之大,以至于同样的一项立法不能适用于所有地区。每个省份的法律通常都是独特的,自然每个省份都要有一个负责核查法律的法院。从那以来,法国人变得更加相似,法律也变得统一起来;但审核法律的权力却仍然彼此分离。

国王的一项法令被法国的一个省份通过之后,它仍然可以在其他十二个省份遭到质疑或者被以不同方式实施。这是各省的权利,但事实上各省很少这样做。人们心照不宣地取得某种一致,因为人通常比法律明智。个别法院只对那些针对本省的特定规则提出质疑,经常不经过讨论或者在巴黎高等法院通过之后就通过了那些普遍性法律。但这一次,在一片共同反抗的声浪中,每家法院都进行各自的抗议。

在不同的法令当中,某个巴黎通过的条款被外省拒绝,正如外省接受的又遭到巴黎的排斥;在遭受各个方面、各种敌人的联合夹击之下,在各种武器的进攻下,政府徒劳地寻求一个可以一下子把敌人打倒在地的阵地。

但更引人注目的,倒不是攻击的同时性,而是抵抗中体现的共

478

---

① 在手稿 ms.A 的页边写着:权力的分立,税负的平等。

② 在手稿 Rubbish.A(第 45A 号卷宗)中这一段的页边写着:此处要区别开两个思想:1.法院在相反方向上的行动,比如在关于省级议会的法令上。/2.所有法院的集体行动。所有法院不仅具有同样的反对思想,还宣称它们是同一机体的不同成员。/巴黎高等法院被默认为其他法院的政治领袖。/因此,反抗在各地开展起来。那是一个整体,让人不知道从哪里出手打击。/指出这种司法骚乱的特别危险之处。这让我开始谈论 5 月的法令。

同精神。十三家法院中的每家都采取一个略微不同的道路，但全部都同时指向一点。当时发表的谏诤书可以编成几大本书。我在到处都找到了用几乎同样的词语表达出的同样思想。①

它们全都要求……

——此处插入援引，至少是简短的分析。——

听听整个法国领土上同时传出的声音；你会相信听到了一群人发出的混杂声响；认真听他们所说的内容：说话的只有一个人。

法院的团结不仅是大革命的手段，而且是大革命的信号。它表明由各种机构分割成千百个部分的法兰西民族，此时已经统一了；任何一个部分都不再具有独特的生活，整个民族都生活在一种共同的生活当中，都服从同样的利益，都遵循同样的思想，都是相似的。②

——法院的行动既多样又统一，大家瞄准一个目标同时从不同角度展开攻击。在对此加以描述之后，要让读者看出，对政府而言，这次司法反叛何以比其他任何反叛都危险，甚至比军事反叛都危险，因为它发动了合法的、国民的、道德的力量，而这种力量是政权的惯常工具。我们只是偶尔、暂时地才能动用军队进行镇压，却每天都要通过法庭进行辩护。司法的混乱和废除足以导致一种任何合法政府都无法承受的状态。

这种反抗的后果之一，与其说是法院给政权造成的麻烦，不如

479

---

① 在读书笔记（第45B号卷宗，C.C.文件夹）中，托克维尔评论说："**法院斗争的团结一致、同仇敌忾**：不需要引用1788年的个别谏诤书，因为它们出自**所有的法院**，具有同样的目的，讲述同样一件事情，具有同样的音调。读了巴黎高等法院的谏诤书就相当于读了所有谏诤书［……］。再也没有什么比这更能表现出：1.相似的立场和类似的职业教育能使不同的团体联合成一个大团体。2.法国的所有部分都变得均质了，想法类似、法律鲜有区别、地方精神消失殆尽，因为我们丝毫都感觉不到一个省份的哪怕模糊的独特之处了；如果有的话，那不过就好比说，在布列塔尼被表达出的普遍思想会带上地方方言的痕迹。"

② 在手稿**ms.A**中的页边写着：此注释要参阅。我认为，在此十八年前，在各法院和路易十五之间发生的斗争中，他们曾经作过同样的尝试，试图组成王国内所有法院的联盟，并且在部分上实现了那种联盟（要认真核对关于这次更早行动的历史）。但是在1770年之前，法国从未出现过类似的事情，因为在那种各省法律五花八门、各方利益难以协调的情况下，当时的机构、风俗和思想根本不可能产生类似的事情。

说是它们放任人们行动所带来的麻烦。举例说，它们建立了最恶劣的报刊自由，这一自由不是得到批准的法律所规定的，而是由于法律得不到执行以及镇压过火行为的法律陷于瘫痪而产生；集会的自由，它让每个等级的成员在一时间推翻横亘在他们之间的障碍，从而联合起来共同投入某种共同行动。对等级之间的关系也是如此。

——从这里出发，证明每个省份里的所有团体都以自己的方法对国王的绝对王权进行攻击。

然后这样继续说：——所有人最后都渐渐卷入斗争，但并非所有人都在同时以同样的方式①进行斗争。

权贵不仅首先而且最勇敢地投入反对国王的绝对王权的共同斗争中。

绝对政府就是取代［权贵］而建立起来的：中央权力这一被称为总督的无名代表对他们进行侮辱和侵扰得最多，总督每天在处理最琐碎的地方事务时都把他们排除在外或经常违拗他们的意见；从他们当中走出几位对专制攻击的最为猛烈的作家，而且新思想几乎全部都在他们那里获得最主要的支持；除他们的个人恩怨之外，他们都卷入共同的激情之中，这种共同激情首先推动由社会的崩溃状态滋生出来的五花八门的感情，让它们把苗头都对准政府；他们的批判的性质让我们看清这一点。他们抱怨的，不是他们个人的政治特权被窃取，而是公众权利遭到践踏，报刊自由遭到钳制，人身自由遭到威胁，各省的三级会议遭到取缔，全国的三级会议遭到终止，整个民族被置于监护当中，国家被剥夺管理自身事务的权利。

在革命伊始的这一时期，阶级之间的战争尚未爆发，权贵阶级的语言在整体上还和其他阶级②的语言没有太大区别，虽然更激进一些、声调更高一些。他们的反对具有共和特点。那是同样的思

480

---

① 在手稿 ms.A 中的页边写着：在描绘过各地法院进行的既多样又统一的抵抗之后，我或许不这样说，而是说：/这样一来，每家法院都构成一个抵抗的基点，各省的所有等级都可以依靠这样的支撑点，以便能够顽强地反抗中央政权。/第二种写法更好，我认为。这一句话很好，但要把它放在其他地方。

② 此处在手稿 ms.A 中的初稿写为："资产阶级"。

想，而同样的激情更会激励那些更骄傲的心灵，激励着一些更习惯于直接而真切地观看大地之伟大的灵魂。

——这里列举国王撤回法令之前这一时期的所有事实，它们以他们的行动说明了我刚刚谈到的内容：他们的会议、他们写的文字、他们指挥士兵镇压暴动①时表现出的懈怠。最后，布列塔尼的权贵为了对抗王权准备武装他们的农民！……然后：重新开始论述——

教士等级中的反抗之强度和普遍性丝毫不逊色，不过他们的语言更加克制、语气更谨慎。

教士等级的抵抗尽管更显谨慎，却同样坚决。他们的反抗也自然采用了该团体的特殊形式。巴黎高等法院中第一个因为请求生硬而被捕的成员是一位修道院院长（？）。

——要试着把握教士等级反抗的特性，他们在语言和行为上的特殊之处；表现出教士等级在那种激情中的特别表现，尤其在特鲁瓦（Troyes）；我认为：主教们的训谕、教士等级会议都发生在这一时期②……

思想的步骤：

1. 资产阶级开始时表现得胆怯、优柔寡断。证明这一点。

2. 资产阶级受到诱惑试图获取政府的好处和恩惠；引用。

3. 最后，资产阶级以他们特有的热情变得活跃起来。积极行动起来，但总与其他阶级的激情保持距离，他们被一种内在的激情推动，他们不展示这一激情。

481　　　在斗争的初期，资产阶级开始时显得胆怯而优柔寡断。政府曾

---

① 关于贵族、教士和第三等级对法令的抵制，参见附件 I 中的宣传性小册子的选段，第 509 页及后面的一些文字。

② 法国教士等级的最后一次会议实际上在 1788 年 5 月 5 日至 8 月 5 日之间召开，地点在巴黎的大奥古斯丁修道院（couvent des Grands-Augustins）。

经尤其指望资产阶级替它分担重负,同时又不失去政府的传统特权;政府新措施尤其瞄准了资产阶级的特殊利益与激情。长期习惯于服从,资产阶级开始时怀着畏惧心情进入反抗;他们使用许多委婉的手段——这里尤其插入引用——……他们在反抗政权的同时仍然在安抚它,他们承认政权的权利,但反对政府对这些权利的使用,他们显得有些受到政权的恩惠的诱惑,准备承认绝对权力,只要他们在这个权力中有份。

——此处谈及那些同意变成法院(cour)的法庭(tribunal)。——

即使在资产阶级站在最前面的场合,他们从来不冒险单独前行:他们需要上层阶级的掩护。他们好像是在安全处前进,分享了刺激上层阶级的怒火,但尤其充满一种独有的激情,但是他们却努力不让它表现出来,内心在燃烧却不露声色。

然后,随着斗争的发展,他们也变得大胆起来,活跃起来,站到其他等级的前面,成为第一主角,并且保持该角色一直到民众登上舞台。

——此处,要依据事实来描述这一点。我倾向认为,在斗争的这前一时期,上层阶级(佩剑权贵,穿袍权贵)无论在言语还是在行为上都走在了资产阶级前面,只是在三级会议召开、阶级问题公开化之后,资产阶级才像我说的那样,走到舞台的前边,成为第一主角。在那之前,他们更多地是跟随,而不是领导(但看到多菲内的那段插曲,那时虽然是斗争的早期,资产阶级已经站到最前面,但他们从来不独自冒险前进)。他们更多地利用上层阶级的激情来获得他们的让步,而不是对他们煽风点火……——

在斗争的前一阶段,丝毫没有阶级斗争的痕迹——引用一些人的话来证明这一点,他们的相互恭维——。唯一可见的、共同的激情是对权力宣战,是反抗精神。

——对这种精神进行生动活泼的描绘,它在大小各种事件上表现出来,附着在一切方面,采取各种形式,包括那些使之走样的形式。——

482

一些人为了反抗政权,倚赖于传统地方特权的残余。

某人为了保护自己免受政权的侵扰,宣称他的阶级拥有某种古老特权,他的职业拥有某些久远的权利;另一人则宣称享有他所属团体的古代特权。在对抗政权的热情中，人们把能找到的一切武器都用来武装自己，哪怕那些武器根本就不顺手。有人可能会觉得，正在准备的大革命的目的不是摧毁旧制度，而是将旧制度复兴。对于被社会的巨大运动席卷的个人而言，他们实在难以在各种搅动人心的因素中找到真正的动力！那时有谁会想到，让人们要求如此多的传统权利的激情本身恰恰把所有这些权利不可避免地卷入了毁灭当中！

因此，(佩剑或穿袍)权贵阶级领导着斗争。教士阶级——至少某些教士——参与了争论。资产阶级开始时犹豫不决，然后参与、接着被席卷进来，却是出于一些不同的激情，而他们还没有把这一激情表露出来。有教养阶级的反抗大合唱；反抗采取了各种形式。回顾一下民众的情况。

现在，在上层阶级的喧嚣声中，让我们听一听那开始在民众当中搅动风浪的风暴的声音吧。

在我们今天来看，我看不到当时有任何迹象表明农村民众已经被鼓动起来；农民仍在默默地为生计劳碌。这一大部分人民寂无声息，好像看不到他们。即使在城市里，老百姓开始时也极少受到上层阶级的激情的感染，对他们头上发生的嘈声无动于衷。但一旦他们发动起来，我们就会看到，一种前所未有的精神激发了他们。

我在本书的另一部分里曾经说过①，在旧制度下，没有什么比骚乱更司空见惯。政权同时是如此强大和如此［此处缺词］，它乐于看到那些昙花一现的骚乱自生自灭。但是，当时已经到了这样

483

---

① "关于民众。开始时，民众似乎对上层阶级的行动漠然视之，而且似乎对身边发生的动静无动于衷。/他们听着，观看着；场面让他们吃惊，他们感到的好奇多于愤怒。但是当他们开始骚动起来的时候，似乎有一种新精神推动着他们；当法院遭围攻的时候，巴黎民众没有起来保卫那些在法院被捕的法官，但是当法官们凯旋般返回巴黎的时候，他们却喧闹地聚集起来庆祝他们的回归。我说过**［手稿 ms.A 中的初稿，页边］**：在外省的某些城市里，在法官们面临被捕的危险时，民众汇集起来进行抵制。"**大概正是考虑到这一点，托克维尔的分析才仅限于农村的民众。**

一个时刻,旧事物只会带着新特点才出现,无论是骚动还是其他莫不如此。

——此处要对事实进行研究;夜晚的呐喊,对人像的处决,出人意料的反抗,某种暴力的、残酷的、野蛮的东西露了出来。

需要十万人才能勉强控制巴黎,它处于守备队(要加以界定)的监控之下。这次,警备队人手不够了。——

看到如此普遍与新奇的反抗,政府开始时很吃惊,手忙脚乱,不过却还算不上溃败。它先后尝试所有古老的武器,并打造出一些新式武器,不幸却是徒劳:训诫、国王密札(lettre de cachet)、流放;它使用暴力到让人生气的地步,却并没有达到让人害怕的程度。不过,谁都不能吓倒所有民众。政府试图激起穷人反抗富人,资产阶级反抗权贵阶级,低级司法机构反对法院。不过是故伎重演罢了;但这次,故伎没有生效。政府提名其他人担任法官,但他们大多拒绝审判。它给出许多恩惠或金钱,但是这时人们还充满激情而不至于唯利是图。它试图分散公众的注意力,公众却毫不分神。眼见不能消除,甚至不能限制报刊自由,它转而试图使之为己所用:它花了很大价钱出版了许多小作品来为自己辩护。但人们根本不看这些作品,却对攻击政府的小册子津津乐道。①

---

① **在手稿 ms. A 中的页边写着**:或许在这里可以找到一种方法,试图描述一种"自我运行"的政府:其代理人们全都有条不紊地工作,并以同样的方式、怀着同样的精神、制定同样的计划。

在关于 1788 年法令颁布后出现的小册子的笔记中,托克维尔给出多个政府小册子的例子;下面就是一个:"《第三等级向国王的呼吁》。在 5 月 8 日[1788 年,无出版日期及地点,8 页]的法令之后/未署名。有人认为这部作品的作者属于被宫廷豢养的作家。这本小册子值得注意,因为它是在 1788 年的这一时期里,唯一表现阶级激情的痕迹的文章;整个年末都充满那样的激情,而点燃它们、撩拨它们的正是政府及其代理人。/该作品努力说明,推动高等法院的是特权问题。法官想保留不纳税的权利。作者试图证明,这里其实只是配剑权贵和穿袍权贵的某种绝妙的联合,目的是在自由的名义下继续让第三等级屈服和忍受侮辱,而唯有国王才在捍卫第三等级的利益并想提高它的地位。因此,有必要发起革新,但必须由国王和第三等级领导,以对付特权等级。这一尝试还不够成熟,但值得重视:民主和绝对权力联手消灭特权和贵族制度,从而有利于专制主义。日后,这种尝试一再被人高兴地进行。"

此时发生的一件事最终让危机的进程加速。

多菲内省①的高等法院和其他法院一样抗命，并像其他法院一样遭到打击。但在任何其他地方，高等法院捍卫的事业从来不曾像在当地那样受到如此广泛的支持和坚定的拥护。②

在大部分其他省份里，各个阶级都进行反对政府的斗争，但是却分别行动、相互间毫无协调③；然而在多菲内，他们联合成一个固定的政治团体，准备一起反抗。之前有几个世纪多菲内一直召开三级会议。在某些教士和少数资产者的帮助下，一些权贵自发地在格勒诺布尔(Grenoble)开会，大胆呼吁召开从［原稿空缺④］开始就已经停止的省级三级会议。他们邀请权贵阶级、教士阶级和第三等级，在一座位于［原稿空缺⑤］、名叫维齐耶(Vizille)的城堡举行三级会议，号召他们来整治混乱的秩序。

——因为我应该赋予多菲内事件相当的重要性，要尽可能地研究清楚，包括幕后的情况⑥。因此，我认为在维齐耶的集会中我们看到的缙绅(gentilshommes)只是一些不能确定是否有参加三级会议的权利的人；因此他们的自由主义掺和有一种相对民主的精神。

而对于教士阶级，我认为在维齐耶的只是一些神父，这就是说，一些按照传统(可能)无权进入三级会议的神职人员。

在指出这些细微差别的同时，要注意不要丢掉我要阐述的主要目标，就是说各阶级的临时团结及其立刻产生的效果，也就是绝对权力的无力。

要研究清楚维齐耶和它的面貌、位置。莱迪吉埃城堡⑦，规模宏大的封建城堡。（查找关于维齐耶地区的各种地图，如可能，前

① **在手稿 ms.A 中的页边写着**：对这一事件进行简短而生动的描述。
② **在手稿 ms.A 中的页边写着**：该省的特别情形。/实物军役税(taille réelle)/过去的三级会议/或许各阶级的怨言此时比此前更加强烈。但是共同的激情一时间压倒了所有其他个人的激情。
③ **此处在手稿 ms.A 中的初稿写为**：一起战斗，却吵吵嚷嚷地进行。
④ 此前于 1628 年 7 月颁布的一个法令已经取消省级三级会议。
⑤ 维齐耶位于格勒诺布尔以南十六公里。
⑥ 关于多菲内发生的事件，参见附录Ⅰ，第 507—509 页。
⑦ 莱迪吉埃城堡(château de Lesdiguières)在维齐耶，建于 1580 年、毁于 1692 年，与维齐耶城堡同属著名的莱迪吉埃公爵(1543—1626)。——中译注

往维齐耶考察）

在重读我做过的关于这一三级会议所有笔记之后，我要尽可能地讲述这一会议。然后要说明：——

维齐耶的集会对整个法国都产生一种神奇的效果。在巴黎之外发生的事情能够对整个国家的命运产生巨大的影响，这是最后一次。

政府担心其他省份效仿多菲内的胆大妄为。眼看无望打败敌对者的反抗，政府只好宣布投降。路易十六免除大臣们的职务，取消或暂停法令，重新召回各家法院。①

———————

① **在一张单独的纸上写着**：在表现国王做出让步的时候，我要让读者感觉到这一次并不是细节上的让步。国王放弃的是绝对政府。他接受的是政府分治，为了向人们保证这一点，他最终严肃地召开三级会议。/这一点对于下一章的理解非常必要，即不过是反对绝对王权的武器的高等法院随着王权被打败而立刻消失。

在对帕蓬神甫的著作所作的读书笔记中（第45B号卷宗，B.B.文件夹），托克维尔进行如下评论："**国王让步了，他能反抗吗？**/国王作出重大让步。高等法院于9月17日同意注册对1/20税的延长，这看上去更近似于法院拒绝注册的土地税。国王这边呢，则召回高等法院，撤回印花税和土地税的法律[……]。/如果国王想继续当古老君主制的国王，这些是他无论如何都不应该做的事情。过了这一刻，那就无法避免继续做出各种各样的让步，除非公众舆论发生了某种改变。但是国王已经到了那一步，舆论也被激发到那种境地，国王还能继续抵抗吗？我怀疑。在与政府有关的人类事务中，人们往往没有充分考虑到虽然并无武装力量代表但却是普遍性的舆论所带来的对抗。因为这种对抗在任何特别的点上都不能被明显地观察到，似乎不可见似的，然而它却能发挥出一种如此全方位的压力，使王权的所有领域都可以感到压力，从而变得无法抗拒。正如当空气变得过于稀薄时，虽然无法被看到，但这会使身体的所有部分都会感受到，让哪怕最强壮的人都变得瘫软无力。如果我们认真对待，我们将会看到，哪怕最稳固、武装得最精良的政府，除了获得国家某一部分的帮助或至少是好感，它就不能执行其意志。只有率领外国军队的征服者才可能摆脱这条规律。而在1788年，谁都不跟国王站在一起。所有新激情都强烈地反对他；王权中的所有保守势力都对危险置若罔闻。他成了孤家寡人。而三级会议召开后和在制宪议会之后，他都会比在1787更容易进行猛烈的反扑，因为那时已经有很多人反对革命，革命也显示出其特征。拿破仑说过，直到1792年8月10日（当日巴黎民众发动起义攻击国王，导致君主制的覆灭——中译注），那都还是可能的。我倾向于相信这种说法。/1787年的舆论表现得那么广泛而一致，以至于人们在认识到王权失败的同时，还指责高等法院软弱无能以及出于自身利益而牺牲公众的事业。"

法官们返回原来的位置,与其说是受到赦免,不如说是凯旋。他们接受被召回的同时,拒绝了别人设定的先决条件。这次根本不要指责国王路易十六在事情发展到那个地步的情况下做出让步;真正要感到吃惊的是此前需要犯下如此多和如此严重的错误才能把事情搞到这个地步。他之所以不得不放弃绝对权力,是因为他那时缺少捍卫它的一切条件。他无法让法律做他的保护伞,因为连他的法庭都反对他;他无法通过武力占据上风,军队首领只是很不情愿地执行他的意图。而且,在古代法国,绝对王权从来都没有粗暴的面孔。它不是产生于战场上,从来没有以军队为支撑。它在本质上是某种民事专制主义(un despotisme civil),不是建立在暴力之上,而是立足于技艺。国王要想创造不受限制的强大力量,只有通过隔离各个阶级,将他们封闭在各自的偏见、嫉妒、仇恨当中,以便总是只跟一个阶级单独打交道,并能够把其他阶级的总重量压到这个阶级身上。

不同阶级的法国人只需暂时抛开身边的各种障碍,互相往来、相互理解以组成共同战线——哪怕那只有一天,这时绝对王权就只剩下乖乖听话的份了。他们关系融洽之日,就是王权被战胜之日;事实的确如此。

维齐耶的三级会议是向所有人宣告这种新团结的可见具体的信号,也让人看到了这一团结可以带来什么结果。就这样,一件发生在小省份的角落、阿尔卑斯山脚下的事件,对整个法国都产生决定性的作用;一件偶发事件突然变成了主要事件。

第四章 何以在高等法院自认为是 国家主人的时候却忽然发现 自己什么都不是

王权被打败之后，高等法院首先以为他们是胜利者。他们重新升上原来的位置上，与其说是得到赦免，不如说是作为胜利者，他们觉得要做的只是尽情享受胜利的甜蜜了。[①]

国王在废除他此前任命新法官的敕令的同时，下令至少要尊重新法官已经作出的判决。但是高等法院宣布，凡是未经他们之手的案件都被视为未判决，并把那些敢于企图取代他们的傲慢的新法官带上法庭，并且他们在一种全新的背景下重拾中世纪的语言，说要将那些人"钉上耻辱柱"。在整个法国，国王的许多朋友都因为服从国王的命令而受到惩罚，让他们通过一次难忘的经历懂得一个道理，即从今往后服从并不必然保证安全。[②]

---

① 这一段落出现在手稿里的第三章之中，我们根据托克维尔的指示进行调整：这里插入上一章的那页纸。

② 德普雷麦斯尼尔和瓜拉尔·德·蒙萨贝尔的被捕以及 1788 年 5 月 8 日的法令引起各地法院的抗议和民众骚乱，尤其在贝阿恩、布列塔尼和多菲内。8 月 8 日，洛梅尼·德·布里耶纳不得不暂停法庭的运转，并许诺在 1789 年 5 月 1 日召开三级会议。8 月 26 日，国王让内克取代布里耶纳，取消拉姆瓦尼翁的改革，后者于 9 月 14 日辞职。9 月 23 日起，各法庭恢复，而从 25 日起，高等法院将洛梅尼·德·布里耶纳和拉姆瓦尼翁予以羞辱。对于这一阶段，托克维尔的资料来源主要是西蒙-尼古拉-亨利·兰盖（Simon-Nicolas-Henri Linguet）的著作，题名为《更为英国化的法国；或者对 1788 年 9 月 25 日开始的反对国王大臣的司法程序与 1640 年在伦敦针对英王首要大臣斯特拉福德伯爵提起的（转下页）

但是在巴黎，这种变化最为显著。

法官们的陶醉不难理解。如果我们可以用"吹捧"（adulation）一词表达一种在真正的、无私的感情激励下说出的过誉之辞，我们可以说，哪怕在其光荣的顶点，路易十四都未曾受到如此众口一词的吹捧。

——这里要把人们授予他们的各种头衔都罗列起来：元老（sénateurs）、英雄……——

当巴黎的高等法院被流放到特鲁瓦（Troyes）①[1787 年 8、9月]的时候，所有团体都先后前往那里向高等法院表达他们的敬意，仿佛高等法院是这个国家唯一的主权统治者似的。②

——"他们的遭遇让人陷入痛苦和沮丧……他们是慷慨的公民、富有同情心和道德感的法官……"

特鲁瓦币造局的官员们说："我们的子侄将会知道，这一殿堂（法院府〈Palais de Justice〉）变成了你们的权威判决的圣殿（你们做出判决之处）；他们将会铭记，他们的先辈是你们充满爱国精神的法令的见证人。"（我对此表示怀疑！）

"在所有法国人的心里，你们都配得上祖国之父的称号……你们减轻民族的病痛。他们的行为是充满爱国力量的崇高行为。像你们那样牺牲自我，这是多么美好……你们是民族从未放弃的那些权利的承担者……高等法院是庄严的元老院……它主张的原则是君主制的构成原则……民族都承认高等法院的参事们是他们的民族之父……我们向你们的充满爱国精神的美德致以敬意……我

（接上页）诉讼之间的比较，以及对法官所采取的行动对民族和个人带来紧急危险的思考》（*La France plus Qu'angloise；ou Comparaison Entre la Procédure Entamée à Paris le 25 Septembre 1788 Contre les Ministres du Roi，et le Procès Intenté à Londres en 1640，au Comte de Strafford，Principal Ministre de Charles Ier，Roi d'Angleterre，avec des ré Flexions sur le Danger Imminent dont les Entreprises de la Robe Menacent la Nation et les Particuliers，Bruxelles，1788*）。

① 特鲁瓦（Troyes）：法国东部城市。——中译注

② 在手稿 ms.A 中的页边写着：描绘自视为国王的高等法院。从这里直到"宫廷的善意和承认"，中间的引言都根据 45B 卷宗 B.B.文件夹中的笔记补充起来的；该文件夹题为"1787 年的法院斗争。根据官方文件所做的笔记（1857 年 1 月）"。

们要用公民桂冠装饰你们的额头……所有法国人都怀着深情和敬意看着你们。"

教会也前来表示赞叹。特鲁瓦大教堂的教务会议："我们与国家的其他等级一样充满痛苦地看到……民族经历的普遍哀痛,你们被人剥夺权力,被人强迫离开家庭。所有这些对我们来说都是一出耻辱的表演;当这些庄严肃穆的高墙回响着公众痛苦的声音,我们把自己的痛苦和愿望带到我们这座神圣的殿堂里。"(用普通的语言来说:当人们来到法院府来向你们表达称赞时,我们在我们的教堂里为你们和你们的事业祈祷……)

"我们通过为你们加满祝福来跟随你们,并且因为我们款待友人的义务,我们不再掩饰我们的无边的崇敬与爱意。祖国与宗教呼吁为表彰你们所作的一切而建造一座持久的纪念碑。"——

身穿长袍、头戴方帽的教授,代表大学用蹩脚的拉丁文献上他们的敬意:

——"崇高无比之大长老、威严之都督、公正廉洁之元老:吾辈与公众之心息息相通,汝等爱国之切与捍卫民众利益之坚韧令我等无比敬仰……古人唯知崇尚英雄军团抛妻离子之战士风范,吾辈今日在司法的圣殿中得见和平之英雄。"

"民族热切地注视着你们。整个欧洲都关注着你们,并为你们向它献上的演出而感动。"

"曾经响彻你们神谕的那所殿堂(法院府)在你们走后只剩下公众的喊叫与呻吟。民族将为这肃穆的元老院树立丰碑,和平与战争一样都会产生英雄……他们是祖国之父,他们把真理带到国王的宫殿,并在那里为人民的利益辩护……他们展示出爱国的精神,为民族献上重大的服务。当慷慨的公民战胜国家的敌人而高奏凯歌时,罗马人民丝毫都不吝啬他们的赞誉,你们正和他们类似,也将享有凯旋般的胜利(国王刚刚取消了税赋),这将确保你们将享有不朽的纪念。"——

突然获得如此巨大的政治声誉,任何一个司法团体都难免会飘飘然。法院第一主席像国王一样对这些敬意进行回复,这就是说用寥寥数语作答:他向发言者明确表示法院的感谢和善意。

在多个省份,对法官的逮捕或流放引起了骚乱。而在他们返回

487

488

45

时,在所有省份,民众近乎疯狂的表达他们的喜悦。因为在法国,巨大的激动几乎从来都伴随着可笑的夸张,巨大的胜利多少都会有些流于炫耀。

——主要是在多菲内和波尔多发生的情况。如果讲述得生动、自然而且清晰,波尔多的情况会很精彩。四轮华丽马车堵住了法院第一主席的家门口不让人群进去,人群却穿过马车追随主席进入他家中:如何让人生动地感到其中的滑稽。①

但过了没几天,声音消停了,热情退却了,孤独再次伴随在他们周围。他们不仅陷入公众的漠视之中,而且昔日反对他们的一切怨恨,甚至政府昔日没能加在他们头上的指控,都再次指向他们。

不久前他们还被视为立法者和祖国之父,现在人民甚至不想再让他们继续当审判官。

——这些是……这里是针对他们的那些指责②。——

---

① 关于多菲内省,参见附件Ⅰ,第507—509页。——在第45B号卷宗 C.C. 文件夹中,托克维尔根据《1788年10月20—23日,法院和财税法院复职时波尔多发生的故事》(*Récit de ce qui s'est Passé à Bordeaux lors de La reprise des Fonctions du Parlement et de la Cour des Aides*,*les 20*,*21*,*22 et 23 Octobre 1788*),作者是大法庭(la Grand-Chambre)的庭长让-弗朗索瓦·艾马尔·马丁·德·拉科洛尼(Jean-François Aymard Martin de La Colonie),他于1733年以后担任波尔多法院的参事。

② 读书笔记(第45B号卷宗,C.C.文件夹)里提供了几个例子:"**1788年12月5日。高等法院试图重新俘获人心却没有成功。**[……]/法国充斥着攻击高等法院的小册子;法院在其中不仅没有受到赞美,相反人们却攻击它,转过来反对其自由主义;在这些小册子中,一些革命者表现得比法院更像保王党:/'那些法官对政治一窍不通。说到底,他们只想统治,并且利用民众达到这个目的。/他们与权贵和教士意见一致,并和他们一样是第三等级的敌人,也就是说几乎与全民族为敌;他们以为自己攻击专制主义就可以让人忘记这一点。虽然宣称拥有民族的权利,他们却对这些源自社会契约的权利提出质疑,让人错以为那是出于自愿的让予[……]'"(匿名小册子,其作者被认为是约瑟夫-米歇尔-安托万·赛尔旺[Joseph-Michel-Antoine Servan],《关于1788年12月5日高等法院法令的注解与评论》[*Glose et Remarques sur l'arrêté du Parlement de Paris*,*du 5 décembre 1788*],Londres,1789)。

第四章　何以在高等法院自认为是国家主人的时候却忽然发现自己什么都不是

巴黎高等法院坠落得尤其迅速和可怕。

——描述他们的孤立、无能、绝望和悲伤，这一点在帕基耶的《回忆录》[1]有充分的表现，王权轻蔑的报复，德普雷麦斯尼尔被解职[2]，他们的震惊和无法理解……他们相互质询，想知道[未完]——

法官们没有看到，正是曾经推动他们的波浪在将他们淹没。在我的时代里，我曾经多少次亲眼目睹与上述情况相类似的场面啊！

——深入探讨其中的原因——

起初，高等法院的成员都是由国王从最优秀的法学家或律师中挑选出来的。才华使得出身最卑微的人也能享有最高的荣誉。高等法院和教会一样，都是中世纪的贵族制土壤中产生的强大的民主制机构，并且使某种平等渗入其中。

后来，国王为了挣钱，开始出售司法权。这样一来，高等法院就充斥了出身富裕家族的人，他们把国家的司法管理视为私人的特权。不久后，这些家族想在他们之间独享特权并排斥所有其他人。随着民族的思想和风俗让社会越来越倾向于民主，却有某种独特的推力似乎推动每个团体都日益成为一个封闭的小型贵族制（une petite aristocratie fermée）。这些家族就顺从这一推力。一些在封建时代都不可能被接受的法规，居然规定在高等司法院里只能接受缙绅。

---

① 《我的时代的历史。帕基耶大法官回忆录》（*Histoire de Mon Temps. Mémoires du Chancelier Pasquier*，Paris，Plon，1893—1895），卷一，第二章。托克维尔是大法官艾蒂安-德尼·帕基耶（1767—1862）家中沙龙的常客，并在《旧制度与大革命》出版后与他进行一次历史讨论（参见 1857 年 1 月 7 日致让-雅克·安培的信，《托克维尔—安培通信集及托克维尔—鲁瓦埃-科拉尔通信集》[*Correspondance Tocqueville-Ampère et Tocqueville-Royer-Collard*]；《托克维尔全集》[*Oeuvres complètes*]，t.XI，pp.359—360）。他可能将这本尚未出版的回忆录给托克维尔阅读了。

② 参见读书笔记（第 45B 号卷宗 C.C.文件夹）："德普雷麦斯尼尔（D'Eprémesnil）最初受人爱戴，随后遭到抨击：在一个题为'圣玛格丽特岛城堡卫队长告公众[主要针对第三等级]书'的论战文章中，人们把德普雷麦斯尼尔关于法院和贵族的看法归在一个疯子头上，这个疯子从圣玛格丽特岛逃出来，借用了他的名字。"巴尔比耶（Barbier）认为，这篇发表于 1788 年 11 月 10 日论战性册子的作者是赛尔旺（Servan）。

无疑，一个司法集团在购买司法权利之后就可以独享司法权，没有什么比这更与时代精神背道而驰的了。一个世纪以来，没有什么制度比卖官鬻爵制度受到更多、更尖刻的批评的了。

虽然这些司法机构的组织当时难以为继，它们却具有一个难得的优点，这个优点连我们今天的更健全的法庭都不具有。这些法院是独立的；它们以君主的名义进行审判，却并不唯君主的意志是从。它们只听从自身而非其他人的情感。

在所有能够平衡或者节制无限王权的中间权力都被打倒之后，高等法院是唯一站立着的。

当所有人都缄口不言的时候，它还能说话；所有人都被迫弯腰屈服很久了，唯有它还能暂时挺直腰板。因此我们看到，一旦政府失去人心，高等法院将深孚人心。当对专制的仇恨成为所有法国人的强烈激情和共同情感之时，高等法院似乎成为国家唯一的自由大道。人们过去指责它的一切缺点都似乎变成了某种政治保障；人们将藏身于其弊端之后。它的霸道、骄傲和偏见都变成民族的战斗武器。

但是，一旦绝对王权最终被打败、民族不再需要旗手，高等法院一下子又被打回原形：一个中世纪遗留下来的、破败不堪而不得人心的旧机构；它又重新找回在公众仇恨中所占的位置。为了摧毁它，国王只须听任其取得胜利就够了。①

490

————————

① 读书笔记中包含对法院丧失名誉的更详细的分析："尽管有那么多自私或者与时代精神背道而驰的学说，高等法院看到自己依然受人爱戴，它们怎么会不自视为一种独特的力量或者具有深厚的根基？它们怎么能猜到，它们受到欢迎的部分原因恰恰源自人们对它们所代表或捍卫的那些机构的仇恨？这一仇恨因为机缘凑巧发现暂时支持高等法院的事业更为有利。/**何以高等法院在它们几乎无依无靠之时竟然表现得前所未有的强大、富于进取、看上去根深蒂固？**这一点很奇怪，因为其他许多次革命开始时都发生过这样的事情。/从法院存在五百年以来，它们从来都没有像1787年那样傲慢无理地向国王说话，像1787年那样作为对手进行交谈，像1787年那样常常以主人的口气说话，像1787年那样染指立法权；它们从来不曾从理论上赋予自己如此大的权力，从来都没有以如此真实、如此显著、如此新颖的方式实践这一理论：所有法院都构成了一体，而巴黎高等法院只是其首，每家法院都有权对**整个法国的所有法**（转下页）

第五章 何以绝对王权一被打败，
真正的革命精神立即显现
（1788 年 9 月到选举）①

　　共同的激情构成的纽带曾经让所有阶级都团结一致。但这一纽带一旦松懈，团结起来的阶级就各奔东西了；此前一直盖着面纱

（接上页）案进行决议。/然而，高等法院已经丧失一切基础了。在成为国王反对贵族、地方意识和教会的强大武器之后，它对王权而言只是障碍和烦恼。就其过去曾发挥的用途而言，它现在变成了一把过于沉重、有缺陷的工具，一把用起来会伤及自身的危险工具；在它的力量和目标之间已经没有关系了。/民众也将它视为一个过时的机构。高等法院曾经促进整个政治和社会的新状态的形成，这一状态及其从中自然地产生或者人为阐释出来的所有思想，都对立于法官团体：它花钱购买行使司法权的权力并以世袭的方式掌握这一权力，它的成员以个人或者团体的名义拥有各种特权，而且将属于其本职的司法功能与不属于他们的政治功能混杂在一起。/（社会）状况、法律和思想出现的变化让高等法院在国王眼里变成一把糟糕的工具，这同样的变化同时也在整个民族当中散播一种对革新的模糊愿望，一种对改变的爱好，一种独立和监督的精神，而这些又在各个方面让人们去反抗权威。/这种崭新的、不稳定的舆论力量发现高等法院是它可以利用的唯一工具；它之所以抓住高等法院，不是为了使高等法院变得强大，也不是为了使其成为最受人欢迎的团体，而是因为那是法国唯一足够有组织、足够庞大、足够强大而能够对抗王权、撼动人们期望推翻的体制的团体。/但是一旦某种无论在起源、思想还是构成上都更符合新激情的抵抗工具被制造出来之后，这个只是在撼动其他古老机构时才有用的古老机构就似乎被自己的重量拖入到共同仇恨当中，人们甚至还没有来得及插手；那就好像一个刚刚露出五头六臂、在十个月里他的声音响彻在整个法国大地的巨人，突然一下子跌倒在地、连叹息都没有发出一声就一命呜呼了。”

① 这一章是 1787、1788 和 1789 年的官方文件和小册子的读书笔记写成的，收在第 45B 号卷宗的 B.B.、C.C.、D.D.、E.E. 文件夹里。

的大革命的真面,一下子就露出了。

战胜了国王,那就要知道谁将从中获益。三级会议终于得以召开,那么谁将控制会议呢?

国王已经不能拒绝这次会议的召开,但他仍然拥有决定会议形式的权力。已经一百六十年没有召开过三级会议了。[1]人们对它仅存有模糊的记忆。谁都不知道该有多少议员,各个等级的关系如何,如何进行选举,如何进行商议。唯有国王能做出决定。可是他没有。

对于这一问题,王国首相、红衣主教洛梅尼·德·布里耶纳想出一个独特的主意;他让他的主子通过一项史上无双的决议。选民的数目是不受还是受限制、议会人数是多还是少、各等级是单独开会还是混在一起、它们的权利是平等还是不平等,他把这些问题视为一个博学的问题,因此御前会议下达一道决议[2],责成所有团体都要对古代三级会议的召集及其采取的所有形式进行研究。决议还补充道:"陛下邀请所有学者和王国里的所有饱学之士。尤其是金石美文学院(l'Académie des inscriptions et belles-lettres)的院士都出力献策,向掌玺大臣提交任何关于该问题的信息和论文。"[3]

这是把国家宪法当作学术问题来处理,并拿它为题目举行会考。

这一号召很快就被人们听到了。法兰西被文章淹没了。[4]所有地方政权都在斟酌如何回答国王,所有的团体都在表达要求,所有

---

[1] 巴黎最后一次召开三级会议要追溯到 1614 年 10 月 27 日到 1615 年 2 月 23 日,也就是说在一百七十五年以前。

[2] 在手稿 ms.A 中此处有省略号。手稿页边写着:法令文本 C.C.115。我们根据提及的文件夹进行补充。

[3] 1788 年 7 月 5 日的法令,收录在德克鲁西(Decrusy)、伊桑贝尔(Isambert)、茹尔当(Jourdan)和圣勒内·塔扬迪耶(Saint-René Taillandier)编纂的《从 420 年到 1789 年大革命之间的法国古代法律总集》(Recuil Général des Anciennes lois Françaises Depuis l'an 420 Jusqu'à la Révolution de 1789,Paris,Berlin-Leprieur,1823—1833,28 vol.),第 28 卷,第 601—604 页。在读书笔记中,托克维尔这样评述:"利用这一点,它描述了法国的政治教育。对那些要领导如此巨大时刻的可怜家伙而言,这一点让人知悉他们惊人的、骇人听闻的无能。运动在此前一直是自由主义运动,但从那里开始表现出其真正的特点,反抗专制的斗争转变成阶级之间的斗争。"

[4] 在手稿 ms.A 中的页边写着:以作品、地方政权、团体、阶级的顺序逐次进行(讨论)。

第五章　何以绝对王权一被打败，真正的革命精神立即显现

阶层都在考虑着自身利益，都试图在古代三级会议的废墟中，寻觅在他们看来最能保障自身利益的形式。每人都想表明自己的想法，而且因为我们是全欧洲文学最发达的国度，因为在那个时代里，文学给时代的激情披上博学的厚衣——或许能用一句话来描绘那些作品的特点——

　　阶级斗争不可避免，但很自然它本来只能从三级会议内部开始，以一种常规的方式、在一个有限的场地上、围绕具体事件来进行。但这时它却找到了一个无限的领域，可以从普遍的思想中吸收营养，于是在短时间内就变得特别大胆，表现出一种前所未有的暴力，而对于这一暴力，人的内心深处的状况固然能让人理解它，但没有任何（事件）加以预备。①

---

① **此处插入五页的笔记和提纲草稿：**首先指出第三等级只要求获得一个位置。/然后要求获得首要的位置。/接着要求自己独一无二，这让暴力开始变得空前强烈。/我以为，最后要审视一下我自己研究的那些问题，除非我能把它插入到讲述的过程中，那是最好不过。/清理出那些有关三级会议形式的积极要求，将它们归结为两点：1.第三等级代表数翻番，2.共同投票。附加在这两个要求之上的所有其他改革或革命的想法，或者与之同时表达出来的想法。/首先是所有这些阶段中的阶级斗争。/其次谈论主要的争论点。/最后以国王的决定结束这一章。/把选举的动荡放在哪里？［……］本章最突出之处是刚刚并肩战斗的各个阶级突然展开激烈的战争。要将这一点阐述得非常清楚，并对之非常强调。/或许可以首先对这一特征进行总体描述，然后涉及阶级战争最集中的两点，而那两点不过是同一思想的两个侧面而已：第三等级代表翻番、共同投票。/**陈情书**的骚动肯定要在这一画面之后出现或者同时进行，很可能要让两者融合。/这就是说，把目光暂时从王权身上转移到各个阶级内部。这样做不是出于某种系统的想法，而是为了争取时间。想象这样的情形：全民族都沉浸在关于三级会议的组建上讨论和写作的单纯乐趣中，那相当于给主人们一个喘息的时间。/这让我随后关注国王的决定，它决定了手段，却未确定目的。在燃起仇恨的激情后，又提前准备好了战场，而这是一个最危险的战场，因为那关系的不是一次具体的胜利，而是在所有问题上的最高权力。这或许会让我进入对短杠杆作用的思考。/最困难的事情是，一边对阶级战争进行描绘，一边还要提及其他那些虽然附属却有必要指出的特点：在那个甚至在贵妇人的漂亮小客厅里都在研究理论的世纪里，居然对政府管理的实用科学一无所知……/需要有抵消性力量、在各阶级之间保持某种平衡的必要性、捍卫既得权益（哪怕那些权利已遭到谴责）的重要性：人们对此一无所知。/第三等级中最有见识、数量最多的人对这些道理熟视无睹。特权等级中最感兴趣、最富有激情的那些人也是如此。［……］

思想的运动。情感的运动。

在国王放弃绝对权力和选举开始前大约过了[五个月①]。在那段时间里，几乎没有什么事实上的变化，但是法国人的思想和情感正在加速走向对现存社会的全盘颠覆，并最后变成愤怒的狂澜。②

开始时，人们只考虑三级会议的组建，匆匆用渊博的学识写出大堆的书籍，试图调和中世纪与当下的观点。接着，过去的三级会议的问题逐渐淡出，大家把涉及先例的故纸堆扔到一边，开始以抽象和普遍的方式研究立法机构应该是什么样。越往前走，视野越开阔；现在不单单是立法机构的构成的问题了，而是整个权力的问题；不仅仅是政府的形式，人们试图动摇的是整个社会的基石。开

492

---

① "大约五个月"是博蒙添加的，手稿里是一处空白，在页边写着"国王于9月……日做出让步，而最终在……月选民们"。托克维尔当时没有时间核实选举时间。他将国王投降的日期确定为1788年9月23日召回法院；其实，国王此前已经多次让步，尤其是八月辞退洛梅尼·德·布里耶纳和马尔泽尔布。

② 托克维尔此处的根据是印于1788年底的一部关于请愿书和诉状的资料集（C.C.文件夹）：布尔市（ville de Bourg）第三等级的诉状、大量属于巴黎财税法院管辖的财政区分区的官员写给国王的信、勃艮第权贵的抗议书、里昂市居民致国王的诉状、圣让-德洛纳（Saint-Jean-de-Losne）居民的决议、塞纳河畔沙蒂永（Châtillon-sur-Seine）居民的决议、居住在巴黎的公民的请愿书。他从中得出如下结论：阅读所有这些文件，估量人们心中在过去和现在之间、过去实际的情况和人们曾经做的事之间、权贵与教士的观点和其他人的观点之间实际的鸿沟（这种鸿沟仅被婉转的说辞或者良好的愿望所掩盖），此后，怎能看不到，**大革命**是无法避免的，或者它已经事先造成了。（在前半年，人们的心底被掩盖着，而下半年，它却突然显现出来。主体思想。）最令我感到震惊的，不是激起整个争论的阶级激情，不是嫉妒、怨恨以及贯穿其中的利益斗争，而是深层的舆论（人们最终都会回到这上面，而且是它每次革命的最终结果）。那些对特权、个别权利表现出最大尊重的人，也认为这些权利和特权的正当性是绝对无法得到辩护的。这些不仅包括人们在当时享有的而且包括任何种类的特权和权利。温和、制衡的政府，也就是说组成社会的不同阶级、划分社会的各种利益都得到某种制衡；在这种政府之下，人不仅作为个体单位加以衡量，而要根据他们的财产、他们的庇护关系以及他们在普遍福祉中的利益加以考虑……哪怕在那些最温和的人心里（以及，我认为，一部分特权阶层的人心中），都没有任何这样的想法；一种取代它们的想法认为，社会是由相似成分构成的一群人，由代表人数而非利益或人的议员所代表。深入研究这种思想，并指出革命更多在于这一思想甚于在实际发生的事情当中；思想既然如此，事实如果不是大致如我们所看到的那样，那几乎是不可能的。"

第五章　何以绝对王权一被打败，真正的革命精神立即显现

始时，人们只谈论权力均衡、更好地调整阶级关系；不久人们就走向、跑向、奔向纯粹民主的理想了。开始时，人们引用和评论孟德斯鸠；最后，人们除了卢梭谁都不谈。卢梭业已成为并将一直是大革命早期的唯一导师。①

　　政府的概念②变得简单了：唯有人数才能决定法律和权利。整个政治都被归约为一道算术题。后来发生的一切事情的根源都根植在人们的这些思想中。大革命过程中提出的观点几乎没有不出现在这些文章中的某些篇章里；大革命的所有成果都被预告出来，而且经常有过之而无不及③……

　　——引用——

　　政府主动要求人们进行讨论，到此时却无力控制论题了。

　　与此同时，传递到思想中的运动也带动他们的激情如狂飚般奔向同一个目标。最初，人们指责权贵企图拥有更多权力。后来，人们否认权贵可以有任何权力。开始，人们想和权贵分享权力；不久，人们就不想让权贵拥有任何权力。权贵不仅不应该当主人，甚至几乎连作同胞的权利都没有：那是一群强加在民族头上的异邦

---

① 在对 1788 年小册子所做的读书笔记（C.C.文件夹）中，托克维尔多次讨论卢梭对孟德斯鸠的取代："**在所有时代**，人们总是会求助于纯理论。但是在 1787 年和 1788 年，我看到被引用最多的理论家是孟德斯鸠；在 1789 年及其后则是卢梭。"——关于三级会议的组成，在同一个卷宗中写着："法律是什么？社会成员之间为了相互的幸福而达成的**协议**。总是社会契约论的思想。我越是阅读这一论战，就越感觉到在所有哲学家当中，卢梭的这一理论是渗透到整个民族精神中最深、并对民族行为影响对大的理论。"关于这一点，尤其参见附件Ⅱ，第 520—522 页，托克维尔关于皮埃尔-路易·勒德雷尔（Roederer, Pierre-Louis）《论三级会议的代表》（De la Députation aux Etats Généraux）（8 Novembre 1788）；皮埃尔-路易·拉克雷泰勒（Pierre-Louis Lacretelle）《论法国即将召开的三级会议》（De la Convocation de la Prochaine Tenue des Etats Généraux en France，1788）。

② "［我们可以看到，在法国古老的旧制度的所有弊端中，英国的各机构也已显得过时和不足了。**框起来**］政府的概念……"。手稿 A。

③ 尤其参见对拉博·圣艾蒂安著作的分析（《对第三等级利益的思考，一位地产所有者致外省民众的信》[Considérations sur les Intérêts du Tiers Etats, Adressées au Peuple des Provinces par un Propriétaire Foncier，1788]；《关于公法的问题》[Questions de Droit Public，1788]）。附录Ⅱ，第 527 页以下。

人，现在民族要摆脱他们①……

——引用西耶斯——

我们或许在世界历史上第一次看到，上层阶级与其他人分离和隔阂得如此严重，以致我们可以清点他们的数目，然后把他们放到一边，好像一个羊群里等待宰割的羊②；中产阶级则努力不与他们搅合在一起，而是正相反，充满小心翼翼地避免与他们发生瓜葛：假如人们理解了这两种征兆，大家就会明白：一场大革命即将爆发，或者确切地说已经发生了③……

攻击特权的文章不计其数，为特权辩护的文章却寥寥无几，少得让我们不知道替他们说了什么话。在那片嘈杂声中，我们感到惊奇的是，被攻击的阶层无论在内部还是外部都拥有极少而弱的辩护声音，然而当时他们占据着大部分的重要职位，拥有大片的领土；相反，在他们被打败、被屠杀、遭遇破产之后，却有许多人站出来替他们说话。如果考虑到贵族阶层垮台时的极端混乱的情形——民族的其他部分开始时都跟随贵族共同行动，忽然间却对其怒目相向——这一点就不难理解了。他们惊奇地在别人用来打击他们的思想中发现他们自己的思想。别人试图用来消灭他们的那些概念，正是那些构成他们自己的思想根基的内容。那曾经是他们娱心遣怀的东西，此刻成为攻击他们的可怕武器。

---

① 参见附录Ⅱ（第537页）对西耶斯著作《第三等级是什么》所做的分析。托克维尔这里影射到该书（1789年版第11页）中的一句名言："第三等级为什么不把那些继续狂妄地自诩为征服者种族的后裔并承继了先人权利的所有家族，一律送回法兰克人居住的森林中去呢？"

② **在手稿ms.A中这段末尾处的残稿上写着**：大家只不过在数字上有区别。有些人说他们的数量为十万，其他人……所有人都一致认为，他们不过构成一个外邦的小群体，只有在出于公共和平的需要下才能容忍其存在。

关于特权阶层人数的评论受到被认为由让-巴蒂斯特·塔尔热（Jean-Baptiste Target）撰写的《〈路易十六召开的三级会议〉续篇》（无出版项，41页）的启发。塔尔热认为教士人数为4万、权贵人数为5万，而第三等级的人数高达2 300万。关于此书，参见附录Ⅱ中（第544页）托克维尔的读书笔记。

③ **在手稿ms.A末尾的一张单独的纸上写着**：在随后研究阶级战争的时期的时候，我要很好地说明当时笼罩着的某种"崩溃的眩晕"（vertige de désagrégation）。不仅资产阶级向权贵开战，而且小权贵向大权贵开战，低级教士向高级教士开战……一直到大革命让这种分野变得更简单，让同一社会层次的不同部分达成一致。

第五章　何以绝对王权一被打败，真正的革命精神立即显现

和他们的对手一样，他们的确认为，最完美的社会是最接近自然平等的社会；唯有才能的高下，而非财产和出身的不同，能对人们进行分类；最具正当性的政府是大多数人表达出来的普遍意志。尽管利益不同，思想却是同样的，所有人对政治的理解都只是他们在书里、在同样的书里看到的那部分。只差他们是平民这一点，否则权贵们就会搞革命啦。

因此，当他们突然间成为众矢之的时，他们要自我保护却非常被动。①他们谁都不曾考虑过如何向人民证明自己的特权。②这时需要证明的是：唯有[贵族]才能保护人民免受国王暴政的压迫和革命的困苦，因此虽然特权看似只符合享有者的利益，实际上却能保障那些不享有任何特权的人们的和平与福祉——但是这些权贵这时却不知道。对那些长期实践事务、掌握政府管理之道的人而言，这些道理不过稀松平常，但是他们却闻所未闻。他们摆出来的，不过是他们六百年前的先辈的功绩——这里要插入从当时的作品中找到的证据——。他们所依赖的，都是一些追溯到令人憎恶的过去的古董头衔。他们宣称只有他们才善于摆弄武器，只有他们才能够延续军事勇气的传统。他们的言语经常透出傲慢，因为他们习惯于站在最前面；但是那言语③却缺乏自信，因为连他们都对自身的权利将信将疑④……

494

---

① 关于权贵阶级没有能力自卫，参见对蒙蒂翁男爵（baron Montyon，巴尔比耶的观点）撰写的《多位亲王致国王的报告》（1788年12月）一书所做的分析、由此报告所引起的争议，以及《人民的贵族（patricien）朋友、古伊·达尔西侯爵向国王书进言，为法国权贵辩护》（1788），都收录在附件Ⅱ，第532—533页。

② **托克维尔将"关于本章的几个片段以及笔记本上用铅笔写的几段文字"放到在手稿ms.A的末尾，其中有一段文字和这一点有联系**：权贵们曾经原则上接受的那些理论，但他们在避免将理论付诸实施时却遇到困难。连他们自己都认为，地位的不平等只是某种畸形，社会在衰老的过程中会沾染上这种畸形，不过是时间和他们的利益让这一畸形变得令人尊敬而已。

③ **手稿ms.A中的初稿里写为**：习惯于瞧不起听他们话的人；但是这言语。

④ **在手稿ms.A中的页边写着**：在此处，在谈及三级会议代表数翻番和共同投票的问题之前，要谈及被攻击的派别内部的分类，描述一下甚至渗透到被孤立起来的人中间的竞争和争斗的性情，权贵反对教士，教士反对权贵，小权贵反对大权贵，神甫反对主教……从陈情书中得出一种讽刺性的画面。

国王敕令引起的讨论,在考察人类制度的所有环节之后,最终总是归结到两点。这两点可以基本概括斗争的核心:

在即将召开的三级会议中,第三等级代表的人数是否应该多于其他两等级的任何一个,并使得他们的人数等于权贵与教士两等级人数之和?

用这种办法组成的三级会议应该单独表决还是共同表决?

第三等级代表数翻番以及三个等级在同一会议中共同投票,在当时看来似乎并不像实际上那样新颖和重要。许多先前与当时的小事件遮盖了它们的新颖性和重要性。

许多世纪以前,郎格多克的地区三级会议就已经这样构成和表决了。那使得资产阶级在事务中占有更大的分量却非统治地位,在另两等级与他们之间创造出许多共同利益以及更融洽的关系,除此之外并无其他后果。那不仅没有分裂各个阶级,反而拉近了他们的距离。①

国王本人似乎已经赞成这种体制,因为他刚刚已经小规模地在省议会里对其加以运用;他命令在所有没有三级会议的省份里创建省级议会。一个在省份里建立起来、只是改变了该地区旧体制的机构,在被推行到全国时怎能不彻底而强烈地动摇旧体制呢?人们当时只能隐约看到这一问题,尚未完全看清楚。

很明显,第三等级在国家议会中取得与另两等级之和相等的人数之后,将立即在国家议会里取得统治地位;不是在事务中占一席之地,而是变成绝对的主人;因为他们团结一致反对那两个团体,而这两个团体不仅相互之间分裂而且各自内部也分裂:一方具有

① **在卷宗 rubbish. A 中的片段中写着**:让第三等级代表数翻番和共同投票没有给该省的社会和政治构成带来变化的原因:/1.资产阶级的代表,他们使这些代表成为一小部分贵族和资产阶级特权者。/2.权贵阶级的代表(原文如此),完全由具有缙绅身份的主教构成,这几乎没有对民主激情提供任何支持。/3.这一点发生在单独的某个省份里,这使得贵族能够将他们对整个王国的重量全部压到一个省上。/在郎格多克,第三等级代表数翻番和所有等级共同投票只导致一个后果,那就是让资产阶级在对事务管理中占据更大的分量,却没有让它获得权力或独自统治的欲望。/但是在某个省份中只是引起次要变化的法律,如果被应用到整个国家肯定会带来突然而全面的革命。

第五章 何以绝对王权一被打败,真正的革命精神立即显现

共同的利益、共同的情感及共同的目标,而另一方则利益有别、目标不同、情感相背。①

一方是公众感情拥护的对象,另一方则是共同激情反对的目标;这种来自会议外部的压力自然会对内部产生影响。压力让第三等级团结起来,相反则让所有追求名声或者想以新途径获得权力的人脱离权贵和教士阶层。在郎格多克的三级会议里,我们通常看到许多资产者抛弃自身的等级而投票支持权贵和教士,那是因为贵族阶级的旧力量给了他们压力;那种力量仍然统治着民情和思想。从某种意义上来说,郎格多克的每个资产者都承受了整个法国的贵族阶级产生的压力。而到了此时,要发生的恰恰是相反的情形,尽管第三等级人数与其他两等级相等,他们却必然成为多数力量。

第三等级在议会里的行动必然具有支配性而且十分激烈;因为他们要在这里遭遇一切激起人们激情的东西。让人们在观点相反的情况下共同生存本来已经很困难。而将一些完全成熟的政治团体放在同一场地,它们各自都组织完整,各自都有不同的来源、经历、独特的形式、团体精神,让它们分开相处又总是相互面对,在同一屋檐下一起努力划清各自权利的界限,并强迫它们不停地、不经过任何中介地相互交谈,这不是在准备讨论,而是在准备战争。②

然而,这个多数派被自己的激情和对手的激情燃烧起来,他们的力量强大,因为只有他们能发号施令。无论什么都不能让他们停止,甚至不能推迟他们的行动,因为只剩下一个王权可以钳制他们,但王权已经缴械,而且当一个议会整体性地从一边对其施加压力时,它很快就会屈服。③

496

----

① **在手稿 ms. A 中本段的页边写着**:第三等级肯定会占据大多数。/他们也肯定会试图滥用这种大多数。/他们支配唯一的主权议会,他们肯定不会错过机会发动一次革命,而非改革。

② **在手稿 ms. A 中的页边写着**:或者可以完全放弃这一段话,它会引起争议,显得冒失,我仅限于表现国王的疯狂,他在所有的手段中采取了最糟糕的。

③ **在 ms. A 末尾有单独的一页,没有指明与文本的联系**:旧制度的政府是以这样的方式组织的:它轻易就可以战胜个人的反抗,但是其结构、先例、习俗、民族习惯,统统都不允许政府能在大多数人都反对它的情况下进行统治。

这不是逐渐改变权力的天平,而是将它一下子推翻。这不是〔让第三等级〕分享贵族等级的过分的权力,而是一下子让强权易手。这是把事务的领导权转交给唯一的激情、唯一的利益、唯一的思想。这不是在进行一项改革,而是一次革命。

在那个时代的革新者当中,预先知道自己想做什么、看到自己的思想将走向何方的人,似乎只有穆尼埃(Mounier)①;在他最终的政府方案中,他致力于分割权力,但目前他也赞成让三个等级共同开会。他坦率地给出这一理由②:"首先要有一个能消灭旧体制、个别权利和地方特权残余的议会:一个由权贵和教士构成的上议院永远都不能做到这一点。"③

说到底,第三等级人数的翻番和三个等级共同投票,两个问题似乎无法分开。因为如果第三等级必须单独商议和表决的话,增加他们的人数又有何用呢?

政府想象可以将他们分开。④

内克先生在当时能够左右国王的意志,并且一时间成为整个民族的偶像,但他属于那种不能将自己任何观点坚持到底、永远都只能将意图贯彻一半、永远都不知自己走向何方的人,因为指导他们行事的不是自己头脑里的固定观点,而是他人头脑里相继出现的思想。

无疑,他希望第三等级人数翻番,也希望三个等级共同投票。497 国王本人很可能倾向这种观点。⑤刚刚打败国王的,是贵族。贵族

---

① **手稿 ms.A 中的初稿为:**对稳固而自由的政府形成正确认识的,只有穆尼埃。

② **手稿 ms.A 中有省略号。我们这里用 C.C.文件夹中的笔记进行替换。**

③ 在这里,托克维尔没有逐句引用,而是将让-约瑟夫·穆尼埃写于 1789 年的著作《对法国三级会议的新思考》进行综述。关于这本书,见附件 Ⅱ 第 546 页托克维尔所做的读书笔记。

④ **手稿 ms.A 中的页边写着:**或许这里给内克先生画一幅肖像。这里应该很有分寸,但此人和此刻的重要性使得这一点很有必要。在手稿 ms.A 中下一页的页边写着:此人的线条已经被磨灭了,以致很难清楚地看到他的外表。

　　御前会议于 1788 年 12 月 27 日决定,每个大法官辖区的代表数都与其人口挂钩,但没有对是否按人头投票的问题做出判定,将该问题留待三级会议进行裁决。关于御前会议的这一决定,参见卷一附件 Ⅱ(第 545 页)对未署名小册子《评内克先生 1788 年 12 月 27 日呈交国王的报告》所做的分析。

⑤ **手稿 ms.A 中这句话的页边写着:**〔国王〕注意到这一事实,但只是模糊地看到,那就是绝对王权需要各阶级之间存在某种战争。

第五章　何以绝对王权一被打败，真正的革命精神立即显现

在他的身边冒犯他，激起其他等级反对国王的权威，并带领他们取得胜利。他感受到贵族的打击，但他没有慧眼看到此时的对手们将不得不保护他，而此时的朋友们却将变成他的主人。和他的大臣一样，国王倾向于像第三等级希望的那样组建三级会议。

但是，他们不敢走到那一步。但他们之所以在半路停步，并非因为他们清醒地看到了危险，而是因为他们耳边响起的风言风语。哪个人或阶级曾清楚地看到那个他应当主动从占据的制高点退下来的时刻？这样退下来是为了避免被迅速地赶下来。

当时，人们在代表人数上作出有利于第三等级的决定，在共同投票问题上则没有做出决定。在所有可能采取的立场当中，那无疑是最危险的一个。

的确，什么都比不上阶级之间的仇恨和嫉妒更能滋长专制。说实话，专制就依赖那些东西才能生存。但条件是这些仇恨和嫉妒仅仅是苦涩而安静的感情，足以阻碍人们相互帮助，但还不够激烈足以引起相互争斗。一旦各个阶级开始冲突，没有任何政府能在暴力的冲撞中不倒台的。

试图维持三级会议的旧体制，哪怕同时想要改善它，那时都太迟了。但是，在那个轻率的决议中，人们依靠旧办法，拿传统来保护自己，把法律作为工具握在手里。

同时同意第三等级代表数翻番和共同投票，这无疑是一场革命，但这将是由（上层阶级）自己来发动这次革命；他们本应该在亲手摧毁国家的旧体制的同时，使它们的倒塌更缓和一些。上层阶级本可以提前适应其无法避免的命运。感到王权和第三等级的双重压力压向自己，上层阶级本来一开始就应该认识到自己的无力。

他们本不应为保存一切而疯狂地战斗，而应为不丧失一切而战斗。

多菲内的三级会议通过共同投票的方式来选择三个等级的代表。这个三级会议由三个等级构成，每个等级的代表都由本等级单独选举产生，而且只代表本等级。但是参加全国三级会议的多菲内代表是由多菲内三级会议选出来的：这样一来每个缙绅的选民中都有资产者，每个资产者的选民中也都有权贵；三个代表团体虽然仍彼此区别，却在某种意义上变得同质了。或许这样构成的

498

等级，如不能混合成一个议院，本来至少也可以让他们的冲突不会过分强烈。

但是，不必赋予立法者所有这些具体举措过多的重要性。让人类事务运转起来的，是人的思想和感情，而不是法律的机制。

无论当时采用何种方式构成和规范全国议会，我们都应该想到，战争会在各阶级间猛烈爆发，因为各阶级间的仇恨之火已经烧到使他们之间根本无法共同行动的地步，而且王权也已经被削弱到根本无力约束他们共同行动的境地。但是我们还是不得不承认，没有什么比当时采取的措施更能使冲突变得迅疾而致命。

如果这是事先预谋的计划，请试想①洞察和技艺是否比缺乏经验和毫无远见能在这一致命的计划中取得更大的成功。人们给第三等级提供变得大胆、受到锻炼、信任自己的机会。第三等级的热忱已经无限膨胀，人们又使他们占的分量得以倍增。在允许第三等级可以期望一切之后又使其害怕一切。在某种意义上，这是拿胜利在他们眼前晃悠，却并不交到他们手里。这无异于在诱惑他们夺取胜利。

在长达五个月的时间里，首先任凭两个阶级重新激发和酝酿他们之间的古老仇恨，重提他们的积怨的漫长历史，任凭他们彼此仇视直至怒不可遏，然后，才让他们交手，并且让他们用作争论主题的是一个涵盖所有其他问题的问题，唯一可能在一天内让他们一劳永逸地结束所有争吵着的问题。

最让我感到震惊的，并非那些有意识地期待大革命并为之努力的人的才华，而是那些不愿见到大革命却使其发生的人的出奇愚蠢。我在思考法国大革命的时候，让我感到惊奇的，是该事件的无比宏伟，是它一直传到地球末端的光辉，是它让所有民族多少感到震动的强力。

接着，我对思考在大革命中占据如此分量的宫廷；我观察到一

---

① 手稿 ms.A 中的页边写着的提纲草稿：1.人们在众人心里带来各种各样的新鲜事物，催生出各种各样的希望，激起各种各样的激情……/2.事先点燃起阶级战争。/3.在激起第三等级的希望和燃起其激情后，还增强了他们的物质力量。

第五章　何以绝对王权一被打败，真正的革命精神立即显现

些历史上最平淡无奇的画面：一些冒失或无能的大臣、一些堕落的教士、一些轻浮的女人、一些轻率或愚蠢的弄臣、一个仅具有无用或危险美德的国王。我却看到，这些小人物给这一宏大事件提供便利，推动它，使它加速。他们远非偶然因素，几乎成为首因；我要赞美上帝的力量，因为他仅需如此短小的杠杆就能撬动整个人类社会的重量。

第六章　何以陈情书的撰写让
激进革命的思想渗透到
民众思想的最深处^①

中世纪的不健全体制给人留下最深印象的,是它们的多样和
率直。它们总是直指目标,而且总会兑现它们承诺的任何自由。
在那里,诡计和技巧一样罕见。

---

① 在题为"探索"的卷宗(A.A.文件夹)中,有一个笔记标示出托克维尔思考的起
点:撰写陈情书的措施,什么都比不上这更让人发泄怨恨、激发革命。然而它
以前虽无数次被使用却从未带来那些后果。不过制度特别要经受时代的塑造。
还有什么比这种措施更自由的呢? 在绝对君主制之下,还有比御临司法会议以
及在王座和民族面前进行这一庄严讨论更自由、更刚毅的呢? 在我们的所谓稳
定社会(société réglée)里,谁能让人哪怕想象到这种场面? **在手稿 ms. A 中,托
克维尔在放着本章手稿的文件袋的下边写着**:这一小章节里有一些特别重要的
东西,如果丢掉将十分可惜。本章为 7 月 12 日以后的农民起义和火烧城堡做
了铺垫……或许它会打断思路,因为它让读者换了个舞台。前面在讲有教养阶
层,这里却讲述有教养阶层以外的人,接下来的一章又要返回有教养阶层。**手
稿 ms. A 中的页边上后来添上如下文字**:回答。通过以革命的观念来取代革命
激情,通过引述到攻占巴士底狱、饥荒和工业危机之后的情况,我认为第六章并
没有打断什么。**手稿 ms. A 中,再往下写有**:我从来都没有能够足够讨论 1789
年的冬天,然而那种自然事件却构成一个重大的政治事件。

在撰写本章时,托克维尔主要利用对穆尼埃的小册子《对法国三级会议的
新思考》(见附件Ⅱ,第 546 页)、菲利普-约瑟夫-本雅明·比谢和鲁的著作《法
国大革命中议会的历史,或从 1789 直到 1815 年的国民议会的记录》所作的读
书笔记,以 1857 年 6 月在巴黎档案馆所做的关于 1789 年选举会议的笔记(45B
号卷宗,E.E.文件夹)。

第六章　何以陈情书的撰写让激进革命的思想渗透到民众思想的最深处

　　在第三等级被号召参加全国三级会议的同时，他们就被赋予了一种不受限制的权利来向三级会议表达他们的怨言和诉求。

　　在应该向三级会议派送代表的城市里，所有民众都被号召表达意见，揭露有待矫正的弊端并提出他们的请求。在公开讨论和表决各种事务的市镇会议之外，每个等级都被号召表达他们的不满和诉求。每个个人都有权[抱怨]。方法十分简单，正如手法非常大胆。直到16[世纪]，[在各大城市里，（甚至在巴黎）]人们仍然可以看到一个信箱，（任何人都可以把自己的陈情书投到里面①）。从所有这些五花八门的请求信会整理出一份报告，在陈情书的谦卑名义下，这一报告用一种几近无限的自由、经常用一种尖刻的语言来表达所有人、每个人都要抱怨的事情。那个时代的社会和政治体制十分稳定，因此民众对该体制的弊端和罪恶的诉求丝毫不会动摇它的根基；那样做根本不会改变法律的原则，而是修正法律的实践，不会打破国王和贵族的权力，而只是矫正权力的弊端。当时被称为第三等级的，根本就不是乡村的底层，甚至不是乡村的中等阶层（这些人由他们领主来代表，而如果第三等级代表替他们说话，之前也并没有咨询他们的意见），而是某些城市的居民。这些城市民众拥有表达抱怨的完全的权利，这是因为他们无法用强力迫使别人满足他们的要求；他们被允许享有民主自由的无限权利，那是因为贵族统治在其他所有地方都不受质疑。中世纪的社会事实上只是由一些贵族团体主导，其中仅仅包含些许民主的片段而已（而且这部分地成就了中世纪社会的伟大）。

　　1789年，即将在三级会议中得到代表的第三等级已经不像1614年那样只是由城市资产者构成，而且包括了遍布整个法兰西王国的二千万农民。这些人此前从来不曾操心过公共事务；对他们来说，政治生活从来不是来自另一时代的毋庸置疑的记忆，而是从任何方面来说都是新鲜事物，以至于人们本以为在做三百年前

---

① 在手稿 ms.A 中此处原为省略号。此处的文本时根据 C.C. 文件夹添加上去的。关于该信箱，参见穆尼埃《对法国三级会议的新思考》，见附件Ⅱ，第546页。

做过的事情，事实上却做出完全相反的事情。[①]

501　　但是，在某一天，所有法国乡村教堂的钟声都把居民聚集到教堂前的公共广场上。在那里，他们自君主制开始以来第一次撰写第三等级的请求信，并仍然像中世纪那样称之为陈情书。

　　如果选举自由并非谎言，在通过普选产生政治议会的地区里，没有哪次普遍性的选举不曾搅动民族的基础。而在这里，那已不仅是全民的投票选举，而是全民的商议和调查。

　　而且人们所讨论的，也不是某个个别的习俗或者地方性事件。作为世界上人口最多的民族之一的成员，每个法国人被都咨询他对国家的一切法律和习俗有何反对意见。我想，这种场面在地球上的任何地方都还未曾出现过。

　　于是，法国的所有农民同时开始研究和概述他们此前所遭受的痛苦，以及他们有权抱怨的事情。搅动城市资产者之后，大革命精神又通过无数条通道涌入农村民众的中间，直至他们的深层，这样使得农村的各个阶层都受到震动，使他们对一切外来的印象都敞开大门。但是，它在农村并不和在城市里完全相同。它以一种特别的形式出现，以更适合这些它刚刚打动的民众。在城市里，尤其重要的是获取哪些权利，而在农村，人们更关心满足哪些需要。那些充斥城市中层阶级民众头脑的笼统而抽象的理论，到这里变成

---

① **手稿 ms. A 中的页边写着**：人们本以为只不过改换了机构，实际上却发生了翻天覆地的变化……虽然表面上不过是古老的机构发生了变化，事实上它却已经变成其他东西了：人们并没有改变中世纪的习俗，不过是将其扩展而已。人们并没有创造出一些新的自由，而不过是将一些历史悠久的自由扩展到一些新的阶级、一种新的民众中。读书笔记（45B 号卷宗，C.C. 文件夹）对这种普遍参与的创新进行详细说明："**何以全民投票在 1789 年自然而然地成为所有人的想法。**/那种极端民主的思想能进入所有人的头脑，那是因为国家被分割为等级，各等级之间的界限被明确、最终地划分下来，就是说根据一些完全远离民主的因素进行划分。/政治特权的观念附着于阶级，而非组成阶级的个体。在每个阶级的利益中，每个人都在共同利益上被咨询到，这似乎是自然而必然的事情。这是所有人的想法，没有人反对。一个村庄的第三等级所处的地位屈从于村里的领主和神甫，他们有不同的负担和利益；但一旦涉及这些负担和利益，没有人怀疑连卑微的农民都有发言权。"托克维尔在穆尼埃的著作里读到了关于陈情书撰写的极端民主特点。见附件Ⅱ，第 546 页。

一些确定的、明确的琐碎形式。

在农民们互相询问有什么可抱怨的时候，他们根本就不关心什么权力平衡、政治自由的保障、人类与公民的普遍权利。他们首先关注的是更个别的、与他们息息相关的事物，也是使他们此前遭受痛苦的事物。某人想到的是封建地租，这让他损失全年庄稼收入的一半；另一个人想到的是劳役，他被迫熬夜干活而得不到报酬。这个人想到领主的鸽子在种子发芽前就把它们吞了；那个人则提及领主的兔子啃他家的麦苗。①随着他们对自己痛苦讲述得越来越深入，他们相互激发，越来越觉得那些痛苦更多地源自一个人而不是那些制度；那人仍然称他们为臣民，尽管已经多年不治理他们了；那人只享有特权却没有义务，只享有权利却没有责任；那人唯一保留的政治权利就是靠他们的供养来生活。他们的意见越来越一致，把那人视为他们共同的敌人。②

无疑，上帝想把我们的激情和不幸所呈现出来的景观当作对世界的教训，于是在大革命如此爆发的开头，上帝容许发生一场残酷

502

---

① 在对吕谢（Luchet）的著作《经历 1789 和 1790 年的人们，或在首届国民议会中辩论的意见，以及大革命中主要事件》（*Les Contemporains de 1789 et 1790 ou les Opinions Débattues Pendant la Première Législature avec les Principaux Evénements de la Révolution*，1790，3 vol.）进行分析时，托克维尔评论道："在其关于 1789 年历史的书中，吕谢转述一位农民的妙语。被问及他对三级会议有何期待，农民回答道：消灭鸽子、兔子和教士。鸽子吃麦粒，兔子啃麦苗，而教士吃麦捆。"（45B 号卷宗，E.E.文件夹）

② 在某个佩尔蒂埃（Pelletier）所写的小册子里，托克维尔尤其注意到对大地主的仇恨，"那个时代的精神症状"。那本小册子题为《法国的重生，论三级会议应该进行的改革》（1789 年）（*La Régénération de la France ou Essai sur la Réforme que les Etats Généraux ont à Faire*，1789）写道，"小地产正在消失，大地产日益剧增；土地越被分割，就越被耕种得好"，——该书作者没有提及任何事实，论述中充满夸夸其谈，他抱怨小地产正在消失，被兼并到无限扩展的大地产中。这让人以为那是作者在英国写的书呢。对法国来说，那是错误的。/和他的同时代人一样（甚至还包括那些大地产主），他还认为大地产对农业有害，土地越被分割得厉害，就越有利于耕作；这一概念可以通过法国当时发生的情况得以解释和证明，尤其通过大地对农村的抛弃。/这一个属于政治经济学的概念伴随着民主激情的高涨，推动了对富人的仇视，作者就充分展示了仇恨（45B 号卷宗，E.E.文件夹）。

的饥馑和一个罕见的寒冬。1788 年的收成不好,而且在 1789 年冬天的几个月份里,前所未闻的寒冷让人们遭罪;一场和欧洲极北地区一样的严寒,让大地深深地陷入冰冻。在两个月期间,整个法国都像西伯利亚高原似的遮盖着一层厚厚的大雪。空气好像凝结了,天空一派荒凉,阴沉而死寂。①大自然的事故给人们的内心也平添一份粗粝、暴烈的性格。身陷饥馑和严寒带来的苦痛之中,人们更强烈地体会到对法律和执行法律者的怨恨。不幸到处让一切嫉妒变得更加尖酸,让一切仇恨变得更加狠毒。

当一个农民离开一座阴冷的房子和一群饥饿的妻小时,他从几乎没有炉火的家中走出来,和几个同病相怜的人一起商量如何述说他们的处境,他毫不费力地就可以指出自己一切苦难的根源,而且如果他有胆量的话,他还可以轻易地指出那一切的罪魁祸首。②

---

① 尽管没能进行确切的研究,托克维尔已经在 1857 年 5 月查阅档案以及 6 月阅读王宫总管 1788 年通信集的时候,注意到粮食危机的重要性(45B 号卷宗,C.C.文件夹):"1788—1789 年冬越往前,我们越可以在通信集中看到,物质的动荡让整个法国的民众都骚动、奋起:所有市场上都在酝酿着;各地的乞丐都成群结队地集结起来,拿着武器在农村游荡。同样这些症状此前曾经出现过上百次,都没有引发任何暴动。但在此之后,那些症状几乎都预示着革命。/因此,在 89 年革命中已经包含的某种潜在状态,它突然催生这种新情况,并且之后就一直如此发生。把握住这一点,并阐明之。"

② 在手稿 **ms.A** 中的一张单独的文稿写着:面对了无生气的家庭,在家徒四壁的房子里,在饥寒交迫妻儿中间,可怜的人对自己的状况陷入沉思;原来现状比以前想象的还要悲惨。此时此刻,人们来要求他追寻自身苦难的缘由,并细数自己的苦衷。

第七章 何以在国民会议召开的前夕，人心互相靠近、灵魂升华起来[①]

使各阶级产生分裂的主要有两个问题：第三等级代表数量翻番和共同投票。前一问题已经被解决了，后一问题却被推迟。这次大会被每个人都视为实现愿望的唯一途径，所有人都以同样的热情翘首企盼。大会将要召开了。人们等待那事件已经很久了；直到最后一刻，仍然有人怀疑。它终于要来了。人们感到正从准备过渡到实践，从口头过渡到行动。

在那一庄严的时刻，每个人都停下来，审视那个事件的伟大：离行动足够近了，可以隐约看见人们将要做的事情的影响，可以理解将要付出的努力。

权贵、教士、资产者，所有人明白这次不仅是修改这部或那部法律，而是要修改全部法律，是要在其中引入一种新的精神，是要改变所有机构并使其重新具有活力，用当时人的话说，是要让法国

---

① **Rubbish A 中的文件袋上有这样被划掉的文字："卷一的最后一章"。在本章草稿的最前面，有一段更详细文字可以表明托克维尔的意图：**我想描绘的是什么？/是催生出法国大革命的人心的普遍激昂吗？它推动着思想和感情的巨浪向前，直到今日仍有余波。/革命让法国重生、让世界改变的信念，从这一宏大意图的构思中产生出的热情，对那种伟大事业的献身，那种事业使得千万人蔑视个人的利益、个人的幸福。/或者在那场人心的宏大运动中，那不过是一个独特的时刻、特别的意外？在那一崇高的时刻，人们从思辨走向实践，从预备工作走向事件本身，从话语进入行动，法国人即将踏上这一无边的道路上之时，看到他们即将展开的那种清晰的、即将来临的事业，停下脚步，平静下来，互相靠近，最后一次努力寻求互相理解、试图忘记他们的个人利益，而只是考虑共同事业的宏伟与瑰丽。/历史上绝无仅有的伟大道德的时刻。/整章都要围绕着这一**独特**观念进行。

67

获得新生。还没有人能准确地知道将破坏什么，将创造什么；但是每个人都感觉到，将会出现无边的废墟，也将会耸起巨大的建筑。

然而，思想并没有就此停止。没有人怀疑自己正在准备之事将关系到人类的命运。

今天，革命的偶然性让我们变得十分谦卑，以至于我们认为自己不配享有其他民族享有的自由，这就让我们很难想象我们的父辈到底有多么骄傲。今天阅读那个时代写下的文字，我们不禁惊讶于各个等级的法国人对他们的国家与种族所抱有的高度评价，惊讶于他们将法国人视为全人类的那种安静而质朴的自信。在政府就宪法问题似乎举行会考之际，在所有刚刚问世的计划中，几乎没有任何一个屑于模仿外国的做法。法国人要做的不是吸取教训，而是提供新的榜样。人们头脑里充满的政治想法似乎可以应用到所有国家，这些想法的性质本身就支持人们这样看问题。因此没有一个法国人不坚信，他们要做的不仅是改变法国的政府，而是在世界上引入一些全新的、旨在革新人类事务整体面貌的政府原则，没有一个不坚信他们双手紧握的不仅是法国的命运，而且是整个人类的未来。

即使那种感情显得夸张，却并非错误。事实上，人们最终将展开这个事业。人们更真切地看到那事业的宏伟、魅力和偶然。这一完整而鲜明的视野最终占据所有法国人的想象空间，并让他们感到愉悦。面对这个宏大的目标，一时间成千上万的人们变得对自己的私利无动于衷，而仅仅专注于共同的事业。那只是短暂的时刻；但我怀疑在任何其他一个民族的生活中曾出现过那样的时刻。

当时的有教养阶层丝毫都没有那种多次革命后来带给他们的怯懦而卑躬屈膝的天性。①他们不惧怕王权已经很长时间了，却还

---

① 在 Rubbish A 中的一页纸的页边写着："人们不仅对自己的国家感到自豪，人们还对自己感到自豪。过去社会的构成使得每个职业、每个阶级都变成一个小剧场，在其上……/在权贵阶级和资产阶级的行列里，无论地位高下，没有人不认为自己有某种角色要扮演，有某个位置要占据，有许多演员在对自己的态度和行为进行判断。/那些小剧场已经被推翻了一半，但每个人都还依然认为，他将要扮演某个角色、要展示某种个性，并在那个即将揭幕的大剧场里表演……/他还没有想到要消融到群众中，也没有生出到群众中藏身的卑怯希望。每个人都认为自己要保持一种地位，要保留某种荣耀。"

第七章　何以在国民会议召开的前夕,人心互相靠近、灵魂升华起来

没有学会在民众面前颤栗。宏伟的意图让他们终于变得无所畏惧。虽然对舒适的爱好最终会压制其他激情,在当时却处于从属的、无力的地位。已经进行的改革已搅扰了私生活,他们顺从接受。无法避免的改革[必将损害成千上万的人的生活①];他们丝毫不考虑这个。未来的不确定已经使商业的发展变慢,使实业陷入停顿,小人物的活计暂时停止或者被搅扰,约束或痛苦并没有消灭热情。②在共同事业的宏伟景观里,个人遭受的一切不幸甚至在遭受痛苦者的眼里都消失不见了。

505

使各个阶级不久前还猛烈争斗的激情此时似乎缓和起来;此时,不同阶级将要一致行动,③这是两个世纪以来的第一次。

各阶级都以同样的热情要求召开那正在诞生的大会。每个阶级都将大会的召开视为实现心中最珍贵的希望的手段。人们以嘈杂但一致的声音所呼吁的三级会议终于组建:一种共同的欢乐充满了所有这些如此分裂的心灵,让他们暂时相互靠近,而不久他们将陷入永远的分裂。

人们在和解前相互拥抱

这时,不团结的危险突然敲击所有人的头脑。他们尽最大的努力彼此协调。不是去寻找分歧何在,而是专心考虑大家希望一起获得的东西:

消灭专断的权力,让民族成为自己的主人,保证每个公民的权利,让出版获得自由,使法律更温和,巩固司法,确保宗教宽容,摧毁限制商业和工业的障碍,这些是所有人的共同要求。大家互相

---

① 此处根据 Rubbish A 的文字进行补充。

② 在 Rubbish A 中的一张独立的纸上,有一份进行更详细分析的提纲:假如此时有某个修辞家敢于对资产阶级说话……(如果只是让某个单独的阶级发言,尽管该阶级[资产阶级]被选择得挺好,我仍然担心那样会让画面变得狭窄)。为了保持画面的宏伟,最好仍然停留在**民族**的普遍思想上,假如有人敢对整个民族说,他们梦想的大革命将来只不过要建立一个平等却受奴役的新社会,他们肯定会感到非常愤怒。

③ 在手稿 ms.A 中的页边写着:虽然在某几个大法官辖区,三个等级之间仍然纷争不断,但是在绝大部分地区,他们之间出人意料地形成和谐。

提醒；大家一起为此庆贺；大家讨论意见达成一致的事情，闭口不谈仍有分歧之处。虽然大家在根本上完全不和谐，却尽力让自己相信大家即将取得意见一致；没有任何解释，人们握手言和。

——此处插入所有能说明这一问题的事实——

我不认为，在其他任何历史时刻，在地球上的任何其他地方，有类似的一群人对共同事业如此真诚地热情投入，如此切实忘记一己私利，如此专注于思考一个伟大的计划，如此坚决地拿他们生命中最珍贵的事物进行冒险，努力地提升自我以超脱内心的小盘算。这就是激情、勇敢和忠诚的共同基础，而法国大革命的所有伟大行动都出自其中。①

第一幕很短暂，却具有无法比拟的魅力。它将永远不会从人类的记忆中消失。所有其他民族都注释它，并为它鼓掌、为之感动。哪怕在欧洲任何偏僻之处，都没有任何地方不曾看到它、不曾被它激起赞美和希望；没有那样的地方。在大革命的同时代人留下的

---

① 在第 44 卷宗内的一段没有日期的文字，托克维尔评论说，在卷一的最后一章里：要尽快谈及我们父辈的这些高傲的美德，因为我们时代的人们已经没有能力模仿这些美德，而且即将不能理解它们。在同一卷宗的其他稿纸上写着：没有奴役性[……]总之，要研究一下，在我们表达或暗示出的在我们父辈和我们之间的比较中，是否有必要得出这样一个我认为有道理的一般结论：我们具有更多的私人美德。他们具有更多的公共美德，或者至少他们有能力做出这些美德。对当代法国人在美德的公共方面的萎缩，要进行描绘或者指出来。/16 世纪的宗教革命，是上层阶级在贪婪的激情支配下并利用底层阶级的无序热情而完成的。法国大革命，是在上层阶级的无私热情支配下并且在底层阶级的需要和激情的支持下完成的。/因此，有教养阶层在 18 世纪比在 16 世纪更有德性。要充分利用这一想法，它有利于突出父辈们的伟大之处（尤其在公共美德方面）。/或许描绘那个时代的法国。另一个理想。

在这一点上，托克维尔的索引指向读书笔记中的"对本章的概观"（45B 号卷宗，Y.Y.文件夹）："一般来说，人类对能激起他们个人激情的事情才能投入热情、持续、精力。但是个人激情无论多么强烈，都不能让他们走得很远，也不能让他们走得很高，除非他们的激情在他们的眼中变得更为宏大，与某种有益于全人类的事业相联合，在这一事业中获得正当性。我们需要这种激励，这是我们本性的荣誉。把从个人利益中产生的激情和改变世界、使灵魂重生的目标结合起来吧，只有那时你们才能看到人到底能做出什么。/那就是法国大革命的历史。它含有的目光短浅和自私自利，使它变得暴力而阴暗；它含有的慷慨和无私，使它变得强大、宏伟、无坚不摧。"

数不清的回忆录里,目睹了 1789 年早期场景的作者无不留下了其无法抹去的痕迹。无论在哪里,大革命都传递出青春激情的单纯、活力和新鲜。

我敢说,地球上唯有一个民族能奉献出这样的画面。我了解我的民族。我深知它的种种过失、错误、弱点和苦难,但是我也知道它有能力做的事情。有一些行动,唯有法兰西民族才能想象;有一些伟大的决定,只有它才敢做出。唯有它才会在某一天甘愿肩负全人类的共同事业并为之奋斗。哪怕它跌入深渊,它会爆发出的卓越的飞跃,这让它瞬间达到其他民族永远无法企及的高度。

附录Ⅰ 1787、1788、1789年的多菲内①

"1787年"

1787年9月4日
国王关于在多菲内建立
省级议会的法令②

[托克维尔先后研究乡镇会议（assemblées communales）、地区议会（assemblées de département）和省议会（assemblées provinciales）：]

国王选出二十八个人，其中特权等级十四人、第三等级十四人。这二十八个人又各自在其等级中选出十四人，最终共五十六人。投票将按人头计算。

第三等级代表数倍增和按人头投票是由国王和大臣们提出的，这比内克还早一年：因此我们看到，第三等级代表数倍增和按人头

---

① 1857年6月以后托克维尔所做的读书笔记，被他集中放在45B号卷宗D.D.文件夹里。这些笔记曾被他用来撰写第三章和第五章，这里按照在1787年和1788年发生事件的时间顺序进行排列。他没有分析1789年。

② 1787年6月敕令宣布了新的省议会行政的原则，从6月23日（马恩河畔沙隆）到9月4日（格勒诺布尔）之间颁布的针对单个财政区的地方法令对这些原则予以了更详细的阐释。多菲内省议会于1787年10月1日召开，但是多菲内高等法院的紧急诉讼审判庭颁布一条法令，禁止其召开。12月5日，法院以二十八票对八票通过对高等法院禁令的确认，这导致司法部在凡尔赛召见抗议阵营中的带头人。

72

投票丝毫不是内克的发明，也不是 1788 年底人心所向的结果。1787 年后，这个想法由国王和洛梅尼（Loménie）传播并付诸实践。

国王和大臣们虽然作出巨大让步，仍然变得不得人心；高等法院反对这一让步，反倒获得民众的狂热支持。同样值得注意的是，那位大臣对第三等级作出如此巨大让步（或许连他本人都没有意识到），这一让步本来必然应该使其迅速成为绝对掌握事务走向的人，不料却成为民众憎恶的对象。高等法院反对实施一部在当时而言如此民主的法律，反倒成为民众狂热欢呼的对象。

在郎格多克三级会议上，已经存在第三等级代表数的倍增和按人头投票，它们并没有——至少在外表上——带来第三等级的支配性统治；这让人产生幻想。但是特权等级之所以能在不拥有人数优势的情况下取得优势，那是因为各个等级之间没有出现公开的斗争。斗争一旦公开，各阶级将被隔离和计算到许多不同的团体里，有利于人民的革命运动，让人民日益变成一种强大的力量，那力量必然使许多贵族倒向第三等级的阵营；以前则恰恰相反，传统、尊敬、影响、权势把许多资产者拉到权贵和教士的一边。这些构成新的形势，而我要重复的是，这种新形势必将在一切会议中使所谓等级平等变成第三等级的一枝独秀。

高等法院反对法令的谏诤书

1787 年 10 月 6 日

那些谏诤书的反民主倾向：

高等法院对法令的指责尤其在于，只需交纳一种人身税而非土地税即可成为选民。该法令规定，征收什一税的教士和其他教士，以及通常在村镇上拥有最多产业的外来的权贵或者平民居民，他们要缴纳的税额将由农村居民决定。城堡主的司法权几乎被剥夺，领主失去一大部分裁判权。只有居住在乡村才有资格入选乡镇会议，而其他会议都由乡镇会议产生。这在不久后导致这样的结果：教士等级的代表都是领取部分什一税的乡下神甫，世俗领主由他们的代理人代表，出身权贵或平民的地主由乡村医生（Praticiens）的或普通农民代表。

高等法院的决议证明了农村被抛弃的情况。到描述那些无根的产业主的时候，我要引用这一决议；不再像在第一卷中那样理论性地、笼统地论述，而是依据实际情况、特别依据事实来说明问题：因为谏诤书里说，神父和征收什一税的教士几乎都不住在乡下，领主很少住在他们拥有的土地上，几乎大小产业主都居住在城市里；他们的等级和趣味将他们吸引到城市里。

逐字引用。这些话是同一等级的成员附带地说出来的，不认为这有什么需要责备的，因此更值得注意。[……]

509

1787 年出版于格勒诺布尔、

批评高等法院拒绝批准建立省议会做法的

小册子《关于多菲内省级议会的对话》①

1787 年关于省行政的法规。它改变了整个地区的政治体制，同时剥夺了权贵和民众的权利。[……]我在这本小册子中看到，多菲内的乡村社区经常聚集起来开会，人人都是选民，而新的法令则规定成立一个市政机构以及纳税人才能作选民。作者对此很赞同。他说在此之前的市镇议会上，富人并不比穷人更有权威。新法规把多菲内议会中有表决权的人数限制在一万一千人以内，而在以前该数字可以多达三十万，第 117 页。

因此，作者认为改革有利于贵族和保守派的利益。

---

① 托克维尔此处评论的小册子是《多菲内法院参事 M.M*** 和男爵领地上的居民 M.N*** 之间进行的、关于格勒诺布尔财政区内各省级议会的建立与形成的对话》(*Dialogue sur l'établissement et la Formation des Assemblées Provinciales dans la Généralité de Grenoble, entre M. M*** Conseiller du Parlement de Dauphiné et M. N***, Habitant dans les Baronnies*, 1787, p.159)。这本支持改革的匿名作品由弗朗索瓦-亨利·德·维里厄(François-Henri de Virieu)公爵写成，他是自由派贵族，前两等级在高等法院中的代理(syndic)。这本书对 10 月 6 日的法令做出反应；在书中，作为作者的代言人，男爵领地上的一个居民和多菲内法院的一位参事进行对话(参见让·埃格雷的博士论文《多菲内高等法院和十八世纪下半叶的公共事务》[*Le Parlement de Dauphiné et les Affaires Publiques dans la Seconde Moitié du XVIIIe Siècle*]，格勒诺布尔，无出版者名，1942，卷二，第 170—189 页)。

在由纳税选民选举出的新市镇机构里,领主和教士的权力消失了,这是真的。

这是一场革命。无论是谁——尤其是制定它的国王——都没有完全预料到这项法令的重要性,但是它却引发出这场地区改革。这场革命是那些在旧社会中人们所陌生但却在这不起眼的改革中提前实现新社会的观念引起的。

[1788]

1788 年 6 月 7 日的骚乱
大革命的第一场流血骚乱①

[托克维尔首先讲述暴动经过,然后进行评述:]

法院在它们所在的城市里聚拢一批拥护它们的民众,以至于无论谁攻击它们,都会引发一场民众运动,虽然它们是贵族团体。

这一点在格勒诺布尔市所属四十一个团体和市镇写给国王的请求信②中表现得很清楚:"如果这些法令继续生效,如果法院只能在法令规定的有限范围内进行判决,格勒诺布尔注定要破产。给格勒诺布尔群众带来支持的,让手工业者和商贩们得以生存下来的,是为数众多的生意人、定居的法官、为打官司而从整个多菲内过来的外地人所产生的消费……如果提交到格勒诺布尔的官司几

510

---

① 在 1788 年 5 月的法令之后,格勒诺布尔各法院于 5 月 20 日作出一个抗辩决定。1788 年 6 月 7 日,它们接到国王密札;该省的总督代表克莱蒙-托内尔公爵 (le duc de Clermont-Tonnerre) 不得不面对一次骚乱,人们在骚乱中将许多瓦片投掷向军队。在"瓦片日"(Journée des tuiles) 之后,法院于 6 月 12 日撤离格勒诺布尔市。6 月 14 日,穆尼埃在格勒诺布尔市政厅里聚集 101 个显贵。7 月 14 日,德·沃元帅(maréchal de Vaux)带领龙骑兵进入格勒诺布尔,但是却不得不同意重新召开会议。7 月 21 日,代表着三个等级的 491 名代表(165 个贵族代表,50 个教士代表,276 个第三等级代表)在维齐耶开会。

② 《致国王。格勒诺布尔市的四十一个团体和市镇的谦卑请求》(*Au roi. Supplient Humblement le Squarante et un Corps et Communautés de la Ville de Grenoble*),1788 年 5 月 25 日,5 页,八开本。参见让·埃格雷,《多菲内高等法院》。卷二,第 220—221 页。

乎全部都被地方法院截留，那些诉讼代理人将陷入多么悲惨的命运啊！"[p.3—4]……这就是说，如果法官距离诉讼人更近的话！地方利已主义从来不曾如此坦诚。就这样，民众首先在为了特权者并通过特权者而发动的起义中，学会了消灭这些特权者的技艺。

仇视传统的人为保护私利而援引中世纪传统。另有一篇陈情书则完全建立在古老的中世纪领主权的基础之上，居然说多菲内实际上不属于法国，法国国王在那里是作为王储而非国王进行统治。①

格勒诺布尔市政府极力捍卫领主司法权。②（国王）法令的规定几乎完全剥夺了领主的司法权，剥夺了领主对领地的神圣地位。法令侵犯了领主的财产权。它迫使诉讼人求助于那些花费庞大的法庭。

啊，多么令人赞叹的政治热情的灵活啊！城市资产者居然激烈地、不慎重地捍卫领主司法权。

多菲内的所有市镇都追随格勒诺布尔 6 月 14 日发出的号召。③尽管国王已经通过一封诏书严禁针对他颁布的法令召开任何会议，多菲内的各市镇还是以最公开、最平静并且在表面上看来是最合法的方式进行集会，目的是为格勒诺布尔市召集的省级大会（assémblée générale de la province）任命议员。

权贵和教士在与第三等级的磋商中显得无所不在：各个城市都召集起市议会，而权贵和教士（几乎所有神甫）通常都加入这些市议会。农村也单独组成代表会议，那些代表再选出一些新议员参

---

① 阿沙尔·德·热尔马纳（Achard de Germane）发表于 6 月 20 日的《多菲内法院的一位律师致某英国勋爵的信》（Lettres d'un Avocat au Parlement du Dauphiné à un Milord Anglais）可能就属于这种情形。但鼓吹多菲内和法兰西王国分裂的断言在当时的著作中十分常见。

② 格勒诺布尔市政府的报告，1788 年 5 月 20 日。参见让·埃格雷，《多菲内高等法院》，卷二，第 220 页。

③ 在 1788 年 6 月 14 日的会议上，格勒诺布尔市的三个等级请求本省的其他城市和市镇里的三个等级派代表来格勒诺布尔。7 月 1 日，督抚助理（lieutenant général）发布一个命令，禁止各地市长和市政官员召开惯常会议之外的任何其他会议。御前会议 7 月 6 日公布一份法令，废止 6 月 14 日的决议。但是这些措施都毫无效果。托克维尔正确指出民众参与得较少。在 1 212 个教区（paroisse）中仅有 194 个参加了这一运动（参见让·埃格雷：《法国大革命之前》（La Pré-Révolution Française），P.U.F.，1962，第五章）。

加省级会议。

没有民众会议。那个时期的行动全都集中在上层阶级。此外，那时的行动完全集中在上层阶级的身上。在各级会议中，我们看到的尽是权贵、教士、资产者。民众只能通过他们的代表参与其中，那不是所有人的全体会议。所有决议都有签名，被印刷、被寄送给总督，完全好像那是一种通常的、合法的措施似的。然而所有那一切都公然违背了国王不久前发布的一个诏书。彻底的无政府主义。政府采取一种掺杂着耐心和暴力的奇怪态度。总督只是给各市镇写信，让他们平静下来。根本没有任何劝阻的命令和惩罚的措施。

在 5 月 8 日的法令

和各法院被召回之间

巴纳夫的小册子①

《用武力手段迫使格勒诺布尔法院

于 1788 年 5 月 10 日注册的法令的精神》1788 年 6 月

这部小册子散发出年轻人的修辞夸张（作者二十六岁），偶尔透出对孟德斯鸠的研究和模仿。它在外省取得很大成功，很快印了三版，大法官辖区（grand bailliage）判它为禁书。该书具有那个时代的活力和激情。它鼓吹起义，表现出对国王的不敬。对当时的人来说，那是一本很暴烈的书。

有一种精神在书中占统治地位，那就是对专制主义的仇恨。在作者看来，为反对专制主义可以无所不用其极。他用同样的愤怒批判国王法令的好的一面和坏的一面。

但尤其在巴纳夫身上，最奇怪的是他谈论那些一年后他加以破坏的事情的方式。

他指责法令表现出的"创新精神因其专制、草率而有害"（第13页），"在嘲讽、羞辱性的形式下试图消灭世袭的司法权"（同上）。

"他们剥夺这些获得民族信任和外国尊敬的庄严法庭的部分司

---

① 巴纳夫的小册子从 6 月 8 日开始传播并获得很大的成功。参见让·埃格雷，《多菲内高等法院》，卷二，第 252—254 页。

法权。因其荣耀的出身和伟大的特权，这些团体远远超出那些卑鄙的算计……"第 15 页。

"哦！宗教的使者……请你们今天宣告政治自由［……］。由于我们父辈的崇敬（巴纳夫是新教徒），你们拥有组成国家的第一等级的权利。你们是法国不和分割的组成部分，你们要捍卫国家"第 21 页。

512 "你们，显赫的家族……君主制在你们的保护下欣欣向荣……你们以鲜血为代价创造出君主制，你们多次从异族的手中拯救它，那么现在就保护它免受内部敌人的戕害吧，确保你们的孩子将享有你们的父辈传承给你们的耀眼特权吧［……］。在奴役的天空下，我们无法给英雄们的名字带来光荣。"（同上）

然后，他热烈号召各个阶级和各种利益联手共同反对专制。

我相信应当充分利用这个小册子。首先因为巴纳夫这个名字使其有光彩，同时因为这个小册子本身充分呈现了当时的面貌。

在某些关于人类自然平等的富含哲理的句子里，在某些单独的细节上，我们可以感到民主思想占据着作者的精神深处，民主激情在他的内心激荡。但就其给人带来的片刻的和表面的印象而言，我相信巴纳夫写作时的真诚；假如斗争持续下去的话，或许各阶级对暴政的这种共同仇恨，会让他们最终忘记各自的怨恨并联合起来。但那是不可能的。

用暴力对付法庭时，暴力遭遇到的特别的麻烦。无疑，再也没有比这个小册子更应该遭到起诉的了。我们可以说，任何正规的政府都不能容忍此类文章。作者是名人。被逼迫到底的政府一度试图采取暴力，并且的确那样做了。但糟糕的是，政府的主要对手是法庭，就是说它用来战胜抵抗的工具。为了打败法庭，政府让它陷入混乱，而一旦法庭陷入混乱，政府就无法利用它了。一旦向法庭开战，在对付舆论暴力时除了武器的暴力之外别无他法了。

［由维齐耶会议
引发出的小册子
1788 年 7 月 21 日］
［《被揭露的秘密》］

这本题为《被揭露的秘密》①的小册子，很可能是在当局授意下写成的，也可能是由多菲内的某个缙绅所写。它试图让会议显得滑稽可笑，并告诉人们，所谓的权贵等级不过由新近被封为权贵的人即所谓"新贵"构成，而且会议在佩里耶侯爵（le marquis de Périer）家里举行。（我认为），那位侯爵只是一个在维齐耶购了侯爵封地的资产者。小册子里还说，所谓权贵等级是由一些收入微薄的神甫以及格勒诺布尔市的几位议事司铎构成，（这更有可能是真的），而教会的真正首领和贵族则悉数缺席。

513

《二十比一

或

给第三等级的提议》

关于维齐耶会议的著作②

过早地企图将王权和民主的事业结合起来，让所有反权贵、反教士的激情都为王权服务。

这一企图是大革命日后的出路，而这本书就是这一企图的奇特样品。

这本小册子很可能是政府授意并出钱写成的（书中认为，高等法院雇人写了所有小册子，并让外省充斥各种论战文章为自己造势），透出对权贵的强烈憎恨，并千方百计地向民众暗示这种感情。

---

① 关于 1788 年 7 月 21 日在维齐耶召开的会议（见第 484 页，以及第 509 页的相关注释），托克维尔的笔记就像那些关于 1788 年 9 月 10 日多菲内三级会议的记录，只记录事实而不作评论。这里分析的论战文章题为《被揭露的秘密，或致多菲内缙绅的通函》（*La Mine Eventée，Ou Lettre Circulaire aux Gentilshommes Parlementaires du Dauphiné*），发表于 1788 年 7 月（15 页），让·埃格雷认为其作者是一位属于内阁的法院法官。参见《多菲内最后的三级会议》（*Les Derniers Etats du Dauphiné*），格勒诺布尔，1942，p.19。

② 《二十比一，或给多菲内第三等级的提议》（*Vingt Contre un，ou Arrêté Proposé au Tiers Etats de Dauphiné*），1788 年前后，32 页，八开本。贝尔热·德·穆瓦蒂厄（Berger de Moydieu）被认为这本小册子的作者。此人在遭到高等法院驱赶后变成法院的敌人，是政府雇佣的论战小册子作者。在这本小册子的前言里，作者指控格勒诺布尔法院花费五万里弗尔，雇人为其撰写小册子。

该书的目的是让第三等级相信，运动由贵族推动，并且只符合贵族的利益，因此如果第三等级参与其中就成了傻瓜，他们最好跟政府合作，因为政府处处替他们着想。（这种语言将来在欧洲的多个地区变得很有影响，但那是后话）[……]

承认所有弊端却把原因都归咎于权贵，这就是捍卫政府的方法。

对旧制度的一支军团的很好的描述：那是一支训练有素的军团。上校是哪位？X侯爵先生，一位才华横溢的二十岁年轻人。副官是一位背景强大的著名缙绅。军官个个都有马耳他骑士勋章。这些先生们很难训练这支部队进行复杂的行动，难以让其维持良好的秩序……他们将所有职责都推卸到一个半军官、半士兵的人身上，后者以军士的身份却成为那台令人赞叹的机器的主心骨。在这种情况下，我觉得无论此人还是上校都没有处在应有的位置上。

这差不多是英国军队的情形，区别只在于：权贵在英国被富人代替，那里也没有二十岁的上校。

关于后来征服了欧洲的革命军队的最早想法：作者建议成立这样的军队，即只有被证明是平民的人才能当军官；他认为这样的军队比其他所有军队都有用。

514　在与社会接触中产生的反权贵热情：那个显得富有教养、聪明、彬彬有礼的漂亮先生是谁？什么都不是。一个律师，一个医生。那个看起来精神和身体同样畸形的矮子是谁？一个无知、放肆的家伙？他本应如此，因为他是X伯爵的儿子。

正是因为支持民众的事业而反对高等法院才引起愤怒的爆发（部分正确）：如果贵族想纠正那些已经变成特权的弊端，法官们本应该很顺从。他们坚称自己是民众的保护人。新法律（5月的法令）全都对民众有利，而对贵族不利。没错。正是因为如此，高等法院的权贵和其他权贵才会攻击它们。

对权贵的猛烈攻击：让大家都公平竞争各种利益、法官身份……我错了，不应该把权贵从各方面排除出去。

号召第三等级支持政府。

第三等级应该发出掩护王权的呐喊，与贵族造反的呼声针锋相对。

但是非但不如此,第三等级还受到权贵甜言蜜语的诱惑,忘了权贵就像刺猬,为寻找需要之物才从保护下露出来,随即又会把头缩进去,用身上的刺去刺痛别人。

格勒诺布尔市的居民背叛了第三等级的事业。

第三等级应该宣称,他们对那些攻击君主的秘密造反会议非常愤怒。召开维齐耶会议的,是少数权贵以及一小撮受他们操纵的平民!(他大概是在做梦)。这次会议远看很了不起,近看却一无是处。没有主要权贵成员参与的权贵等级主要由权贵家庭里既无财产亦不可靠的小儿子以及新近晋升权贵的人组成。那一天,大家的要求不高。想去的权贵都可以去。至于第三等级的代表,主要城市都没有出席。瓦朗斯、加普和蒙特利马尔都没有派代表。而那些号称议员的参会者,实际上却来自五六个亲友组成的市镇议会。

然而在结尾处,作者却被迫顺应当时的反对专制的潮流。

发生的只是一场篡夺来的权力对抗合法权力的斗争。宪法赋予国王制订并实施法律的权力……第三等级一定要维持国王的神圣权力,它可以使之对自己有利。而国王则要接受请求召开全国三级会议并阻止领主们篡改第三等级的选择。

515

[多菲内最后的三级会议]
《1788 年 9 月 14 日在罗芒(Romans)召开的
多菲内省级会议,
参会三个等级致国王的信》①

----

① 作为对维齐耶会议(见第 484 页和第 509 页的相关注释)的回应,御前会议 8 月 2 日下令在罗芒(Romans)召开一次预备会议,第三等级在其中占有与前两等级相等的代表数,并就多菲内未来三级会议的构成向国王提出建议。预备会议于 9 月 28 日召开,并拟定一份宪制计划。在《1788 年 9 月 14 日在罗芒召开的多菲内省级会议,参会三个等级致国王的信》(*Lettre Ecrite au Roi Par les Trois Ordres de la Province de Dauphiné Assemblés à Romans*, *le 14 Septembre 1788*)中,三个等级首先谴责了"封建制度的混乱",然后赞美古代的自由:"作为产业主的人民和作为管理者的君主之间自然而然地建立税收的自由让与。这一权力总是被国民议会实施。"(第 3 页)然后他又论述了封建时代"绝妙的宪制"。

我不知道三个等级是怎么被聚集起来的，而仅仅看到他们写给国王的信。该信以三个等级的名义、由纳尔博纳大主教和担任秘书的穆尼埃共同署名；我认为前者的身份是会议的出身主席。①

尽管那是一封表达感激的信，其语气却相当激烈和尖刻。信中谈到五月法令的坏处，谈到当时的丑恶行为：居然公然迫害爱国主义和荣誉（这是一位主教写给国王的信），冲击个体利益，并最终导致财政的破产……[第5页]

信中要求完全召回各地法院，撤销各种严厉的措施，并迅速召开全国三级会议。

在这个文件中，我们还没有看到阶级斗争或者向历史的开战。相反（借助对英国的模仿——这是穆尼埃个人的想法，而且穆尼埃可能就是文件的起草者），信中将人们要求获得的新自由与已经失去的类似的、旧自由紧密联系起来。信中诋毁封建制度，却从封建制度中虚构出一种美妙的宪法，一个作为立法者的国王，一个作为最高机关和法律承担者的法庭；一个承担批准御用金、认可法律的国家议会（第3页）。所有这些都让人感觉到那是在移植，很少有本土的东西，在人们的心灵和感情里找不到现实依据。

《对 1788 年 10 月 12 日和 20 日
法院回归之时
格勒诺布尔举行的欢庆的记述》
[匿名小册子，1788]

9 月 18 日，拉姆瓦尼翁（Lamoignon）下台的消息传到格勒诺布尔。

邮车在全城游行，享受众人的抚摸和欢呼。女人们摸不到车子，就拥抱马匹。晚上，整座城市都自发地点亮灯火；一个拉姆瓦尼翁大臣模样的木头人被烧毁；有人又往道路上扔下一个代表瓦

516

---

① 出身主席（président-né）。在法国旧制度下，甚至直至 19 世纪，某些人因为出身高贵而成为某组织的成员或领导时，尤其指某些高级教职人员有权成为某些世俗组织的成员或领导，被称为"出身＊＊"。——中译注

朗斯大法官（grand bailliage de Valence，因为他服从了 5 月 8 日法令）的木头人。

8 月 29 日，人们收到消息说桑斯（Sens）的大主教被解除职务。人们涌上大街小巷，互相庆贺，互相拥抱[……]。

第一院长（德·贝吕勒先生[M. de Bérulle]）于 10 月 12 日到达。整个城市都沸腾了，由自愿者组成的几个欢迎团远远相迎。第一队由掷弹兵构成，身着猩红色的制服，第二队由猎手组成，身穿绿衣，后边还有身着天蓝色服装的第三队。

德·贝吕勒先生受到比国王更隆重的欢迎，根本无法前进。所有民众都带着武器陪伴他；他每走一步，都会有人向他致辞[……]。他从凯旋门下走过的时候，有花冠从上面徐徐降落。人们鸣炮。[……]

高等法院被召回的时候（10 月 20 日），还有更多的节目。书中进行连篇累牍的描述，凯旋门、精妙的透明画、美轮美奂的灯火[……]。

所有团体和行会都在他面前鱼贯而行，并用夸张的语言赞美他。第一院长以高等法院的名义发言，像国王那样、以简洁而高贵的方式回应了每个人，让每个人都或多或少地感到他的满意当中的某些细微感受，或者 5 月 8 日以来他所做的事情给他带来的不快；并且他以自己能够为人们提供的保护或者良好愿望让每个人感到放心。

从天堂到地狱的距离从来不曾如此接近！

《1788 年 11 月 8 日在罗芒召开的
多菲内省级会议，
参会三个等级致国王的信》①

第二封信谈论的全部是全国三级会议的形式问题。它也由维

---

① 参见《1788 年 9 月 14 日在罗芒召开的多菲内省会议，参会三个等级致国王的信》（16 页）。9 月 14 日，三级会议提出一个《由罗芒三级会议审议和起草的、关于多菲内三级会议组成的计划》：选出 144 名代表（24 名教士、48 名贵族、72 个第三等级），为期四年，负责分配赋税、协调工程建设。他们提出，在高等法院对新法律进行注册之前，省级三级会议要对其进行核查。10 月 22 日，御前会议拒绝这一条款，因此才于 11 月 2—8 日之间召开新的三级会议并恢复了计划的最初面貌。

埃纳大主教和穆尼埃署名。

信中丝毫没有提及通过哪些讨论或投票才确定了信的内容。它要求第三等级的代表数翻番以及按照人头数投票。

（以三个等级的名义）：将第三等级代表数翻番的原因并非仅仅因为他们的人数最多，第三等级还是您的臣民中纳税最多、拥有最多财产的那部分（第9页）。

信里不再谈论过去的美好制度，相反谈到自然权利[1]，尽管如此，信的语调是严肃而节制的，比此类文件中的大多数更为接近公共精神，没有提到阶级斗争。

写这封信的穆尼埃实际上想给过去的特权团体保留很大的地位。但是在第三等级明显占多数的情况下让各个等级在一个议会里共同投票，他又怎能相信可以做到这一点呢？

1788 年底
《关于多菲内三级会议 1788 年 11 月 8 日致国王的信的意见》（匿名）[2]

在那封信里，多菲内三级会议提出这样的要求：1.比以前的三级会议人数更多。2.第三等级代表数翻番。3.在所有问题上都按人头投票。

这本小册子是那个时代对上述三点持反对意见的少数作品之一。其论述干脆、专断，读到的人可能很少。它清楚阐明：

1.一个超过六百个代表的会议将变成一个难以管理的大杂烩。2.第三等级代表数翻番必然会导致按人头投票。

如果将人数和集体财富作为选定代表数的规则，那么相对于其他等级，第三等级就应占据二十分之十八的代表数[3]，因此他们代

---

[1] "只有在它保护自然权利之时，法律的权威才最值得尊敬"，《1788 年 9 月 14 日在罗芒召开的多菲内省会议，参会三个等级致国王的信》（第 8 页）。

[2] 《关于多菲内致国王的论三级会议的信的意见，1788 年 11 月 8 日》（*Observation sur la Lettre des Etats du Dauphiné au Roi sur les Etats Généraux, du 8 Novembre 1788*，47 页）。作者说自己是"默默无闻的公民"（第 2 页）。

[3] 原著中写道："与其竞争的两个等级相比，第三等级具有二十分子十九的多数优势。"（第 14 页）

表数的翻番是不符合逻辑的。

假如即使只限于将第三等级人数翻番,但在所有问题上都按人头投票,那么将必然导致第三等级一直占据大多数的结果,因为权贵和教士在捍卫自身利益时极少步调一致,而第三等级在攻击特权上总同仇敌忾。

这种处理的结果将是必然消灭前两个等级,因此也就会消灭君主制的传统宪制。

奇怪的是,作者不去探讨是否在一个民族中存在诸多应当被代表的利益,是否构成社会的不同成分需要获得平衡——所有这些理由都被事后或者在别处提出来支持两院制或者代表权的不平等,我得说,作者并没有涉及,而是仅仅依据教士和权贵的既定权利、依据传统、前例……所有这些论据对听众、对那个时代都毫无力量。

那些能够对他的观点形成支持的真正而强大的理由甚至没有在他的头脑里出现,而且似乎没有出现在任何他同时代的人的头脑里。

518

1788 年 12 月 9 日

在罗芒召开的

多菲内三级会议的会议记录节选①

这个署名穆尼埃的文件证明,多菲内三级会议坚持认为,第三等级应具有和其他两个等级之和同样多的代表,而且全国三级会议应按人头投票。

我们在文件中看到,政治热情在之前的六个月里逐渐升温。民主和革命的激情逐渐取代对自由的激情。哪怕在当时阶级斗争似乎影响较小的团体里,阶级之间的斗争都相当激烈。

这个会议记录节选为一院制作辩护(这居然出现在穆尼埃署名并撰写的文件里,这很奇怪)。他还正确地指出,与英国的对比并

---

① 八开本、八页的小册子。根据穆尼埃的建议,1788 年 11 月 1 日到 1789 年 1 月 16 日之间召开的多菲内三级会议决定赋予参加全国三级会议的代表一种强制性委托权,规定如果不按人头投票、如果三个等级不共同投票,他们就立即退出。

不可行，因为"英国的公民不是被分割为多个仅关心自身利益的阶层。在法国，将不同等级分别放进不同议院里，这是危险的"……[第2—3页]

法国人不幸被分割成多个具有各自权益的阶级，这种情况下如果代表处于不同议院，那他们之间则很难达成一致意见；但是，穆尼埃怎么没有看到，在这种分裂的情况下，如果将那些阶级聚集到同一议院里，这一定会导致某个阶级单独出于其利益制定法律，由此必然会导致一场异常迅速、彻底而暴烈的革命？

不过要承认的是，在当时很难看清楚，这个阶级的代表数哪怕只占议会的一半，它也必然会获得主导地位。

整体思考

我经常看到这些小册子里谈到1788年的革命。的确，那确实已经是一场革命，而且在1789年革命之前，它完全配得上该称号。①

在多菲内，市政府中的职位并非买卖得来的，而是通过选举产生（第21页），这也就解释了，为何市政府的各团体能主导运动的每个环节。

在多菲内，财产非常分散，尤其在那个时期（《对多菲内三级会议的构成原则的思考》[第28页]）。

在当时的整个争论中（不仅在多菲内，别处也有），我注意到很少有人引用外国人。有几次提及英国，但从未提及美国。

在多菲内，军役税（taille）是按财产而不是人头征收，这就让权贵在这方面没有像在其他许多地方那样与第三等级发生冲突，他们向平等让步的方面要少一些[第33页]。

---

① 这些想法受到《对多菲内三级会议的构成原则的思考，包括对它们的检查和引申，以期有利于全国三级会议》(*Observations sur les Principes de la Constitution des Etats de Dauphiné, Contenant leur Examen et leur Développement, pour Servir aux Etats Généraux*, 1788, 87页)的启发，这个小册子很可能由律师让-雅克·勒努瓦-拉罗什（Jean-Jacques Lenoir-Laroche）所写。参见让·埃格雷，《多菲内最后的三级会议》，第30页。

附录 II 思想的激化:关于 三级会议的召开

(1788 年 9 月—1789 年 4 月)

对有关 1788 年的资料的分析①

《导报》
出版于 1788 年 9 月
高等法院取得胜利之际②

这个小册子中似乎仍然洋溢着在斗争中处于支配地位的那种精神。它还停留在颂扬高等法院的伟大功绩的阶段,仍然认为有待继续追求的主要目标是建立政治自由。它更多地体现出自由主义而非民主和革命的思想。它尤其排斥阶级之间的争吵,而仅仅考虑将它们联合起来反抗专制主义。[……]

孔多塞和布里索被认为是小册子的作者:这个小册子引人注目、值得引用之处在于,人们将其作者归为孔多塞和布里索。它绝

---

① 托克维尔将这些笔记放进 45B 号卷宗 C.C. 文件夹("1788。关于本年的多个研究")。

② 在这些笔记里,托克维尔主要对《导报》(Le Moniteur)第 4 期进行评论。其中的文章都未署名,但一般认为作者是孔多塞侯爵、雅克-皮埃尔·布里索·德·瓦尔维尔(Jaques-Pierre Brissot de Warville)、艾蒂安·克拉维埃(Etienne Clavière)。这些作者借助洛克和孟德斯鸠的权威,号召尊重特权者的古老的和宪政的权利(第 5 页),这些特权者也被邀请来对公共负担做出贡献;他们要求对市镇进行革新,在三级会议中按等级投票,建构英国式的混合政体(第 32 页)。

对没有任何革命性的东西，而属于自由派的立场，很坚定，却非常慎重，毫无过分之处。

假如这真的是他们的作品，那么它表明：

1. 舆论在短时间内能发展到什么地步。

2. 人们能很快被形势、被革命改变，不仅抛弃他们最初的观点，而且还接受完全与这些观点针锋相对的观点。

520
《论三级会议具有合法性
所必需的条件》
沃尔内[1788 年 11 月 5 日]

我认为，这本书出自大名鼎鼎的沃尔内①之手。他的写作风格严谨、锐利而清晰。那是人们能想象出的最激进的方式。书中甚至有一种十足的革命气氛。

只应该根据一些抽象的原则去行动：自然法、社会契约。法国根本就没有宪法。法国的法律不过是一些根本就不应遵守的、荒谬的古老习俗。

作者也垂顾于古代历史，但只是为了证明一切都建立在暴力和战争的基础上，为了把战争一直追溯到法兰克人对高卢人的征服。

除了君主制的形式和统治王室的世袭之外，一切都要推倒重来。

投票应该是普选，财产也不是选举权的前提。人们完全无须考虑现存的地域划分，而是要将法国划分为相同的选举区：唯一值得担心的是富人对选举的太大影响；必须排除掉那些跟富人关系太密切的人。

当然，还要建立单一的议会，也要按人头计票；此议会什么都可以做，什么都可以插手；因为一切都充满弊端。但是议会做的事

---

① 对于康斯坦丁-弗朗索瓦·沙斯伯夫——即沃尔内伯爵（Constantin-François Chasseboeuf, comte de Volney）——的这本言辞激烈小册子，托克维尔笔记的最后引述了一长段攻击法院的话，这段话说法院"具有团体精神，而这团体精神不是民族精神"。

情却完全不能限制民族,民族如果对议会的工作不满意随时可以将其推翻:"如果三级会议的结果是好的,我们就会通过它,让它具有合法性;如果那结果是坏的,我们就会抛弃它,不让它具有合法性。"[第29页]人民才是立法者,国王只是接受人民的意志而已。

我们在整本书里看到一种奇怪的混合,一方面是仍然存在的恐惧,另一方面是大胆地让人感到某种确实的胜利指日可待。人们即将选出的代表将能做一切事情。两年以来,命运做出一切安排,将权力放到他们的手中(第37页)。

《论三级会议的代表》,

1788 年 11 月 8 日

作者:勒德雷尔①

这本小册子特别值得注意的地方在于,它完全通过哲学理由论述问题,就好像在谈论一个理想化的、有待创建的社会。作者主要从自然原则中寻找论据,其次从洛克、卢梭和孟德斯鸠的抽象书籍中寻找。对孟德斯鸠,他一般都有所保留,并进行批驳。显然卢梭才是他的光明。他走不出社会契约的思想和依据人数进行代表的思想。他驳斥了杜尔阁的思想,后者想让议会只接纳有产者,并宣称其他人只是国家的过客而非公民。

他还驳斥了孟德斯鸠的观点,即在一个温和君主制中,大人物(les principaux)在立法中的角色要跟他们在国家中享有的权益相称,否则普遍自由将会变成对他们的奴役,而他们就没有任何理由去捍卫那种自由。②他不仅希望三级会议中没有任何等级之别,还希望选举中也没有等级之分。他隐约看到,在当时的社会中抵消人民力量的平衡力量不再是领主,而是各个等级中的富人。但是

521

———————

① 皮埃尔-路易·勒德雷尔(Pierre-Louis Roederer)伯爵,《论三级会议的代表》(De la Députation Aux Etats Généraux),1788 年 11 月 8 日,88 页。但奇怪的是,这本小册子对保证少数派权益和培育所有人对政治事务参与的兴趣进行系统的辩护,托克维尔对它的态度却非常严厉。

② **在页边写着**:漂亮的句子!论法的精神。卷十一,第六章。参见《孟德斯鸠全集》(Mentesquieu, Oeuvres Complètes, Bibl. de la Pléiade)第二卷第396页以下。

他没有从这个看法得出什么结论，因为他希望只有一个议会，所有人都可以当选，所有人都可以成为选民。

勒德雷尔否认权贵在纳税方面的特权：奇怪而有意思的一点是，出于支持其激进观点之一的需要，勒德雷尔一再坚称，人们过分夸大了权贵在纳税方面的实际特权。[①]没有什么比这一点更好地说明那些各自为其想象所支配、只是被共同激情推动而走到一起的心灵当中存在的混乱[……]。

《三级会议的召开》
作者：拉克雷泰勒[②]

这本小册子似乎产生过一定影响。尽管言辞谨慎而且对提及的人都充满恭敬，它的结论仍然非常极端、具有革命性；在拉克雷泰勒这么个仁慈而善意的笨蛋身上，居然能出现出此类想法和语言，还有什么比这能更好地表现出时代潮流的暴力呢？对于那些出于良好意愿的反叛，他屈尊表现出对它们的好感，甚至不无敬意。

就像勒德雷尔一样，拉克雷泰勒的所有论据都源于自然法、人权以及有关政府的纯粹形而上学。而那些不是源于这些的事物，作者认为不仅错误而且荒谬，以至于他不明白这些东西怎么能负隅顽抗。

同样像勒德雷尔一样，拉克雷泰勒似乎在构建一个理想化的民族，他甚至都没有察觉到历史、利益、古老影响的存在。令人吃惊的是，当时已经完全没有任何人支持这方面的原则。此前三十年却有那样的人。孟德斯鸠捍卫那些原则，至少将它们表达出来。到了 1788 年，没有人再去想它们，甚至那些当事人也如此；人们不

522

---

① 勒德雷尔拒绝将财产视为人们忠诚于国家的唯一源泉。他试图表明，18 世纪社会中由财富、出身和权力的不平等所造成的分散让所有人都珍惜自由，而不像孟德斯鸠认为的那样只有贵族珍惜自由。就是在这样一种背景下，他极力降低贵族特权的重要性；在他看来，贵族像平民一样要缴纳盐税、间接税、货物进出口关税、1/20 税（《论三级会议的代表》，第 70 页）。

② 皮埃尔-路易·拉克雷泰勒（Pierre-Louis Lacretelle），《论即将召集的法国三级会议》（De la Convocation De la Prochaine Tenue des Etats Généraux en France），1788 年，50 页。根据作者的说法，他从 1788 年 10 月 13 日开始写本书。

敢用恰当的政治理由去支持那些原则。卢梭的思想就像一个波浪,迅速淹没了那一阶段的人类精神和人类科学。

由此出发,虽然他还认为某些合理的等级特权应该得到尊重,他的思路中表明的却是不应当存在任何等级和阶级,好像问题只在于尽可能地充分代表所有人似的,数量上的多数才是规则。

他似乎承认某种选举纳税金:有人可能会说他隐约看到两院制的益处;但是他搞不明白怎么可以存在分别拥有否决权的等级;他清楚地指出,假如国王想保留那种形式,一定要让第三等级拒绝投票。

1789 年以前的革命精神和共和精神

1788 年的 1792 精神:佩蒂翁①

《告法国人书》

一卷。无印刷者名。大十二开。②

该书未署作者名,但盖拉尔③认为作者是佩蒂翁,这种看法无疑是可信的。

日期确定下来会很有用。正如作者所说,该书开始写作以及至少部分完成的时期是国王与法院的最后斗争,国王撤销法院与被迫将其召回之间的那段时间。书的结尾是在民众大获全胜之后写成的,也就是说在内克重掌国家事务之后、在显贵正就确定要召开的三级会议的形式问题展开讨论之时。

---

① Jérôme Pétion de Villeneuve (1756—1793)。律师,1789 年当选为三级议会代表,支持黑人奴隶解放,被认为是激进派。1791 年在激进派的支持下当选为巴黎市长。他对 1792 年 9 月屠杀感到震惊,当选为国民公会议员后,他加入吉伦特派,在处置国王问题上赞同全民公决。1793 年 6 月在逃避逮捕的途中自杀。——中译注

② 《关于祖国的拯救致法国人书》(*Avis aux Français sur le Salut de la Patrie*),作者是热罗姆·佩蒂翁·德·维尔纳夫(Jérôme Pétion de Villeneuve),1788 年,254 页。该书《后记》指出,在 8 月 26 日内克被召回之后,该书写完。托克维尔认为该书的成书时间是显贵们关于全国三级会议的形式进行讨论的时候,即 1788 年 11 月。

③ 此处应该指本雅明·盖拉尔(Benjamin Guérard, 1797—1854),法国历史学家。——中译注

如果我们认真阅读这本书并且对当时的事件非常熟悉,我们会看到所有那些阶段都在书中有明显的反映。

名副其实的1792革命精神出现于1788年。——该书的特点。在迄今看到的尤其是从1787年初到1788年9月期间出版的书中,我没有见到过真正意义上的革命激情;它们要么处于模糊而几乎不情愿的憧憬阶段,要么至少面对既存事物尤其对王权采取非常谨慎的态度;它们表现出来的更多地是缺乏经验的激情,而非事先提出的一些全面而彻底的系统。

523 在佩蒂翁的著作里,我发现了真正意义上的革命精神,既无思想混乱也不闪烁其辞,而是提出清晰的系统,不在任何后果面前裹足不前;在这一点上这本书很独特。

即使在言语上也对王权甚至国王本人毫无敬意。因为当时仍处于大革命的早期阶段(第165页),人们最注重的是自由,对专制的仇恨是最主要的激情(至少表面如此),佩蒂翁的书尤其被这种激情所支配。但它以其独特的方式进行表达。它对作为机制的王权毫不尊重。所有国王不过是国家的代理人,永远可以解职的代理人。它并没有提出废除王权,但我们可以看出,他的激情会走到那一步,他甚至明白地提及这一点。他具有共和思想,头脑中充满了为美国革命提供文本支持的普遍原则。这些原则与一切时代精神混合在一起。但是在这本书中,它们都具有坚实的基础,相比而言英国人的自由让他觉得可悲。

他甚至没有说过一句对路易十六有善意的话,经常对他出言不逊(这在当时是独一无二的)。

蔑视过去。将想做的事情和过去的事情结合起来,把那些在他看来妨碍他所谓改革的法律、风俗,甚至契约作为依据,毫无疑问,这种思想在他看来不仅无法接受,而且极端可笑。

热爱统一。在他希望改革的法国,各省份之间的一切都应该完全相似、保持一致。

单一的立法机构。作为事实上的让步,他愿意接受三级会议由三个等级的人员构成(当然要第三等级代表数翻番,按照他在补充部分说明的那样,按人头投票)。但他无论如何都不能接受不同的议会,尤其绝对不能接受分成两个议会。

比美国人更民主。的确,事情在美国就是如此。但在这一点上,美国人并不值得赞美。此外,美国立法机构的两院由同属一个阶级的人构成,因此弊端不那么严重。但是像英国人那样把贵族放到单独一个议院里,那是荒谬至极的事情。

无视事实的个人理性的无畏与放肆。此人精神的特点是无所畏惧、放肆大胆,带着这种无谓和放肆,他毫不犹豫、毫不怀疑地用其个人理性去反对当时仅有的自由民族的事实与经验(第 166 页)。

524

他想把立法权交给这个议会。他希望,三级会议构成一个议会,既行使执行权也拥有立法权。①他认为只有这样才是合理的,但他也做出让步,同意分割权力;虽然如此,他不认为国王可以拥有否决权,他希望议会是常设性的;他认为国王可以解散议会是一件极其荒谬的事情。(要知道,当时大家都还不知道到底能否召开某种三级会议。)

他不是目前意义上的集权论者。当时在大革命期间,人们虽然都接受集权,但那并非出于意愿而是出于他们的体系和观念的基础,他们在意愿上普遍倾向分权。在所有这些既具有革命性又有利于专制的思想当中,存在支持地方分权的思想;作者想彻底废除总督,将全部地方行政都归于地方议会(地方议会只服从于立法权力机关)。这也是一种荒谬的机制,但是它表明,即使当时的人们如此具有革命精神和善于蛊惑人心,他们却还没有设想到与行政专制主义相结合的政治自由;今天的人们却爱好这种行政专制主义。他们被自己的思想和体系的基础拖向行政集权。但是这是连他们自己都不知道的;出于意愿,他们比今天的任何人都更倾向地方分权。②

美国的影响取代英国的影响。只要大革命仍然被享有特权者带领,而这些特权者向前走但不知道走向何方,他们猛烈地将马车

---

①　**在页边写着**:权力制衡的想法从来不曾吸引我。第 92 页。

②　在对孔多塞著作《论省议会的组成和功能》(*Essai sur la Constitution et les Fonctions des Assemblées Provinciale*)所作的简短分析中,托克维尔写下关于分权的评论:"就像那个时代的所有人一样(经济学家博多[Baudeau]或许是一个例外),孔多塞反对行政集权;是民情而非观念造成了集权。所有人都想一边剔除各省份的主权或者不给它们主权,一边想给予它们管理本地事务上的很大自由,**一般来说都尊重**地方自由。"

推出道路却尚未将它放到真正的、自然的道路上，英国的榜样就会占据统治地位。人们创造出"英国狂"（Anglomanie）一词。在他们后面的人则走向大势所趋、人心所向的真正前方，他们在行动中就会模仿美国，美国充满了他们的头脑。

那个时代法国人真正的独特性，他们个人理性的傲慢。但是说实话，从来都不存在模仿外国的精神。外国的榜样可能激起某些热情，让人得出某些想法和论据；但那个时代的精神是独特的，人们想做出新的东西、法国的东西，人们想做与众不同之事、卓尔不凡之事。法国人对他们自身、他们的优越感、他们的理性具有无限的自信；这才是造成他们令人赞叹的激情和他们所犯的大错的重大原因。

他们目标的宏伟。假的宏伟让人做出真正宏伟的事情。在这部写于1788年的著作里，佩蒂翁非常冷静地宣称：人的自我管理只有一种理性的方式，而且理性将这种方法指示给了每个人；同样的机构可以应用到所有地方、所有民族，所有不符合这种理性管理的，无论它多么古老，都应该被摧毁、被取代，取而代之的是法国人将最早采用而全人类终将随后采用的理想政府。

虽然说这些看法不乏夸张、肤浅和错误，我们却不能否认，它们体现出的宏伟足以将人类灵魂提升到一种非凡的高度，让灵魂充盈着无比的激情，让灵魂变得暴烈而崇高。如果除去当时法国人的错误思想，他们的激情会顿时矮了半截，而且那种激情也会变得难以理解。唯有荒谬才能让人做出那样的努力。①

人们的革命热情从1788年下半年才开始高涨。在1788年底，著述的所有作者——尤其是佩蒂翁（第168页）——都注意到，在法院和政府的最后斗争中，也就是说大致在8月到10月之间，政治激情突然变得高涨、普及并取得新的面貌。

省议会不得人心。佩蒂翁完全认同省议会制度，他谈及那时已经在运转的省议会已经引起很多怨言，很不得人心，人们经常怀念

----

① **页边写着**："将来总会有一天，所有人都受同样的法律统治，在他们的状况所允许的条件下过幸福的生活……永久和平的计划在今天不再是不着边际的事情了。"（第69页，这句话写在现代历史上最漫长、最暴烈的战争即将开战之际！）

过去总督的管理（他是坚决反对总督制度的人，第 191 页）。他将这种奇怪的舆论状态归因于议会不是选举产生的，它们绝大部分由享有特权者构成。但尤其要将这种状态归因于各阶层的法国人在领导大小事务中极端缺乏经验，以及他们反感被他们的邻居而非共同的主人来治理。

报刊的无限自由。在这本书里，作者激烈攻击王权和现存的一切机构，几乎明目张胆地呼吁建立共和国的体制，宣称如果不能完全推翻旧法律，人们应该拒绝纳税并在必要时揭竿而起；而这本书得到了印刷，传播中也没有受到阻挠，而且一切都表明，这本书漂亮的封面居然来自国王的内阁。

法国人对国王的旧爱。"法国人崇拜自己的主子，并迷信地赞美他们戴着的锁链。只要有稍许恩惠和公共繁荣的迹象，国王就会变成神。"（第 36 页）

向孟德斯鸠开战。他以某种虔诚呼召的态度对孟德斯鸠说，他只有出身和等级所形成的偏见，他是以缙绅和法院院长的身份来论述世界的普遍规律（第 62 页）。

自由仍然在佩蒂翁的头脑里占据首要位置。在佩蒂翁的灵魂深处，他渴望推翻整个旧君主制，他热爱平等。平等的确占据着他的灵魂深处，但是在他写那本书的时候，最能激发起他的热情的却是自由："自由是一切善的源泉。"（第 73 页）

对于教士，他的言辞虽然尖刻却没有暴力；他对权贵等级持激进立场，对具体权贵却并无愤怒；他的怒火针对政府和王权；这是那个时代的特点。

他在写该书《后记》的时候，由于关于三级会议的构成及其规章制度问题的争论已经公开化，斗争已经转移到阶级的阵地上；这时，他进入了大革命的真正根本的原则；他大声疾呼道，如果特权阶层不想被摧毁，第三等级必须站到国王的一边，因为"受一个君主统治终究要比受一百个贵族统治好"（第 253 页）。

从 1788 年开始就给大革命定调。这就是法国大革命的调子：通过取得平等而获得自由，但是宁可一百次失去自由也不要继续处在不平等当中或者变得不平等！

目标非常激进，但在行动中仍然谨慎。民族不能一下子达到完

526

美:"民族要让王国变成选举性的(对于 1788 年而言这是多么不简单的假设啊！在谨慎的言辞中表现出多么大胆的精神啊！),要让王国首领们可以被撤职;国家要消除高低贵贱,要剥夺大人先生们的高贵头衔;要消灭所有世袭权贵;这样一来,将会涌现出许多令人赞叹的同盟。"(第 83 页)

完全蔑视既得利益和先前的承诺。各个省份毋须援引从前签订的协议。只有公正而合理的协议才应该被执行。"法律会取消含有诈欺和损害的民事契约,那么对政治契约也应当如此。"(第 173 页)这是 1788 年中期的话。

527

不赞成职位的不可撤销性。尽管他没有提出让国家官员变成选举性的、临时性的职位,但是他并不掩饰那就是他的理论(第 186 页)。

在网球场宣誓之前就宣称三级会议拥有最高权力。"三级会议什么都能做,手中掌握着各种各样的权力。"(第 204 页)三级会议召开,国王就失去一切权力。"国家赋予他的一切权力都合法地被终止了。"这是 1788 年啊！

人民拥有无限主权。作为不可侵犯的权力,人民是"他们所选首领的主人;如果他们愿意,他们可以将其废黜;他们可以改变、消灭任何权力,可以赋予一个政府他们认为最好的形式"(第 211 页)。

对享有特权者的憎恨在书中很快代替了对王权的憎恨。这本书在法院的斗争中开始撰写,在法院取得胜利后结束。在这本书里,舆论的变化表现出一种奇特的方式。书的正文表达出对政府的强烈憎恨以及对特权的敌意,但是对享有特权者却抱有善意。在"后记"中,他不再表达对王权的仇恨,但对享有特权者尤其是教士却极其严厉,对权贵要相对不那么严厉。

拉博·圣艾蒂安①
《对第三等级利益的思考》

———————

① Jean-Paul Rabaut Saint-Etienne, 1743—1793,郎格多克的新教牧师,参与 1787 年宽容法案的制定,三级议会代表,属于立宪君主派,后来当选为国民公会议员,接受共和国,被认为是吉伦特派,1793 年 6 月 2 日逃脱逮捕,但最后被发现,12 月 5 日被处死。——中译注

附录 II 思想的激化：关于三级会议的召开

（1788 年末）
小开本版，1826
温和派的革命精神①

　　法国没有宪法，宪法指的是什么。就像当时所有的革新者一样（无论其地位、出身或性格），拉博用各种方法证明，法国没有宪法，换句话说，在法国的现存机制中没有任何事物是人们有义务保留的，或者具有根本法的特点，因此没有什么不能够和不应该被多多少少地予以改变，从而建立一全新的整体。虽然在谈及具体人时，拉博的语言十分温和，但是在这一点上他比任何人都显得激进。那是在 1788 年！

　　宪法就是王国体制。像所有其他人一样，他愿意承认王国体制就是一种宪法性的机制，但是由于当时的普遍学说认为在旧秩序中什么都不具有坚实性和真正的合法性，很显然面对这种普遍学说，这一看法很难站得住脚。此外，一个人们说不出如何加以组织的君主制宪法又是什么呢？

　　尽管宪法是君主制，但共和制却得到提倡。像其他人一样，他时时都被推动去提倡建立共和政体，但同时还要宣称君主制也是符合宪政的："共和国是一所房子，住在里面的人不停地想每天修复它的损坏，或者通过改造使之适应新的需要。王国则是一幢隔很久才修一次的房子，而且很少按照住户的意愿进行修缮，只是在听烦了住户们的喊叫后人们才会动手去修。"［第 1 页］

　　因此，宪法不过是房子，而且是一座很不适宜居住的房子。然而拉博仍然表现得对国王十分热爱；但是如果逻辑和政治激情都

①　《对第三等级利益的思考，一位土地所有者致外省民众的信》（*Considérations sur les Intérêts du Tiers Etat, Adressées au Peuple des Provinces par un Propriétaire Foncier*），1788 年，107 页。托克维尔采用的是 1826 年的版本（In—18），该版还包括《关于公共法的问题：全国三级会议里应该按等级还是按投票人头数计票？》（*Question de Droit Public: Doit-on Recueillir les Voix dans les Etats Généraux, par Ordres ou par Tête de Délibérants?*）以及《对高等法院 1788 年 12 月 5 日所发布法律的评述》（*Commentaire de L'arrêté du Parlement de Paris du 5 Décembre 1788*）。托克维尔对前者所作分析见卷一第 530 页及之后。

与之背离，从长远来说感情又有何要紧？

对风俗、个人权利、持久性的蔑视。国家的准则只有一个，那就是人民的幸福；除王权之外，其他的一切都不过是形式，可以按照民族的意志进行改变。为了替当前的法律辩护，人们会说它们是古老的，"但是一部法律的古老除了能说明它是古老的之外，什么都说明不了……人们总将占有作为根据，但是过去的占有丝毫不能作为将来占有的理由……有人以历史作为根据，但是历史并非法典"[第 11 页]。

统治阶级被视为国家里的异类，某种不属于国家的累赘。这种看法是所有作家的一种普遍看法：权贵和教士从来都不被视为民族的一部分，既不是主要部分，也不是不可缺少的部分或必要部分，而是被视为某种异类，是一些可以被剔除而不会损害其他部分的东西。我认为在整个历史中，都没有这样划分阶级的先例，没有这样看待贵族的类似方式（只是理论上，尚未付诸实践）。拉博说："在思想上，你们剔除所有教会里的人，甚至剔除掉整个权贵，你们还拥有民族。但是你们切除了第三等级，民族就不复存在了。"[第 28 页]

不考虑过去的一切事实，只听从理性。尽管从等级而言拉博属于传统人士，他却像其他人一样产生这样的想法："不要到你们祖先的行为那里寻求建议，他们没有原则，他们是堕落的。别问他们以前做过什么……只听从理智和自然法，它们的原则永不失效。"[第 34 页]

对现存不平等的愤怒让他即使在理论上也反对所有中间团体，甚至个人团体，同时让他热爱统一性、单一性、唯一的群众、唯一的主人。这些思想具有本质上的革命性和民主性，具有法国的特性，必然导致专制和奴役；它们都是作者本人的想法，也是他这本书的主要内容，尽管四年之后，他因为说已经厌倦行使他那部分暴政而丢了性命。所有奴役的种子埋在头脑里，对自由的热爱怀在心里。

很明显，激发作者的最大激情是对权贵的仇恨，而非对自由的热爱。他指出如果摧毁与其作对的所有个人团体，国王将增加自身的权力，他以此来迎合中央政权的野心勃勃。的确，那些团体看起来在为自由摇旗呐喊,但实际上他们只不过在保护自己的特权,这些特权比王权更令人害怕。

在对上层阶级的最猛烈的攻击中对其当前行为的赞美。"我们在少数已经建立起的省级行政机构看到,高级教士和大人物们关心民众的命运,降低了税赋……"[第40页]

向所有中间权力宣战。过时的孟德斯鸠。中间权力不符合事物的本性;在国王和人民之间,中间权力有何用处? 只要人民得到更好的管理,中介团体有何用处? 在君主制的最早构成里,我们只能看到"一个民族和一个国王,一个机体和一个领袖"(第42页)。

人们不可能(像他那样)在传播自由的时候还能更好地播种专制。在1787年以及1788年的部分时间里,人们尚在与共同的主人做斗争;当时流行的是孟德斯鸠,所有作品里都提及他的名字。但是从1788年最后的几个月开始,人们开始对他口诛笔伐:人们关心的不再是自由问题,可是他只会教人自由,人们尤其寻求变得平等。

触及实践时,他变得足够温和。就像其他许多人一样,他的思想和推理都远远超越他当下的意志。他说一切团体都违反自然、都是危险的,根据健康的理性,权贵只能是作为个体存在;说过这些话之后,他愿意承认,世袭权贵可以保留名声、称号和荣誉性特权;他只是剥夺权贵的免税权(第64页)。

他旗帜鲜明地认为,第三等级就是一切,天生就要占据首位,有能力有权利占据首位。有人误以为这一想法产生于斗争热烈进行的时候;其实,它在斗争前就出现了。比如说,早在1788年,拉博就以各种方式表达这样的观点:"你们要切记,你们就是民族,[……]要知道你们的尊严……"(第100页)

一切私人权利都必然与公众利益相背离,因此应该被消灭。他一直怀有这种革命性的、专制的思想。我研究的整部作品中都贯穿着这种思想。它在这代人的精神里独自处于支配地位,我没有见到任何一个人对它提出过质疑。

大量的私人权益不仅没有与公共利益相抵触,反而通过一种或多或少可见的、或多或少间接的行动产生出共同利益;甚至有必要不消灭那些无用的,甚至与公共利益相背离的私人权益,或者至少

530

99

要谨慎地触及私人利益，这样做对公共利益也是重要的；这个观点更为深刻也更为真实，但是书中看不到这种观点。还有比这一观点更明显的吗？在开始时，财产权难道不也是这些可能带来非常有害的后果的私人权利中的一种吗？虽然如此，财产权如同文明的基石，是重要的普遍性福祉。

公法的问题：三级会议计票
应该按照等级还是按照投票人头？

（同一时间，同一卷书）

在法院战胜国王之后，在三级会议肯定即将召开之际，法国人内心突然的、无可抗拒的冲动。这一点对描绘人心动荡十分重要，作者用下面一句话进行强调（第 107 页）："三个月改变了整个国家。木已成舟，国家已获得新生。漫长的专制曾迫使许多法国人将他们少有的洞察力用于轻松或轻浮的阅读上，我不再向这些人说话。我们可能走向另一种奴役，但永远都不会退回已经抛开的那种奴役了。"

人们的确正在从旧的奴役奔向另一种奴役。连拉博都不相信他能说出那么精辟的话。

除了大多数人的利益，不可能有其他值得尊重的利益。革命和暴政的准则。拉博说，人们谈论的是权力的分立和需要加以相互制衡的不同利益；但是用几个人的利益制衡所有人的利益，这是不公平的。这些利益中有一种是权利，另一种则是篡夺。

531　　三种权力，甚至两种权力的危险。和穆尼埃的那本小册子一样，我此时考察的拉博的这本小册子旨在阻止三级会议按等级投票，无论三个等级构成三个议院，还是前两等级组成一个上议院。这些看法和前者的观点相同，不如前者深刻和成熟，但表述得更清晰，可以这样概括：

我们希望的是拆除制度的旧架构。不仅仅要逐渐达到这一目标，而且要赶紧利用眼前的机会，以便彻底而一劳永逸地完成。对于有些人来说，保护部分或全部架构对他们是有利的，我们不想让他们阻止我们的行动，也不愿意他们延缓我们的行动。因此，我们

100

只想要一个我们在其中稳获多数的单一立法机构。

我的评价如下:

1. 拉博所说的一切既适用于国王的否决权——尽管他没有谈到——也适用于权贵和教士的否决权。

2. 商洽(transaction)的想法没有出现过:他根本未想到在不同利益之间、在新旧之间的调停。他希望实现某种理想政体;旧体制中或者代表旧体制的一切可能构成阻碍的因素,都应当被视为是不合法的而要加以排斥,并且要被剥夺自我防卫的权利。

的确,要革命就应当这样做。但是我不认为那样能创建某种自由甚或持久的东西。

3. 三级会议代表数翻番和按人头计票的意义事先被如此清晰地界定后,我们不应当对权贵和教士的抵制感到吃惊。我们可以认为他们无论如何都配得上被消灭,但是因为他们试图不被消灭就怨恨他们,这是荒谬的。我们反倒应当对他们当中有那么多人心甘情愿地接受这一点感到惊奇。

4. 如果说共同投票应该被采纳,那么多菲内的做法——所有等级共同选出每个等级的代表——并未被各地沿用,这是令人遗憾的,因为那种做法本来能促进和解。让每个等级各自任命本等级的代表,然后再把所有代表都放在一起,这种做法明显让和解变得不可能,让最激烈的斗争必然发生,使得一部分人注定将遭受另一部分人持续的、无法避免的压迫。

5. 最后,我们要同意穆尼埃和拉博的看法,那就是说,法国各阶级的状况与构成与英国的情况的差异如此之大,因此划分为两个或三个议院在法国就会使得政府几乎无法运作,而在英国却有利于政府的运作。但是我相信,长远来看,带着耐心和妥协精神,借助自由、公共性、共同讨论的有益影响,我们也可能逐步让权贵和教士放弃他们的大部分特权并让自己逐步与第三等级联合。但那会很困难,也很不确定。

还权贵和教士以公道。讨论的需要让拉博说出下面虽然夸张却包含许多真实成分的话(第 137 页):"唯有一件事情能让三个等级分裂,那就是免税特权。但是当一大部分权贵、重臣以及多菲

532

101

内、吉耶纳、郎格多克和鲁西永的乡绅慷慨作出让步,这种不和的理由已不复存在,因此试图让人相信我们彼此是敌人的唯恐天下不乱者不过在徒劳罢了。"

那么,为什么还采取如此重大的预防措施来防止这些好朋友妨碍我们?

《人民的贵族(patricien)朋友、
古伊·达尔西侯爵①
向国王书进言,
为法国权贵辩护》
八开本 34 页的小册子
印刷时间:在法院获胜和 1788 年底之间

革命思想和种姓精神的混杂:这位侯爵的历史我不清楚。他头脑里充斥着那个时代的所有想法。权贵首先是公民。他把第三等级称为最有用的等级(第 6 页)。他赞成第三等级代表数翻番和按人头投票。但这并不妨碍他夸张地赞美权贵,并特别坚称权贵应该完全独立。他这样说:让我们永远团结一致,别让我们混在一起。(在这些没有经验却奢谈政治的轻浮头脑里,出现多少自相矛盾和无法实行的想法啊!)[……]

享有特权者之间的内讧:这本糟糕的小册子有一个特点,那就是这位缙绅对教士的强烈仇恨。他以其哲学对教士充满高傲的蔑视。教士当中的四分之三都是废物;独身让他们变得危险。他们不应该组成单独的等级;说到底,他们只应该有权贵代表数的一半、第三等级代表数的三分之一;三级会议将剥夺他们的部分财产,(第 15 页)[……]。

《多位亲王致国王的报告》

---

① 路易-亨利·马尔特(Louis-Henri Marthe),即古伊·达尔西侯爵(Marquis de Gouy d'Arsy),1753 年出生,1794 年 7 月 23 日被砍头,他是内克的仰慕者,1789 年 4 月 2 日当选全国三级会议的代表。

第二次显贵会议的末期①

这些亲王包括：阿图瓦伯爵、孔代亲王、波旁公爵、昂吉安公爵、孔蒂亲王②（我们知道，亲王殿下③曾带领其手下人要求第三等级代表数翻番）。

这份报告是一个重大事件。它发出阶级间战争的信号，并使斗争随即变得更加激烈。它把亲王们与受到威胁的、受到怀疑的阶级等同起来。它让权贵的首领们进入抵抗状态，并打开了不久后让他们走向流亡的道路。

威胁的语气：这份报告暗示，如果第三等级代表数翻番和按人头投票被通过，权贵将会缺席会议或者进行抵制。

那真是洞悉时局。

高傲的语气。王公们对其他所有权贵做出这种完美语气和自我美化的榜样，而过去当权贵对他们的真实力量更自信的时候却

---

① 《多位亲王致国王的报告》(*Mémoire des Princes*, *Présenté au Roi*)，无署名，一般认为作者是让-巴蒂斯特-罗贝尔·奥热(Jean-Baptiste-Robert Auget)，即蒙蒂翁男爵(baron de Montyon)，1788 年 12 月，14 页。这本回忆录出版后引起许多争论。除了这里列出的小册子，托克维尔还分析了《对〈多位亲王的报告〉的答复》(*Réponse au* 《*Mémoire de Quelques Princes de Sang*》, v.1788，13 页)；《关于〈多位亲王致国王的报告〉的信》(*Lettre sur le* 《*Mémoire des Princes Présenté au roi*》，1788，45 页)；《致阿图瓦伯爵先生》(*A M. le comte d'Artois*)；《第三等级给贵族最后的话》(*Le Dernier Mot du Tiers à la Noblesse*)；《给法国人民的报告》(*Mémoire pour le Peuple Français*，1788，76 页)，作者是约瑟夫·赛卢迪(Joesph Cerutti)。托克维尔发现，"在这时期的所有争论中，有一种向国王表示出来的巨大热忱，以及支持其权威的舆论。这是这一时刻的特征，不同于此前和此后的时刻"。
② 阿图瓦伯爵(le comte d'Artois, 1757—1836)，即日后的查理十世(Charles X, 1824—1830 在位)，是路易十六和路易十八的弟弟；孔代亲王(Prince de Condé，即 Louis V Joseph de Bourbon-Condé, 1740—1818)，第八代孔代亲王；波旁公爵(le duc de Bourbon，即 Louis-Henri de Bourbon, 1756—1830)，前者的儿子；昂吉安公爵(le duc d'Anghien，即 Louis Antoine Henri de Bourbon-Condé, 1772—1804)，前者的儿子，1804 年他被当时身为第一执政的拿破仑杀害，此事影响很大；孔蒂亲王(Prince de Conti，即 Louis François Joseph de Bourbon-Conti, 1734—1814)，第六位、也是最后一位孔蒂亲王。——中译注
③ 亲王殿下(Monsieur)是波旁王朝时期国王的某个弟弟的尊贵称号，此处指的是路易十六的弟弟普罗旺斯伯爵，即日后的路易十八。——中译注

未曾这样做。

侮辱性的让步："第三等级要停止对前两等级的权利的攻击，那些权利与君主制一样古老、与王国政体一样不可侵犯，第三等级应该局限于请求降低可能过于沉重的税赋；这样，前两等级[……]将会出于内心的慷慨而放弃具有金钱利益的特权，并同意完全平等地承担公共税赋。"[第9—10页]

就这样，他们坚持所有令人备感侮辱和伤害的不平等，而对于沉重的不平等，即税赋的不平等，他们即使放弃，但对那些他们对之作出如此重要的让步的人，他们仍然设法予以激怒。这个文件是所有那些可笑、危险或不慎重的感受或言语的典型，法国的部分缙绅日后将不断模仿。

534　　　　　《对88年12月出版的〈多位亲王的报告〉的回复纲要》
莫雷莱神甫①
这是对《多位亲王的报告》的
一种形式上相当温和的答复

在书中，作者明确地这样说，一个大国需要一个君主制的政府，却完全可以不需要权贵和教士。②

这可以让我们看到人心发展到了什么状态。

到底按等级还是按人头投票的问题直到最后都悬而未决：第三等级一致强烈要求，它的代表数相当于权贵和教士加起来的代表数，很明显，这意味着第三等级希望按人头投票，否则人数问题就无关紧要了。但是出于党派惯常具有的某种谨慎和折中，哪怕心中充满激情，他们仍然避免触及无法避免的后果，尤其不去严格地得出这一后果。

莫雷莱说，"将两个代表召集过来，问题还是未决定。仍然有

---

① 莫雷莱神甫（Abbe Morellet），《答复一本广为流传的〈多位亲王的报告〉的计划》（*Projet de Réponse à un Mémoire Répandu sous le Titre de《 Mémoire des Princes》*），1788年12月21日，51页。莫雷莱神甫（1727—1819），杜尔哥、狄德罗、达朗贝、马勒泽布的朋友，书中为第三等级的代表数翻番进行辩护。

② "很明显，一个大国在制定宪法时完全可以宣布，在自己的国家里既没有贵族也没有不同的等级。"（《答复一本广为流传的〈多位亲王的报告〉的计划》）

可能让民族开会自己决定两位代表将有一票还是两票"[第 24 页]。亲王们谈到，是"慷慨"让权贵同意税赋的平等。对于这种令人感到侮辱的让步，莫雷莱的回答完全可以预料到，他说，给出严格的正义所要求的、人们无法拒绝的事物，何谈"慷慨"[第 41 页]。

《以 2300 万法国公民的名义，
对〈多位亲王的报告〉的谦卑看法》
布里扎神甫①
[1788 年 12 月 22 日，50 页]

这本书比前一时期的小册子的讽刺更辛辣，其他方面大同小异。书中说，最神圣的机构就是国民议会[第 7 页]（而不是三级会议）。我们可以看到，网球场宣言使用的语词并非毫无先例，它所表达的思想已经在很多人的头脑里形成。

它在整体上很好地表明了当人们卷入斗争时，阶级热情及其伴随的相关思想何以突然完全显露并且冲向它们的最终后果。这证明了一切都早已朝那个方向发展了，尽管人们还没有准备好。[……]

535

《给法国人民的报告》
1788 年 12 月②[……]

自由的定义：要理解这个词，它常常意味着统治的欲望，是让自身相对君主获得自由，从而成为第三等级的专制者[第 34 页]。这段话的奇怪之处在于，它已经在反对刚刚将所有阶级团结起来的自由主义运动，已经显示出一种真正民主的自由概念，或者说我们的

---

① 加布里埃尔·布里扎（Gabriel Brizard，1730—1793），尽管没有受剃发礼，却被人称为神甫。由于这篇论战文章的发表，他的名字被列入一份流放名单。

② 《给法国人民的报告》（*Mémoire pour le Peuple Français*），一般认为其作者是赛卢迪。在 1768 年脱离耶稣会之后，约瑟夫·安托万·若阿基姆·赛卢迪（Joseph Antoine Joachim Cerutti，1738—1792），在大革命爆发前属于奥尔良的派别。他拥护内克和拉法耶特，1790 年后变得更加激进，1791 年 9 月 13 日当选立法议会中的巴黎代表。

民主对自由的真实情感。作者说,真正的自由是一种一切都各就其位的政体。简单地说,令人渴望的自由就是众人平等①[……]。

作者眼中第三等级的真正激情:他对权贵说,你们害怕第三等级会打碎你们的特权。他们不会这样做,因为他们想分享。困难的不是召集第三等级,而是找到真正的第三等级。所有人都渴望从第三等级走出去。②

这是拿英国的事实和感情来论述,而不是法国的。

1789 年

从 1 月 1 日直到

三级会议召开③

《神甫独有的权利》

[享有他们堂区的什一税,

或致德·GR……的信]

作者是安茹的一位神甫,83 页④

无作者名。年代:三级会议召开前。

此书明显出自一位教士之手。作者态度严肃、博学、语言有分寸。很有意思,它表明教士等级正在变得何等分裂,而如果不是共

---

① "何谓政治自由或者自由政府? 在一个自由政府里,各种力量被结合起来,但每种力量都有其特有的运动,都有其对自身有用的规则。"(《给法国人民的报告》第 35 页)

② 此处,托克维尔对作者被认为是赛卢迪的作品第 58 页进行概述:"您担心民众的首领试图降低贵族和教士的地位;实际上他们心里渴望自己有一天能爬上那种地位,或者让他们的后代爬上那种地位;他们总是小心翼翼地不让自己最光明的前景落空:他们当中的某些人已经自以为贵族,其他人则期望成为贵族。如果说他们出于意见向您俯首,他们也出于希望向您俯首。"

③ 这里的笔记被托克维尔收集在 45B 卷宗的 E.E.文件夹里("1789。从 1 月 1 日直到三级会议召开")。其中只有关于穆尼埃和布里索的笔记被放在 C.C.文件夹里。

④ Droit exclusif des curés[*aux Dîmes de leurs Paroisses ou Lettre à M. De Gr…*]作者对历史沿革做了很长的论述,并谴责各大修道院从 847 年就开始占有什一税。随后谈及的"工人"都是一些依赖临时收入度日的住持教士。

106

同的迫害让他们团结起来，他们之间会爆发内战。［……］

神甫不满构成教士等级的其他阶层人员。教士等级内部深刻
而激烈的分裂。作者好像是一位很真诚的基督徒。他十分热爱本
等级的利益，强烈反对侵害教会的财产。

但是，他也同样对主教，尤其是议事司铎和拥有大量财产的修
道士感到不满；与此同时，虽然从神圣的体制来说，神甫才是教会
真正的管理者，他们却大多食不果腹［……］。

这本书旨在证明，教士等级的其他阶层掠夺了属于神甫的什一
税，不正当地将其占为己有。"一些教堂的教务会拥有 60 到 80 份
薪俸，他们给每位成员 4 到 500 个皮斯托尔不等，而一些远离奢侈
和挥霍生活的隐修士同样收入丰厚，这难道符合教会的普遍利益？
一些无指导信徒责任的闲职养活了大批终日无所事事的懒人和废
物，那些人个个头顶……这难道符合教会的普遍利益？而许多工
作勤恳、有用的工人不仅被迫屈辱地生活于贫困中，而且不得不仰
仗公众的施舍。"（第 74 页）

在另外一个地方："请允许我们打破那些用富足的受益者的贪
婪来捆绑我们的枷锁。"

值得注意的是，说这席话的人似乎是一个很好的教士，而且很
少受到那个时代的政治激情的影响［……］。

《一位阿洛布罗热①的法学家
给第三等级的忠告》
63 页

无作者名②。年代：三级会议选举前夕。

这本小册子给人留下一点印象，因为我经常看到别人引用它的

---

①　阿洛布罗热（Allobroge）是一个高卢时代的民族，以勇敢好战而闻名。这里以玩
　　笑的口吻使用该词。——中译注

②　《一位阿洛布罗热的法学家给第三等级的忠告，关于他们的过去、现在及将来》
　　（*Avis Salutaire au Tiers Etat sur ce qu'il fut*, ce qu'il est et ce qu'il Peut être par un
　　jurisconsulte Allobroge），1789 年，63 页。巴尔比耶（Barbier）认为，这本小册子
　　的作者是约瑟夫-米歇尔-安托万·赛尔旺（Joseph-Michel-Antoine Servan,
　　1737—1807），格勒诺布尔法院的代理检察长。

话。其笔调活泼尖刻,生动地概括了当时的思想和激情。

对教士和权贵的猛烈抨击[……]。"在原始平等的基础上,只有自然能建立并标出差异"……[第 65 页]。"毫不犹豫地说出这个温柔而可怕的词语:自由。"……[第 53 页]

我们不可能听到比这更富有革命性的呐喊。对此,我们注意到:

1. 一旦民众抓住此类原则并从中汲取营养,革命已经无可避免了。这样的问题一旦交给大众,它们就已经必然地得到了解决。只能在富有远见卓识的、用心的听众那里,或者在平静当中,具体权利才能获得辩护。(事实上确实如此,连该书作者都注意到,在这些公开讨论前不久,第三等级甚至不敢想象事情能够而且应该不同于它们当时的状况。)

2. 贵族制和不平等在法国的存在形式绝对站不住脚,它能够促使人们接受最极端的理论,解释了当时蛊惑人心的激情并部分为其提供了理由。

极端共和派的原则,向王权的过度献媚。1788 年前十个月期间的迅速转向。第三等级开始时联手权贵和教士对抗国王,最后两个月则联手国王反抗教士和权贵。

《第三等级是什么?》①

西耶斯②

年代:作者说该作品在 1788 年底的显贵会议期间写成,而发表时间为 1789 年 1 月。③

---

① 下文中对该书引文的翻译参照了中译本:西耶斯著,《论特权 第三等级是什么》,冯棠译,商务印书馆,1990 年版。——中译注

② **页边写着**:生于 1747 年,当时 41 岁,是夏尔特尔的主教助理;教士会议的主教教区代表;被国王任命为奥尔良省级议会的成员;不是被教会而是被巴黎第三等级推选为制宪议会的代表。这些是托克维尔读过《第三等级是什么》第三版(1789 年)后做的这些笔记。

③ **页边注释**:该作者同一时期的其他著作有:1.《论特权》(*Essai sur les Privilèges*, 1788 年 11 月)。/2.《大法官辖区会议的审议方案》(*Plan de Délibération pour les Assemblées de Bailliages*, 1789 年 3 月)。/3.《对人权和公民权的承认》(*Reconnaissance des Droits de L'homme et du Citoyen*, 1789 年 7 月)。

108

名副其实的宣战。舆论的激烈和极端化的标本——甚至在引发暴力和极端化的斗争爆发之前。

西耶斯自己发现，他领先于公共舆论。但他引导着舆论。

这本著名的小册子（迅速出版三个版本，售出三十万册）从某些方面来说与其声誉相配，它散发出最激烈、最原初的大革命精神，超越了处于发轫时期的民众精神；换句话说，它将民众精神带领到他们能想象到的最远之处，将某种色彩和形式赋予处于萌芽状态或在所有人心当中正在酝酿的激情。

在西耶斯的作品中呈现出法国大革命的整体形象和灵魂。作为大革命轴心的强烈的阶级仇恨，革新者的鲁莽天性，错误逻辑的勇往直前，对现存的利益、权力和事实的完全漠视……所有这些都散见于当时的各种著作中，但西耶斯的著作将它们汇聚起来并强化，因此这本书可以被视为在大革命前表现大革命精神、在斗争前展示理论和激情暴力的最佳著作。

第三等级构成一个完整的民族。我在大量著作中都曾见到这种观点，但是在这里它被详细地表述出来，并以数学推理般的严谨一直推到最终结果。

权贵和教士等级不仅无益反而有害，不仅无用反而碍事。西耶斯观点的独特之处在于他不仅提出，第三等级自身就构成一个完整的民族，其余都是异质的部分，而且还提出，民族在摆脱这些异己成分后会比带着它们更好："第三等级现在是什么？是被束缚被压迫的一切。没有特权等级，第三等级将会是什么？是自由、繁荣的等级。没有第三等级，将一事无成，没有特权等级，一切将远为更加顺利。"[第 22 页]。权贵等级对国家是累赘，而非其组成部分。

人们认识到，权贵和教士等级并不同意被人如此剔除。两个等级在整个法国的鼓掌中听到这样的话，不会同意让说话者或鼓掌者独自制订法律；这难道有什么好奇怪的吗？

流亡似乎有情可原。对促使权贵离开法国、在国家之外组成独立国家的行为，人们有理由予以谴责。但是我们必须承认，在任何国家和任何时代都未曾出现过这样的情况：提前将一个等级的所有公民置于法律之外，因此在他们自己和国家分离之前就把他们驱逐出国了。

权贵阶层是一个无功能亦无用处的种姓。这方面说得很对（第22页）。西耶斯所说的这些就其本身而言是正确的。在权贵等级当时所处的状况和国家所处的情形之下，它肯定已经成为一个无功能亦无用处的种姓阶层。鲜明地揭示出这一真理，正是西耶斯的优点，也是他成功的原因。但是，其错误在于：

1. 他没有看到，这一不正常的事物是如此由来已久、根深蒂固，并且涉及许多值得尊敬的事实，因其古老——权利之母——而如此值得尊敬，以至于它不应被人突然根除，而应该逐渐拆毁。

2. 如果说种姓制度本身是一个坏的、而且无用的机制，一种完全依赖数字大多数的制度也并不会好到哪里。对一个自由政府，尤其是缺乏经验的自由政府而言，某些传统和原则的影响——简单地说，某种贵族制因素——是某种很有必要的因素，而且这种种姓在逐渐被改造而仅仅成为贵族制的一部分后，对法国是一种弥足珍贵的资源；破坏它，那是很令人不快的。说到底，说第三等级构成一个完整的民族，那是不正确的；哪怕说第三等级能单独建立一种稳固而自由的秩序，那也同样不对。

将权贵归结为征服权。为了燃起第三等级的激情，为了让权贵等级在法国人民中越来越成为某种外国民族，西耶斯把权贵的所有权利都和征服联系起来，仿佛那征服发生在昨天似的："第三等级为什么不把那些继续狂妄地自诩为征服者种族的后裔并承继了先人权利的所有家族，一律送回法兰克人居住的森林中去呢？［第11页］。经过那样的净化，民族将庆幸自己全部由高卢人和罗马人的后裔构成。"

在渲染仇恨和骄傲之后，又假装出过分的恐惧。甚至在第三等级已经与另外两个等级取得平等地位之后，仍然要担心他们统治自己，因为他们占据着所有的恩宠和职位。第三等级变得像一个庞大的佣人房，那里的人关注着主人们的一言一行，他们整个心思想着取悦主子……［第31页］。

在法兰西民族之内，权贵阶级不仅是一个异族，而且是敌对的、野蛮的民族。与阿尔及利亚人相提并论。为了证明不能允许第三等级在其行列之外选择代表，他写道："假如在海洋国家中要成立一种议会以解决航海自由或安全问题，您难道认为热那亚或者里窝那（Livourne，意大利城市——中译注）会在野蛮民族中挑选他们的全权大使吗？"①

权贵就是法国的阿尔及利亚人。②

言辞和感情的愤怒。报刊自由的滥用。毫无疑问，在一个允许不同阶级像这样互相辱骂的国家里，如果各阶级的力量相当，那么内战就不会太远；如果力量悬殊，那就是一场暴烈的革命。

部分权贵支持第三等级的慷慨努力。值得注意的是，西耶斯本人就是第三等级提名的代表。

"教士和权贵的一些作家在捍卫第三等级的事业方面，比非特权者本身更为热情，更为有力，这是一件了不起的事情。"［第68页］

这种坦诚很珍贵，这表明权贵虽然具有种种流弊和罪恶，但拥有某种气魄和伟大，应该把这种气魄和伟大保留在民族当中，而不应将他们直接遣送回法兰克人在日耳曼森林里的老家。

西耶斯注意到权贵放弃纳税特权。他看到，显贵（notables）、重臣提出放弃特权，许多大法官辖区里的权贵都普遍同意放弃特权，而且这一放弃被认为已成事实。 ⁵⁴⁰

这种放弃给西耶斯带来的坏心情。努力阻止其熄灭仇恨。西耶斯无法掩饰这种放弃给他带来的坏心情。他需要一种尽可能自私和不理智的权贵等级。"人们并没有就此征求他们的意见。"（第46页）权贵想通过这种办法迷惑第三等级。他们不过放弃了他们无法保住的东西。人们因这种放弃而表现出的感激是可笑的，甚至是危险的，因为这就相当于承认，有某种权利曾经是被允许或者有可能得以保全的。

出于当时的需要，纳税特权被西耶斯贬低得无足轻重。只要权贵保留他们的纳税特权，人们就有理由将其视为主要抱怨对象。一旦那特权被放弃了，西耶斯就肯定地指出，权贵交出来的对他们而言没什么价值，因为实际上他们已经通过佃农纳了税（他甚至在第84页说，人头税的取消将让权贵获得金钱上的好处）。提醒这

---

① 因版本原因，中译文中没有这段话。托克维尔引用的来源是《第三等级是什么》第三版(1789)，这句话出现在第39页。——中译注

② 同上，第40页。——中译注

一点很重要。

权贵放弃纳税特权之后仍然享有的其他特权。而且,放弃税收特权之后,权贵还拥有那么多特权啊!西耶斯列举权贵等级除了纳税之外的其他特权(第78页)。几乎所有特权都归结到更容易取得职位。那实际上是人们今天对英国大家族的指责。

贪恋职位已经是许多革命的重大诱因。我们感觉到,西耶斯提这一点的主要目的是希望让整个第三等级感到震动,因为对职位的贪恋、利用及需要在法国十分普遍。

西耶斯还说,每二十个职位中的十九个已经被第三等级掌握,但是他们很难获得那些更高的、最能赚钱的职位(第7页,[中译本第20—21页])。

怨由此生!

英国的政体。担心人们模仿它。普遍担心人们进行妥协。注意不要模仿仍然处于半野蛮状态、根本不符合真正原则的英国政体。尤其要小心不要接受两院制,即建立一个包括高级教士和上层权贵的上议院,将其他人挤到下议院里并使之由第三等级选举产生(第88页。[中译本第51页])。

总而言之,一切让各阶级靠近、取得妥协的东西……都会让他害怕。他首先需要战争,其次需要他的理论获得绝对而无限的胜利。

西耶斯的极端共和派的、民主的理论。从西耶斯这部作品的论述可以推论出,在他看来,不对选民进行任何区分的、数量上的大多数将制定法律;主权只存在于这一多数当中;在多数和任何人之间都不应该存在契约,无论那是阶级还是君主,因为在多数之外,只有一些可以撤销的、毋须与之协商的委托人;根据这一多数通过议会形成的意志,宪法可以而且应当被改变……说到底,这不过是美国各州宪法的主要原则,尤其是它们后来成为的那样。

哲学傲慢表现出来的无畏。西耶斯说:"我在上面阐述的原则是不容置疑的。必须抛弃一切社会秩序,或者承认这些原则。"(第124页,[中译本第65页,译文有改动])

指责权贵煽动民众。民众的骚乱当时让某些人开始担忧,西耶斯就暗示说,或许是权贵煽动了这种骚动,目的是吓唬国王(第135

页,[中译本第 69 页])。权贵们实在深不可测,居然出于派别意识而让人烧掉自己的城堡!

战争的呐喊:呼吁进行最终的决裂。不,谋求各派和解的时刻已经过去了。他们竟然说出了分裂(scission)一词。求之不得的分裂如果得以实现,国民将何等幸福! 撇开特权等级会是多么惬意! 把特权等级变成普通公民将是多么困难! (第 137 页,[中译本第 70 页])。

贵族:贵族孟德斯鸠。"'不要贵族制'应成为所有民族之友的团结呼喊。"①"在贵族孟德斯鸠的巨大权威之下,贵族制隐藏着他们作恶的力量。"②

他拒绝让所有人共同选举等级代表的想法。这一想法曾经在多菲内应用,可以被视为一种可接受的和解办法,必然能够很快将整个民族融合到一种共同体当中。西耶斯却精心地拒绝了它(第 145 页,[中译本第 72 页])。

大胆谈及将社会推翻重建的后果。"我感到,在一个不以理性与政治公正为指导的国家里,这些真理变得令人困惑不解了。有什么办法呢? 你们的房屋全靠人工支撑,奇形怪状的支柱多得不可胜数,七颠八倒,既无风格,又无设计,有的只是在即将坍塌的地方胡乱撑上几根柱子。应该重建这所房屋。"(第 146 页,[中译本第 72 页])

三级会议中由三等级共同投票和达成一致的想法被认为是不充分的。必须让第三等级单独组成国民议会。在三级会议中,三个等级间的任何联合都是不可能的。他们既不能按人头也不能按等级来共同投票,因为他们代表着彼此不同或为敌的人。民族意志必须是统一的,而只要有三个代表它就不能统一。那样做可以出现具有同一愿望的三个民族,但是却不能使它们成为一个民族、一个代表、一个共同意志(第 146 页,[中译本第 72 页])。要么接受这些原则,要么就必须抛弃一切社会秩序。

第三等级比他更有智慧。作者承认,他的这些原则"对第三等

542

---

①② 托克维尔此处给出的页码为引书原文第 141 页,出现在西耶斯本人为《什么是第三等级》第六章所作的第二条注释。中译本没有这些注释。——中译注

级中最善于捍卫等级利益的那些成员而言并不完全合他们的口味"(第 151 页,[中译本第 75 页])。

对于那些人,他作出让步,说尽管那些原则全都具有严格的正确性,但是开始时可以并不全部严格实行。假如第三等级想继续将自己视为一个等级,假如他们同意不完全荡涤古老的野蛮时代的偏见,那么就应该向时代作出些许让步(第 154 页,[中译本第 76 页])。

他预料这些原则会显得荒唐。"我知道,在大多数读者看来,这样的一些原则会显得荒唐。"(第 82 页)

但是它们不久将会被严格实施,因为它们与时代的激情如此相符。

西耶斯统计出的权贵和教士人数:

教士:
本堂神甫:	40 000
副本堂神甫:	10 000
主教与议事司铎:	2 800
教务会议事司铎:	5 600
有职俸的教士:	3 000
无职俸的教士:	3 000
修道士:	17 000
共计:	81 400

543 (作者说,在某种加速的发展趋势下,修士和修女的数目三十年以来有所减少。)

权贵:作者以布列塔尼的权贵作为共同参照,因为事实上,在布列塔尼的所有权贵都在三级会议上投票,就比其他地方更容易计算人数。

在布列塔尼,230 万人口中共有 1 万个权贵。按照整个法国的相应比例推算,不分性别和年龄,法国共有 11 万个权贵。

我们可以看出,这种计算是有偶然性的。我倾向认为,权贵的人数要比这多。但尽管如此,西耶斯的头脑很实证,在这方面比较可信(第 50 页,[以上关于教士和权贵人数的统计参中译本第 37—38 页])。

　　将整个政治都归结于数量的计算。因此作者说,"请将 20 万享有特权者的人数与 2 600 万的总人口数比较一下,然后对问题加以判断"(第 53 页,[中译本第 38 页])。这样做就是将整个政治都归结为一种比例问题。这太简单了。在这种所谓深刻的表面下掩藏着多少轻率,在自信在政治上一贯正确的傲慢下掩藏着多少对治理人类的真实状况的无知!

　　西耶斯仇视权贵甚于仇视教士。我们在整本书中都可以看到,西耶斯只是强烈抨击权贵,或者至多仇视教士中出身权贵的那部分。他攻击教士的特权,但表现得并不尖刻。他根本不愿意剥夺教士等级,相反却强调用不动产对他们进行报偿的益处。我们知道,他反对无须支付赎金就取消什一税。只有在和权贵作对时,他才义愤填膺。

　　他抱怨说,人们反对教士比对权贵更激烈。他观察到人们对权贵的敌视没有对教士的敌视强烈。他对此辛辣地进行抱怨。

　　尽管充满革命激情,他仍然是一个教士。他依然是教士,这不仅因为他对教会的观点,而且因为我们在他的革命激情之中仍然可以感觉到那个作为教士的他:他的死板、他的骄傲、他对形而上学的爱好、他的专制天性……

544

《〈路易十六召集的
三级会议〉续篇》,41 页

　　作者:国家图书馆的目录上注明本书作者是塔尔热(Target,我需要证据)。①年代:88 年底显贵会议和 89 年初期间。

　　这部作品是另一著作的续篇,但在国家图书馆中无法找到该

---

　　①　这里评论的小册子是《路易十六召集的三级会议》(*Les Etats Généraux Convoqués par Louis XVI*)的续编,无出版项,75 页。居伊·让-巴蒂斯特 塔尔热(Guy Jean Baptiste Target, 1733—1807),著名律师,1789 年巴黎市选出的三级会议代表。——在一个单独的稿纸上,托克维尔写道"塔尔热这句话说得好":"政治上的重大错误,源于人们的民情属于他们时代而原则却属于另一个时代。"

115

书。我曾经在当时的许多作品中见到对多本塔尔热小册子的引用。我不知道指的是否就是这两本书。这部作品好像有些过于温和,不应取得我谈到的塔尔热的那些作品看起来取得的那么大的成功。

代表人数取决于利益而非人数。只有在这部作品中我看到其作者说到,不要把人数作为选举的唯一基础,而是要把人数和人们对公共事务可能产生的利益和兴趣加以综合考虑,这不仅是明智的,甚至是合法的、合乎自然的;利益表现在人们通过税收做出的牺牲,还表现在财产的占有赋予人的保守精神。①这个如此简单、凭经验就能想到的观点,却只有这本著作提到。当然,这一点以及其他一些理论必然让作者得出第三等级代表数翻番的结论,以至他对当时的改革激情给予事实的支持,同时给保守和传统的精神提供某种论证[……]。

反对模仿英国的证据:与穆尼埃此前给出的证据相似。②在政体完整而且受到认可的时候,一个具有两三个分支的立法机关是合适的。那样将能阻止危险的新事物。但是在有必要完善政体并形成新秩序的时候,却赋予旧势力绝对的否决权,这会让自身陷于无能。

总是同样的幻想;我们一段时间内想成为绝对的主宰者,然后我们会接受制衡。

如果一个人真诚而且富有经验,他就会明白,贵族团体即使拥有否决权,要想在民族运动的压力下、在报刊自由的推动下站得住脚,他们经常会被迫让步,而并不使用他们的否决权。如果他们使用否决权,那也更多地是为了缓和运动而不是为了阻止它[……]。

---

① 塔尔热提倡,代表数多少应建立在纳税数量而非人口数量之上:"在一切社会,投入最多的人总是最强烈地表现出维护去投入并保持其增长的愿望。"《〈路易十六召集的三级会议〉续编》》(第1页)政治秩序必须依靠个人利益:"只有从接受计算者开始,我们才能最终拥有公民。"(第3页)

② 穆尼埃的著作晚于塔尔热的著作,但是托克维尔却更早读到它。关于穆尼埃的著作,见546页及其后。

《评内克先生　　　　　　　　　　　　　　　*545*
1788 年 12 月 27 日
呈交国王的报告》

这是一本 61 页的小册子,无印刷者名,无作者名。年代:选举前不久。

这是不赞同按人头投票的少数小册子之一。这部作品表现出一定的才华,在政治论述方面无疑超过所有其他的书籍。

按人头投票:整个问题所在。这一问题提得很好。作者让人看到,一切问题都包含在按人头投票的问题之中;第三等级代表数的翻番不过是附属的问题,按人头投票才涉及到宪制本身;按人头投票会产生一种消除中间权力的简单政府,来取代多方制衡的君主制和复杂的政府。这种简单政府只会产生出纯粹民主或者绝对权力。

这是毋庸置疑的真理,但在当时人心的状态下却毫无用处。

因为当时有权贵和第三等级那样的构成性权力(pouvoirs constitués),权力平衡或许是不可能的。

此外,假如不同团体的并存对建立君主制政府甚至对自由国家都是必须的,那么就有必要承认,像第三等级和权贵那样一些如此本质上区别、如此分离……的团体根本就不能并存,而且在当时的情况下,让它们勉强并肩行走都很难。

内克先生 88 年 12 月 27 日报告表现出令人难以置信的无能和不谨慎:书中清楚表现出这一点。

1. 出于赢取民心的目的,第三等级被认为是开明的唯一源泉。

2. 在农民起义一触即发之际,对农民的状况以及富人对农民的欠付进行可怕的描述。

3. 第三等级的愿望被正式视为民族的愿望,这就是说国王本人将权贵和教士置于民族之外,正像我们分析过的那些革命宣传册所说的那样。

4. 一般而言,历史观点认为,第三等级是王权的真正支持,而此时的新形势已经证明这个观点是错误的。

5. 最后,他犯的最大错误是,将按人头投票的问题作为最大问　　　*546*
题恰当地提出来,并顺着有利于第三等级的方向讨论,并最终激起第三等级的希望和热情,然而他并没有对问题予以解决,这就是说,他采取了所有能想象到的方式中最坏的一种。假如国王一开始就坚决拒绝按人头投票,平民就很难再提出要求。假如国王一开始就下令采用按人头投票,享有特权者就很难对抗潮流。革命仍旧会发生,但是有可能更加温和、在更平和的精神状态中进行。

然而,给人希望按人头投票却并没有授权那么做,这是在激起第三等级奋起进攻,也给特权等级进行抗击的余地。换句话说,这让改革突然转化为激烈的革命。

正在酝酿中的教士等级分裂:这本书中还清楚地表明了,该报告发布之后颁布的选举法倾向让神甫成为教士等级的主要代表,这会引发主教和他们部属之间进行混乱的内战。

这没有引起重大的后果,因为针对教士等级的攻击在总体上强化了该团体的内部联系,与教会敌人的斗争很快就让不同的教士等级忘记了内部的冲突。

但是假如事情按照自然的顺序进行发展,很可能会在法国教会内部发生大混乱,而这一混乱只是由于全国的普遍混乱而被阻止。

穆尼埃的著作
其有意思的地方在于让我们在本非革命者的人身上
看到革命的激情和思想。
《对法国三级会议的新思考》
(三级会议选举之前的时期)[三月]①

贵族制比专制更坏。一个人的专制比贵族制专制要好过千百倍。(第 198 页)

对外省特权和外省贵族的仇恨,存在于那些从中受益最多、最充分的人身上。尽管多菲内此前刚刚扮演令人赞叹的角色,尽管人们表现出对外省的权益多有眷恋,尽管穆尼埃在刚刚过去的大革命的第一幕扮演过主要的、荣耀的角色,当局势从如何进行大革

---

① 《关于法国三级会议的新思考》(*Nouvelles Observations sur les Etats Généraux de France*),1789,282 页,作者是穆尼埃先生,多菲内省级三级会议的秘书。

命发展为如何从大革命中获益的时候,他依然敌视外省的所有特权;他仍想将所有这些个别特权统统打倒。(与另一类革命者一样,他对传统、对记忆的效力、对过去的事情……充满蔑视。)

他想要的不是集权,而是那些导致集权的因素。的确,在他关于地方行政管理的想法中,他想保留更多的权力给地方市镇……但是他却不知道,摧毁了各省旧机构中有利于反抗甚至有利于地方生活的东西,他消灭的不是省级特权,而是一切地方生活。如果仅仅局限于他所要求的,他的要求并没有错:他似乎想让各省失去那些与主权有关的权力,比如关于税收的投票权……他是对的。但是由于不知道他们到底想得到什么,也不知道什么是可能的,人们——甚至当时最聪明的人——依据推理所要达到的目标远远超越他们事实上想达到的。

各阶级在并肩战斗之后的剧烈分裂。"然而权贵、教士和第三等级全都充满戒心的原因何在呢? 在都是奴隶的时候,他们不会抱怨自己被排斥在行政管理之外。人们现在谈论自由,于是他们为了获得更多的力量而骚动,但不是作为国家的团体,而是作为等级,作为分离的等级。"[第 207 页]

穆尼埃和其他人一样仇视权贵,然而他在自己的省份里却对权贵非常满意。尽管穆尼埃看到其所在省份的权贵表现出贵族所可能做到的无私和开明,远胜于其他地区的权贵,但他却和其他人一样,对权贵一般而言都表现出强烈的敌视,这将推动他走得比自己的想法更远。因为说到底,他强烈反对的并非贵族制本身,而是种姓制度;但他的推理却反对贵族制,因为他强烈反对孟德斯鸠提倡的体制,即中间团体和这些权力对于自由国家和温和君主制的必要性。

古老封建君主制下的古老的自由形式甚至民主形式。它们没有危险的原因。我不知道有什么比古代三级会议的陈情书制度更自由、在某些方面更民主的,因为在那种情况下,最卑微的村民都和领主一样被呼吁参与某种大调查,公开而无所畏惧地揭发他可能遭受的任何弊端。穆尼埃还说,政府在城市里(巴黎)放置一个大信箱,无论任何人都可以把他们的陈情书投到里面。这甚至在1576 年御前会议颁布的一条法令中被常规化(第 226 页)。

这种民众和个人对公共事务的介入、对流弊的普遍调查、同时对有所抱怨者的关注,之所以能不具备冒犯性,是因为在实施这种极端民主机制的时代里——那在整个政体中是一个孤零零的机制，贵族制在那个时代拥有不受争议的、占支配权的力量；还因为所实行的政治体制的坚固性得到了所有人的承认，甚至没有人讨论那制度的基础，人们也无法想象替代那制度的其他东西。然而，在一个贵族制摇摇欲坠、备受憎恨的年代里，不仅政治社会的基础受到质疑，而且在新鲜事物方面再也没有什么能刺激人们的想象力，所以那种机制是人们能想象到的最可能引发大革命并立即赋予它一种极端民主特点的方式，因为它一下子就能震动民众的最深层即群众。

即将召开的会议应该拥有改变一切的无限权力；穆尼埃和那些大革命家一样熟悉这种想法。在论述代表权限的一章［第26章］里（第225页），在三级会议召开前，穆尼埃在他的想法里就在三级会议能做的事情上不给其设定任何限制，赋予它的不是矫正这个或那个弊端的能力，而是在任何方面进行革新的无限权利；他在这些激情的推动下以及由于我上面谈到的缺乏经验，让三级会议有权力做他自己事实上不希望人们做的事情，并将大革命推进到百倍地超出了他们的愿望的地步。

就像其他革命者一样，他认为过去没有重要的、必须遵守的东西，过去的一切不具有法律的特点；他用一句话概括这些想法：法国没有宪法。过去有许多权利、某些政治习惯、某些构成了真正的虽然并非成文的法律的习俗，在触及这些习俗时只能是以谨慎的态度，这些习俗创造了真正的、应该得以宽待的权利，要改变它们只能循序渐进，不能在过去的样子和人们希望实现的样子之间实行全面地割裂。这种思想是实践性的、有条理的政治自由的基本概念，在穆尼埃心中却完全缺席，正如即将出现的最激烈革命者心中完全没有这种思想一样。穆尼埃和那些革命者之间的唯一区别在于，对于他和他们一样致力于消除的旧事物，他希望用某种比他们所希望的更合理、不那么极端的东西来加以取代。这一点在下面会看得更清楚。

和其他人一样，穆尼埃希望建立单一议院，通过人数进行立法，并在法律制定中迅速消除旧影响。只不过，他认为所有这些都在为其他东西做准备。穆尼埃是第三等级代表数翻番和按人头投票的最热烈的拥护者之一，但是他明白地告诉人们，那只是过渡性的东西，是革命的武器，而不是最终的机制。我们完全可以看出，

549

他希望这样的议会能消除旧体制的残余，包括所有个人特权和地方特权，但它并不是未来法国的政府机构。

一个由权贵和教士构成的上议院将会永远阻止上述结果。他十分拥护两院制，但那要等大革命之后而非之前。

要建立单一的议会，第三等级在其中占据统治性的力量，并可以立即制定法国缺乏的宪法。在由两个议院构成的立法机构里，一个议院代表必须深刻革新甚至消灭的旧社会，而另一议院却代表相反的方向；这样的立法机构永远都不能带来人们需要的彻底改变，尤其不会带来迅速的改变。两院制在将来确实必要，但那是在大变化已经完成、新体制已经建立之后，那时只需考虑政府的一般事务，一种具有两个头脑而两者在性质上并无区别的议会是必要的，其目的是确保法律的成熟，确保立法过程中有益的缓慢以及既定立法的稳定性。

穆尼埃的全部思想可以清晰地表述如下：他渴望法国最终建立的政府大致就是法国1814年之后建立并在1830—1848年之间延续的政府。穆尼埃在这方面阐述的所有思想都显示出，他的头脑对政治事物深思熟虑，有广度，具有只能通过书本和个人思考获取经验的人所能具有的最大的正确性。但是穆尼埃和其他人一样缺乏实践经验。他不知道，单一议院可能会遭遇单一阶级和单一政党无法抵制的冲动，它对进行革命非常有用，却不利于在需要的时候停止革命；他不知道，他渴望彻底变革的不仅是法律，而且是人们的身份，甚至可以说一切既定的社会和政治秩序，然而不经过革命就无从发生那样的彻底变化，尤其当人们在彻底改变的同时还想迅速完成这一改变；最后，他想最终实现的事情却需要他希望消灭的事物：需要一个稳固的社会，一个贵族阶层的存在，昔日上层阶级的参与，至少对旧信仰的宽容……如果没有这些作为支持，那就会出现一种不稳定的、不可靠的自由，以及经常会陷入奴役中的平等。

人们担心，尽管获得第三等级的代表数翻番和按人头投票，权贵和教士仍然占据统治地位。很难事先估量法律的真正影响，以至于其后果没有不是相比于事先是出人意料或遭到质疑的，即使在那些事后看起来不可避免的事情当中也是如此。有些人认为，即使第三等级代表数翻番并按人头投票，权贵和教士仍然可能在

550

议会中占据统治地位;穆尼埃专辟一章去反驳这种忧虑。当他们的对手也同样这样认为时,权贵对自身的重要性和力量产生一些疯狂的幻想,这又有何奇怪? 因为,事实上相反的情况并非出自该制度的具体性质,而是要到社会和民心的普遍状况中寻找,但并非所有人都看清楚这一状况。在中世纪,甚至直到 15 世纪,各等级有几次曾经按人头表决,虽然前两等级的票数加起来也比不上第三等级,他们并没有失去统治地位。我认为这种现象到 16 世纪也可能会发生。在 17 世纪已经显得可疑,而到了 18 世纪就明显是虚假的了。在权贵和教士等级享有古老的身份地位或者仍然保留其中的大部分的时候,他们统治着法国社会,接下来支配了高等法院;而即使在高等法院,他们的影响也并非局限于出身权贵那些人。他们中的每个成员除了投票权之外,还有其他许多影响。而与他们一起投票的第三等级甚至都没有想过取代他们的位置,他们宣称反对他们的某些权利,却并不反对他们具有权利。1789 年,每个权贵和教士在议会中的分量不超过他们投的票,但民心的大势不仅是要限制他们的权力和权利,而且要消灭他们的权力和权利。只因为这个理由,在其他次要理由之外,毫无疑问,即使前两等级联合起来并且人数与第三等级相等,他们在所有重大斗争中都必然被第三等级打败。

551 　　　　　《1789 年三级会议中人民代表的行为纲领》
　　　　　　　　1 卷,八开。268 页。

　　作者:布里索・德・瓦尔维尔(Brissot de Warville)。年代:1789 年 4 月,在选举结束后或者即将结束之际,在全国三级会议第一次会议之前。①

————————

① 雅克-皮埃尔・布里索(Jaques-Pierre Brissot),被称为布里索・德・瓦尔维尔(Brissot de Warville)。他放弃了司法职业而投身文学。他于 1779 年到 1787 年之间在伦敦居住,1788 年前往美国研究如何废除黑奴买卖。1791 年在雅各宾俱乐部的支持下当选为立法议会代表。在这里讨论的书中的第二十章,布里索提议三级会议召集整个民族,目的是让民族任命一个由开明人士组成的公会(convention)来制定宪法(第 257 页)。这是效仿美国,否定三级会议有权为法国制定宪法。这一亲美主张导致了布里索在 1789 年春天的三级会议选举中失利。

布里索曾经旅居英国,并刚刚从美洲旅行归来。这两个事件的痕迹本书中随处可见。

这是此前我读到的文献中受到美国革命影响最直接的著作。他提出的几乎所有普遍原则及其运用都来源于此。

这本著作有两个特点:

1. 他提出的实施手段比同时代的其他作家都要温和,也比他日后的行为给人们的印象要温和。他坚持循序渐进的思想。他希望各等级不要分裂。对于行动的急促,他表现出一种调和的态度:"改革要想明智而持久,就不能在几次旋风般的争论之后马上着手实施。快速处理之后,病痛不过得到暂缓,各种弊端不久后又会重新滋生……我所说的消灭等级差别,并非要立即实现,并非在1789年的三级会议上实现。"[第 III—IV 页]

2. 彻底民主与共和的原则是作者公开宣布的目标[……]。在作者看来,第三等级的严格权利就是将权贵和教士等级视为国家之外、不应享有选举权的两个团体。但是他承认,几乎各地的第三等级都准备接受妥协,他们渴望和谐,并将用自己的牺牲换取和谐。"几乎各地的下等教士都结成某种联盟,以期将主教、世俗的修道院长①、议事司铎从他们的代表团中赶走。在很多地方,他们更希望一些本堂神甫做代表。同样,小权贵也联合起来反对大权贵。"[第 24 页]

两院制的概念。布里索的理解方式。布里索曾经在英国,尤其在美国看到两院制的益处,并在此前的著作里鼓吹过那种制度。他是少数敢谈论它的人之一。他坚决拒绝一个上院一个下院的想法。但是他希望三级会议分成两个议院,由三个等级无差别地二等分构成(第 33 页)。他在英美获得的少数实际经验使他怀疑,单一议院办事过于仓促,而且如果人数众多注定导致混乱——他不久前在宾夕法尼亚看到单一议院的消极面,并且谈到了这一点,[第58 页]。[……]

552

————————

① 世俗的修道院长(abbé commendataire)指的是享有教皇授予的产业用益权的修道院长,以区别于身份为修道士的修道院长,他们享有对修道院的管理权并从中受益,却不进行日常的管理。

抨击英国宪法。几年前，作者曾经喜欢过英国政体。但是之后他去了美洲，并受到当时正迅速走向大革命的法国思想潮流的影响。于是他宣称："将理性所能建立起来的最美建筑（美国宪法）等同于英国宪法，那座哥特式的、裂开的、即将倾倒成废墟的、依赖外来木桩的支撑才勉强站立的建筑，这无异于在糟蹋前者。"（第 47 页）

向路易十六致敬［……］。布里索希望消灭王权。他只相信人民的权利。但是他在书中对国王路易十六没有表现出丝毫敌意，虽然他后来投票赞成处死后者……作者宣称，现在让国王拥有否决权不过是权宜之计。开始时最好这样做。"人民已经习惯于专制形式，以至于突然过渡到完全自由的形式甚至会给他们带来危险。"［第 109 页］

布里索温和态度的性质是什么。温和派的暴力。布里索的整个温和体系可以归结为这一点。他证明，国王不过是人们的被动的代理人，应该受人民的控制；权贵和教士不过是一些异己的团体，他们只有向民族请愿的权利；所有的特权都是荒谬的、不公正的，为了建立一个民主、共和的社会，应该彻底消灭它们。

这就是向所有现存的力量和团体明白地宣告，人们可以打碎它们、彻底消灭它们，但是然后，他又同意不立刻将它们杀死；就好像这样的妥协会被所有人接受似的：既让被赋予权力但权力尚不具有完全效力的人接受，又让人们质疑其生存权利却又不愿意立即杀死的人接受。

布里索没有像他的大多数同道那样希望扩张刚刚选举成立三级会议的权力，而是试图限制它。一般来说，布里索和持同样观点的那些作者不一样，他更多地是压缩而不是去扩大三级会议的权力范围；他只给它为了控制局势所必须掌握的权力，而把有待完成的大改革留给将来的国民公会，唯有后者才将有权改变整个法国的宪法［……］。布里索的克制并非源于他的温和，相反却源于他思想的激进。即使三级会议采用了按人头投票，他对如此构成的三级会议仍不信任；他认为三级会议在革命的道路上不会走得像他希望的那么远。此外，他在美国发现的关于制宪议会的纯理论指引着他。最后，他没有入选三级会议，我可能应把这视为首要原因。

在法国，那些进行革命的人取得的胜利超出他们的希望。这虽然不是法国大革命独有的现象,但是它在法国大革命中比任何其他革命出现得都多:胜利几乎全都超过革命领导者的希望,有时超越了他们愿意得到的。这一点的原因在于这场大革命的民主性质,还在于法国人出其不意的性格,既难让他们停下来也难让他们动起来;让他们开始一场革命的艰难,让人错以为让他们将革命进行到底也会很难[……]。

最危险的模仿美国的人,是从来没有去过那里的人。一般而言,虽然对美国的看法让布里索产生各种各样无法在法国实施的革命思想,但它还让他产生出某些他的同伴所不具有的保守思想。两院制、非常设的立法机构……最糟糕的模仿者是那些从美国学得美国政体的抽象原则却没有感觉到美国人某些保守做法的必要性的人[……]。

第二编
［大革命］

[写作计划]

1856 年 10 月

工作进展①

将全部研究都集中在从 1788 年到 8 月 10 日②这段时间。
阅读关于这段期间的多种材料：

1. 立法文件

2. 报纸

3. 当时的小册子

4. 后来出版的关于当时的各种书籍

5. 我将来去巴黎时，要查阅的手稿包括：1789 年的选举，写给各权力机构的信件以及各机构之间的信件；地方议会的文件……

当我对上述材料做完读书笔记之后，我要像开始撰写第一卷前所做的准备工作那样，将本卷的读书笔记做成一个附录。

I. 三级会议召开之际，整个国家的情况。特点：大家在哪些方面达成一致？一些良好的意愿。这场革命开始时候，坏的意图比任何其他革命都要少。这一点表现在那里？它是怎么产生的？该如何解释？要深入了解当时每个阶级内部所发生的一切。使他们激动的事情，他们思考的、想得到的、希望发生的、害怕的事情。

要想找到所有这些东西并生动描述出来，就要做到：

1. 搜集档案：陈情书，内阁大臣的通信以及别人写给他的信件。

2. 看是否存在政府和代理人之间的其他官方通信。

555　　II. 要试图证明，一旦触及现实，良好意图和表面的融洽关系何以就会自然转变为彻底的分裂和可怕的激情。

III. 进入制宪议会阶段之后，要表明其整体观点的正确、意图的宏伟、情感的慷慨与高宏、它让人看到的对自由平等的爱好的结合……但是由于它的笨拙和对实践的无知，如此良好的意图和正确的见解却发展成为一个不可能的政府，一个混乱而无能的行政机构，以及一种产生出恐怖的普遍混乱。

---

① 第 45B 号卷宗 C.C.文件夹中的笔记。

② 指 1792 年 8 月 10 日，巴黎民众再度革命，推翻路易十六，君主制覆灭。——中译注

第一章 ［从三级会议的召开到
攻陷巴士底狱］

1789 年的报纸
［1788—1789 年冬天的危机］
《巴黎报》①

严寒——1788 年最后数月和 89 年初数月的穷困。在报纸的前几期，我们看到的满眼尽是对贫穷和痛苦的描述。

工作的中断。巴黎大主教在 1 月 13 日的一封信中说："想想那么多由于工作的中断而导致破产的穷苦家庭，想想面包的昂贵……对于乡下的穷人，神甫们不知道如何缓解他们的燃眉之急……"［1 月 13 日，第 57 页］

解冻。直到 1 月 15 日，解冻才最终到来。［1 月 24 日，第 115 页］

严寒的暴烈。加来港（Calais）和多佛尔（Douvres）之间因冰冻而完全中断。所有港口都因结冰而封闭。沿着英国海岸的大片海域都被冰封。马赛港的船坞被冻了个严严实实。［1 月 15 日，第 65 页］

罗纳河（le Rhône）被彻底冰封，人们驾马车从上面通过。［1 月 24 日，第 115 页］

_556_

---

① 除非特别说明，卷二前三章中的读书笔记都出自第 44 号卷宗。

12 月 31 日，17.5 列氏度①[原文如此]。

赠送贵妇的情诗和新年礼物：在严寒和大革命风雨欲来的背景下依然如故。"大部分人在 1788 年都转向了与诗歌完全不同的东西。"（第 1 页）但是在整个 1 月，报纸仍然充斥着大量的情诗。

洪水。淌凌给整个卢瓦尔河谷带来巨大的洪水[1 月 24 日，第 111 页]。

1789 年 1 月 24 日关于选举的规定。我已经寻找该法规很长时间了，现在终于在这里找到[2 月 6 日，第 163—164 页]。

金钱特权。放弃那些特权。选举中各等级的团结。该报的许多期都有此类场面的报道：圣让-当热利（Saint-Jean-d'Angély）[3 月 5 日]，第 296 页；马科内（Mâconnais）[1789 年 3 月 10 日]，第 315 页（在那份权贵弃权声明的撰写人中，我们看到拉马丁的名字）；克莱蒙-昂博韦西（Clermont en Beauvaisis）[3 月 13 日]，第 328 页；里昂司法总辖区[3 月 24 日]，第 380 页；夏尔特尔（Chartres）大法官辖区[3 月 25 日]，第 384 页；贝里（Berry）[3 月 26 日]，第 388 页：代表权贵发言的沙罗斯特公爵（le duc de Charost）："我们今天以权贵的名义，向你们引述德·梅姆先生[M. de Mesmes]曾经以第三等级的名义说过的话：我们都是兄弟[……]。当你们的代表向我们表达他们的兄弟情谊之时，我们等级的成员都非常感动；为了描述这种感动，我们再次向你们表达我们兄弟般的情谊；每一次有机会向你们确认这种感情，我们都会再次感到愉快"；博韦[3 月 27 日]，第 392 页；奥弗涅（Auvergne）司法总辖区第三等级的会议记录："我们的历史中再也找不到比这更美妙的爱国主义运动。昨天，这个爱国主义引导权贵等级步入第三等级的会议厅，并在所有心灵的交融中将所有法律铸刻在人们心中，使之变得不可磨灭。每个市镇都更加感受到这种慷慨地放弃金钱特权的举动，因为他们并不否认，财富并非像慷慨一样是奥弗涅古老权贵的特征"[3 月 19

557

---

① 列氏度（Réaumur）是由法国物理学家雷奥米尔（René-Antoine Ferchault de Réaumur, 1683—1757）于 1731 年确定的温度标记法，缩写成°R 或°r。17.5 列氏度相当于 14 摄氏度（°C）。根据语境，此处应该为零下 17.5 列氏度（−17.5°R）。——中译注

日], 第 399 页; 肖蒙(Chaumont)[3 月 30 日], 第 403 页; 维莱科特雷(Villers-Cotterêts), 时间出处同上; 沙蒂永(Châtillon)[3 月 31 日], 第 407 页。

报纸的一位订户来信说: "当贵报让各地都回荡着三个等级之间的爱与兄弟情谊之呼声时"; 桑利(Senlis)大法官辖区[4 月 1 日], 第 411 页; 奥尔良大法官辖区[3 月 31 日], 第 423 页。

韦尔芒杜瓦(Vermandois)[4 月 4 日], 第 427 页。此大法官辖区共有人口 674 500 人。

教士等级的精神。一位名为勒迪克(Le Duc)的神父发言, 教堂里掌声雷动; 他说: "罪恶的自私将纯洁而神圣之火熄灭[……], 新时代的来库古①让它重新点燃[……]。哦! 众人的信任让你们作为我们的代表去参加全国的宗教会议(concile)……让我们的财产变得更神圣, 让我们变得更自由吧……"第 427 页。

各地的权贵都在表现人权。

布卢瓦(Blois)大法官辖区。权贵说: "一切社会机制的目标都是让公民变得尽可能地幸福。" "幸福不应当仅仅属于少数人"[4 月 5 日], 第 431 页。

芒特(Mantes)大法官辖区。权贵同意担负各种税收, 同意与第三等级公平竞争一切职位。包括 14 个城市、302 个村庄的福雷省②: 兄弟友爱的情景。为避免损害权贵的利益, 第三等级根本不要求取得各种职位。第三等级出于礼貌不提出要求, 权贵却恳求他们要那样做[4 月 12 日], 第 462 页。

佩罗纳(Péronne)大法官辖区(4 月 14 日, 第 471 页)。

巴黎特别的选举规定。刊登在第 493 页[4 月 18 日]。日期: 1789 年 3 月 28 日。参加选举的纳税额: 通常是六个里弗尔。巴黎被划分为六十个选举区。此外, 每个人都可以提交他的作品, 说明他认为第三等级的陈情书应该谈什么。市政厅里有一个上着锁的信箱, 每个人随时都可以将有关陈情书的论文和计划投入其中[4

558

---

① 来库古(Lycurgue, 英语: Lycurgus), 公元前 9—前 8 世纪, 古希腊斯巴达的立法者。——中译注

② 福雷省(le Forez), 法国旧省, 在今法国中南部。——中译注

月 21 日],第 504 页。

选举时三个等级的想法。蒂耶里堡(Chateau-Thierry)大法官辖区[4 月 21 日],第 503 页。

89 年的饥荒。政府作出暴力而专横地对待富人的榜样。在御前会议 1789 年 4 月 23 日颁布的法令中,国王要求产业主和农场主不要滥用时局的危难。他让他们不能有太多奢求……他允许各省总督有权强迫仓库里有存量的人将粮食卖到到市场上:这就等于允许入户搜查。[4 月 28 日],第 535 页。

选举时三个等级的想法:巴黎的教士等级放弃纳税特权[4 月 29 日],第 539 页。权贵作同样的声明[5 月 3 日],第 559 页。

报刊自由。书报检查:1789 年 5 月 6 日。御前会议的法令维持对所有期刊进行审查[5 月 8 日],第 584 页。

第三等级在早期的摸索。缺乏议会经验。我们在报纸中看到,在会议的最早八天里,第三等级参加三级会议,但自我孤立,还在摸索试探,偶然发言,表现出一种极端的不确定并且非常缺乏参加议会的经验[5 月 20 日],第 635 页。

·纳税特权。享有特权者在危机前宣布放弃:会议开始后不久,教士等级和权贵等级先后宣布(5 月 19 日和 23 日)正式放弃税收特权[5 月 22、23 日],第 643、649 页。

会议的公开性:从一开始就有 2 000 个听众列席会议[6 月 4 日],第 699 页。

559

《日内瓦历史与政治报》。1789 年①

推动走向团结的激情以中世纪的多样性为武器。88 年 12 月 9 日,卡奥尔(Cahors)市和地区要求凯尔西(Quercy)与鲁埃尔格(Rouergue)各自召开单独的三级会议。89 年 1 月 3 日号[第 36 页]。

商业危机。早在 88 年 12 月 31 日,报纸上就说:"我来里昂不

---

① 《日内瓦历史与政治报》(*Journal Historique et Politique de Genève*)是雅克·马莱·杜庞(Jacques Mallet du Pan)主编的周报,从 1788 年 1 月 5 日到 1792 年 12 月 29 日在巴黎出版。托克维尔的笔记涉及 1789 年 1—5 月各期。

过几天,已经对这里商业和手工业的破败感到震惊"……这些后果要部分地归咎于与英国的商业协议[1月3日,第40页]。

前所未闻的严冬。冰冻从88年11月24日开始,并一直没有中断地持续到次年1月初。温度计甚至都降到零下18列氏度①[1月10日,第106、109页]。

各阶级的团结。1月26日,沙托鲁市(Châteauroux)的教士、权贵和第三等级全票通过法令,同意采用按人头投票的方法。权贵和教士等级庄严宣布放弃金钱特权。89年3月7日号[第33页]。

纳税特权。放弃。勃艮第权贵向人民宣布:他们宣布正式放弃所有金钱方面的特权,保证与人民共同负担现在和将来的所有税赋。

我认为在该宣言之前,权贵和资产阶级肯定在第三等级代表数翻番的问题上发生过激烈的斗争。因此宣言的对象才会是人民。[出处同上,第37页]。

89年4月8日,巴黎发来的通知说:"在所有已经做出决议的大法官辖区里,权贵和教士等级联合表示,他们愿意接受平等纳税、放弃税收豁免权。"[4月11日,第79—89页]

卡昂(Caen)大法官辖区。教士等级放弃纳税特权,权贵等级则一致认为:"承担完全平等的税赋,每人都要根据财富多少交纳相应的税赋。"[同上,第83—84页]

560

科尔马(Colmar)和塞莱斯塔(Sélestat)的权贵以及普罗旺斯拥有采地的权贵采用同样做法[4月18日,第127页]。

坚持特权。阿朗松财政区的大多数权贵都持反对态度。到了次日,那些资格最老的权贵仍想进行抗议,但大多数人都愿意顺从三级会议的意见[出处同上]。鲁昂大法官辖区也大多坚持己见。但是有107个人——我看到他们的首领是布朗日(Blangy)②——表示抗议,说他们永远不想让他们的绅士身份背离公民身份,他们只要求最完全的纳税平等。[5月16日,第140页]。

---

① 相当于−14.4摄氏度。

② 托克维尔在诺曼底的一个邻居是该家族的成员,加斯东·德·布朗日(Gaston de Blangy)伯爵,圣皮埃尔-埃格利斯城堡(Château Saint-Pierre-Eglise)的主人。

旧制度下政府经全体同意而制定的恼人政策,一个例子。89年4月23日,御前会议颁发法令,允许强迫产业主将他们的小麦带到市场出售,允许法官对他们每人掌握的数量进行核实……这为限价法令和国民公会的那些暴政政策开了先河。[5月2日,第30页]。

巴黎选举。按照最初的估计,巴黎将有六千个权贵,并分为二十个会场开会,但事实上却只有九百个权贵。

按照最初的估计,巴黎第三等级的六十个选区将有六万个成员,但是最后,他们的总数却不超过一万二千人[5月2日,第33页]。

资产者的金钱特权。所有在郊区拥有房产的资产者都不为那些房产缴纳人头税。德萨尔先生(M. Des Essarts)在一次市级会议上宣布放弃那种特权。当场就有几个巴黎的资产者忙不迭地以他为榜样。[5月2日,第36页]。

我没有看到很多资产者提前放弃特权的情况。数量少于权贵的情况。

561　　三级会议关于代表资格审查的讨论。我在一份报纸上看到在三级会议开始时的详细情况,当时发表的庄严演说,国王、掌玺大臣、内克先生的演说,关于代表资格审查的讨论……从第18期第168页开始,该报就逐日刊登此类文章。

[制宪议会的讨论]
制宪议会选举

要让读者明白,召开古代式三级会议的企图何以产生出最危险的现代议会。

由于人们使所有教会的和世俗的大产业主形成单独的团体,理由是他们将组成单独的议会,三级会议就只能在产业主身份之外以及具有律师身份的人当中挑选。随后,大产业主要么被排除在外,要么参加会议也没有威信;这样做的结果是,制定法律的权力几乎落在那些完全不具备财产所赋予的保守精神的人的手里;这一点不仅前所未闻,而且此后也未曾出现。

假如从一开始人们只希望组成单一的议院并且人人都可以参

选,那么许多权贵或教会的产业主就可能在乡下当选,那就会组成一个不那么危险的议会。

结果是,制宪议会囊括了任何其他政治议会都不曾有的如此多的法律界人士。①

该议会之组建只是为代表一个阶级而非整个国家,而且在该阶级里很少有产业主,此外政治生活只在城市里存在。看不到从事农业的阶层。

研究一下,美国的各政治议会里是否也有那么多律师、律师是否也占有那么高的比例;(如果是那样的话,)这可能让人认为,大量的律师更多地源自民主社会的体制而无其他特别原因。

562

从安茹(Anjou)②各市镇代表的
通信看 7 月 14 日之前
各等级之间的斗争③

这个集子是由先后寄到昂热(Angers)并在那里印行的论文构成。文章作者当中有拉雷韦埃-勒波(La Revellière-Lépeaux)④(当

----

① 在制宪议会上,151 个律师当选,即代表当中的 23%,218 人拥有司法职务。总共有至少 322 个代表学习过法律。参见埃德纳-安迪·勒迈(Edna-Hindie Lemay),《全国立宪会议的构成》(*La Composition de L'Assemblée Nationale Constituante*), RHMC(Revue d'histoire Moderne et Contemporaine《现当代历史杂志》),1977 年,6—7 月,n°24, pp.341—363。

② 安茹(Anjou),法国旧地区名,是法国西边以昂热(Angers)为中心的内陆地区,1790 年法国划分为省份时大部分划为曼恩-卢瓦尔省。——中译注

③ 这些笔记涉及《安茹省各市镇代表与他们的委托人通信集,关于 1789 年在凡尔赛召开的三级会议》(*Correspondance de MM. les Députés des Communes de la Province D'Anjou, avec Leurs Commettants Relativement aux Etats-Généraux Tenant à Versailles en* 1789),于尔班-勒·皮拉斯特尔·德·拉布拉迪耶尔(Urbain-René Pilastre de La Bradiè)和让-巴蒂斯特·勒克莱尔(Jean-Baptiste Leclerc)编著,昂热,无出版名,1789—1790。托克维尔对卷一做过两次笔记(1789 年 4 月 27—7 月 24 日)。

④ Louis-Marie de La Révellière-Lépeaux(1753—1824),三级会议、制宪议会、国民公会代表,1793 年因为支持吉伦特派而脱离政治,1795 年回到国民公会,参与制定 1795 宪法并当选为首任督政官。——中译注

时署名为"德·勒波先生")和沃尔内(Volney)①。

国王在第三等级中比在其他等级中更受欢迎。5月4日的弥撒仪式上,国王在《感恩颂》的乐曲声中走进凡尔赛宫:通信中说,国王到达时,"只是在市镇代表那边响起'国王万岁'的巨大欢呼声",而且喊了几次……[第13页]。

至少在代表资格审查方面的共同投票,这似乎出自掌玺大臣之口。掌玺大臣最终推迟第二天在会议大厅召见三个等级……[第16页]

核实一下这一点是否具有某种意义。

前几次会议上,第三等级显得手足无措、缺乏经验。尽管所有成员都被同一种想法鼓舞着——这是保障所有大型会议的秩序的最坚实的基础,然而缺乏经验和前所未有的新形势还是让第三等级的前几次会议乱得一团糟;所有人都七嘴八舌地说话,大家都毫无目标地胡乱激动,不知道遵循哪种形式,大家相互之间也素不相识;那些最有才华之士尚未控制局面。穆尼埃被称作多菲内人穆尼埃先生(Mounier Dauphinois),马卢埃被称为奥弗涅的马卢埃先生(Malouet de l'Auvergne),巴纳夫被称为巴纳贝(Barnabé),罗伯斯庇尔被称为罗贝尔-皮埃尔(Robert-Pierre),[第234页];人们已经开始钦佩他,却还不知道他的名字到底是什么,[第27页]。从另一方面来说,有些人迅速引起人们的注意,但很快就湮没无闻了。安茹的代表以及米拉波都曾经提及一位波皮吕斯先生②,但是我在任何传记中都无法找到他的名字。

563　　　虽然如此,人们还是感觉到议会的巨大权力。尽管乱得一团糟,但是由于其情感的团结以及支持它并且它能在脚下感受到的舆论,议会已经具有无限的权力了。

网球场宣言早已深入人心,在其发生六个星期前就已经被宣布

① Constantin-François Chasseboeuf, comte de Volney(1757—1820),出身贵族,三级会议和制宪议会代表。雅各宾统治时期入狱,但幸免于死。在东方广泛游历,东方学家,著有《埃及和叙利亚游记》《废墟:帝国革命沉思》等。——中译注

② 玛丽-艾蒂安·波皮吕斯(Marie Etienne Populus),生于1736年,1793年被处决,是布雷斯地区布尔格(Bourg-en-Bresse)的律师。在托克维尔这里讨论的时期,他仅仅在5月27日、6月6日和7月11日有过短暂的发言。

了。从 5 月 9 日,安茹的代表们就命令他们的委托人:在未来的几天里,他们将"使用各种和解的办法让特权等级与第三等级联合起来;在做过这些努力后,他们将组成国民议会",［第 25 页］。

因此,并非斗争席卷人们,推动他们跃出了他们计划到达的地方;而是人们预先就想要到达那里,大家都心知肚明。

会议开始时缺乏经验,难免有幼稚、脆弱之处。但是使其在不断摸索中变得成熟、强壮、无法抗拒起来的,正是因为人们所摸索的是前行的道路,而不是为了知道到达哪里。

最终让第三等级强大得令人无法抵抗的,是他们的孤立。这看似有些矛盾,实际上完全正确。在会议初期,整个第三等级团体都紧密团结;因为阶级利益、阶级关系、立场的一致、过去产生的相同的不满、团体的纪律让这些心智如此不同、对日后采取什么行动以及达成什么目标根本无法取得一致的人团结起来、共同行动。那时,他们首先属于其阶级,然后才强调自己的观点。如果阶级在外部也同样虚弱,孤立本来是一个弱点。在当时的形势下,在社会发生那么多变化之后,那种孤立已然变成一种无比强大的力量。

对礼服的爱好。无所事事的大会的无聊之事。米拉波的观点。在面临许多最重大的决策的时候,5 月 25 日,一位代表因为没有合适礼服参加会议而感到不便,于是他提请会议就这一重大问题进行讨论①。米拉波对他喝倒彩并嘲笑他。

在分出多数派和少数派之前,第三等级的混乱。甚至到 7 月 10 日,被选出来向国王递交的我们知道的威胁性请愿书的委员会仍然乱糟糟一团:米拉波、罗伯斯庇尔、巴纳夫、佩蒂翁、德·塞兹(de Sèze)、特龙谢(Tronchet)……

最倾向于共同开会的权贵议员却受制于强制委托。② 我在第 358 页看到,德·拉法耶特先生首次出现在全体会议上(至少在国王信件之前,我在与第三等级汇合的少数派权贵的名单上没有见

564

————

① 这是科罗莱·杜·穆捷(Coroller du Moutier)先生在 5 月 25 日的提案,见《安茹省各市镇代表与他们的委托人通信集》,第 55—56 页。

② 强制委托权(Mandat impératif):代表或被委托者受到选民或委托人委托按照后者的意愿处理某事,前者不得违背后者的意愿,这样的委托被成为强制委托。——中译注

到他的名字①)。德·拉法耶特先生宣称,他的权限让他不能参加表决,但是他可以发言,于是他就提出《人权宣言》。

巴黎人民在骚乱中既无序又有序的特点。认为人民已经变成了另外一个人民。每次革命中都可以看到的幻象。从 7 月 14 日,我们就可以看到这些特点。"在骚乱当中,一些普通罪犯准备逃跑,人民堵住他们的去路,说罪犯不配混到创造自由的人当中……如果武装起来的人们当中有谁做了卑鄙的事,他会被同伴当场扭送去坐牢",[第 375 页],[7 月 13 日]。这是我们法国人民的特性。

作者由此得出结论:"我们从这混乱局势中得出的看法足以让人相信,在这些通常所谓下等民众(populace)的身上发生了某种变化,以至于对自由的热爱比对放纵的热爱更能激励他们。"[第 375 页]虽然这里仍然能感觉到上层阶级对下层民众的蔑视,但是我们已经可以察觉到变化,那些通常所谓贱民的人民将被视为最令人尊敬的力量和最有权代表法国的人。

拉法耶特在关于代表资格审查的斗争时期还默默无闻。从显贵会议到 7 月 11 日,我们再也没有见到过他的名字出现。我们知道,他作为权贵代表被派往三级会议,但选举人的强制委托要求他反对共同投票。但是我们却没有看到,他在代表资格审查期间跟权贵等级的叛离者们有什么明显来往。他没有参与这个团体的少数人进行的抗议。[此处空白]他的名字没有出现在接到国王命令之前就和第三等级一同开会的少数权贵的名单中。在最早的几次会议上,他宣称自己能发表意见,但不会参加投票。只是到了 7 月 11 日,我们才看到他崭露头角,推出《人权宣言》的方案;这一下子把他推到风头浪尖上。7 月 15 日,他被选中带领四十个代表去巴黎传达国王的漂亮话,以期恢复和平。他以代表团的名义在巴黎市政厅发表演讲,并被选为民兵司令。

成功和盲从掩盖了罪行的可怕。安茹代表第一次向他们的委托人讲述德·洛内(Launay)②先生被杀的事情时,他们称之为可怕

---

① 1789 年 6 月 25 日,47 名贵族代表在奥尔良公爵的带领下与第三等级汇合。
② Bernard-René Jordan de Launay(1740—1789),巴士底狱狱长,1789 年 7 月 14 日被攻占巴士底狱的民众杀死并悬首游行。这是大革命最早的暴行之一。——中译注

的消息（第 377 页）。次日讲到巴伊先生当选巴黎市长之时，他们顺便提及德·弗莱塞尔先生①，只是说他"前一天因为叛国的罪行而遭到惩罚"［7 月 16 日］，第 390 页。

7 月 14 日后巴黎市的无政府状态。

根据安茹代表的通信集
逐天排列起来的斗争过程

斗争的不同阶段。安茹代表的通信集。开始时，人们聚集起来却不知道要做什么，甚至不愿意成立一个临时政府。有些人只希望大家相安无事，其他人想通过邀请其他等级进来以显示自身的存在。

最后大家要求召开举行会谈，于是任命参会的代表（5 月 19 日）。

5 月 26 日。这些会谈毫无结果。只有教士等级显得更愿意达成一个迂回的办法以取得妥协。

5 月 28 日。（就这样过了三个星期，国王才寻求介入。）国王希 *566* 望在他任命的护卫和专员监督下会谈重新开始。

为此，他致信第三等级会议，并在信中将三级会议称为"我召集的国民议会（l'Assemblée Nationale）"。这一说法等于承认（可能是无意的）第三等级已经提出来的组建一个而非三个议院的观点（第 64 页）。

权贵和教士等级忙不迭地表示接受。第三等级的会议讨论了很长时间，最终宣布接受提议，同时还选出代表团觐见国王。

新的会谈拖了很长时间却毫无结果。第三等级要求见国王，但等了八天都没有见到。权贵在许多鸡毛蒜皮的方面揶揄第三等级。他们质疑后者对"下院"（communes）一词的使用，②并且拒绝在会议记录上签字。

---

① Jacques de Flesselles（1730—1789），攻占巴士底狱的时候，他任巴黎商会会长（Prévôt des Marchands de Paris，相当于日后的巴黎市长）不到三个月，7 月 14 日被民众杀害。——中译注

② 保守贵族认为第三等级自称"下院"的目的是模仿英国独自成立议院并与贵族分庭抗礼，因此他们拒绝承认第三等级的"下院"称号。——中译注

6月3日。是日，巴伊被任命为[第三等级的]会长（doyen，而非"主席"〔président〕，因为第三等级还没有建成议院）。

6月5日。我在当天的概述中看到："某个成员再次提出组建国民议会的动议，这样的动议已经多次被提起。"[第103页]

所有人心里都有那种意图，许多人总是迫不及待地反复提及。但是我们看到，直到那时，会议一直都无法坚定决心通过那种极端措施，每当要最终踏上那条道路的时候总会打退堂鼓。

6月5日。内克先生以国王的名义向三个等级的代表团提出如下的妥协建议：

1. 每个等级分别审查各自成员的代表资格。

2. 遇到争议的情况，三个等级组建委员会进行裁决。

3. 在该委员会无法裁决的情况下，由国王最后定夺。

教士等级对此完全赞同，权贵有所保留。

567　　6月6日。第三等级的代表团终于受到国王接见。会谈在吹捧中进行。在谈到自己的时候，第三等级自称"下院"，国王更正说他们是"第三等级的代表"。

6月8日。马卢埃（Malouet）正式提议第三等级成为下院代表（*représentants des communes*），却不愿意走到组建国民议会的地步。

6月10日。会谈继续进行，毫无达成结果的可能性。西耶斯建议发表声明，没有谈判的余地了，最后一次派人要求前两等级当天来和下院一起开会。

如果再不成功，第三等级就要单独行动，但同时也要给前两等级预留位置，好让他们想来的时候可以过来。

6月12日。第三等级当天派人最后一次催促权贵和教士等级，然后在会场等他们直到晚上九点钟。接着开始唱名，首先是对缺席的教士和权贵等级，权贵缺席，接着开始点第三等级的名。

6月13日。三位来自普瓦图的神甫以个人的名义接受代表资格审查，他们的代表发言说："在理性光芒的指引下，在对公共利益的热爱之心的带领下，我们来到这里站到我们同胞的身旁。"（我们由此可见，那些神甫属于他们的时代甚于属于他们的教会。）人们对他们报以欢呼。石头从穹顶开始脱落。

6月14日。其他几位神甫加入进来。

6月15日。出席代表的资格审查完毕之后,西耶斯宣誓要宣布成立经过资格审查的国民代表构成的议会(*assemblée des députés vérifiés de la nation*),并将开始立法工作,任何其他等级的否决权都不能停止该工作。

长时间讨论使用什么名称。

16日会议继续进行。晚上,当代表们即将开始投票的时候,有六十到八十个人表示反对,他们激烈地要求推迟到次日。在那次会议上,观众已经以一种激烈的方式介入事务了,人们将要求推迟投票的人称为叛徒。一位少数派代表向观众席发表演说,却没有人听他讲[第168页]。

经过几个小时的吵闹之后,正式宣布推迟表决。因此,即使在第三等级内部,也存在着一个少数派,即使人数不多,态度却十分坚决;这样一来,即使参加共同投票,其他两个等级也有可能取得胜利,至少可以减缓和削弱议事进程。

6月17日。在那一天,491票对90票,会议决定转变成国民议会。

国民议会这个最自然不过的名称,是由某位不知名的代表提出来的,并非由西耶斯或穆尼埃提出。

国民议会刚刚成立就组建了办公室(bureau),同时维持出席代表的数量;它还通过一项决议,临时允许开征税赋,并宣布如果国民议会被解散,税赋就将不能征收。

然后会议推迟到19日举行。

在那样的关键时刻,推迟会议似乎是一个大错。

但是,他们的对手也没有利用这一机会。

6月19日。整场会议都进行各种内部安排。就好像该议会的存在已经毫无争议似的,而摆在他们面前的却是国王的一封信,满篇都说三个等级和第三等级。

教士等级的会议。当天发生一个具有决定性的事件:教会148票对137票决定与第三等级在同一会场开会。尽管148个赞成票里也有几位主教,该项动议还是由神甫们取得的功劳。因此观众才会高呼:"好神甫万岁!"[第180页]巴黎有一千多辆豪华四轮马

568

车都在外面等待那项决定。这一举动让国王姗姗来迟的抗争更加困难。

6月20日。网球场会议。代表们发现会议厅大门紧锁，于是到网球场上聚集起来，并宣誓永不分裂；会议被推迟到隔一天的星期一。

又是没有会议的一天，政府再次让机会溜走。

我们知道，关闭会议厅的借口或许原因（因为与事的是一些低能之辈）是为了准备一次即将举行的国王出席的会议。

人们难以想象一扇如此小的门、如此被笨拙地选择了的门可以制造历史上最重大的偶发事件之一。第三等级的各种激情已经被激发起来，人们在之上又加上被伤害的团体虚荣心。因此，在网球场宣誓的时候，尽管在场人数非常多，却只有一个人反对。①

6月22日。政府的态度依然未变，即夹杂着蔑视的不彻底的暴力。国民议会来到共同会议厅前面，但再次碰壁。网球场被认为太小了。冥修者教会（l'église des Récollets）的教士拒绝他们使用该教会。就这样，国民议会在凡尔赛游荡着，直到最后在圣路易教堂找到落脚之地。根据6月17日［原文如此］的决议，一些主教带领150名教士代表来到圣路易教堂与第三等级汇合。

这些神父和主教甚至等不到纷争平息，等不及国王宣布的会议召开；尽管国王已经声明一切会议都应该暂停，他们仍然赶到共同的会议厅。再也没有什么比这更能表明，当时的运动无法阻挡。

另外，我们别忘了，认为国王的意志不受欢迎，当国王下令停止一切会议之后仍然继续开会，这是高等法院养成很久的习惯；而在此前的一年里，那已经变成所有人和所有团体、权贵和省级议会的习惯（看看多菲内就知道），他们不会因此受到惩罚。

唯一的区别，也是吸引了历史的目光的地方，是场面的宏伟及后果的严重。在圣路易教堂举行的会议上，来了两位权贵等级代表。从18日或19日开始，人数可观的少数权贵抗议权贵多数派让权贵等级置身事外的做法。

---

① 约瑟夫·马丁·多什（Joseph Martin Dauch），卡斯泰尔诺达里司法总辖区（sénéchaussée de Castlnaudary）的第三等级代表。

6月23日。国王出席会议，他宣布此前发生的全都无效，仿佛涉及的还是高等法院的法令或者他是在高等法院举行御前会议似的。退出会议时，他命令所有人立即解散。

权贵和一部分教士离开会场。第三等级仍然留在那里。

就在那时，布雷泽侯爵出现了①；据《通信集》［第209页］的记录，米拉波说："国民议会早已决定，除非别人用武力胁迫，否则绝不离开。"会议宣布坚持此前通过的文件，投票表决国民议会成员不可侵犯，然后会议宣布休会。

迟来的三级会议组建。在那次会议上，国王给出一份真正的三级会议组建办法以及一份后续行动方案。假如两个月前那么做，事情肯定会在一定时间内沿着那样的方向发展，而大革命虽然在我看来依然无法避免，却将以有些不同的方式发生，也不会有过早的阶级斗争带给它的汹涌气势。

6月24、25、26日。王权遭到强烈的质疑，于是采取一些手段进行骚扰，一些议会式的恶作剧（niches）：让代表们进入共同的会议厅，却将通往其他等级会议厅的大门紧闭，尤其让外部的旁听者不得入内［第230页及后面数页］。

国民议会感到愤怒和激动，并不屈服于政府的轻率压力，而是越来越采取主人的姿态。

它激烈地抵抗政府的这些限制，并威胁转移到其他地方。尽管国王已经下令，大部分教士还是加入国民议会。小部分权贵也出席了会议。

在外面，它倒是频频露脸：派人安抚凡尔赛的群众，接待巴黎选民的代表并允许其发表演讲，为内克先生举行欢庆仪式，后者公开进行答谢。

权贵和教士等级中的异议者陆续以个人名义到来。

6月27日。此前公开拥护6月23日会议国王命令的权贵和教士等级少数派，国王如今又让他们违令加入国民议会，他们于27日这样做了，但表示出强烈的不满。尽管他们采取的是失败者的

---

① 布雷泽侯爵（Le Marquis de Brézé），法兰西礼仪大总管，受命国王要求第三等级会长巴伊解散国民议会。下面米拉波的话是对他的回复。——中译注

姿态,人们却仍然视他们为兄弟,民众仍然对他们高声欢呼。民众的陶醉。法国籍卫兵在凡尔赛大院内跳舞,[第225页]。灯火,鞭炮。

从6月30日到7月8日。国民议会接受一些请愿书,与一些请愿人士进行直接沟通,并让他们享受列席会议的光荣;它替被巴黎民众解救出的法兰西卫队士兵向国王求情,并只是予以很轻微的责备。① 借克莱蒙-托内尔(Clermont-Tonnerre)②先生之口,国民议会说每位议会成员都是主权者的不可分割的组成部分……此外,它只是进行一些内部安排,但是没有采取任何重大措施。

7月8日。米拉波提出的一项动议打断当日的日程,要求向国王送请愿书并派遣代表团,并抗议军队日益逼近。

7月9日。《通信集》说,请愿书的草稿由米拉波撰写并宣读,受到议会大部分成员的热烈欢迎[第313页]。这份随处可见的请愿书用一种高傲甚至威胁的口气对国王说话。

同一天,穆尼埃代表工作计划委员会(comité d'ordre des travaux)提交一份立法和制宪的计划。应该阅读那项计划,借此我们可以对这场大革命拘泥于理论、缺乏经验的特点有更清楚的认识。

穆尼埃是国民议会中最了解政治、经验最丰富的成员之一,而他陈述的工作计划的各部分完全像哲学论文那样推论。一切政府都应当以维护人权为唯一目标……因此要以抽象的方式对其进行定义……然后……[第319页]。

7月10日。当天挑选递交请愿书的议员。对代表进行资格审查。

572   7月11日。星期六——国王的回复,简短而生硬。他拒绝撤出军队,威胁要将三级会议转移到努瓦永(Noyon)或者苏瓦松

---

① 1789年6月26日—28日国王命令调集外国兵团进驻巴黎,法兰西卫队的士兵拒绝执行命令,被关入Saint-Germain-des-Prés修院监狱。30号民众救出这些士兵,军队没有干预。——中译注

② Stanislas Clermont-Tonnerre伯爵(1757—1792):出身贵族,1789年时是骑兵上校。三级会议中贵族代表中的自由派,1789年8月担任制宪会议主席。他支持国王的绝对否决权和两院制。1792年8月10日起义中被民众杀死。——中译注

（Soissons）。

关于是否采取一项新措施，国民议会不能达成一致。为找些事情做，议员们就内部章程展开讨论。

拉法耶特先生提出一份《人权宣言》，受到热烈的掌声欢迎。

7月12日。周日，上午九点钟，大家获知内克先生下台的消息。约晚上6点钟，许多代表聚集起来，但是由于人数太少而不能通过任何决议。

7月13日。次日，国民议会开会。巴黎城里的事态继续发展。一些选民代表团来到凡尔赛。议会派代表去见国王，向他提议派六十个代表去巴黎恢复秩序，并请他答应撤回军队。国王给出生硬而轻蔑的答复：你们在巴黎出现不会带来任何好处。

作为回应，国民议会全体一致通过一项决议，说目前大臣们及陛下的各参政会（conseils），无论是谁，都要对将来发生的灾难承担责任。

军队继续抵达凡尔赛。

国民议会此时几乎一致同意抵抗。在紧要的危机关头，国民议会获得越来越多的信任。这本《通信集》中最令人震惊之处是表明，1788年将各个等级都卷进抵抗的力量依然持续。我们在国民议会里尚看不到反对派，最强硬的措施都是全体一致通过的；日后的战胜者和战败者的名字仍然混在一起。更妙的是，《通信集》注意到，此前一直持不同意见的权贵也与国民议会的多数派汇合："再过几天，至少在主要目标上，议会将只被一种精神支配。"[第374页]

我们的确看到，在7月16日，此前仅仅出席却不参加投票的所有权贵和教士都宣布，在目前的形势下，他们认为应该抛弃狭隘的委托权理论。

7月16日，在国民议会粗暴地取消高等法院的时候，所有公爵 573 与重臣，高等法院成员，甚至德普雷麦斯尼尔（d'Eprémesnil）[1]以及杜波尔（Duport）[2]，都和国民议会一起投票。

---

[1]　参前文边码476页。——中译注
[2]　Adrien Jean-François Duport（1759—1798），1778年担任巴黎高等法院律师，革命初期最活跃的革命领袖之一。——中译注

更令人感到震惊的是,随着危机持续深入,在国民议会似乎受威胁最大的时候,它反倒越来越自信;7月13日,通信的代表们写道:"事件与其说令人绝望,不如说更令人伤心。"[第372页]无论斗争如何演变,大革命都无法避免,这种观点十分普遍。克莱蒙-托内尔(Clermont-Tonnerre)说,"要么宪法通过,要么我们不复存在"。拉法耶特补充说:"即使我们不存在了,革命仍将进行。"[第374页]代表们写道:"我们坚信这一真理。"他们获得信心的原因部分在于,形势的严峻使得此前的持不同意见者加入进来[第374页]。

7月15日。国王亲自步行来到国民议会,他是来缴枪的;他首次不再称之为三级会议,而是国民议会。无论如何,他的演讲十分感人,并因此挽救了耻辱的局面。

他请国民议会充当政府与巴黎的中间人。议会于是任命一个由四十人组成的代表团去巴黎。代表团中有巴伊和拉法耶特。拉法耶特在市政府发表演讲,被众人热烈地选为卫队司令。同样,巴伊当选为市长。

国民议会立即变成了政府。甚至在7月14日之前,国民议会就已经采取政府的姿态。它接待许多代表团,而且在写给它的大量请愿书中,人们就视之为政府。在7月14日之后,议会就完全占据了行政权的位置:拉法耶特和巴伊请求国民议会认可他们的职务,前者为卫队司令,后者为巴黎市长[第391页]。它要求撤掉内阁成员的职务,并让内克先生复职(后一点更触及行政权)。布罗伊元帅向议会宣布军队将撤退。最后,国王同样委托国民议会给内克先生送上复职通告。①

从那时起,它能够几乎不间断地开会,晚间的会议成为惯例。

574　　此前一直没有参加投票的权贵和教士这时宣布准备参加投票。7月16日。受到强制委托的束缚而出席会议却没有参加投票的权贵和教士成员宣布准备参加投票,他们得到极其热烈的鼓掌[第394页]。

---

① **托克维尔页边注释**:高等法院向国民议会表示赞扬并向国王派遣代表团,国民议会抱怨没有同时向议会派遣代表团。/国王请求国民议会阻止巴黎派来的一个大代表团,7月16日。

第一章 ［从三级会议的召开到攻陷巴士底狱］

高等法院被国民议会视为二等的权力机关。同一天,即 7 月 16 日,高等法院委派首席院长觐见国王,感谢他为恢复秩序所做的一切,然后通知议会,说法院赞赏议会的行为。议会傲慢地答复说,如果首席院长本人亲自来说,议会可能会更乐意接受这种赞赏。

7 月 17 日。国民议会尽管开了会却无所事事,因为一大部分议员都跟随国王去巴黎了①;他们更多地是以保护者的身份去的,而不是作为一种荣誉。

君主制的习惯为国民议会的僭越行为提供便利。议会所做的一切并非新鲜事,人们可以在古代的惯例中找到根源,这让人们心里有所准备。很少议会会得到允许召开,但在预定召开的会议如司法团体或者等级团体的会议中……,参会者习惯向公众说话,接受听众,接受请愿书,用夸张的语言说话,活跃在一个没什么实权的范围里,反复干预各种权力;这一次,新鲜的只是产生的结果;对那些只看到眼前却不知未来的人而言,国民议会的行为并不像对我们那样罕见、那么具有革命性;很多事情在后来被视为革命的确信无疑的信号,在当时却不具有那种特点。比如说,所有的等级会议都曾经接见代表团、接受请愿书,都直接与外部联系。

7 月 14 日后国民议会突然变成政府,成为主权者。各大团体 575
都亲自派人向它致意;货币法庭(la Cour des monnaies)(7 月 21 日)、财税法院(Cour des aides)、审计法院(Cour des comptes)及大法庭(le Grand Conseil)②,而且人们让大法庭代表站着作的陈述——[第 414 页]——,最后是高等法院来表达他们尊敬和感激之情[第 471 页]。

一年前在特鲁瓦,高等法院曾做过相同的事情,而且如果能像国民议会一样,它也会表现得像主权者一样。

国民议会直接给内克先生写信,请求他复职[第 412 页]。它还派代表到地方,比如说去圣日耳曼平息民愤、救出一些不幸的人[第 413 页]。

---

① 7 月 17 日,国王在巴黎市政府受到巴伊和拉法耶特的接待,他接受了当时几乎已经成为国徽的三色徽。——中译注
② 御前会议的附属王家法庭,具有处理行政诉讼的特别权力。——中译注

模仿古代的混乱做法。在这种氛围下，有人提议仿效古罗马的做法，向救人的议员颁发公民桂冠。提议受到热烈欢迎。请注意，那桂冠最终被颁给一位主教①，第 414 页。

面对无政府状态和民众的犯罪，国民议会表现得窘迫而软弱——7 月 20 日及以后。依靠人民的帮助取得胜利的国民议会在面对同样由这个人民犯下的罪行时，它尤其表现得无所适从和软弱。对于刚刚拯救了它的非常规力量的过火行为，它甚至过分放任。我们看到，它将时间消耗在进行表决、接待代表团、接受请愿书、讨论章程问题之上，而在议会的周围，民众在将人吊死，砍死许多人。甚至连富隆和贝尔捷·德·索维尼的惨死都不能激动它。②

它想控制火灾却担心把火熄灭："要安抚狂暴的激情，却不能熄灭有益的骚动。"安茹省代表寄给委托人的这些指示——[第 427 页]——表现出他们内心的想法。

直到 23 日，拉利-托朗达尔③才建议给民众写一封胆怯的公开信，劝他们要注意节制。这封公开信写出多日却不能表决通过。代表们提出删除所有态度坚决的词语。米拉波和巴纳夫都想废弃这封信。就是在此时，巴纳夫说出那句著名的"那鲜血……"④，这

576

---

① 7 月 17 日，在圣日耳曼昂莱，群众处死了一个磨坊主。第二天，在普瓦西，国民议会的代表及时救下被指控囤积居奇的农场主托马森（Thomassin）。夏尔特尔主教下跪请求饶恕托马森并提议由他亲自将他押送监狱。勒加缪（Le Camus）在国民议会上讲述该事件后，古皮·德·普雷菲尔纳（Goupil de Préferne）先生立即请议会表决，向夏尔特尔主教和他的同事致谢。

② Joseph Foullon de Doué(1715—1789)，在旧制度时期曾担任战争和海军总督、财政总督，被民众视为压迫者而遭到仇恨，1789 年 7 月 12 日取代内克担任财政总监，更加激起民怨，7 月 22 日被民众私刑处死。Louis Bénigne François Berthier de Sauvigny(1737—1789)，前者的女婿，从 1776 年起继承其父担任巴黎财政区总督，1789 年时负责为巴黎军队提供补给，被指控囤积粮食，使平民挨饿，7 月 22 日与其岳父一道被民众死刑处死。——中译注

③ Trophime Gérard Lally-Tolledal 侯爵(1751—1830)，三级会议和制宪会议中的贵族自由派代表，曾担任制宪议会主席，提倡两院制。在其提议被否决后，1792 年移民瑞士。1792 年曾回国试图帮助路易十六逃跑，后前往英国。雾月政变后返回法国。——中译注

④ 他说："受凌辱的人民泼出了血。哎！那血就那么纯洁吗?"(1789 年 7 月 23 日会议纪要,《安茹省各市镇代表的通信集》第 464 页)

句话日后让他自己很不快。

7月25日,那封信还是没有被表决通过。通信在这里结束。

那是制宪议会犯的最大错误,甚至可以说最大罪行;从那一天起,它就注定将服从而不是指挥;巴黎人民正在变成主权者。权力不过暂时交到议会的手中,很快就转到巴黎人民的手里。当时议会具有巨大的道德权威,它看起来也团结一致,它在各方面都得到民族的支持;假如它认识到自身的力量和分量,它本来完全可以同时面对王权和民众,并牢牢把握大革命的领导权。无疑,议会的多数的确想那么做,但是它缺少那种经历民众革命所获得的对事件后果的清醒认识,缺少从长期的事务实践中才能获得的果敢坚定。正如它代表的阶级那样,它缺乏有组织、守纪律的力量,完全不像1688年的英国议会;后者在废黜了国王詹姆斯［二世］的同时,阻止下层民众在议会尚未解决问题之前擅自做主,这样,他们既进行了一场革命又没有引发暴动。

［整体评价］

认真描述、让读者清楚地看到巴黎的这第一次革命,它是其他所有革命的典型。同样的机制,同样的进程:中间阶层将民众点燃起来、激动起来、推动起来,从精神上支持他们,并推动他们走到比中间阶层所期待的更远的地方。

更有必要弄清楚从三级会议召开直到7月14日之前在御前会议和宫廷里发生的一切。然后,外部运动就席卷了一切。但是在那段时间,很多事情都取决于宫廷里发生的事。从何处可以阐明问题的这一方面?那应该在各种回忆录里,但是哪些回忆录呢?

关于那段决定性的时间,应该有许多有趣的回忆录,尤其是内克先生的。

577

第二章　从攻占巴士底狱到
制宪议会结束

本章大纲(1857 年 12 月)

人们如何突然发现:原来巴黎主宰着法国——攻占巴士底狱(1)

权贵如何突然发现:他们只不过是一个没有军队的军官团体——攻占巴士底狱后农村民众的起义(2)

89 年原则是什么(3)

1. 简单提一下等级之间的争吵——尽管各等级争论的细节罕为人知,进入到攻占巴士底狱,这样不是为了对事件进行描述,而要为了说明本章开头提出的观点。对当时的人们而言,那已经是89 年革命的胜利。对于距离事件有六十年时间的我们来说,这是巴黎的独裁第一次在现实中表现出来,这个独裁已经深入到民情和行政习惯中;独裁,将来许多革命之母。

试图在行政通信中找到一些事实,能够表现出巴黎起义前外省的消极。

2. 关于这点,尽可能多地掌握各种行政细节。但在哪里找?怎么找呢? 当时的各省与中央政府都混乱一片,我不知道谁向谁提交报告。

578　　　3. 审视制宪议会的整个法律体系,要从中表现出这样一种双重特点:自由主义,民主;这将我拉回苦涩的当下。

[I. 攻占巴士底狱]
[帝国图书馆所藏小册子的笔记,

150

第二章　从攻占巴士底狱到制宪议会结束

1858 年五月①]

国王保不住巴黎，并拒绝资产阶级在巴黎像在所有其他城市一样拿起武器；这是 7 月 13 日国王给国民议会的答复导致的结果。看到人们听任事态在巴黎发展到如此地步，我们对此怎么吃惊也不为过分。好好描述一下。要指出何以 7 月 14 日还未开始就已结束，大革命未爆发已完成[……]

无赖们的慷慨与敏感。我国发生的所有重大的民众骚乱中都常常表现出的这一点，在攻占巴士底狱事件中更是表现得淋漓尽致。一些小册子讲到，这些用美酒、美女和各种承诺才争取过来的法国卫兵们却拒绝各种金钱酬劳和高军饷。我们的整场大革命都充满此类情感，把人们猛烈地提高到他们的水平之上，接着又把他们摔落在地[……]

起义成功后语言的暴力和凶残。我尤其看到一本小册子，题为《猎捕臭烘烘的凶残野兽》②；书中对王后、王子和宫廷里的许多男

---

① 这是 1858 年 5 月在托克维尔城堡对帝国图书馆 Lb39 系列小册子所做的笔记。托克维尔还曾读过 1789 年 6 月和 7 月初的几本小册子，尤其有《6 月 30 日晚在圣日耳曼修道院发生的事情》（参见边码 575 页注释。——中译注）（*Relation de ce qui s'est Passé à L'abbaye Saint-Germain*，*le 30 Juin au Soir*，1789 年 7 月 1 日）；《对被迫释放关在圣日耳曼修道院监狱里的法国卫兵以及他们的自愿返回事件的讲述，巴黎派往国民议会的二十位代表遭国王陛下遣返，以及人们为卫兵签名请愿的计划》（*Récit de L'élargissement Forcé et de la Rentrée Volontaire des Gardes Françaises dans les Prisons de L'abbaye Saint-Germain：Contenant Aussi celui de la Députation des Vingt Envoyés du Peuple à L'Assemblée Nationale*，*Leur Congé Accordé par Sa Majesté*，*et un Projet de Souscription en Leur Faveur*），作者为 P.-J. 玛丽・德・圣于尔森（P.-J. Marie de Saint Ursin）（1789）；《《我们的苦楚在何处》。一首人人都能理解的歌以及有趣的注释》（*Où le Bât Nous Blesse. Chanson à la Portée de Tout le Monde Enrichie de Notes Intéressantes*）（1789 年 7 月）；《鞭笞王家宫的演讲者，作者为王家宫的一位七十一年来荣幸地属于第三等级的老观察者和爱国者》（*Le Coup de Fouet à L'orateur du Palais-Royal*，*par un Vieux Observateur*，*Patriote du Palais-Royal*，*qui*，*Depuis Soixante-onze Ans*，*a L'honneur D'être du Tiers Etat*，1789）。

② 《猎捕臭烘烘的凶残野兽，它们在霸占树林、平原等之后入侵了王宫和首都》（*La Chasse aux Bêtes Puantes et Féroces qui après Avoir Inondé les Bois*，*les Plaines*，*etc.*，*se sont Répandues à la Cour et à la Capitale*），1789 年，31 页。这本小册子列出一份"民族罪人的特别名单，以及对他们缺席审判的判罚"。

女以及许多官员全都直呼其名,并要求某某人头落地,某人被勒死,某女人被送到妓院,某女人被吊死、勒死……几乎都是处死和苦役,由人民自己执行。如果说那只是玩笑,那么再也找不到更残酷的玩笑了,也没有比之更好地概括了将要发生的事情的玩笑了。我认为在任何其他革命中,都没有人写过、读过这样的东西;我们还要注意到此类狂暴情绪发生在一次最轻易的胜利之后,而这场胜利之前并无任何暴力。我在当时出版的充满狂怒的小册子中看到,教士比权贵受到更激烈的攻击,尽管该等级中的大多数早已与第三等级联合。

有教养阶层对早期暴行的出奇冷漠。不仅是这些可憎的作家以冷漠的态度谈论 7 月 14 日发生的大革命最初的残忍罪行。我读到一些小册子,张口闭口公民团结、协和、对国王之爱,全都是名副其实的政治田园曲,在其中人们读到这个:书里谈及德·洛内,他罪有应得、他的头颅偿还了他欠的债。谈及德·弗莱塞勒时说:这魔头的脑袋在首都的大街小巷中游街示众,让一切恶棍都不敢效法。在这如此柔和文雅的旧制度中,肯定有某种东西为民风的残忍做了准备。要找到那种东西[……]

政治感情的缺失。一场以民众性格展开的革命不能建立任何决定性的东西。我找不到这种感情的任何痕迹。有贵族为事件的恐怖和愤怒而倍感震惊。他们的敌人则充满赞美和热情。我没有见到任何一个政治头脑,在企图从事件中获得利益的同时,能看清事件的影响,能看到像这样失衡、任由一个大城市的民众胡来的大革命将变成一种盲目和未知的力量(现代史中的新事情),没有人能够驾驭。这丝毫不像 1688 年的英国人,推翻詹姆斯二世的同时平静地控制着伦敦。①

_____

① 1688 年的革命的结果是,斯图亚特王朝的詹姆斯二世被他的女儿玛丽和女婿威廉取代。托克维尔于 1842 年撰写了《关于 1688 年革命和 1830 年革命的一些想法》。在文中,他对比了法国各次革命中动乱与民主诉求的特点和 1688 年英国革命的贵族特点:"在 1688 年以后,英国仍然具有深刻的贵族和君主制的特点。那些参加或者接受该革命的人都想让王权多少受到限制,但是没有人宣称要推翻王权。底层阶级始终处于阴影和平静当中。"(《全集·杂集》[*Mélanges. Oeuvres complètes*],卷 16,1989 年,第 560—561 页)

对国王的热情半真半假。这是革命的寻常景象。在 7 月 14 日后涌现出的小册子中,许多都透露出对国王的顾问和贵族制的愤怒。但任何一本书都不会攻击国王本人,而当 7 月 17 日国王没有护卫地出现在巴黎时,大部分小册子流溢着(*overflowing*)①溢美之辞。在这当中,熟知革命者性情的人很容易在这里看到君主制传统留下来的温情脉脉的根底(但那根底已经破损、根本无法支撑什么),其中又掺杂着这样一种激情:它能够让各方突然爱上出现在他们眼前、与他们片刻的利益一致的人,它在革命时期经常使作为这一激情对象的人产生幻觉,错以为群众确实热爱他们,殊不知群众实际上只热爱自己的想法,而他们的想法恰巧让您暂时充当工具而已。

580

对攻占巴士底狱的好的叙述:我见过的讲述攻占巴士底狱最好的作品,是一本发表在事件发生后三天的未署名作品,题为《被拯救的巴黎,或从 7 月 12 日星期天直到次周五发生在巴黎的系列事件的详述》。第 34 页[……]攻占巴士底狱之后,巴黎直到次日仍然处于极度焦虑之中,处于一种无政府状态,担心国王的军队随时会发起进攻。书中说,此时有人提议拆除街道上的石板,人们马上付诸实施[第 20 页]。

战败者的懦弱。星期三上午,人们获知部队撤退,国王在国民议会的做法,国民议会派往巴黎的以巴伊和拉法耶特为首的代表团。人们马上变得自信而快乐。巴伊被任命为巴黎市长,而拉法耶特则被任命为卫队司令。[第 16 页]

在那时——像此后一直的情况一样——,我们可以看到战败者的懦弱。遭到屠杀的军官和重骑兵们尸骨未寒,巴黎大主教就在圣母院高唱《感恩赞》。教士等级就是如此。② 他们支持政府,同时又拆政府的台。等政府倒台了,他们又会给胜利者高唱《感恩赞》。

---

① 原文为英文。——中译注
② 托克维尔对教士等级(在第二共和国及其覆灭时期)的态度感到悲哀。他们先是接受共和国,后又对路易-拿破仑·波拿巴大唱赞歌。参见 1852 年 5 月 13 日致弗朗西斯科·德·科尔塞勒[Francisque de Corcelle]的信(《托克维尔—科尔塞勒及托克维尔—斯维钦[Swetchine]夫人通信集》,《托克维尔全集》,伽里玛出版社,卷 15,1983 年,第 55 页)。

　　值得注意的是，在整个巴黎陷入混乱、遭到抛弃之时，高等法院虽然活着，却已经与死去无异。不仅因为它毫无作为，而且因为似乎没有人再想起它，甚至想不到攻击它。法院死了。

　　嗜血的性情：一本题为《民族审判》①（巴士底狱被攻占后不久）的小册子，讲的是人们审判逃往国外的王公，以及包括妇女在内的许多其他人，不仅被判死刑，而且还惨遭令人发指的酷刑，无论其恐怖还是残酷都不逊色于西帕依军团②的行径。当然那不过是一个玩笑，但那玩笑多么可怕。以写作甚至阅读这些恐怖故事为乐的人，又会怎么做呢！

　　旧制度酷刑激发的想象：那不过是对旧制度时代酷刑的变本加厉的模仿，再比不上这能更好地表现出刑罚对风俗的影响。

　　紧随着胜利，军队的下层就开始抱怨上层。温和者何以激起怒火：1789 年 8 月 31 日，福谢修道院长在圣玛格丽特教堂向圣安托万镇的工人发表演讲③，抱怨他们开始表现出对他们的首领巴伊和

---

① 《由王家宫地区议会总委员会在巴黎做出的最终民族审判》（*Jugement National Rendu en Dernier Ressort par le Comité Général des Diétines du Palais-Royal à Paris*，1789 年 7 月 14 日到 8 月 25 日之间，地区议会委员会会议记录节选）。

② 西帕依叛乱（la révolte des Cipayes［英语：Sepoys］）是 1857 年在印度爆发的起义。起义者 5 月 11 日占领德里并屠杀欧洲人。7 月 15 日，许多欧洲妇女和儿童在坎普尔（Cawnpore）被处决。托克维尔对那些暴力非常愤慨。参见 1857 年 8 月 17 日致博蒙的信（《托克维尔—博蒙通信集》，《托克维尔全集》，卷 8·三，第 496 页）。

③ 福谢修道院长：《关于法国自由的第二次演讲，1789 年 8 月 31 日在圣玛格丽特教堂对圣安托万镇三个教区人们的演讲》（*Second Discours sur la Liberté Françoise*，*Prononcé le 31 août 1789 dans L'église Paroissiale de Sainte-Marguerite en Présence des Trois Districts Réunis du Faubourg Sanit-Antoine*，par M.l'abbé Fauchet，Paris，Bailly，1789，p.22）。托克维尔还分析过该作者的《论民族宗教》（*De la religion nationale*），并指出作者身上具有一种"对新教徒不太宽容"的天主教义和"社会主义理论"的结合。"什么都没有这本书更充分地表明，在时局将每个人决定性地推向他的主要利益引领他到达的方向之前，当时思想多么混乱、人们内心多么无序，各种理论多么矛盾。"克洛德·福谢修道院长（l'abbé Claude Fauchet，1744—1793），1789 年 5 月 1 日当选为巴黎市政府的代表，1791 年 8 月 31 日成为卡尔瓦多斯（Calvados）的宪法派（指同意向宪法宣誓的教士——中译注）主教，立法议会的议员，然后进入国民公会，因抵制审判路易十六，1793 年被处决。

拉法耶特的不信任。演讲的目的当然是劝说工人们保持镇静,只使用合法手段。但是为了表现出威严、让听众注意力集中,他开始时的语气比任何人都激动和满怀仇恨,他没有注意到被传递出的是他的愤怒而非他的克制。

政治行话在宗教上的奇特应用:"耶稣基督不过是人类的同胞神灵",福谢修道院长如是说。

上层资产阶级首先掌控运动。对邻居统治的仇恨。① 法国式的虚荣。军阶和武器尤其变得炙手可热的原因。我在8月份发表的多本小册子上都读到有关国民自卫军的论述:1.人们抱怨富有的资产者成功地获得各种军阶,在许多人看来那是一种令人无法忍受的贵族行径。2.我还看到人们十分热烈地追求军阶。哪怕在服役时间之外,新军官们都假装不离开宝剑和军装,这很容易理解:宝剑和肩章是任何人还没有品尝过的特权。

革命前巴黎自由和非军事的风气。大革命让整个大陆被军事风尚支配:我在一本小册子中读到,在革命前,一个人在巴黎的公共场合穿军装是有悖习俗的(正如今天在伦敦一样)。书中还说,一位将级军官因为自己穿着军装在巴黎露面感到脸红。作者如果活在今天又会做何感想!

582

饥荒。普遍原因中的重大偶然事件。我在1789年8月16日的一本论战小册子中读到,最严重的饥荒仍然支配着巴黎的郊区,连凡尔赛最富有的居民都很难搞到糊口的面包。

取消工作,普遍原因中的第二重大偶然事件。在一本我相信大约发表于1789年8月的小册子中我读到一封《民众致内克论面包价格过高的信》②:"人们谈论这可怕的苦难与饥荒,它们尤其在巴黎附近的城镇肆虐,那里的一半居民很长时间没有工作了。"[第5页]

国家工场。巴黎及其四周流浪的无业工人好像都在蒙马特附近聚集起来,做或者假装做一些法律规定的工作。我在一本题为

①　这是托克维尔思想中的一个重要主题:在民主和民主革命时代,人们出于嫉妒和极端的平等激情不愿意接受其邻居或者说与其平等的相似者的统治。——中译注

②　勒内-弗朗索瓦·勒布瓦(Réné-François Lebois):《人民关于面包昂贵致内克先生的信》(*Lettre du Peuple à M. Necker sur la Cherté du Pain*, 1789, p.7)。

《拉法耶特先生对蒙马特工人的爱国举措》①的小册子中看到，1789 年 8 月 15 日，拉法耶特先生来到他们中间，呼吁巴黎以外的人返回家乡，并威胁说，不听话的人将会受到国民自卫军的惩罚［第 5 页］。

据拉法耶特的说法，那些工人的数目是一万八千人。"看到你们丢下秋收不管，却来蒙马特做一些无用的活计，不过是一些刮土平地之类的活儿，我们怎能不感到痛惜"，拉法耶特说［第 3 页］。

对帝国图书馆所藏
手稿的读书笔记，

包括：

1. 巴伊和内克等人通信集的部分内容，1789、1790 和 1791 年。2.巴伊、拉法耶特和德·古维翁先生之间的通信。3.1789 年 10 月 8 日以后巴黎市委员会商议汇编的节选。那是 1789 年 10 月由市议会选出的临时委员会，后来被 1790 年 8 月成立的最终委员会所取代。该临时委员会之前还有一个 1789 年 7 月自发组织起来的选民会议。4. 市政府办公室决议汇编的节选。②

［1］巴伊和拉法耶特的通信集

巴黎的供给。——饥荒。我们在巴伊写给内克的信件和内克写给巴伊的回信中看到，1789 年 8 月初巴黎的供给根本就无法保证，那里的人们艰难度日，赖以生存的小批食品又经常被半路拦截或挪用。

人们苦苦等待几车粮食，为了使其顺利到达巴黎的市场，1789 年 8 月 20 日，内克先生借调法院书记团，让检察官的一位年轻书

---

① 《拉法耶特对蒙马特工人的爱国举措》(*Démarches Patriotiques de M.La Fayette à L'égard des Ouvriers de Montmartre*，Paris，Guerrier Jeune，24 août 1789，p.7)。

② 在前两栏的页边写着："58 年 5 月摘抄"。关于巴伊通信集的笔记摘抄自国家图书馆法文手稿部编号 n°II 696—697 文件。关于会议记录的笔记摘抄自法国手稿部编号 n°II 698—II 703 文件。——让-巴蒂斯特·古维翁(Jean-Baptiste Gouvion，1747—1792)1777 年曾经在拉法耶特领导下参加美国独立战争，并于 1789 年 8 月被后者任命为国民卫队的总参谋长。

记官带领。

普遍的混乱。我在巴伊的一封信（9 月 14 日）中看到，塞纳河有一些为木排到达巴黎提供便利的工事，特鲁瓦（Troyes）市政府认为这些工事妨碍本地工业的发展，因此要拆掉工事。巴伊惊呼这种手法不正当，请求内克介入［……］。

巴黎的苦难。1789 年 10 月 1 日，巴伊写给内克的信："我无法向您描述包围我们的数量惊人的可怜人。巴黎完全处于一种让人战栗的虚弱状态。这座大城市的大多数工人都无事可做。一切都预示着冬天的情况将更令人恐惧，因为它将打击最贫困的阶层……"他请求建立可以吸纳八千人的慈善工场。

秘密通信中对古代的回忆。1789 年 11 月 13 日。一个普瓦西人救下一个被判绞刑的磨坊主①，巴伊谈及这件事时说，如果在自由罗马的辉煌时期，此人会被授予公民桂冠。"我们做事是否不及罗马人？"这不是盛大场合下的讲演，而是一个秘密的行政通信。

［2］巴伊和国民卫队总参谋长德·古维翁先生的通信

无政府状态。在巴黎及其周边，权力和公共安全力量的缺失。这些信件似乎传达出这样一种信息，在 89 年 10 月 6 日国王返回巴黎以及制宪议会在巴黎安顿后，尽管饥馑和商业停滞依然存在，巴黎在某种程度上恢复了平静（我对此还不太确信）。国民卫队处于其最初的活跃当中，填补了由于缺乏一支服从指挥的治安力量所造成的空白。它提供一些能够到较远地方恢复秩序的骑兵部队。但是，从 1790 年中直到 1791 年中通信集中止，我们看到通信者每天都在忧虑人群的集结，需要驱散集结的人群或者要预防人群聚集。巴伊和德·古维翁先生每天都交流要预防的叛乱行动计划以及要镇压的暴动。走私行为屡禁不止，人身安全得不到有效保障；制宪议会自己也有许多担忧。一切都会引起骚乱，一切都会导致暴力。没有一天能让我看到社会稳定或者趋向稳定的迹象。我们看到，政府已不复存在，而神奇的是，在一个充满激情、苦难和罪恶并且没有任何真正治安力量的城市里，这样的状况居然持续那么长时间。当时的无赖们肯定对武装力量还有某种恐惧［……］

584

---

① 参见边码 575 页注释。——中译注

157

慈善工场：在他们的通信中，我们可以看到，当时仍被称为慈善工场的国家工场在混乱时刻起到重大的作用，尽管那种作用比不上 1848 年时那么大。1791 年 5 月，当有人要解散慈善工场的时候，古维翁显得忧心忡忡。

[3] 巴黎市委员会文件汇编的节选。巴黎行政当局。1789 年 10 月 8 日以后的巴黎市委员为 [……]

585　　　**重大激情当中的虚荣，旧制度的遗产。**①我前面曾提及，这位诚实的巴伊曾经遭到强烈的谴责，原因是他胆敢独自检阅国民自卫军。这一次（1790 年 6 月 23 日），巴黎市政委员会同样大发雷霆，恼怒的原因是，主持圣约翰节焰火②的居然是市府代表（les représentants de la commune）而不是巴黎市政委员会（le conseil de la ville），于是它宣布届时将不出席。在那等时刻，居然还摆出如此尊严和傲气！

君主制旧时代的习惯加剧了革命的混乱：我们看到，巴黎不同城区的居民不仅要提出请求，而且要任命被纳入市政委员会的代表。这种引起混乱的重要因素，但来自君主制最稳定的时代。同样，任命市政委员会代表之前，巴黎各分区（sections）③必须召集协商会议处理多种事务。这同样属于君主制时代的习惯。

7 月 14 日后，领导权开始时属于温和派。在我目前正在研究的巴黎 60 个区的会议记录中，我觉得，由 60 个区临时任命的市政委员会毫无革命激情。其成员似乎都是有一定地位的资产者，与他们的前任一样，他们非常关注出席顺序之类的事情。

他们不遗余力地谴责报刊令人无法容忍的放肆④，并强烈要求国民议会通过一项法律进行管制⑤。

---

① 参见《旧制度与大革命》（冯棠译，商务印书馆 1992 年）第二编第九章特别是第 133 页。——中译注
② 圣约翰节（Fête de la Saint-Jean）是为纪念施洗者约翰（6 月 24 日），在每年 6 月 23 日晚或 24 日晚点燃巨大的火堆并进行欢庆，现在法国和加拿大的部分地区仍然存在。巴黎的圣约翰节在大革命后停止。——中译注
③ 1789 年出于三级会议选举的需要，巴黎被分为 60 个选区（districts），次年 5 月制宪会议把 60 个选区调整为 48 个区（sections），这些区具有行政职能。——中译注
④ **页边**：把丹东主持的科尔德里埃选区（district des Cordeliers）的请愿书视为叛乱。
⑤ **页边注释**：他们尤其注意到的是某些激进作家对市政府的管理及其成员的辱骂。

联盟节仪式引发的热情。协和的幻象。1790 年 7 月 14 日。在联盟节期间,会议记录里有大量的目击记录、动议、演讲,表现出当时人们的热烈情绪,所有人都努力让自己相信,再也不会出现分裂,以后只需要温柔地拥抱。这种激动很大部分是真实的,少部分是假装出来的,是从灵魂的激荡而非事实的平静感情中产生的,而所有事实似乎都在告诉人们,大革命不仅没有结束反而还将加速。

联盟对资产阶级和人民的联合而言,就如同 1789 年选举对权贵和资产者一样[……]。

虽然此时人们宣告大革命业已结束,巴黎仍然没有政府。国王和国民议会及跟随其后的巴黎市政府,在马尔斯校场(Champs-de-Mars)建了几个论坛,向有票的人开放。此前一天,有人就提出反对,说那违背平等原则;区领导让人一边敲鼓一边宣布,完全不用考虑什么票;于是在 13 日晚,市议会紧急召开会议,并宣称票事实上已被取消,讲坛对所有人开放[……]。

89 年 8 月到 90 年 8 月期间巴黎临时市政府的组织。

我发现,它由三个主要部分组成:

1.市代表会议,由 180 个成员组成。我认为这是 1789 年 7 月临时组建的一种组织,在某些情况下具有最高的市镇立法权。

2.市政委员会,由 60 个成员构成,其中包括所有重要机构的负责人。这是真正意义上的市政领导机构。

3.城市办公室。这是某种执行权力机关,由 20 个成员构成,由市政委员会选定,其成员来自委员会内部[……]。我发现它负责执行细节及选定对象,类似制定规则,比如确定薪酬。

[4] 城市办公室文件节选

7 月 14 日后的市政府,主要由资产者和温和派构成。很少发生那种激动人心、能激起民众热情的事件。当时最主要的困难即生活物资匮乏的问题很少被提及,也没有提及行政管理中最棘手的一点即警察事务的细节。

团体精神显得十分温和。在这里人们感觉到的更多的是为大革命作了准备的资产阶级,而非完成大革命的人民的民情。这里人们的口气充满对上层阶级的尊敬;但凡跟宗教有关的事情,其成

586

159

员都毕恭毕敬(有教养的阶级即使不再信仰宗教，表面上还会表现
出尊敬)。因此那里保留一个神甫，每个星期日负责为整个行政机
构做弥撒；该神甫需要靠做弥撒的收入维持生计。但是在他之后，
那个位置大概要被取缔。圣周的演出也是如此，市长可以允许进
行演出，但是一大部分节目要演给穷人，而且只有当观众向他提出
请求时才那么做……。

另一点也能表明掌权的是旧制度的资产阶级：他们对构成市行
政机构、市议会的其他团体显得斤斤计较和过分敏感；尤其在市议
会和城市办公室之间还曾发生争执，几乎爆发。

底层民众仍然主导各种事务。这一点在拆除巴士底狱的问题
上表现得尤其明显。城市要把那项任务交由一些企业主完成。此
前受雇佣的普通工人认为工程招标的做法不好，于是闹起事来。
城市办公室的文件说，鉴于骚乱应该被预防而非被镇压……于是
找一个借口取消工程招标，对工人让步。

[Ⅱ. 农村民众的造反]
对 1789 年的王室大臣
文件做的笔记
1858 年 4 月①

饥荒。其政治后果。随着时间推移，饥荒带来的震荡越来越严
重。不仅仅动乱和骚乱此起彼伏。而且，各地群众联合起来，要么
为了搞到粮食，要么为了防止运出粮食，要么为镇压骚乱或者防止
土匪的抢劫。这样一来，在正常的政府周围就形成大量的不正规
小政府。当 7 月 14 日把生存危机转化为政治危机之时，那是对众
多革命力量参谋部的重要准备[……]。

布列塔尼，普瓦图。在那个时代所有资料中最令人吃惊的，就
是人们没有注意到西部诸省独特精神的萌芽。那些省份——甚至

---

① 托克维尔关于王宫大臣档案(国家图书馆，O 485、486 系列)的笔记主要有关
1789 年 2 月份及之后的时期，尤其是关于 4、5 月份的粮食骚乱、对盗匪的恐
惧、资产阶级民兵的组织。

那里的农民——在大革命中表现得领先于其他省份。①那里的阶级斗争显得更彻底，莱昂主教辖区里人们拒绝缴纳什一税。王室大臣说，同样的事情在很多地方发生。[……]

无政府状态。不断有市政府官员被民众撤职或被取代的情况发生。许多市政府官员都让人把总督代理写给总督的信交到自己手里，他们读过后才转交给总督。无数地方都发生了骚乱，借口不一而足，有的为抢麦子，有的对某些府邸或个人发动猛烈攻击。虽然没有明确的方向，但显然是一个失去了根基的社会正处于骚动不安之中。旧势力不再受人尊敬，或者遭到摧毁。旧的掌权阶层已经一半缴械，新的掌权者根本还没有站稳；旧制度几乎被连根拔起，只是根部还有些藕断丝连，而新制度尚未建立起来。要认真描绘这段大革命的早期阶段，国民议会已经摧毁或者听任摧毁现存的行政机构，却还没有建立新的[……]

权贵阶级的瘫痪：我在通信集中看到，有一两次，地方权贵试图进行磋商或抗议，但那声音实在太微弱、流产得实在彻底，以至于我们可以说根本就没有任何坚决反抗的尝试。未倒地人已亡的奇怪景象。

就题为"三级会议省"
文件袋中的档案所做的笔记。多个主题。
档案，1858 年 4 月②

---

① 托克维尔于 1863 年 10 月读了雷恩的陈情书之后（《旧制度与大革命》的资料，43 卷宗之 C 文件夹），得出这段关于布列塔尼地区的革命早熟性特点的思考："这篇陈情书将不断在我记忆中涌现，将永远留在我心中，因为其中包含的关于大革命的绝对思想最多，在创新方面最大胆，对特权者最仇恨，总之最让人感觉到那个即将到来的时代。这一点无疑是因为在布列塔尼在 89 年已经发生过各等级之间的激烈斗争，尤其在雷恩。这个日后为重建被打败的王权而拿起武器的省份里，居然在旧制度仍然屹立的时候对旧制度怒不可遏，这岂非咄咄怪事？"
② 关于粮食骚乱和 1789 年 7 月"大恐慌"（la Grande Peur）的笔记。托克维尔标明"三级会议省。多个主题；新文件夹 M."。那是藏于国家档案馆中的 M 系列（M 664："在杜伊勒里宫找到的关于大革命初期巴黎地区的文件"，以及 M 668—669："有关 1789—1799 外省的骚乱与起义的决议、回忆录和书信集"）。

里昂的骚乱。1789 年 7 月 4 日。那次骚乱开始于 1789 年 7 月 4 日,我认为那是在网球场宣言和三个等级共聚一堂的消息传到里昂之后。

589　　开始时,所有人都欢欣鼓舞。接着是一片几乎全都带有功利性的混乱,这就是说烧坏一些入市税征收处,毁掉一些入市税记录册,不经纳税就强行带入许多葡萄酒和食品。

没有驻军。然后,派人到附近的兵营里找来几个士兵,又组织一些志愿者:1 200 个年轻人或圣路易骑士团的骑士毛遂自荐;这些人被武装起来。他们恢复了秩序。民众看到第三等级居然武装起来对付自己而感到大惑不解,因为他们原以为要对付的只是权贵。

骚乱主要来自外部,由一些农民挑起。

人们看到试图让农民安静的办法是写信给他们的本堂神甫,让神甫们在主日讲道时把公告念给他们。

于是我们看到:

1. 行政管理和政治治理者在乡村缺失到什么程度。

2. 因为人们仍然依赖于旧习惯,就想利用旧制度的力量来平息反对旧制度本身的骚乱。

饥馑,悲惨,巴黎周边的绝望。向猎物进攻。当月,派驻昂吉安的总督助理在写给法兰西岛总督(贝尔捷①)的信中说:7 月 13 日的冰雹完全毁了粮食和葡萄酒收成。面包涨价,粮食匮乏,再加上没有人雇佣劳力,农民感到绝望。领主和有产者的收入大打折扣,没有钱找人做工。因此,眼看没有任何收入来源,饥肠辘辘的民众为了活命只得千方百计地寻找生活物质,甚至不惜通过非法的途径,此外他们还想办法消灭野兔,因为兔子偷去部分收成……他们要求,要么给他们提供面包,要么让他们猎杀野兔。

要强调的一点是,缺粮更让身陷悲惨而孤立无援境地的农民走投无路。

极端的虚弱当中的暴力镇压。一般而言,政府听之任之,或者差不多是这样。我看到,在其他地方,尤其偏远省份,发生过几起590　将犯人迅速处决的情况,那是当局在愤怒之下的举措:这是旧习惯

_____

① 即 Louis Bénigne François Berthier de Sauvigny。——中译注

162

的残余，但是无论对杀人者还是对被杀者的同类，似乎都没有什么效果，而这同样因为传统。人们有杀人的习惯，这自然来自于这软弱的君主制［……］

　　1789 年攻占巴士底狱后外省的动乱：资产阶级左支右绌。香槟地区总督写给王室大臣圣普里斯特①先生的信中说："巴黎革命的消息一传播到我的财政区，就在这边引发了严重的骚乱。暴动全面发生，几乎所有城市无一幸免"……接着它讲了许多骚乱的事情，大都是间接税征收机构遭到洗劫、税收记录被烧毁、办事员遭虐待之类的事情。

　　"我认为，只有一个办法可以防止其他可预见的悲剧再次发生，那就是马上成立一支由各等级公民组成的资产者民兵部队，但是必须排除所有手工业行会的成员和工人。"

　　在这个文件和当时的许多其他文件中，我们都看到，民众经常发起针对资产者的暴动，给后者带来极大的恐惧。在大革命的初期阶段，资产阶级做出极大的努力，不但要对抗上面，还要对付下面［……］

　　《安茹省代表的通信集》：
　　外省在 1789 年 7 月 14 日的态度。

　　我们看到，甚至在得知巴黎情况之前，在外省就已经在组织抵抗。我在 329 页及之后读到，在安茹的许多城市里，拉瓦勒（Laval）、索米尔（Saumur）、昂热（Angers），都建立了城市议会、组成了国民自卫军。蓬德塞（Pont-de-Cé）的居民用武力将桥梁占领。板岩矿区的居民接受昂热同胞的领导。直到四天之后的 7 月 18 日，14 日的事件才传到当地的人们耳中。

　　在格勒诺布尔，7 月 15 日，在获悉巴黎事件之前，各等级的人一起举行会议；他们写给国民议会一封充满革命激情的请愿书，签名者包括以教士和权贵为首的三千人［第 402 页］。

591

---

① 圣普里斯特（François-Emmanuel Guignard de Saint-Priest，1735—1821），是两次内克内阁中的阁员，一段时期曾任内政大臣，后随王室流亡。——中译注

在里昂，听到内克先生离职的消息以及巴黎动荡的传闻，7月17日召开了一个号称包括所有等级的大会。大会正式宣布拥护国民议会，而且如果国民议会遭到解散，他们将拒绝纳税。该文件的签名者中，尤其有一些议事司铎和里昂的伯爵［第429页］。

但是，这些城市里的骚乱和动荡大多是在获知巴黎起义爆发——要不就是获知起义结束——之后才开始的。要注意到这一点。

部分享有特权者也参与这种最早的反抗努力。安茹议会代表们写的一封信（7月21日，第427页）里说："民众看到上层人混在他们当中进行巡逻，感到很满意。不仅有富足的资产者，而且有许多职位、阶层和出身都出类拔萃的人都请求或者接受在新民兵中担任职务。"

要仔细描述1788年这种全国反对专制主义大运动的最后努力。

[III. 何为1789年原则]
《辩论与法令报》（Journal des débats et décrets）片段

[1] 从7月14日到10月6日
国民议会立刻控制政府、取代国王。7月20日。一个议员［弗雷托（Freteau）］说："一个人来到国民议会，就是来到立法者面前，应该表现出肃然起敬的样子……但是对于那些代表国王的高等机关可以给予几分更多的致意。"［第223页］

592 国民议会对失败者所犯的罪行怒不可遏，但与此形成对比的是，它对胜利者的罪行却视而不见。巴黎发生屠杀的时候国民议会无动于衷，但是当有人愤怒地宣称，第戎法院的一位参事在坎西城堡（Château de Quincy）引爆一个矿场，国民议会马上变得热血沸腾。国民议会（7月25日的会议）发布命令说，议会主席将面见国王，向他陈述获知这一如此可怕的罪行之后，国民议会感到恐怖和愤怒，要求进行控诉并施以极刑。

要注意的是，与此同时，人们在国民议会宣读该省份发生的各种罪恶行径，焚烧城堡等……

7 月 27 日呈交给国民议会的陈情书总结[第 269 页]。这份由克莱蒙-托内尔伯爵撰写的报告对陈情书的分析不仅片面而且糟糕。尽管如此,它仍然值得重视,因为它是官方的。

革命初期在本质上具有地方分权的特点。报告称:"至于各种行政机关或省级机构,所有这些陈情书都请求你们准许建立。"[第272 页]

通信秘密受侵犯,这遭到严厉抨击。报告在第 273 页称:所有人都怒不可遏,"谴责对邮政秘密的侵犯,那实在是专制时代最荒谬、最无耻的发明之一"。

面对煽动骚乱的指责,英国人被迫进行辩解。多塞特勋爵(Lord Dorset)在 7 月 26 日的信件中坚决否认这种指责[第 284 页]。

外省在 7 月 14 日后发生的骚乱。德·图隆容先生(M. de Tou-longeon)对国民议会报告说:"沃苏勒(Vesoul)被攻破,三座修道院遭到破坏,十一座城堡变成废墟……"[第 295 页]

内克先生达到荣誉的巅峰,但距离坠落仅一步之遥。报告说:"随着内克先生的名字被宣布,众人先是一阵欢喜的喧闹,接着是一片令人感动的安静。他走了出来……在一阵长长的鼓掌声中走到议员们中间……"[第 313 页]

巴黎的资产阶级既被民众控制又受国王左右。利用内克回归激起的热情,巴黎市政府的选民们颁发一次全面大赦的法令,但是人民不愿意就此失去复仇的机会,立即发起大规模骚动,迫使选民们收回法令,并进行解释。他们在发动攻击时非常强大,在试图掌握胜利时却无能为力[第 329 页]。

关于是否发布一份"人权宣言"的讨论。三天的讨论,五十六个登记的发言者,写得像哲学论文一般抽象的发言稿:许多主教和大领主都赞成发布一份"人权宣言"。反对者没有什么名气,经常给出出色的理由[第 341 页]。他们建议同时加上义务和权利。建议被拒绝[第 354 页]。

国民议会缺乏经验。——议会想出可笑的方法以限制滔滔不绝的演讲者。8 月 1 日。一个演讲者[布希(Bouche)]建议将每人的演讲时间固定为五分钟,这个滑稽的提案经过长时间讨论后被否决[第 345—346 页]。

8月4日夜间。我们看到，这次值得纪念的会议召开的理由是几乎各地的农民都在攻击城堡。那一事件是恐惧和热情的合成物，但是两者所占的剂量却难以确定；人们被恐惧推动走向了占据所有人——甚至包括特权者——内心深处的舆论所指引的方向。

上面谈到的是原因，这里谈发生的时机：8月3日，对各种混乱的描述使国民议会感到震动，它决定颁布一个公告，目的是"保护和尊重财产权"[第351页]。

4日晚，负责为国民议会提出看法的委员会通过塔尔热（Target）提出一份宣言草案；该草案宣布，旧法律依然有效并在被废除前都应该被遵守，人们应该继续按照旧办法纳税，新规定出现之前传统的贡赋和杂税维持不变。此时，即将出现的大公无私的风暴还没有露出苗头。

会议的其余部分都由权贵和教士等级唱主角，第三等级就像合唱队，各种激情驱使他们呐喊，他们以这些呐喊对别人的发言表示支持。

德·诺阿耶男爵（vicomte de Noailles）第一个发言。他将混乱的根源明智地归因于人民反抗赋税重负的激情，并建议立即宣布纳税绝对平等，一切封建权利都可赎回，无补偿地废除劳役和其他人身奴役。

他通过一个意味深长的事实表明在旁边标明的区别①，这个区别是并且一直是大革命的特点：要求制定宪法的是大法官辖区（baillages），而乡镇（communautés）只要求获得补助和减轻封建税赋[第359页]。

阿吉永公爵（duc d'Aiguillon）赞成他的意见。[第362页]

会议记录说，该动议受到听众的热烈欢迎。

南锡的主教提议，那也要适用于教会财产。夏尔特尔主教放弃自己的狩猎权。报告说，"许多人都高声发言；声音来自权贵等级的先生，他们联合起来立即确认放弃这种特权"。[第365页]

"教士等级的所有代表聚在一起，站立起来表示赞同，激发了非常热烈的掌声，平民代表纷纷表达感激，一团热闹，以至于一时

① 页边：资产阶级想获得政治权利，而民众想获得物质利益。

间不得不暂停商议。"(同上)。

一些神甫愿意牺牲他们的信徒赠礼。[第 366 页]

夏特莱公爵(duc de Châtelet)建议什一税可以赎回,德·圣法尔若(de Saint-Fargeau)先生希望所有这些条款从 89 年 1 月 1 日起都具有追溯效力。

慷慨情感的流溢和迸发的种种表达在国民议会呈现出一幅(美景),这些表达一刻比一刻更强烈、更生动。

埃克斯(Aix)大主教要求通过法律,禁止在合同里出现任何具有该特点的条款。紧接着是筋疲力尽后的一刻安静。大家都不知道还有什么可以牺牲。

接着,群情激昂的运动又把他们突然推往另一个方向。代表们站出来牺牲他们在外省的一切特权,大家都争先恐后;他们忙不迭地打断别人的讲话,争先恐后地交出他们委托人的权利。他们不能尽早到达办公桌来递交他们的弃权书,他们前推后拥,几乎得杀出一条路才能接近那张围城一般的办公桌。

巴黎大主教请求大会准许唱一首《感恩颂》,这样直到凌晨两点钟众人才散会。我认为在历史上再也没有如此特别的场面,还有比这更能凸显法国特性的场景。

普遍的混乱。8 月 7 日。国王的各位大臣过来正式宣布,在王国的几乎所有地方,秩序和公共安全都受到骚扰。[第 392 页]私人财产遭受侵犯,纵火者毁坏公民的居所,司法的形式被忽视,取而代之的是流放。

巴黎的国家工场。同一天。内克先生对国民议会说:我们已经在巴黎附近开设一些特别工程,目的只是为缺少工作的人提供活计。工作人数达到 12 000 个,每人每天领取 20 个苏。[第 396 页]

什一税在 4 日晚间仅仅被宣布可被赎回,这时突然被宣布彻底废除。8 月 4 日晚还没有涉及教会财产,什一税只是被宣布可被赎回;根据议会严格通过的原则,最终的法规确认当晚迅速提出的决议时,只能在撰写上有所创新,所以人们认为教会财产暂时安全了,至少什一税所代表的税收原则得以保全。然而,8 月 8 日,内克先生宣布国库吃紧,必须借款才能应付日常性亏空,拉科斯特(La-coste)侯爵(属于那种在大革命初期名声大噪、随后却在历史中彻

595

596

底失踪的人①）突然提议宣布教士等级的财产属于国家，以及取消什一税。[第 406 页]这一初步想法并无下文。

8 月 10 日。这一问题被重新提起，但是只涉及什一税。当日，西耶斯发表一个演讲[第 425 页]，我认为它是无可辩驳的。演讲指出，如果取消什一税而非宣布它可被赎回，那相当于送给大地主一份免费的礼物。他提请人们注意那条多数派为防止事后反悔而坚持的原则，即最终法令不能改动 8 月 4 日晚提出的原则。然而，虽然那条原则是多数派出于激情而坚持的，但是当他们发现它碍手碍脚时，它就无法约束他们了。

8 月 11 日。西耶斯发表演讲之后，一切仍然没有确定。当天，该事件最终以一个慷慨的场面而告终，但这次这个场面看上去有点勉强。首先是许多神甫，然后巴黎的大主教以整个教会的名义，宣布无条件放弃什一税。在某种程度上，人们都在催促他们的那么做。[第 428 页]

8 月 11 日。对 8 月 4 日决议撰写成文并最终投票通过。[第 432 页]

那个法令，最终彻底推翻社会和政治的旧体制，甚至没有提交给国王批准；人家只是为了让他和国民议会一起参加《感恩赞》才把法令提交给他，但那并不影响他被尊为"法国自由的恢复者"。[第 444 页]

《人权宣言》。从 7 月 14 日之后，拉法耶特先生就曾经提议一个《人权宣言》的版本。我记得穆尼埃先生后来提出过另外一个版本。

---

① **手稿中的页边注释**：对制宪议会早期，不仅要突出那些当时仍然默默无闻的名人，还要突出那些当时暴得大名但随后被人遗忘的人：布希、波皮吕斯（Populus）、拉科斯特（Lacoste）……——夏尔-弗朗索瓦·布希（Charles-François Bouche, 1737—1795），埃克斯法院的律师，被选入制宪议会后，主要就国民议会的规则问题经常发言。从 1791 至 1795 年，他在巴黎终审法院中占有席位。——玛丽-艾蒂安·波皮吕斯（Marie Etienne Populus），生于 1736 年，1793 年被处决，是布雷斯地区布尔格（Bourg-en-Bresse）的律师。——本雅明-艾莱奥诺尔-路易·弗罗捷·德·拉科斯特·德·梅斯蒂埃尔（Benjamin-Eleonore-Louis Frotier de La Coste de Messelière, 1760—1806），是普瓦图贵族等级的代表，拥护按人头投票，属于 6 月 25 日与第三等级汇合的 47 位贵族代表之一。

　　8 月 13 日,一个五人委员会被委任起草宣言:郎格勒(Langres)的主教、特龙谢(Tronchet)、米拉波以及两个不知名的人。

　　8 月 17 日,米拉波以五人委员会的名义做报告;[第 453 页]宣言比另外一个版本更要形而上学和不利于立法(antilégislative)。国民议会耗费将近十五天的时间(而整个法国都陷入可怕的无政府状态、国库空虚),在那种政治形而上学上绕弯子,进行混乱得难以言传的讨论。谁都不知道应该从何处下手,从一大堆抽象原则中应当使用什么、删掉什么;一个版本叠加在另一个版本上……再加上非常出色的讲演措辞,主题不但特别吸引人,还非常顺应那个时代的独特精神。

　　值得注意的是,那个宣言更多谈"自由"而非"平等"。这表明 89 年精神就是自由,无论今天的奴仆们与库赞①们怎么说。

　　8 月 18 日。因此,从第二天起,奉行实用精神的米拉波就努力务实。他建议在确立宪法后再起草《人权宣言》[第 475 页];但是他根本就不能控制国民议会,后者在一个小时内通过 8 000 万借款的决议后,又重新陷入那些珍贵的抽象理论之中。

　　毋庸讳言,正是通过那些看似无聊的讨论,他们才让大革命进入全世界人们的头脑,才得以让事件成为欧洲事件,而不仅仅是法国人的事情。米拉波在报告中也隐约触及这个观点。[第 457 页]

　　*所有旧的司法权力都被推翻重建。给高等法院的冰冷悼辞。*在围绕抽象人权进行的无休止争论的过程中,宪法委员会推出关于司法系统的草案。[第 457 页]在整个社会链条行将断裂之时,计划所要做的是绝对而彻底地摧毁所有现存司法机关。而且,草案只包含原则。那些就是日后人们遵守的原则。但是在这个由法官们刚刚发动革命的国家里,针对法官的反动甚至发展到剥夺他们阐释法律的权利,真可谓咄咄怪事。

　　报告 464 页说:"民族没有忘记高等法院为人们作出的贡献:它们曾经独自对抗专制暴政,它们曾经独自保卫人民的权利。我们感激它们;但是,并非感激就可以让我们的帝国重获新生[……]

---

①　库赞(Victor Cousin,1792—1867),法国哲学家,他的观点被称为"折中主义",对七月王朝时期的法国哲学教育影响极大。——中译注

我们的法院系统恰恰是为反对专制而建立起来的，然而专制将不复存在了，那种司法形式也就没有存在的必要了。"

这一令人惊奇的推理与我们曾经多次看到而且将不断看到的情形多么接近！

国民议会虽然在理论上无比大胆，但是一听人讲巴黎的现状马上就慌乱犹疑。8月30日。有人向国民议会报告巴黎的起义暴动。人们要求它采取一些措施，最后的几封信宣称要恢复安宁。国民议会拒绝就此进行商议。［第552页］

巴黎市内的骚乱。从8月份开始出现10月6日远征的想法。8月30日。8月30日是星期日，在王家宫①提出一些关于否决权的革命动议。人心沸腾起来，"由于劳作而不具备思考能力的那部分人民被推上通往凡尔赛的道路"。最后由国民自卫军占据必经之道，才把他们阻止下来。［第三卷］第3期，第2页。

米拉波力挺给予国王否决权。9月1日。在当天的会议中，米拉波像一个国家领袖一样发表了他最优美的演说之一，认为国王在法律制定中的干预是一个必须的成分，那符合人民的利益而不是国王的利益，第5期，第5页。

受米拉波左右的国民议会下令发表其演说，但是翌日又改变主意。

宪法委员会提交的宪法草案中的两院制。我们看到，在等级斗争后的大革命初期阶段，虽然两院制的思想不被许多人认同，但是由于穆尼埃的努力以及第一届宪法委员会的人员构成而最终以草案的形式提交给国民议会。9月10日，草案因绝大多数反对而被否决：89对849，122位代表宣称没有听清问题，第17期，第3页。

爱国主义的矫揉造作。9月7日。一些具有美德的巴黎女公民来到国民议会，被带到旁听席上就座，她们是来把首饰奉献给祖国的［第13期］。［第5页］

599

---

① 王家宫（Palais-Royal）。位于巴黎市中心，卢浮宫北，最初为黎世留的居所，路易十四在亲政前住在那里。大革命前，那里有许多咖啡馆、店铺、剧院、花园，成为巴黎最繁华的地方之一。当时的宫殿是奥尔良公爵的居所。法国大革命期间，那里成为公共舆论的中心，在某种意义上成为公共舆论的代名词，是民众骚动的主要发源地之一。——中译注

一个九岁的小女孩把一个顶针和一条金链献给祖国。国民议会非常煽情地接受馈赠,第 26 号,第 1 页。报纸说,我们重新看到古罗马贵夫人献给元老院的慷慨赠礼……[第 13 期]。

所有这些矫揉造作都与那个时代的法国精神相符,都产生于真实而深沉的激情(可笑的产物),也在人们的头脑里产生很大的效果,因此,它们值得我们根据那个时代的特殊风貌进行严肃地分析。

原则上通过国王的暂停性否决权。9 月 11 日。当天,国民议会多数宣布国王会拥有对多数派的否决权,而通过 673 对 325 的投票结果决定,该否决权是暂时性的,第 19 期,第 4 页。否决权的后续问题,即暂时的否决持续多长时间的问题,是后来才被决定下来。

为什么说这次讨论以及其他几个事件准备和激发了 10 月 5 日的起义。在讲台和报刊上,关于否决权的讨论持续很长时间,造成很大声势和影响,深深地触动了人们的精神。它触及所有人的内心,因为人们希望或害怕出现的一切改革都取决于王权无能的程度。

其他因素掺和进来。对于 8 月 4 日夜间提出的所有政治和社会改革,国王给出的答复不仅模棱两可而且限制重重,而巴黎人民的人心浮动更值得注意,因为他们身陷饥饿、无所事事、困苦不堪,习惯被煽风点火,受到自信其力量的底层魁首的掌控。

从 7 月 14 日开始,尤其在 10 月 6 日以后,我们可以说国民议会不再是自己的主人了,无论在管理国家还是在制定法律方面,它都在巴黎人民的或明显或隐蔽的监控下行事。同时受到巴黎人民的支持和支配,它才能运行。支持和支配,这两个词足以涵盖要勾画的全部画面。

宪法委员会,并不总是同样的人。宪法委员会似乎每个月都发 *600* 生变化。在倾向于两院制的委员会后,9 月 15 日成立了由西耶斯、塔尔热、塔列朗、拉博·圣艾蒂安构成的委员会,勒沙普利埃[第 24 号,第 1 页]……

国王对 8 月 4 日改革做出的首次回应:理性、严肃而危险。他尚未批准 8 月 4 日的法令。国民议会对此感到情绪激动,要求国王给出答复。答复是在 9 月 18 日的会议上宣读的——第 29 期,第 1

页——,它包括很多意见,其中对什一税的反对意见很有道理。国王回信的特点是非常诚恳,但让人担忧他试图改变 8 月 4 日的改革。处于那样的情形之下,被推到那样的壕沟之前,最慎重的做法就是毫不犹豫地猛跳过去,只能到对岸寻找出路。

什一税,官方的估算。废除什一税的后果。国王的回复里给出的估算是每年 6 000 万到 8 000 万之间。正如西耶斯所言,彻底而简单地废除什一税意味着将一份 6 000 万到 8 000 万的租税作为礼物赠送给土地所有者,第 29 期,第 3 页。

9 月 21 日。国王的第二次回复,批准改革,但有所保留,第 33 期,第 2 页。

10 月 4 日。国王的第三封信。这封信不再具有以前的信的诚恳特点。那仿佛不是出自他的手,仿佛告诉别人他有各种保留,一种引起别人警觉的保留。它拒绝对《人权宣言》表态。

财政的可怕崩盘。9 月 24 日。内克先生在当天的会议上做报告,他谈到的信用丧失及其对商业的影响都令人忧心忡忡。10 月,国库里将只剩下区区 800 万。

601 一切革命的特点,哪怕是最顺应人心、最不受争议的革命。使商业繁荣的规律与革命行动完全背离,因此纵使一场像 1789 年革命那样的革命获得所有人的支持,即使整个民族都将它视为万善之源,哪怕它的发生几乎毫无费力,没有改朝换代,没有全面的阵痛,那场革命仍然让一切商业和工业的源头立即枯竭。

省份划分①的最早想法。9 月 29 日。这种省份划分的思想最早仅仅出现在宪法委员会起草的关于选区划分的计划。该计划建议把法国划分为八十个均等的部分,以利于选举。完全就像美国的国土。这种选举地区当时就是一个省,省是一种选举分区,就像今天城市里的选区并不等同于行政区,第 45 期,第 1 页。

---

① 旧制度下的法国领土划分十分复杂,根据传统、宗教、税收、驻军等分为许多名目、大小不一的地区,一般简称为"省份"(province);1789 年 8 月 4 日后取消各地的特权和权限,并于 1790 年颁布法令将法国分为 83 个"省"(départemet);1956 年以后法国设立的"大区"(région)与历史上的"省份"(province)部分重合。今天法国被划分为 26 个大区(法国本土 22 个),再细分为 100 个省(département)——中译注。

米拉波写给国王的请愿书。10月2日，第51期，第4页。国民议会写一封请愿书给国王。这封由米拉波执笔的信对君主的美德的谈论让他在国民议会博得一片掌声。报纸说："信中的感情与事实相得益彰，让读者的精神和心灵同时被打动。"

　　[2] 从10月6日到……

　　巴黎城中风雨欲来，国民议会里却无丝毫反响。从8月30日开始，巴黎人民就曾想冲向凡尔赛。在整个9月份，国民议会里关于宪法的讨论、报刊的大胆放肆，尤其是巴黎的苦难和饥馑——巴伊和拉法耶特的通信手稿里对其进行了充分描述，一切都为民众进军凡尔赛的计划的胜利重启做了准备。只有正取得胜利的中间阶层和国民议会联合起来才可能让计划停止。从国王那封对改革持保留态度的信开始，宫廷的无能却充满敌意的表现就让中间阶层和国民议会为自己的成功忧心忡忡。受到压力的弹簧毫无障碍地反弹起来，终于在10月6日发生：就像在7月14日一样，但更妙的是，那些阶层和国民议会同时受到巴黎人民的支持和支配，巴黎人民受到召唤成为其捍卫者，至少没有被拒绝成为其捍卫者，同时被视为其主人而不得不被忍受。

602

　　10月5日之前，外界的状况和当时的真实激情没有在国民议会里造成任何反响。我前面说过：在那一天之前，国民议会显得非常自信、只对一般事务发表看法，更像是一个讨论政府原则的哲学家团体。

　　国王10月4日的答复于次日到达国民议会，才最终出现对外部状况的巨大反响。这次在王室卫队的宴会①之后出现的答复——第55期，第2页——只能加深别人的疑虑。只是国王所能做的事情所引起的恐惧过头了。

　　与在7月一样，米拉波再次热烈地扮演了演说家角色。在5日的会议上，米拉波发表一个简短而激烈的演讲，说如果宣称只有国

---

① 10月1日，为欢迎刚刚到来的弗朗德尔兵团，王室卫队在凡尔赛宫大摆宴席，席间国王、王后出现，引起士兵们的欢呼，有人高呼解散国民议会；10月3日，王室卫队又宴请国民自卫军的军官，王后出席，再次酝酿解散国民议会。——中译注

王一个人是神圣的,他将谴责所有的阴谋,第55期,第6页。

在关于宪法的讨论中,要么米拉波希望成为内阁大臣,要么他的政治才华超越了当时的激情和关注,他表现得比他所属的党派更保守。人们对他关于君主制和国王否决权的必要性的论述仍然记忆犹新。但在临近10月6日的时候,要么他看到国王脱离了他的操控,而他首先要么忧虑的是革命,要么就是他被革命热情的洪流所席卷,于是我们再次看到7月份的那个米拉波;在选择最适宜掀起风暴的时机和形式的革命天才方面,他成了主宰。

会议最后投票通过,要求国王完全接受人权。第55期,第7页。

10月5日到6日的夜里。我对会议主持人穆尼埃留下的小册子做了笔记,从中可以看出国民议会当晚不知所措、被动接受的态度。

603

10月6日上午,国民议会宣布将跟随国王去巴黎。那是在巴纳夫的建议下做出的决定,第56期,第3页。

这项措施同时实现了国民议会的凯旋和奴役。

这一事件是大革命中最不幸的之一。我不知道在整个大革命中,是否有比10月6日更致命的事件;的确,预料事件的发生并不困难,但那丝毫都不能减少它带给我们的遗憾。

那一事件将最终摧毁王权,将国民议会置于巴黎民众的掌控之中,后者已成为巨大的政治动力①;尽管违背国民议会多数派的愿望及整个国家的愿望,它还是发生了;那可能是不久后经常发生的类似事件中的首例。那些伴随它发生的可怕情形更加剧了事情的严重性。

国王离开凡尔赛之后,国民议会仍然在那里停留很长时间。尽管国民议会已经通过法令要跟随国王去巴黎,许多障碍——尤其是不能找到合适的开会场所——迫使它在很长时间里都无法离开凡尔赛宫。

---

① 页边:我在穆尼埃那里看到,国民议会在那个凄惨的夜晚受到和国王一样多的屈辱。参见"穆尼埃先生行为的总结"(*Exposé de la Conduite de M. Mounier*),第608—610页。

10月9日，国王正式要求议会返回巴黎，第60期，第6页。

大量代表离开国民议会。会议记录显示，大量议会代表以种种借口要求归还他们的护照。这种开小差——正如那些留下来的代表所说——让议会感到危机，于是采取措施截留逃跑者，第70期，第1页。

10月19日。直到这一天，国民议会才在巴黎安顿下来，开始时暂驻主教府①，第70期，第1页。

奥坦主教②率先发起对教会财产的攻击。在议会留守凡尔赛宫的十天里，对一个在所有人心头浮现并且在讨论中反复出现的问题，塔列朗先生给与了明确的说法：他建议用教会的所有财产去偿付国家的债务，第62期，第2页[10月10日]。

教会财产及其估价。教会的财产被估算为，年金1.5亿，什一税8 000万，不动产7 000万。他建议把1.5亿年金中的1亿作为教士的工资。按三十分之一利率计算，出售教会财产会产生21亿收益。

604

议会绝口不提10月6日的罪行，使其奴役更为彻底。议会绝大多数成员都谴责刚刚发生的事情，它在事件中受到的侵犯和侮辱并不亚于国王受到的侵犯和侮辱，但它却忍气吞声，对发生在它眼皮底下的、部分针对它的罪行保持沉默；在制宪议会的整个历程中，没有什么比它由此表现出来的怯懦更为可耻的了。

国民议会是为反对国王和贵族而建立起来的，而不是为反对人民。事实上，国民议会是为对抗国王而创建，而非为对抗人民，因此一个政治团体创建时的感情支配了它的整个生命。

戒严令：阻止民众暴力的首次努力。

10月21日。直到这一天，国民议会才采取了第一项措施，即

---

① 应为"大主教府"（archévêché）。巴黎主教区于1622年升级为大主教区，1789年时的大主教府在巴黎圣母院左前方，国民议会于1789年10月19日到11月9日期间临时占据巴黎大主教府（然后迁到了马内日大厅）。——中译注

② 奥坦主教（l'évêque d'Autun），就是塔列朗（Charles-Maurice de Talleyrand-Périgord，1754—1838），是备受争议的革命家和野心家。1788年11月，他被任命为奥坦的主教，并很快被作为教士等级代表参加三级会议，1790年12月辞去教职。——中译注

通过戒严令来抵制人民的暴行，却仍然只字不提过去发生的事件，第73期，第11页。

面对10月人心沸腾的巴黎，国民议会显然处于一种充满恐惧的激动当中。这表现在所有讨论中；语气中充满慌乱、急促和害怕。

穆尼埃
《论被认为是哲学家……对大革命
造成的影响》，1801，图宾根①。

该书的主旨是寻找大革命的直接原因。

[……]

米拉波。他的肖像。"他经常向我表达他真实的看法，我从未见过思想如此开明、政治观点如此睿智、性格如此唯利是图、心灵如此败坏的人。"[第101页]

三言两语，入木三分。堪称大画家手笔。②

最初是一群温和的革命派。国民议会中的大多数。"开始时，在一个有八九百代表的国民议会里，有意或无意制造混乱的人数不超过80个。"[第100页]

接着，他列举他熟悉的很多人：巴纳夫；拉博·圣艾蒂安，十分温和，被人指责为过于软弱，最后倒向激进派的一边；③图雷（Thouret），很温和；巴伊，柔和、害羞、温和，他进入国民议会时带来的宪法计划

605

----

① 穆尼埃，《论被认为是哲学家、共济会和光明异端派对法国大革命造成的影响》（De L'influence Attribuée aux Philosophes, aux Franc-maçons et aux Illuminés sur la Révolution de France），图宾根，J.-G.Cotta 出版，1801 年。在撰写卷一第一章"在法国大革命即将爆发之际，人们的精神发生的强烈而不确定的动荡"时（第459—465页），托克维尔曾经利用对该书所做的笔记。

② 关于托克维尔如何考虑使用这一肖像，参见第612页。

③ 与穆尼埃一样，拉博·圣艾蒂安被指控参加波利尼亚克夫人[M.de Polignac]家中举行的秘密会议。参见《论被认为是哲学家、共济会和光明异端派对法国大革命造成的影响》，第103页。（波利尼亚克夫人（1749—1793），原名约朗德·德·波拉斯特朗（Yolande de Polastron），王后玛丽·安东内特的密友和管家。——中译注）

要将整个主权交给国王；巴雷尔（Barère），在一份报纸里发表许多非常温和的原则①；罗兰·德·拉普拉蒂埃尔（Roland de la Platière），在转变为激烈的共和派之前，曾经钦佩教皇的政府（《意大利之旅》，第 105 页）。后者是罗兰夫人的丈夫吗？要找到《意大利之旅》这本书。②

　　这个独特的片段都表现出我多次在国民议会中看到的事情，这是值得进行描述的：当人们从单独斗争转入集体行动时，他们如何会激动起来、发生变化、在顷刻间改变自己，他们中的某些人是出于利益、恐惧而有意为之，然而另外许多人则是不情愿的，是受到一种突如其来的、引人好感的煽动，被突袭、被鼓动、被裹挟进来的。

　　假如路易十六能团结平民代表，大革命本来可以避免。穆尼埃认为，如果路易十六在攻占巴士底狱前能坦诚地取得国民议会大多数的支持，他就会控制权贵和教会，就能让这两个等级中的部分人听自己的话，进而就能在国民议会中理智的、出于利益考虑问题的人当中获得足够的支持[第 99 页]。

　　召开三级会议之后、攻占巴士底狱之前，人们倾向于相互理解。穆尼埃对此十分肯定。"在攻占巴士底狱之前，那些制定了1791 年那部有缺陷的宪法的大部分人仍然倾向于达成全面的稳定。"[第 104 页][……]

　　按照穆尼埃的说法，即使在网球场宣誓之后，大革命仍然可以避免。"尽管有人任凭各阶级相互攻击，尽管有人不谨慎地激起他们的不信任和仇恨，但三个等级共聚一堂，创造出一种普遍的欢乐

606

---

① 穆尼埃此处指的是贝特朗·巴雷尔·德·维厄扎克（Bertrand Barère de Vieuzac）主编的报纸《每日小结报，或对国民议会前一天行动的总结》（*Point du Jour ou Résultat de ce qui s'est Passé à L'Assemblée Nationale*）。该报在 1789 年 6 月 19 日到 1791 年 10 月 1 日之间出版。

② 让-玛丽·罗兰·德·拉普拉蒂埃尔（Jean-Marie Roland de La Platière，1734—1793），《＊＊＊先生写自瑞士、意大利、西西里和马耳他……写给巴黎的＊＊＊小姐的信，1776、1777 和 1778 年》（*Lettres Ecrites de Suisse, D'Italie, de Sicile et de Malte…, par M.＊＊＊ à Mlle＊＊＊ à Paris, en 1776, 1777 et 1778*），阿姆斯特丹，1780 年，6 卷。这里引用的话出自卷 5（第 28 封信）。那的确是罗兰夫人的丈夫。

与和解的氛围。最杰出的人士们的观点比任何时候都温和"[第110页]。[……]

穆尼埃对国民议会的严厉批评。在攻占巴士底狱之后，"国民议会中的多数派受制于由捣乱分子、狂热分子以及出于恐惧而与前两者联手的懦夫所构成的少数派，他们被迫听取那些人对罪恶的辩护"[第111页]。

在10月6日之后，"我在国民议会中的存在变得毫无益处，恐惧左右着大多数选票，他们已变成少数不谨慎的人或狂热分子的工具"[第114页]。

需要指出的是，穆尼埃更适合和平时期，更适合服务于已经建立的自由政府，而不是革命时期的政府；在那个时期他就抛弃了国民议会，因此他会愿意说这时人们在议会里已经不自由了。

1789

7月14日以后

的小册子

穆尼埃——《论诸政府，特别

论适合法国的政府》①

我认为这个小册子写于7月14日和10月6日之间，②这就是说在胜利使第三等级事实上包括的两个派别分化开来——推动大革命进行到底的派别、试图控制和阻止革命的派别——以后。

607　　人民一登上舞台，政治界的精神整个为之改变。我们清楚地看到，人民的到来完全改变了政治界的整个面貌，不仅使上述两个派别开始出现——即使没有人民它们也会多少表现出来——，而且改

---

① 《论诸政府，特别论适合法国的政府》(*Considérations sur les Gouvernements*, *Principalement sur Celui qui Convient à la France*, par M. Jean-Joseph Mounier, Membre du Comité Chargé du Travail Relatif à la Constitution, Paris, Beaudouin, 1789，p.54)。

② **页边注释**：在他的下一部作品中，穆尼埃说，这本小册子写于1789年8月7日或8日。**小册子于1789年8月16日出版。**

178

变了两派之间的关系;人民的到来把一方推到比他们的预想更远的地方,既推动他们又支配他们;同时突然让大革命变成与到目前为止的情形截然不同的东西,从而立刻让另一方不仅感到变得矮小而且有挫败感。

穆尼埃的口气反映出一种深深的挫折感。他抱怨说,他以前总被人视为大胆,现在却被视作懦夫。我认为,他憧憬的依然是法国从前希望、当时仍然希望的东西,然而一种新力量比法国的代表以及法国本身都要强大。

开始时的自由精神。"法国人民想获得自由",这句在他看来毋庸置疑的格言开始了他的小册子。当时谁又不是那么想的!

人民专政的危险已经暴露出来。已经可以清晰地看出,遇到危险的不再是自由,而是王国。我们在这本小册子中尤其可以看到,对人民运动缺乏经验的感受突然在许多人头脑中消失了:尽管只是看到攻占巴士底狱之前、过程中和之后所表现出来的最初的革命情形,穆尼埃已经在谈论人民专政,就像两年后他可以做的那样。

甚至那些对理论思考得最多的人都对政权的条件一窍不通。小册子的作者旨在证明一个强大权力的必要性,并指出使权力强大的途径,但是他居然只让它具有否决权却完全不能提出法律[第29页]。

穆尼埃宣称支持两院制,但那只能在三级会议之后。他强调单一的国民议会作为立法机构的诸多危险,仿佛它作为制宪机构就不那么危险似的!

确实,唯有被单一激情引导的单一议会所具有的那种暴力,才能实施针对权贵和教士的宏伟而极具破坏性的改革;所有人都渴望那种改革,连穆尼埃都希望如此。但是错误在于,在如此作为——非常迅速地行动,企图同时把所有事一蹴而就,无视时间的需要,藐视既存事物——的同时却想象那帮助你完成这些事情的力量不会成为你的主宰,并且想象这样的变化仅仅靠讨论就可以完成[第41页]。

英国宪法成明日黄花。"不久以前,人们还表达出对英国宪法的无比憧憬。但是今天,人们都表现得对它不屑一顾。"[第37页]

穆尼埃主张一种世袭的贵族院(pairie)。穆尼埃不仅以一种罕见的洞察力看到世袭性给自由带来的好处,而且他还有勇气说出那些好处。①但是他认为这一做法已经没有前途了,于是他建议,至少要建立一种由省级议会选举出的上议院,每六年选举一次。

《对穆尼埃先生
表现的总述》②

这本小册子写于作者返回多菲内之后,也就是说在 1789 年 10 月底。

巴黎突然变成一个统治法国的共和国。"看着在首都自由取得胜利、巴士底狱被摧毁,我无法抑制自己的喜悦心情"……(事实上他当时写了一篇文字,的确能表明出这种心情)"假如我能够预料在新法律取代旧法律之前,旧法律就被彻底取消、那些保护公共安全的机构突然间被完全摧毁,能够预料到巴黎将变成一个共和国,拥有一只它完全掌握的完整的军队,任意支配税收带来的产品以及此前由政府管理的一切……那么这种喜悦将会伴随着多少苦涩啊。"[第 15 页]

巴黎从此支配整个大革命,这一事实给局势带来一种新变化,给所有人带来新的利益、新的激情,一下子让法国处于类似晚期罗马共和国的情形,就是说整个辽阔的帝国都跟在某个城市后面亦步亦趋。

米拉波的欺骗。穆尼埃注意到——我对此深信不疑——,米拉波在《普罗旺斯书简》③中遮遮掩掩,某些地方甚至明显篡改他曾经

① 穆尼埃提到,唯有贵族家族的长子才能进入贵族院,他们不构成一个单独的阶层。贵族院成员"应该被视为某种世袭大法官,设立的目的是为了维持宪法"(《论政府》,第 37 页)。

② 《对穆尼埃先生在国民议会中的表现及其(10 月 19 日)返回多菲内的原因的总述》(*Exposé de la Conduite de M. Mounier dans L'Assemblée Nationale et des Motifs de son Retour en Dauphiné*[*19 octobre*], Paris, Desenne, 1789,p.96)。

③ *Corrier de Provence*:米拉波从 1789 年 5 月 2 日起创办了《三级会议报》,5 月 5 日被禁。但米拉波将其先后改名为《米拉波伯爵至其委托人书简》和《普罗旺斯书简》,继续发表三级会议的会议记录以及对三级会议讨论的政治问题的分析。

发表的演说。很可能马拉丁就是以米拉波为榜样,同样如此行事。
[第 18 页]

　　国民议会的软弱。议会和国王一样遭受奴役。穆尼埃正确地指出,7 月 14 日之后,面对着无处不在的无政府状态,议会如果想做自己的主人,就应该"立即宣布所有旧法律继续有效,法庭继续有权审判,并请求国王尽一切可能使它们受到尊敬"。但是,国民议会已经不再是自己的主人了,也不再是推动事情进展的真正动力[第 20 页]。

　　发言前进行登记的做法始于那时候。穆尼埃抱怨说人们要提前几天进行登记,而人们只发表重大的演讲[第 25 页]。

　　议会的奴役。8 月 1 日,图雷先生被选为议会主席,这一任命受到王家宫的猛烈攻击;许多人出言威胁:图雷先生宣布辞职,国民议会只好接受。[第 27 页]

　　巴黎城里的思想压制。穆尼埃讲到一件事:他 9 月 5 日发表演讲,反对无政府状态以及国民议会的集权;他想把演讲印刷出版,但是他找到的印刷商却因为害怕民众而拒绝承印,第 46 页。

　　在 10 月 5 日到 6 日夜间国民议会对暴民的可耻屈服。在那个 *610* 晚间,一群女人在几个肮脏的无赖陪伴下闯进国民议会,来到议员们中间,强迫他们离场。时任议会主席的穆尼埃在国王那里耽搁了一些时间,等他返回的时候,看到一个悍妇赫然坐在他的位置上,其他人则坐在长凳上。他不得不和这群坏女人谈判了很长时间,还让人给她们买来面包;她们对我说小心被吊到路灯杆上。
[第 75 页]

　　在忍受这般情形之后,哪个议会还能领导革命? 任何议会都要遵守它被创建时的想法。89 年制宪议会的建立是为了反抗贵族制和专制,它在这方面表现出强大的力量,但是要消除无政府状态,它却毫无办法。相比而言,1848 年的制宪议会虽然明显在各方面都比前者逊色,但它主要是为对抗无政府状态而设立的,因此能够勇敢而且有效地承担这部分任务。它也遭到强暴,但是它回来时手里拿着武器,因此在事件中展示出力量而非软弱。要想在正反两个方向交替做出极大努力,这对一个人来说十分罕见,而对于一个议会而言则完全不可能。发条从一边强烈地推动它,就会减弱另一边的力量。

十月事件中,国民议会抛弃了国王。缺乏高尚和智慧。穆尼埃徒劳地想让议会靠近国王。如果我想描绘这一时刻和这一错误,就有必要重新研究他作为主要见证人所说的一切。[第83页]①

[总体评价]

法国大革命是依据某些相互紧密联系而构成统一学说体系的普遍性理论进行的,那是某种政治福音书,其中的每条原则都类似一个教义。

611 大革命提出的目标不仅燃起法国人的激情,还激发他们进行传道和宣传。革命学说不仅被他们信仰,而且被他们热情地宣讲,这是历史上从未有过的新事物。

在卷一第七章("何以在国民议会召开的前夕,人心……")的片断中寻找。人们在大革命初期希望建立一个不仅民主而且自由的社会;不是要建立一个军事社会,而是要建立一个公民社会。何以有人宣称大革命的宏大运动将会产生某种缺少家庭奴隶制的罗马社会(没落时期),形成广阔而令人憎恨的罗马帝国的某种小型复制品……把这些内容抽出来,我准备对此专辟一章,题为"应该被称为89年思想的观念"②。

---

① 10月6日,米拉波以国民议会的"尊严"为名拒绝代表们返回国王身边。穆尼埃反驳说,在危急时刻救助国王是一种神圣的义务。于是,米拉波和巴纳夫建议组成一个代表团陪国王回巴黎。穆尼埃列举了当时犯的错误:"在君主的宫室遭受最令人发指的罪行的侮辱之刻,却以维持尊严为借口拒绝驰援;对那么多罪行保持沉默;任由谋杀国王仆人的杀人犯和受坏蛋蛊惑而揭竿而起的民兵陪伴国王离开,而民兵迫使其首领带着全副武装的民兵侵犯国王和国民议会的居所。"

② 这是1858年6月的笔记。参卷一第七章中对这种观点进行的初步阐述,第503页及以下。托克维尔恼怒的对象是波拿巴分子,那些人将第一和第二帝国视为大革命的必然继承者。

民主。民主制度。该词的多个含义。由此引起的混乱。

给人们的思想造成最多混乱是人们对这些词语的使用：民主、民主制度、民主政府。只要没有对它们给出清晰的定义、不能对其定义达成共识，我们就会停留在某种纠缠不清的思想混乱中，那会给煽动家和专制者钻空子的机会。

有人会说，一个由绝对君主统治的国家是民主制，因为他会用平等的法律进行统治，或者通过有利于促进人民生活的政府机构来统治。他的政府就是一个民主政府。他将构成一种民主君主制。

然而，就其真正意义而言，这些词语——民主、民主君主制、民主政府——只有一种意义：人民在其中或多或少参与的政府。它的意义与政治自由的观念紧密相关。将"民主政府"的称号赋予一个不存在政治自由的政府，从该词的自然意义而言，是一种明显的荒谬行为。

612

人们使用这些错误的——或者至少是模糊的——说法的原因是：

1. 让人民群众产生幻觉，因为"民主政府"一词在他们当中总会获得一定的成功。

2. 人们在用一个词语来表达一个如此复杂的思想时，这确实会带来一定的困难：在一个绝对政府里，人民不参与任何事务，但位居他们之上的阶层也不享有任何特权，而制订的法律能最大可能地保护他们的福祉。

一些类似的原则和政治理论，为何在美国导致政府的更迭而在法国却导致社会的彻底颠覆呢。就这一观点可以大做文章，但是我还不知道在哪里处理这个问题。

直至今日，人们依然认为这种领土的解放具有很多神奇效果，许多人仍然会自我安慰说，虽然居民受到了奴役，但毕竟土地获得了解放。

如何、在哪里描述那些主要人物？比如说米拉波（参考穆尼埃对他的评价）。要给他画个全身像。①

或许可以专列一章，讨论在大革命初期人们还没有被革命潮流席卷时所发挥的影响，或者确切地说，他们的无力②……

论述个人在大革命中所占的分量。

尤其在大革命的初期，当革命固有的冲力还在持续时，一个人甚至许多人的无能为力。

大革命的主要特点之一。要强调其各种原因。宏大而可怕的场面。

---

① **页边**：在涉及制宪议会时才进行这一描述。在评述《安茹省市镇代表的通信集》（*Correspondqnce de MM. Les Députés des Communnes de la Province D'Anjou*）的一页单独稿纸上，托克维尔曾经写道："他在国民议会的权力并非突然建立起来的。我们在在安茹代表（不过却非常革命）的通信集中看到，6 月 16 日，米拉波先生在一次演讲中建议第三等级的议院更名为'人民代表'，那次演讲显得夸张。/有些人大声抗议，还有几个人出声打断他的发言。[卷一]，第 163 页。"
② **页边**：不能在卷一中这样做，因为那时大革命尚未发动起来。

第三章 "大革命在国外
取得胜利的原因"

[计划]

大革命外溢到整个欧洲。征服。征服的原因。征服之轻易。

要就此专门写一大章,但是我还不知道放在哪里,也不知道怎么谋篇。

攻占巴士底狱之后以及制宪议会的初期,整个欧洲的热情和狂热。或许可以为此专列一章。

第三章。大革命在国外取得胜利的原因。①

大革命在外部的运动。

大革命的战争,取胜的各种原因。在民主革命正在进行的时候,民主军队具有的特有优势。新世界反对旧世界。出人意料取得的胜利。战争所具有的所有新颖性。大革命的新颖性在这方面比在其他方面表现得都要明显。宣传。欧洲遭到蹂躏,也对革命的破坏提供了帮助。

君主们的老年痴呆症。在遭到灭顶之灾后,他们才明白世界上

---

① 此题目写在一个文件袋上;其后的评论写在单独的一张纸上。

到底发生了什么新鲜事。

614

外国人在大革命
初期的想法

大革命在法国之外
造成的冲击和反响。
译自海因里希·斯特芬斯的回忆录
《我的经历》，卷一，第362—[366]页①

"我此时走到我生命里的一个重要时刻；那个时刻是历史的转折点，也在动摇整个欧洲之后，又逐渐地让全人类都感到其力量。它就是法国大革命。"

"我当时十六岁。我父亲回到家里，神不守舍。他把儿子们叫到跟前。我们都看出他无比激动，都焦急地等待他要给我们说些什么。最后，他抬高声音说：你们是令人嫉妒的一些人！你们眼前呈现出多么幸福而灿烂的岁月啊！现在，假如你们还不给自己找到一个独立的地位，那么错误就只能埋怨你们自己。出身和贫穷的障碍造成的障碍将倒塌；从此之后，我们当中最微末的人都将能够同最强大的人在同等条件下、拿着同等的武器进行斗争。如果我能像你们那么年轻就好了！但是我已经老弱不堪了。所有那些对你们将不复存在的各种各样的羁绊，却已经从四面八方将我压榨干瘪了。如果这样一个热情的时刻不能席卷你们，你们就将是愚蠢的、应当被鄙视的！说这些话的时候，他激动得难以自抑，禁不住抽泣起来，过一会儿才能重新说话。我们生活在深深的孤独中，对于发生在巴黎的、预示着深刻危机的骚乱，我们根本就无从得知；我们目瞪口呆地望着父亲，一言不发地等待他下面的话。然

---

① 关于这本著作及其作者，参见第465页相关注释。托克维尔做注释的时间是1858年7月，见《旧制度与大革命》资料，43号卷宗，M文件夹："外国人对大革命的评价"。

186

后,他时断时续地给我们讲述王家宫发生的场景,人民陷入极大的热情当中,那种热情把现存政权设下的各种障碍全都打翻在地,巴士底狱如何被攻占,暴政的受害者如何获得解放。"

"那的确是一个神奇的时刻!那场革命不仅发生在法国,而是发生在整个欧洲。它在千百万灵魂里有根可寻[……]即使在革命没有爆发的地方,大革命早已在所有自由心灵的深处生根发芽。这最初的热血时刻后跟随的是一个如此可怕的将来,但它们自身包含着某种纯粹的、神圣的东西,令人永远无法忘怀。"

615

"那时,一个无限的希望充满了我的心。我仿佛感觉自己的未来正于一个崭新的、更加肥沃的土壤上扎根。不久后,父亲给我们拿来一本由一位利沃尼亚①法官写的文章,他作为见证人讲述了大革命最早的情形。他把握住了一个如此特殊的事件在世界历史上的重要性。从卡米耶·德穆兰站到王家宫的桌子上向极度兴奋的人民宣告当时被他们视为父亲的内克被迫与人民分离,一直到巴士底狱里的囚犯们被释放出来,极度激昂的热情像燃烧的宝剑一般浸染了整篇叙述;读着他的文字,我仿佛置身于那一小段时间内发生的所有激动人心的场面。那些事件即将产生出的伟大结果深深地感染了我,使我升华,让我燃烧。未来对我而言显得虽然不确定,却很纯粹。从那一刻起,我每天都读报纸。尽管身处远方,我却经历了大革命的所有阶段。我整个存在都从中接受一种崭新的印象……"

"就这样,虽然年幼,我已经开始为我的时代沸腾,也让我从青年早期平静的孤独状态中脱离出来"

> 对约阿希姆-海因里希·坎佩
> 的著作《大革命期间的巴黎来信》
> (不伦瑞克,1790 年)
> 所做的笔记。

---

① 利沃尼亚(Livonia),东欧的一个几乎灭绝的土著民族,主要在今天的拉脱维亚境内。——中译注

1858 年 6—7 月 ①

外国人的热情。走到法国边境,他说:"在所有的帽子和软帽上,那些资产者、农民、老人、儿童、教士、乞丐戴的帽子上,我第一次看到代表所获得的自由的标志,法兰西三色帽徽,我的感觉无法言表[第 2 页]。我想拥抱我们遇到的每个人。"

616

所有人都本能地感到大革命的普世性特点。"我们感到不再有法国人了;我们自己也不再是汉堡人、不伦瑞克人。一切民族的界限都灰飞烟灭。这些人刚刚取得人类的权利,而我们就是人。"(同上)

军队里的堕落感,这和其他原因促使士兵纷纷拥抱大革命的事业。在瓦朗谢纳(Valenciennes,法国北部的一个城市——中译注),他遇到守护门户、充当警察的国民卫队。"一个士兵带着刺刀出现在我们面前。有资产者向他喊道:'丢掉刺刀'。士兵立即服从,就像资产者从前听他的话一样。"[第 13 页]在某些情况下,这种情形让军队团结起来抵抗大革命,在另外一些情况下却让军队军心涣散并跟随大革命。

资产阶级控制一切。他们对底层民众的抵抗。各地草菅人命的习惯。"来到瓦朗谢纳广场上,站在胜利的资产者组成的军队当中,他看到两个被吊死的农民。两人在前一天的晚上跟随一群人闯入附近的修道院里。[第 14 页]假如那个资产阶级始终掌握着运动,很显然它不会听任大革命被引领到后来的境地。"

革命运动中的团结一致。所有阶级都行动起来。最令人感到震

---

① 约阿希姆-海因里希·坎佩(Joachim-Heinrich Campe, 1746—1818),德国教育家,巴泽多(Basedow, 1724—1790,德国哲学家和教育家,提出新的教育体系,受到卢梭《爱弥儿》的影响。——中译注)的门徒。1792 年,为表彰他关于儿童教育的研究以及 1777 年在汉堡附近设立一所教育学院,法国国民议会授予他荣誉公民的称号。坎佩在法国被视为开明教育学的代表人。他的《大革命期间的巴黎来信》(*Briefe aus Paris zur Zeit der Révolution*, Braunschwick, Schulbuchhandlung, 1790)最早在《不伦瑞克报》上刊登。托克维尔这里引用的是第一封信及第二封信的开头部分(第 1—32 页)。他于 1858 年 6—7 月间做的读书笔记现被归类于《旧制度与大革命》资料里(43 卷宗,M 文件夹):"外国人对大革命的评价。"

188

撼的是所有阶级同时的互助和共同行动,普遍的信任和欢乐气氛。

法国三色旗。不同颜色的原因。他给出的是最初人们对三种颜色的解释:蓝色代表权贵,红色代表教会,白色代表第三等级。他讲一个故事:看到旅伴的皱巴巴的三色帽上蓝色几乎被白色遮掩住了,一个驿站马车夫说:"看啊,第三等级压住权贵阶级了。"

这是认为三色旗——标志着等级的最终消亡——源于三个等级的想法的残余体现,令人吃惊。

人人头戴三色帽:1789 年 7 月和 8 月间。所有人——甚至儿童——都头戴三色帽。据他估计,这一点要花费 400 万塔勒①。

波及一切、改变所有习惯的过度激情。在佩罗纳(Péronne,法国北部城市——中译注),在清晨时分,他看到所有年轻人都在玩球,这让他很吃惊[第 26 页]。

在桑利(Senlis),所有民众都到大街上散步,男人身着鲜艳颜色的衣服,妇女身着蓝色。快乐、满足和幸福洋溢在所有人的脸上,老实的坎佩感到心扉敞开,他真想跳下马车来到人群中间。看到他的兴奋,所有人都向他微笑,就像对熟人和朋友那样。

巴黎的景象引起他无限的、幼稚的激动。来到巴黎,早已无羁绊的敬仰之情尽情释放,第 29 页。

他不敢相信自己置身于全世界的目光都怀着激情和震惊而瞩目的城市,仿佛身处全世界最伟大、最神奇的事件的中心点:一种哪怕布鲁图斯们和加图们②都渴望融入其中的公共生活……一个民族突然提升到一个极高的高度,一个让头晕目眩的外国人难以企及的高度……他不知道如何感谢上帝让他得见此情此景;那场景使人变得高贵,使人变得伟大……最后,他向通信人谦虚地宣称,假如他从巴黎回来时不能在道德上有极大的提升,那只会因为他是一个糟糕的学生,而丝毫不能埋怨学校。

617

---

① 塔勒(Thaler),日耳曼帝国时期的大银币名。——中译注。

② 布鲁图斯和加图分别是古罗马的政治家族,此处指的应该是布鲁图斯(Marcus Junius Brutus,前 85—前 42)和小加图(Marcus Porcius Cato Uticensis,前 95—前 46)。两人都生活在凯撒大帝的时代,小加图誓死反抗凯撒,布鲁图斯是小加图的女婿却被凯撒视为义子,但最后却出于政治理想而给凯撒致命的一击。——中译注

　　一个在遥远国度发生的事件却能引起如此激情和疯狂的敬仰，这难道不能说明事件多么新奇、多么具有普遍意义吗？

　　普遍的满意（表面上）；无政府状态中的秩序。大革命爆发后的一个月内，没有政府而进行统治的轻松。

618

　　坎佩于 8 月初到达巴黎，在那里停留一个月。

　　最让他感到震惊的，是人民表现出的温和、幸福和井然有序。没有发生混乱；一支由志愿者组成的治安力量①，所有人都愿意服从。没有粗话，没有争吵。一幅没有政府但城市得到完美治理的画面。只要英雄主义和好战的想象维系不断，法国人乐于让观察者看到这些假象。

　　巴黎少年。他看到，许多少年"受到那种让他们父母热血沸腾的爱国主义和热爱自由的感染，纷纷以自己的方式行动起来，获得许多旗帜和大鼓，声势浩荡地穿过大街小巷，显示他们在参与对秩序和安宁的维持"。[第 31 页]

　　这是 1848 年别动卫队②的先声。

大革命在国外。

佩尔特斯的传记。

1856 年③

---

① **页边笔记**：那些和过去的法国卫兵——现在被称为"祖国的士兵"——一起战斗的武装资产者，将由他们来全力以赴维持公共和平和秩序，但并非依靠刺刀，而是通过请求和友好的警告；这些方法足以让成千上万个群情激昂的人保持良好的秩序和道德[第 31 页]。

② 别动卫队（Garde mobile）是 1848 年初由第二共和国临时政府成立民兵组织，其成员多为 16—20 岁的年轻人。——中译注

③ 在莱比锡的学习结束之后，弗里德里希·克里斯托弗·佩尔特斯（Friedrich Christoph Perthes 1772—1843）于 1793 年 5 月到汉堡，在霍夫曼（B. G. Hoffmann）的书店里工作，1796 年创建自己的书店。他与欧洲知识界交往很多，并于 1810 年创建一份杂志《爱国博物馆》（Vaterländishes Museum），成为德国爱国者的阵营。他在德国的浪漫主义运动中占有重要地位。对《弗里德里希·佩尔特斯的生平》所做的笔记被归放在 A.A.文件夹"大革命前的人心躁动。已研究"里面。

第三章 "大革命在国外取得胜利的原因"

1805、1806 年前,少数德国人激情万丈,大部分人依然麻木和无动于衷。

佩尔特斯在他的《生平》中写道,吕内维尔(Lunéville)和平协议①和雷根斯堡(Ratisbonne,德文 Regensburg)的"帝国议会议事录"②签署之后,面对国家的无穷灾难以及压迫者的傲慢,那些被德国人引以为傲的人竟然无动于衷,目睹这一切他感到某种苦涩的愤怒和深切悲哀;而当他看到歌德的《欧也妮》发表之后,他怒火中烧。在 1804 年写给雅各比(Jacobi)③的信中,他说在祖国遭到肢解之时,耻辱——强烈的耻辱——应该让我们的心灵感到折磨。而我们最高贵的同胞在做什么呢?他们不是武装起来,不是积聚自己的力量、勇气和愤怒,而是全都陷入个人感情的世界里炮制艺术品去了。面对一个为了躲避良心的谴责而玩纸牌的罪人,我们会感到绝望,那么如果我们主要的公民如此麻木,我们的民族如何才能避免堕落成散落在地球上的、没有祖国的贱民之邦?",卷一,第164 页。

在 1805 年,君主们——甚至记者们——都站在拿破仑的一边:佩尔特斯惊骇地发现,德国的大部分决策者居然都站在拿破仑的一边反对英国,并为此用庸俗不堪的文字去影响民众。"由于卑鄙、愚蠢、恐惧或惟利是图,我们的记者(我这里仅以沃尔特曼[Waltmann]、阿兴霍尔茨[Archenholz]、福斯[Voss]、布赫霍尔茨[Buchholz]为例)竟然为暴君和大国张目。"在 1805 年 8 月 25 日写给穆雷(Müller)的信中,佩尔特斯用这番话来宣泄他那备受压抑的内心。卷一,第 165 页。

619

---

① 通过 1801 年 2 月 9 日签署的吕内维尔和平协议,奥地利放弃了对莱茵河南岸的统治,并承认法国对意大利北部和中部的统治;奥地利仍然保留伊斯特里亚(Istrie)、达尔马提亚(Dalmatie)和维内提(Vénétie)。雷根斯堡在 1645 年后一直是神圣罗马帝国议会所在地,1806 年,按照有利于帝国司法大臣达尔贝格(Dalberg)的方式处理,并于 1810 年被并入巴伐利亚王国。

② 帝国议会议事录(Reichsdeputationshauptschluss,此处简写为"Dem Hauptschluss"),指的是 1803 年 2 月 25 日在雷根斯堡召开的神圣罗马帝国议会的决议,也是最后一次会议,因为它宣告神圣罗马帝国解体。——中译注

③ Friedrich Heinrich Jacobi(1743—1819),德国著名哲学家、文学批评家。——中译注

191

法国大革命
在欧洲引起的
普遍关切

佩尔特斯希望看到人类日臻完美，并从这一观点出发去审视法国大革命，而大革命的景象使他陷入极大的震动（Aufregung）。1792 年（时年 20 岁），他在写给叔父的信中说："我认为，人类此时正处于一场革命（Verwirrung）之中，而革命之后，人类将辉煌地朝着完美跨越一大步……在我看来，成为自己的主人，这是真正的个体自由。假如所有人都能够以这样的方式实现自由，公民自由很快就会到来；因为我们将不再需要一个权威来限制我们。但是这样的情形在数个世纪后才能到来，而可怜的法国人难道在此之前要耐心地忍受可憎的压迫？不，他们应当努力为自己争取自由，而我，作为人和作为世界公民，为法国军队的推进深感高兴；但是作为德国人，我要哭泣（需要约束才能把我们引入正当的事业，这将给我们带来永远的耻辱）"……

他认为，"假如君主们通过努力将人民打倒，一种类似中世纪的黑暗将会重新覆盖欧洲；但是那不会到来，因为各种知识已经在各个阶层中间扩散，自由和自然权利的观念已经深入人心，甚至扩散到乞丐的茅屋里；从另一方面来说，这种使得从前的暴君在其暴行中仍然显得不同寻常的英豪之气、胆量和机智，我们的哪位主人可曾具有？"[卷一，第 30 页]

对革命成功的怀疑。佩尔特斯怀疑大革命能立即带来积极结果。"我不认为我们足够灵巧或者足够好，以至于我们能够从专制主义当中完全解放出来；低等阶层和学者（Gelehrten）都肆无忌惮地谈论专政者和贵族。但是假使某位贵族给他们一个微笑，他们马上会变成无耻的谄媚者；假设他们的地位得到升高，他们就会变成比世袭贵族更糟糕的贵族。"（同上）

1793 年恐怖造成的痛苦。"在 1793 年春天，政治让我充满痛苦：在法国，人民陷入可怕的疯狂；这里，是暴君们毫无节制的压迫。"[卷一，第 31 页]

对大革命和可完善性仍然抱有希望。他补充道："但我依然相

信,即使个体堕落下去,人类仍然会逐渐上升;虽然这一信念开始变得像梦一样。"(同上)

大革命的普遍和人类的特点让外国人和我们一样震惊。"克洛卜施托克①本人曾经希望,由于制宪议会的贡献,他希望看到战争对人的败坏会消失:他错了。"[卷一,第58页]

德国的思想运动虽然活跃,却和法国一样表现为理论性和哲学性。我们在佩尔特斯的整个青年时期的作品中,尤其在其信件中,看到与法国大革命之前相同的思想症状;尽管那个时代仍然不乏偏差、罪恶和错误,但那些症状使其成为人类历史上最伟大、最高贵的时期之一:某种强烈的运动推动所有人超越个人的狭隘利益、个体的自私感情和时代的纷扰,而去关注普遍的真理、人类的完善和发展以及适用于整个人类的理论;通过理性达到无限可完美性的思想……他在某处说到:"我直到今天一直相信,人的完善仅仅维系于智力的或强或弱的光芒,他通过获得启蒙可以变得完美。"[卷一,第58页]

在汉堡这一商业城市的代表市内,甚至在生意人当中,都弥漫着这种精神活动、对高雅话题的趣味以及对思想的热情。哪怕到了大革命陷入其狂暴时(1794—1795),那里的文人、哲学家、艺术家以及商人依然热衷于科学、美术,尤其是政治哲学;许多迥然不同的杰出人士走到一起;他们对大革命的话题争论不休、论战不已。他们当中的一个人用米拉波、皮什格吕②和夏洛特·科黛③的肖像来装饰自己的书房,而他的儿子出于对法国大革命的热情而

621

---

① 克洛卜施托克(Friedrich Gottlieb Klopstock, 1724—1803),德国诗人,代表作有长诗《救世主》(Messias)。大革命开始后他感到欢欣鼓舞,并荣获法国国民议会的"荣誉公民"称号,但随着拿破仑入侵德国,他开始改变对法国和法国大革命的态度。——中译注

② 皮什格吕(Charles Pichegru, 1761—1804)。1793年任法国莱茵方面军司令,在把普奥联军赶出法国和攻占奥属尼德兰中立下了战功。1797年被选为五百人院议长,采取保守立场。果月政变(1794年9月)后被流放到圭亚那。1804年秘密回国,策划推翻拿破仑政权,结果被捕,不久死于狱中。——中译注

③ 夏洛特·科黛(Charlotte Corday,原名 Marie-Anne-Charlotte de Corday d'Armont, 1768—1793),出身贵族,1793年刺死马拉。——中译注

干脆参加法国人的军队。汉堡最富有的人之一（西夫金①）在他的乡下房子里将所有这些因素聚集起来，为这个思想运动组成一个规模庞大的中心。在他妻子身边，每天晚上都聚集着七八十个宾客，谈论古往今来的重大问题[卷一，第50页]。

这些幅画面跟大革命前发生在法国的情形何其相似，它们具有那个时代的特色，本身就包含着伟大和新颖，而在我们时代的任何国家里都再也无法看见。

那场运动并非完全反宗教。发生在德国和法国的精神运动区别在于，在那边我们看不到该运动在法国与惯常的反宗教的战争的关联。相反在那里我们可以看到，宗教感情依旧占据着人们的灵魂深处。

大革命甚至令某些权贵热血沸腾。比如，来自丹麦或荷尔斯泰因的一个大家族的亚当·德·莫尔特克伯爵②，他的家族曾经出了多位丹麦的大臣；佩尔特斯说，这位伯爵就受到法国大革命最初印象的感染，在很长时间里都是大革命的最热情也是最纯粹的支持者之一。在走过欧洲的大部分国家、经历了许多人生磨难之后，他返回努特绍的一处庄园，那是对他被剥夺的其家族在西兰德（Seel-and）的采邑的微薄补偿。在那个远离喧闹的地方，他仍然充满政治激情，努力承受——满腔热血地屈从——他经历过的艰难岁月；他满足于不多的睡眠，努力通过认真而勤奋的历史研究去平息内心的焦虑。作者说，他"是一个翩翩美男子，有高贵的额头和炯炯有神的双眼"③。他是尼布尔年轻时的好友，后者说他身上具有雄狮气象[卷一，第137页]。这是旧的封建式的热忱转而服务于新

622

---

① 西夫金（Georg Heinrich Sieveking, 1751—1799），他出身于汉堡最富有、势力最大的家族之一，以热爱法国、启蒙思想和大革命而著称。——中译注

② 亚当·戈特洛布·德特勒夫（Adam Gottlob Detlef），即冯·莫尔特克伯爵（comte von Moltke），1765—1843，是尼布尔（Barthold Georg Niebuhr, 1776—1831，德国著名罗马史家）的同窗，居住在荷尔斯泰因地区赛格贝格（Segeberg）附近的努特绍（Nütchau）。出于对法国大革命的热情，他让人称自己为"公民莫尔特克"。从1815至1823年，他积极参加石勒苏益格-荷尔斯泰因的贵族争取宪政的努力。

③ 文中此处为德语："eine herrliche Mannergestalt mit edler Stirm und blitzendem Auge."

时期思想和激情的一个例子。

对法国大革命的热情席卷所有人的头脑,让德国人变得不像德国人,而更像法国人。在法国大革命爆发之时,佩尔特斯不过十七岁(!),他已经像同时代的大部分人一样,对那些反对古老法国王权的战斗者满腔热情。但是在法国和日耳曼帝国之间的战争爆发后,他与大部分其他人不同,他的内心选择站到德国的一边。

德国人对日耳曼帝国及其统一的漠视。但对帝国的情感依稀尚存。对帝国的忠诚依然存在的地方,那不是奥地利、普鲁士或者其他大邦这些具有独立存在的领土,而是在那些伯爵领地和蕞尔小邦。在那些地方,人们仍然经常把神圣帝国的代表称作"我们的皇帝";确实,人们对他表现出的归属感,更多地出于习惯,而不是认为他强大、有活力。佩尔特斯就出生在那样的一个小国家里,从法国与日耳曼帝国宣战的那一刻起就变成法国的敌人[卷一,第136页]。

约翰内斯·冯·米勒①:1804年他开始和佩尔特斯交往,他们结成一种政治关系。在那一段时期,米勒从维也纳来柏林并被任命为史官,他和根茨②关系密切,以最大的热情努力推动普鲁士和奥地利联手对抗法国。他为此发表了《大胆而有力的散文》(*Kühne und kräftige Aufsätze*,杂论、散文),以此来鼓舞德国人的民族感情,让他们起来反抗德国的压迫者。受到那些文字的吸引,佩尔特斯于1805年开始和他通信:"此时此刻,老人、青年、富人、穷人、强者、弱者,一切热爱祖国、自由、秩序和法律的人都应该联合起来。"米勒见信后回复道:"多谢,高贵的人③!能找到像你那样的德意志心灵,这是一件多么温暖的事情。虽然素未谋面,我已经是你的朋友了。时候到了,一切有相同想法的人都应该为了德国的民族解放事业而兄弟般地联合起来。对我而言,生命的魅力就在于此。在共同想法的人之间,存在一种内心的语言,一种无形的兄弟之

623

---

① 约翰内斯·冯·米勒(Johannes von Müller,1752—1809),瑞士历史学家,著有卷帙浩繁的《瑞士史》。他先后为黑森领爵、美因茨选帝侯、奥地利皇帝利奥波德[二世]、普鲁士国王弗里德里希·威廉三世效劳,最后投奔拿破仑。

② 根茨(Friedrich Gentz,1764—1832),奥地利政治家,梅特涅的心腹,维也纳会议和神圣同盟会议的秘书。——中译注

③ 文中此处为德语:"edeldenkender Mann."

爱,在每一个词语当中都可以辨识出来。我的朋友,你所属的这种博爱是世界的菁华。任何人一旦拥抱它,马上就会成为我的兄弟和朋友,比其他我终生相见的许多人还要亲密。"[卷一,第161页]

但是从1805年佩尔特斯的一封信中我们看到,他指责米勒对前途感到绝望并且在精神上屈服:"您的信让我很难受",他说:"假如像您那样的人都对时代感到绝望,我们又该怎么办?"[卷一,第165页]

1. 大革命前,文学入侵德国的生活,正如它入侵法国的生活。

2. 革命的经验和考验带来的转变。

佩尔特斯在致米勒的同一封信(1805)中补充说:"在我看来,我们当中已经可以看到一种迎接更好的事物的准备。对一种'拐点'(Haltungspunkt)模糊而强烈的渴望是普遍的。很多东西都被破坏了,比如'垃圾文字时代'(papiernen Zeit)的终结。若再有二十年的文学献媚(Buhlerei mit der Literatur)——'心智培育上的甜言蜜语、文学浮夸的杂乱摆设'①——,我们将会变得跟我们的邻居一样。年轻人现在感觉到祖国不是为文学服务的,而是相反。他们当中有多少人都已经坚信,力量和美德不来自道德理论(moralischen Grundsätze),而是成长于另一种完全不同的土壤!又有多少人知道,热爱并自由地照料自家的房屋及与其相关的一切,这比那些笼统的理论(allgemeine Umfasung)更有价值,热烈的爱国主义比冰冷的世界主义更有价值。"

在德国人那里,热爱人类取代了热爱祖国。在大革命爆发前的那段时间,对祖国的感情几乎消失,让位于一种多情善感、贫乏无果的人类之爱(要认真刻画这一点);"对宗教亦是如此,虽然由于长期统治的神学原则的滥用,对宗教的怀疑和冷漠已经在人们心中深深扎根,但宗教本身却越来越受到青睐……我们因为我们父辈的罪恶而遭罪;上两代人做事令人难以置信的轻率,正在将我们推入深渊。"[第166页]

事件之宏伟。场面的改变让人感到震惊和害怕。这对约翰内

---

① 文中此处为德语:"solcher Verhätschelung geistiger Bildung, solcher Krämerei mit belletristischem Luxus."

斯·冯·米勒产生的效果,1806 年。莱茵联盟的成立;神圣帝国的解体。米勒在写给佩尔特斯的信中说,:"全世界都见证的那些事件超越一切政治的算计。我们在任何地方都看不到获得帮助的迹象。上帝应该除掉一个人或者产生另一个更伟大的人,或者显现一些迄今为止都没有预料到的事件。焦虑与恐惧占据我的头脑;场面太庄严了。亘古常在者①召集会议:审判书已经打开,国家和君主们都站在审判台上。我们看到的一切将如何结束? 一个新的秩序正在酝酿,完全有别于那些不过是瞎眼工具的人所预料的一切。现在的将不复存在。过去存在的很难从头再来……"[卷一,第 171 页]

耶拿战役②一年后,他写道:"我想起昔日的先知,他从一些符号中辨识出,上帝想带来些新的东西。耶利米③看到亚洲和他的人民都将落入巴比伦国王之手,于是他建议顺应这一命运。这样做,他既没有忘记他的人民,也没有忘记他最深厚的感情。今天也是如此,透过 1807 年的奇事,我们看到这些国家都仿佛被囚禁到捕鸟者的网子里一般。从加的斯到但泽,从拉古萨④到汉堡,很快各地莫不如此,一切都属于法兰西帝国;它将像巴比伦帝国一样持续七十年,还是像神圣帝国一样持续七百年? 谁又能知道?"[卷一,第 173 页]

我们惊奇地发现:1.想象力将佩尔特斯之辈推向反抗的英雄主义,却同时将像米勒那样的人推向绝望。2.一个伟大的头脑,如果与一个虚弱的灵魂相结合,竟然可以加深后者的虚弱。前者的灿烂光辉竟然为后者的怯懦增添了些许理由和色彩。远在他拜谒拿破仑并侧身于胜利者的战车后面之前,写下那些文字的人就早已在内心里投降了。

神圣帝国在被法令解体之前在人们心中已经解体了。佩尔特

625

---

① 亘古常在者(l'Ancien des jours),《旧约·但以理书》7:9—10:"我观看,见有宝座设立,上头坐着亘古常在者……他坐着要行审判,案卷都展开了。"——中译注
② 耶拿战役,拿破仑帝国与普鲁士王国之间的决定性战役,时间是 1806 年 10 月 14 日,法国取得大捷。——中译注
③ 耶利米(Jérémie)是《旧约》中的先知,被认为是《耶利米书》和《耶利米哀歌》的作者;在这两卷书中,耶利米悲叹犹大国沦为巴比伦囚徒的不幸。——中译注
④ 拉古萨(Reguse),是亚得里亚海岸边的小共和国,1806 年被法国占领。如今名为杜布罗夫尼克(Dubrovnik),属克罗地亚。——中译注

斯在 1806 年写道，"很少有德国人为神圣帝国的败亡而感到懊悔。大部人——其中不乏通达事理之辈——都满心欢喜地看到，他们再也无需向维也纳和雷根斯堡缴纳赋税，并且认为汉堡仍将是汉堡"[卷一，第 171 页]。

18 世纪的哲学精神，对哲学讨论的兴趣一直渗透到帝国的军队里。贝纳多特①。1807 年，汉堡被攻陷。贝纳多特是守城将领。佩尔特斯说在"此人的行为和习惯里处处可见雅各比的影子。他像雅各比一样喜欢对哲学问题高谈阔论。在吕贝克的一次盛大的晚宴上，他长时间地谈论上帝是否存在的问题，并宣称他不信上帝。最后他被逼急了，大声喊道：'假如上帝存在，我又怎能在吕贝克呢！'"[卷一，第 177 页]

德国旧社会的完全破产。一个新社会的诞生，明显是法国大革命带来的后果。新社会的弊端。透过佩尔特斯对拿破仑的仇恨完全可以看出他对新社会的仇恨。对拿破仑的某种承认。拿破仑不过是上帝的一个残酷却高效的代理人。佩尔特斯写道："谁不明白在国家、教会和道德中的某种复兴对于欧洲是必需的？谁不知道神圣帝国被一种混乱、心胸狭窄、萎靡不振（Erstorbenheit）的氛围笼罩着。在德意志的邦国中，没有一个是不值得灭亡的，因为没有任何君主和民族愿意为整个德意志生存和死亡。从这种无所不在的虚弱当中，从这种自私自利的萎靡不振之中，必然要诞生出一种涤荡一切的力量，因为这是任何力量都无法阻挡的。拿破仑并且依然是一种天然的必需。他——世界上的强人——是自在的，他只为自己着想……上帝已经将世界遗弃给这个近乎魔鬼的人，不是为了让世界屈服于此人，而是为了凭借恶的破坏力量，善的已湮灭的力量能够浴火重生，哪怕付出的代价是可怕无比的灾难。"[第 178 页]

什么都比回归旧制度好。"过去的一切毁灭了；废墟之上将建起什么样的新建筑，我不知道。但我只知道，最可怕的莫过于，经过这个恐怖时代之后，萎靡不振、全面破产的旧制度又卷土重来。

---

① 贝纳多特（Jean-Baptiste Jules Bernadotte, 1763—1844），1804 年被拿破仑封为元帅，1810 年被瑞典国王查理十三收为养子，并于 1818 年继承瑞典王位，称查理十四世约翰。——中译注

通过悲惨和痛苦,上帝想引领我们走向一种崭新的秩序;再次回到开头,我们就不演戏了;继续前进啊!翻倒在地的,都是站不住脚的东西[……]。是的,现在企图让车轮倒转的人,考虑的全都是一己私利和自身的便宜,而天意不会予以理睬。"

此外,我们还要看到一点,佩尔特斯属于中等阶层,他既憎恶大革命又渴望呼吸大革命的气息。

与此同时,施托尔贝格叮嘱他说:"是的,老树叶必须落下;让我们看那在抽嫩芽的新叶子吧。"[卷一,第177—179页]

身陷苦难,德国人心中依然保留着对他们种族的自豪感。虽然被打倒在地,他们依然自视甚高。"上帝将伟大革新的希望尤其寄托在德意志民族的身上,我们这些德国人是一个被选中的民族(在1807年),一个代表全人类的民族,一个替所有人着想的民族。我们从来都不是一个仅仅局限在德国的民族[……]。我们从来都不缺少普遍性的心智天赋。我们献身科学是为了科学本身。在很长时间里,难道德国不都如同整个欧洲的科学院吗?别处找到的一切全都在德国被发现和思考过了。只要我们一息尚存,我们就不会只为自己活着,而是为整个欧洲……"[第179页]

上帝将同样的灵感注入所有民族的心灵,使得他们都认为自己强于他们实际上是的那样,使他们觉得自己必须做出他们能做的一切……

相比民众,君主被打垮得更厉害。根本不要指望他们。在普莱斯堡和约①之后,佩尔特斯写道:"我们的统治者充分展示出他们自私的怯懦和对拿破仑的屈服。首领背叛了人民,将我们置于荣誉扫地的境地。在领导事务者、具有强力者、给舆论定调者的心中,一切对公共利益的尊重早已荡然无存。救赎只能来自人民自身。"[卷一,第182页]

妇女在政治危机中发挥的影响。佩尔特斯豪情万丈,他不再留

---

① 普莱斯堡和约(traité de Presbourg)是法国在奥斯特里茨战役战败俄奥联军之后,法国和奥地利于1805年12月26日在普莱斯堡(今斯洛伐克首都布拉迪斯拉发)签订的和约。通过该和约,遭到孤立的奥地利被迫放弃其在威尼斯的领地,包括伊斯特里亚和达尔马提亚,以及德国南部的领地。通过该和约,拿破仑使得德国的各个邦国摆脱日耳曼神圣罗马帝国,并组成一个受他保护的莱茵联盟。

恋自己的过往："感谢上帝，我的妻子分享我理解事物的方法，在她的丈夫需要全部勇气的时候，她丝毫不会减损他的勇气。"［卷一，第 187 页］

德国人民内部的运动。凝聚力。在拿破仑的压力下产生的新联合。佩尔特斯 1809 年来到莱比锡后写道："你们永远无法相信这里多么团结一致（我还以为那是集市的时节）。德国从来不曾像现在这样团结。"［第 200 页］

在瓦格拉姆战役之后："我无法描述人们多么有多失望；但是在这样的情况下，勇气与绝望只有一步之遥，而且勇气会到来的。"［卷一，第 200 页］

628　德国人虽然内部严重分裂而且遭受外族入侵，却由于文学而保存着思想的统一；文学成为他们唯一共通的东西。"虽说奥地利人、普鲁士人、莱茵河左岸的居民以及莱茵河联盟的臣民正在失去他们同属一个民族的感受，政治统一和德国独立仍然遥不可及，然而却有一样东西让德国人的民族性可以自由地发挥，而且不会引起敌人间谍的目光或者被强烈的力量碾碎。文学本身仍然是文学，丝毫不会让拿破仑担忧（行动者总会犯同样的错误，哪怕最伟大、思想最开放的人；他们总会蔑视思想）。然而对德国人来说，许多世纪以来，德意志的独立而独特的生命都在文学①中找到最活跃的力量之一。尤其通过文学，德国才可以认为自己是一个民族；这种对于思想独立和统一的想法虽然不足以导致政治统一，却可以起到促进作用，可以形成一个保护膜，让对压迫者的隐蔽仇恨可以壮大起来。对于所有在内心仍归属德国的人们，文学可以成为一种从被撕碎的德国各地号召他们、以一种不令人起疑的形式团结他们的途径；然后，当解放的号角吹响之时，让他们拿起精神之外的其他武器进行斗争。"［卷一，第 201 页］

佩尔特斯着手创建一种刊物，使其成为所有德国人的集合点，无论他们属于哪个国家，或被划给哪个国家［卷一，第 203 页］："德意志的文学共和国仍然存在，而且将继续存在，尽管我们的君主们已经被

---

① 托克维尔此处用"littérature"（文学）来翻译原文中的德语词"Wissenschaft"（"科学"、"知识"、"认识"）。

打败,而且神圣帝国已经破碎不堪[……]！出版是目前能够覆盖整个德国的唯一纽带。事实上,它是我们的民族机构(institut national),不仅能自由发展,而且几乎唯有它才能代表我们德意志的特性。唯有出版业才能拯救德意志的文学共和国……通过它来做到这一点,这是我一生的目标。我在德国各地有许多朋友……"

从这种观点出发,佩尔特斯创建一份杂志(《德意志博物馆》①),期待成为所有仍然属于德国的灵魂的集结点,在他们当中形成某种隐秘的共济会。佩尔特斯到处走动,向可能的合作者解释他的计划。他对某些人说出他的政治计划,对其他人则只谈文学的追求:"在所有将来某一天能够接受号召领导人民斗争的人之间,将建立起一个不受怀疑的团体[卷一,第207页]。它将在压迫者的眼皮底下存在却不引起注意。每个成员都可以根据自己的处境和重要性而在自己周围团结某些志同道合者;这样一来,一旦时机成熟,一个文学团体将能变成一只强大的政治力量。"

德国文学界的状况(1809)。他的确成功地把许多人聚集起来:让・保罗,鲁莫尔答应写关于古代德国艺术的文章,维尔肯关于古代德国的风俗,费尔巴哈关于德国法律,奥古斯特-威廉・施莱格尔关于德国文学,弗里德里希・施莱格尔关于奥地利的本土文学,塞勒关于德国天主教的生活,马尔海奈凯(海德堡)关于德国式的布道,施莱尔马赫关于哲学,普朗克关于德国的历史神学,谢林,根茨②。

629

---

① 佩尔特斯主编的杂志名为《德意志博物馆》(*Vaterländisches Museum*),1810年创刊,同年底停刊。施莱格尔后来继续其事,于1812—1813年间主持《德意志博物馆》(*Deutsches Museum*),也捍卫一种爱国主义的文艺观。

② 让・保罗(Jean Paul,原名 Johann Paul Friedrich Richter,1763—1825);鲁默尔(Karl Friedrich von Rumohr,1785—1843);马尔海奈凯(Philipp Konrad Marheineke,1780—1846);维尔肯(Friedrich Wilken,1777—1840);费尔巴哈(Ludwig Andreas Feuerbach,1804—1872);奥古斯特-威廉・施莱格尔(August-Wilhelm Schlegel,1767—1845);弗里德里希・施勒格尔(riedrich Schlegel,1772—1829);塞勒(Johann Michael Sailer,1751—1832);马尔海奈凯(Philipp Konrad Marheineke,1780—1846);施莱尔马赫(Friedrich Daniel Ernst Schleiermacher,1768—1834);普朗克(Gottlieb Jakob Planck,1751—1833);谢林(Friedrich Schelling,1775—1854);根茨(Friedrich Gentz,1764—1832)。——中译注

歌德拒绝参与。出于他那特有的庄重的利己主义，歌德拒绝参与这项事业。他在写给佩尔特斯的信中说："有各种各样的原因要求我必须集中精力，以便我能够完成已经允诺的事情，哪怕仅仅在一定程度上；时代的性质使得我在能够谈论和论述它之前首先更愿意任其发展；因此，请您原谅［……］并请在方便时告知您工作的进展情况。"［卷一，第208页］

参与其事的其他德国作家有：亚当·米勒、卡尔-路德维希·冯·哈勒，卡尔-弗里德里希·艾希霍恩、蒂博、萨维尼、施托尔贝格、斯特芬斯、阿恩特、阿尔宁、富凯、哥雷斯、弗朗茨·本德、布伦坦诺、蒂施拜因、费奥里罗、柯尼希斯贝格的谢夫纳、库尔兰［即库尔泽梅］的施利彭巴赫、利希滕施泰因、格林、鲁斯、黑伦、劳默尔、雷贝格（大革命作家）、基尔［大学］的黑格维施。①

630

伯尔尼的哈勒写道："我感到您主持之事好似来自上帝［卷一，第209页］。我们永远都不应该绝望。反抗时代悲哀的唯一途径，就是在人们的精神和心灵里引入那些最好的原则和最好的感情。"

《德意志博物馆》持续的时间。这一文集开始于1810年，但不久后停刊，因为汉堡已经成为法国城市，而佩尔特斯也成为法国的

---

① 米勒（Adam Heinrich Müller, 1779—1829）；哈勒（Karl-Ludwig von Haller, 1768—1854）；艾希霍恩（Karl Friedrich Eichhorn, 1781—1854）；蒂博（Thibault），不详；萨维尼（Friedrich Carl von Savigny, 1779—1861）；施托尔贝格（Friedrich Leopold Graf zu Stolberg-Stolberg, 1750—1819）；斯特芬斯（Heinrich Steffens, 1773—1845）；阿恩特（Ernst Moritz Arndt, 1769—1860）；阿尔宁（Achim von Arnim, 1781—1831）；富凯（Friedrich de La Motte-Fouqué, 1777—1843）；哥雷斯（Johann Joseph Görres, 1776—1848）；弗朗茨·本德（Franz Bender），不详；布伦坦诺（Clemens Brentano, 1778—1842）、蒂施拜因（Johann Heinrich Wilhelm Tischbein, 1751—1829），画家；费奥里罗（Federigo Fiorillo, 1755—1823）；谢夫纳（Johann Georg Scheffner, 1752—1820）；施利彭巴赫（Ulrich von Schlippenbach, 1774—1826）；利希滕施泰因，指 Martin Hinrich Lichtenstein(1780—1857)或其父 Anton August Heinrich Lichtenstein(1753—1816)；格林，此处指格林兄弟中的弟弟威廉·格林（Wilhelm Grimm, 1786—1859），他于1809年到柏林旅行并结识布坦塔诺和阿尔宁；鲁斯（Friedrich Ruhs, 1781—1820）；黑伦（Arnold Hermann Ludwig Heeren, 1760—1842）；劳默尔（Karl Georg von Raumer, 1781—1873）；雷贝格（August Wilhelm Rehberg, 1757—1836）；黑格维施（Hermann Hegewisch, 1746—1812）。——中译注

臣民。佩尔特斯的一位朋友给他写信说："您主编的《博物馆》已经死了,但其精神将会延续下去。"(卷一,第 217 页)

法国大革命对
德国产生的影响①

霍伊瑟尔在其《德国史》(*Deutsche Geschichter vom Tode Friedrichs bis zur Gründung des Deutschen Bundes*[《从斐德烈大帝逝世到德意志邦联建立之间的德国史》],第二部,柏林,1855 年)中说:"值得注意的是,89 年的动荡在德国几乎没有留下什么痕迹,而波及整个帝国政体的大震荡(Riss)——这可以被视为法国大革命的反冲力——只是到了 1803 年才发生。同样值得注意的是,那震荡并非来自民众,而是来自君主们自己。他们将 89 年以来改变封建法国的、以暴力推进扩张和平等的革命思想引入德国的政体。在这边和那里一样,都是通过强力实现的。大量个体权利被迫让位于有关共同福利的新国家理性。但是在这边和在那边一样,许多败坏的或者腐朽的机构都遭到摒弃,社会整体分裂为许多小部分的局面受到指责;由于隔阂为小邦而受到阻碍的血液循环,这时加速了许多。那些经过革新和扩展的小邦集团引入和法国一样的政府系统。这种领导法国的行政系统倾向于平等和统一、活跃而且具有常规,在被移植到德国的多片领土后,同样强劲、蓬勃、富有革命精神,同样对历史或传统之事缺乏敬意,同样充满国家至上的理论和波拿巴法国官僚系统的平等主义倾向……宗教改革对罗马教廷和天主教教会的打击都比不上这些改变对其造成的冲击。权贵的遭遇和教会邦国遭破坏关系密切:各教士会议(Domstifter)的 700 多个成员失去职位。同样数目的权贵亲戚本会占据那些位置,也将

631

———————

① 托克维尔此处摘抄和评论的是路德维希·霍伊瑟尔(Ludwig Häusser)的著作《从斐德烈大帝逝世到德意志邦联建立之间的德国史》(*Deutsche Geschichte vom Tode Friedrichs des Großen bis zur Gründung des Deutschen Bundes*,1854—1857,4 vol.)第二卷的两段文字,分别在第 422 页及其后、第 331 页。对该书的读书笔记是托克维尔在 1854 年德国旅行期间完成,收入《旧制度与大革命》的资料(43 卷宗,Q 文件夹)。

失去指望。不仅仅对权贵的财产、更重要的是对其组成，这种打击都非常沉重！"除此之外，还有"帝国伯爵"（Reichesgrafen）和"骑士等级"（die Ritterschaft）通过"分裂"（Teilungsgeschaft）遭到削弱，而新君主的暴行使这一削弱更是雪上加霜。权贵阶级和自由城邦本来水火不容，此时在相同的命运下同病相怜……

教士、权贵和自由城邦因此对大革命怨声载道。"世俗君主"及其官员却吹嘘那是一次重大进步。大部分民众要么表示赞同，要么抱着无所谓的态度。

在那之前，他说过这样一句话："德国的悲惨状况的一个证据是，莱茵河左岸的人民大都倾向于和法国结合。从那时起，约瑟夫·哥雷斯（见他的著作《就其巴黎使命向同胞报告》[*Rechenschaft an seine Landsleute uber seine Sendung nach Paris*①]）将回归旧制度视为可怕的阴魂不散。他害怕'压迫人的专制制度'，担心国家介入教会，因为那可能会使世俗权力接受僧侣的监督，并一道抢劫平民……相反他希望与法国联合，从而能形成代表人民的机制，能将国家从教士手中解放出来，让政治机构和宗教机构完全脱离，实现文明与启蒙的重大进步。"

> 法国大革命对其最强大的
> 敌人产生的效果，而且那是
> 他们主动追求的效果

斯坦因男爵——德国最古老贵族家族的代表，法国以及法国思想最激烈的敌人，为了激起和组织普鲁士人民反对我们（各邦国的

---

① 托克维尔此处给出的文献不准确。该书应为《共和八年雾月出使巴黎记述》（*Resultate Meine Sendung nach Paris im Brumaire, des VIII Jares*, Coblence, an VIII.）。约翰·约瑟夫·哥雷斯（Johann Joseph von Görres, 1776—1848），德国天主教自由派政论作家，出生于科布朗斯（Coblence），1799 年带领一个共和国代表团出使巴黎，请求法国兼并莱茵河左岸地区。他对恐怖感到失望，后来与阿恩特（Ernst Moritz Arndt, 26 December 1769—29 January 1860，德国诗人，德国民族主义和统一运动的重要代表人物。——中译注）一道成为拿破仑的敌人。

联合力量已经不足够)而推出改革的人——于 1807 年进行一系列直接源自于法国大革命精神的改革(要进行研究)。

1. 1807 年 10 月 9 日法律,权贵失去独自拥有不动产的特权。农奴对土地的附庸关系被取消。所有人都可以获取和拥有土地。但是权贵被给予参与工业和商业而不失去权贵资格的权利。民事平等被建立起来。

2. 号召公民参与地方事务。只要达到一定纳税额即具有城市的选举权,而不论何种出身与宗教信仰。

3. 在军队里,所有人根据才能获得军阶。

此外,他还完全倾向于代议制。

节选自《两世界杂志》,1852 年 11 月 15 日。①

[革命战争]

虽然国内政府衰弱而且备受蔑视,强大的军事力量仍然存在。这在督政府时期尤为明显。

为什么军队仍然活力十足、秩序井然,在整个国家却不再如此的时候。

公民社会可以在无政府状态下继续存在很长时间,但是那个被

---

① 圣勒内·塔扬迪耶(Saint-René Taillandier),"斯坦因男爵",《两世界杂志》,1852 年 11 月 15 日,第 708—755 页。此文是对乔治-海因里希·佩尔茨(Georg-Henrich Pertz)的著作《大臣冯·斯坦因男爵传》(*Das Leben des Ministres Freihern vom Stein*, Berlin, 1849—1851, 4 vol.)的概述。1857 年 2 月,托克维尔曾读过佩尔茨的原著(参见《外国通信》,1857 年 2 月 1 日致莫纳尔(Monnard)的信,《托克维尔全集》第七卷,1986,第 358 页);关于塔扬迪耶文章的读书笔记收入《旧制度与大革命》资料,第 43 号卷宗,K 文件夹。——斯坦因(Heinrich Friedrich Karl vom Stein, 1757—1831)男爵,1804 年 10 月被弗里德里希·威廉三世任命为公共工程、商业与海关大臣,1807 年 10 月至 1808 年 11 月期间出任普鲁士首相;从他痛恨的法国大革命原则中,他得出改革普鲁士的各项原则;他进行的改革影响深远,包括解放农奴、废除贵族特权、城市自治、加强中央政府等措施。直到 1815 年,斯坦因一直是反对拿破仑运动中的积极分子。

称为"军队"的小型人为社会却无法做到。一旦联系松散，它就会解散。因此在一个国家陷入混乱的时候，它的军队可以依然组织良好。这足以说明，为什么所有革命都以军事政权而结束。

进行战争的方式发生深刻的革命。战争的新形态，这是法国大革命的主要特点之一。要对此专列一大章进行论述。参见《英国信使》①中的相关章节，卷二，第 65 页。

633   民主政府天然具有的大胆、暴力和不审慎：当它们变得革命的和法国（我加上）的时候，它们尤其如此。

人心的邪恶和时代的邪恶相契合。一种混乱的精神，一个革命的年代。两者的互相影响。

大革命和皇帝，这或许是这本书的好题目。

法国大革命和拿破仑。

如果我们拥有某些事情所要求的品质，我们可以在这些事情上取得成功，但是只有在连缺点都帮他忙的事情上，他才能做到优秀。这解释了为什么法国人在战争上的表现要优于他们在公民生活、政府管理、总之战场外一切方面的表现。

法国人变得适应战争的原因。

有人错误地认为，法国人取得战争胜利的原因是他们热爱战争。他们并非先天就对战争充满激情（尽管他们的想象像其他民族的人民的想象一样会在战争故事中取乐），他们甚至毫无爱好。他们害怕战争的后果，害怕战争要求他们做出的各种牺牲，对战争的危险和苦难不寒而栗，他们离开村庄去战场时难免哭哭滴滴。可是让他们变得如此适合战争的原因，是某种隐秘的、连他们自己都不知道的契合，是战争、他们的优点、他们的缺点之间的契合。战争是一个舞台，优点缺点都自然而然地呈现出来，并共同促成胜

---

① 《英国信使》(*Mercure Britannique*)是一份由马莱·杜庞主编的双月刊(1798 年 8 月—1800 年 3 月)。

利的出现。①

大革命征服的特点。在伊斯兰教诞生之初,阿拉伯人通过蹂躏半个地球而使之改宗,我们在这里看到某种类似之处。②

634

德国反抗法国的斗争。人民推动着国王。在那些拯救了他们的激动情绪和那些高贵而骄傲的激情当中,国王们倾向于看到一场革命性和颠覆性的运动。他们颤抖着承受拯救。

这一点清楚地表明在 1857 年 1 月 1 日《两世界杂志》上引用的梅特涅亲王的信中。那篇文章题为"俄国战争后德国起义",作者是阿尔芒·勒费布尔先生。③

为什么 1813 年之前的反法同盟的计划全都失败、1813 年却获得成功?

1. 旧外交不能适应新形势,因为在新形势下,与打败共同敌人的目标相比,所有局部利益都变得次要了。

2. 人民的热情推动着国王们。

3. 共和国和帝国的胜利消灭了小国家,并使全部政治力量都

---

① 在克里木战争期间,托克维尔曾经指出,法国农民对战争缺乏热情,但这并不妨碍他们在战斗中表现出极大的勇气。参见 1855 年 10 月 6 日托克维尔致斯维钦夫人的信,《托克维尔—科尔塞勒及托克维尔—斯维钦夫人通信集》,《全集》,t.XV.II,第 263 页。

② 在《旧制度与大革命》卷一第三章"大革命如何是一场以宗教革命形式展开的政治革命,其原因何在"中,托克维尔就已经将法国人的革命传教热忱和伊斯兰教的扩张作比较。[参见第 63 页]他在马莱·杜庞的《回忆录与通信集》中读到这种对比。他于 1852 年春对该书作阅读笔记,参第 669 页以及相关注释。

③ 阿尔芒·勒费布尔(Armand Lefebvre),"俄国战争后德国的起义。约克和斯坦因。——柏林事务处和维也纳事务处"("Soulèvement de l'Allemagneu après la guerre de Russie. York et Stein. Le cabinet de Berlin et le cabinet de Vienne"),《两世界杂志》,1857 年 1 月 1 日,第 5—64 页。

集中到两三个人的手里。

要认真论述这一观点，让人认识到欧洲的不和。这一点，再加上法国公共权力的集中，是胜利的原因所在。

关于法国大革命战争的这一章要以论述英国的自卫作为结尾，因为它以与法国类似的力量对抗法国。它们都有一个中央集权的政府，都是整个民族都奋起抗争。挽救它的不是海洋，而是它的精神，它的宪法，尤其是它的自由。宏伟的场面，唯有自由才能对抗大革命。

把这一章放在哪里？它很重要，或许别开生面，但至少有许多新鲜之处。

在讲述拿破仑的历史之前；在督政府期间，严格意义上的革命战争结束了。

第三编
拿破仑

论革命：从革命伊始到帝国崩溃

计划

索伦托（Sorrente），1850 年 12 月
拿破仑①

我所希望描绘的与其说是事实本身——无论它们多么出人意料、事关重大，不如说是事实的精神；与其说是拿破仑一生中的种种行动，不如说是拿破仑自身：这一独特、不完整但着实令人惊奇的存在，我们如果仔细审视他，就不会看不到一场世上所能发生的最为稀奇古怪的表演。

我希望在他惊世骇俗的大业中，揭示哪些当归功于他的天才，哪些当取决于时代精神和国家情势所赋予他的便利条件；让人们看到这个桀骜不驯的民族如何以及何以在那时那刻对奴役趋之若鹜；他以一种无与伦比的艺术在革命最为蛊惑人心的作为中发现所有那些投合专制的东西，并使它们很自然地成为革命的结果；从他的内政入手，我将专注于这神灵般的智慧的作为，这智慧被粗暴地用来压迫人的自由；只有最为开化最文明的世纪中最伟大的天才才能构想出这样一种对力量的完善巧妙的组织；在这令人钦佩的机器的重压下，被压迫窒息的社会万马齐喑，智力的运动踟蹰不前，精神萎靡，伟人遁迹，仿佛一片广阔平坦的大地，无论你从哪里举目，看到的只有皇帝本人巨大的身影。

然后我考察他的外交和征服，我致力于描绘他的命运的暴烈征程，它践踏民族和王国于脚下；我希望在这里再次说明的，他的军事天才的神奇伟大如何受助于那个时代混乱而神奇的伟大。这躁动不安的天才永无休止反反复复地摆弄他的作品，时时刻刻涂抹改变帝国的边界，使这些民族和君王惊恐不安——并非仅仅因为他让他们受的痛苦，而是因为他让他们处于无休无止的焦虑当中，不知道接下来要发生什么让他们恐惧的事。这将是人类的伟大与卑微的多么杰出的一幅画，如果我们能够画下来的话。

---

① 卷宗 44 的笔记，时间是 1850 年到 1852 年。

　　最后我将让人们理解他如何在一系列的妄为和过错中自取灭亡。尽管有这些妄为过错，我仍将勾勒他在身后留给这个世界的巨大踪迹，这踪迹不是回忆，而是持久的影响和行动；我将描绘那些和他一起消失的东西，那些依然延续的东西。

　　为了结束这幅长卷，我将阐明帝国对于法国大革命意味着什么、这不同凡响的一幕在这奇特的戏剧中应当占据的位置——我们至今还不知道这出戏将如何落幕。

　　这就是我模糊瞥见的宏伟蓝图，可是怎样完成呢？

　　记忆，沉默。

　　同时叙述和评判。

　　首先叙述拿破仑获得权力的方式。革命的结局中看起来不同寻常的东西。夺去权力时他获得的便利条件。当时大革命到达的阶段。

　　他建立权力时发现的便利条件。他赋予这一权力的构成方式。描绘他的心智在致力于行政事务时的行动和表现出来的不可思议的特征，然后再描绘他建立的制度。当他的命运飞黄腾达、他的权力变得势不可挡、对于恐惧所能带来的有益保护也忘乎所以的时候，他的性格中发生的变化。

　　因此，第一章

　　掌权？如何？为什么？

　　描绘大革命创造的社会，它怎样促进了这一事件的发生。

　　导向不只是秩序而且是奴役的潮流的力量。中产阶级重新获得权力。

　　第二章

　　拿破仑成为主子。他的工作方式的细节；他作为立法者的特征。他所建立的。为什么？

　　他发现的便利条件。他的作为中哪些是新的，哪些是旧的。

　　无秩序的大革命很自然地导致前所未有的行政集权。

　　另一章

　　帝国内政的发展和进展。所有保证都被抹除了。所有自由都被剥夺了。专制变得反复无常。令人窒息的氛围。心灵的堕落。

637

心智的颤栗。在凯旋的一片喧嚣中人类心灵的迟钝和沉睡。

文学不值一提。艺术乏善可陈。行政管理有才干而无创造；即使军事能力也既无创新也不伟大。一个巨大的人物压迫世界，践踏一切。

另一章

皇帝的命运发展的同时他的性格所经历的变化。

另一章

皇帝的外交。他无休止地、不可抗拒地被推向战争：何以这一点既是正确的也是错误的。

简要地叙述主要的外交和政治事件。

主要原因在于他自己，不会自动停步的天才。勾画通过疆土、民族、帝国而展开的其命运的暴烈征程。

638

另一章

不必详细讨论战斗。可以以一次战役为例，尝试加以概述。通过这军事天才本身的因素展示其令人惊叹的风采。

另一章

在法国大革命的大戏中帝国意味着什么。那些仅仅短暂存留和那些持久的东西。他所做的；他所准备的。

另一章

拿破仑如何在大革命的工作中扮演了专制的角色。他从大革命中采用的和放在一边的。他在大革命的业绩和趋势当中作出的机智的和自私的行动。

另一章

命运的锁链如何将他带出他最初的计划之外，促使他试图在新的大厦中混合旧的和新的材料。

这个大人物滑稽、狡诈和狭小甚至粗俗的一面。在哪些方面他暴露出暴发户的面目。热衷虚张声势，夸大其词，好大喜功。

不一致，缺乏规划，外交的多变。

其失败的重大原因：欧洲被击垮，君主们又是如此一败涂地庸碌无为，他们如果事先知道他们将要遭受到的重创的明确具体的界限，他们本来会屈服的。使他们气急败坏的，与其说是他们所忍受的打击，不如说是他们对未来无休无止的疑虑以及对更可怕的灾难心惊胆战的等待。

　　对失败者的压迫,尽管同时改善了他们的状况和法律。这部分是拿破仑发动战争的方式的必然后果,部分则出于一个错误的观点,这个观点认为必须通过劫掠使军队热爱战争。结果:那些对他建立的制度最惋惜或把他的制度保存得最为完整的民族和那些从他开始并因为他而繁荣的民族,也最为激烈地对他进行斗争。

　　这些和其他所有征服者发动的征服不同的征服:四处宣传,好战,在某种意义上保留了共和国的战争的宣传特征。暴力混合着哲学和启蒙。拿破仑和 19 世纪一起在这里体现出来。

　　皇帝的事业和天才展现的勇猛、不连贯和闻所未闻的特征,这一特征不仅出自他的本性,也出自这个他于其中生活的天翻地覆的时代和不同寻常的新事,出自人类事务不可预见、出人意料和史无前例的转向。

　　为了很好地研究这段历史,应当将其划分为几个部分:战争、行政和文学。

　　需要咨询的人:莫雷(Molé)①,帕斯奎耶(Pasquier),布雷瓦纳(Brévanne),得奥奈(d'Aunay),米涅(Mignet),梯也尔(Thiers)。

　　文件、出版物:导报(Moniteur)、法律公报(le *Bulletin des Lois*)、历史、回忆录。手稿:外交文件、信件手稿、未出版的回忆录。

　　督政府研究某些必备的手稿文件。

　　警察总署的文件。

　　行政管理是如何运行的或者至少它是如何没有运行? 它缺少哪个机构? 只有内政部和警察总署的档案能说明。②

---

① 参见 690 页以下托克维尔和莫雷的谈话。

② **在手稿 B(ms.b)页边上写道**:范(Fain)撰写的《督政府史》。范先生曾是督政府秘书。不完整,但读一读是有益的。只有一册。**在手稿 B 另一页纸上**,托克维尔注明:当我回到关于执政府和督政府的研究时,应该重新向法兰西学士院图书馆借阅下面这些我在 1852 年 12 月借出但没有阅读的书:1.《督政府史》,两卷,共和九年,1801 年。2.一个国务委员(蒂博多,Thibaudeau)的执政府回忆录(1799—1804)。这让我们可以确定托克维尔这些关于方法的笔记的时间最晚写于 1852 年。

镇压劫匪的手段和范围。

640　　到国家图书馆查阅督政府时期出版的版画和漫画。沃莱沃（Hauréau）。[1]

做好关于出版物的收集工作。沃莱沃。

把所有能够说明波拿巴的早期生涯、他最初的看法、文字、他掌权之前表现出的性格的材料带到乡下去。他在葡月十三日、果月十八日、[2]在埃及的真实行动，一句话，雾月十八日之前他的生平。

---

[1]　沃莱沃（Jean-Barthélémy Hauréau, 1812—1896）。最初接近共和派，在 1837 年主编支持博蒙的《萨尔特（le Sarthe：法国西部地区）通信》。1848 年成为制宪议会议员，左翼。他很博学，1848 年国家图书馆手稿部的负责人，路易·波拿巴 1851 年政变后被解职，但把托克维尔引荐给其继任者。他在 1856 年 7 月 10 日的《阐明》（L'Illustration）中发表了对《旧制度与大革命》推崇备至的书评。

[2]　1795 年 10 月 4 日（葡月十三日）王党暴动，波拿巴予以镇压，被称为葡月将军。1797 年王党在立法机关选举中占多数，利用两院攻击督政府。督政府发动果月政变，镇压王党。波拿巴派奥勒罗将军从意大利带兵回巴黎支持督政府。——中译注

第一部分　国民公会和督政府时期

第一章　共和国如何准备接受一个主子[①]

如果人们要对人事图景中所呈现过的最为奇怪的时刻之一有所理解,就必须深入考察这个曾震撼欧洲的共和国。

共和国政府拥有可能自罗马人以来世界上所出现过的最为令人生畏的军队和最了不起的将军,但却每时每刻摇摇欲坠,步履维艰,随时可能在其罪恶和错误的重压之下土崩瓦解;它被人所共知的疾病吞噬,虽然还年轻,却被那通常只会打击垂暮政体的无名之恶折磨,这种恶是一种普遍的衰弱和苟延残喘,我们只能称之为存在的艰难。没有人试图将其颠覆,但它却似乎已无力在它的位置上坚持下去。

果月十八日之后,督政府掌握了比被大革命推翻了的国王还要强大的权力。事实上它成为绝对的主权者,此外它继承了大革命,这场革命扫除了所有那些曾经反对权力的滥用和甚至在某些情况下权力的正常运用的一切法律、习俗和民情构成的障碍。舆论界万马齐喑。法国提供那些人们事先指定的代表,地方官员或者被替换或者屈服;最后,陷于屈辱和失望当中的立法机构从此只是服从。

₆₄₁

[①]　**手稿 B 的第一段边上被划掉的一句话**:本章在关于胜利及其原因的一章之后。

　　然而，督政府却始终不能行事。它控制了政府却不能统治。它从来不能在行政中恢复条理，在金融中重建秩序，在国家中再创和平。其全部治理不过是被暴力节制的无秩序。①从来没有哪一天它能让人幻想它能长久存在下去。各派从不视其为牢固建立的政府。他们各自保持他们自己的希望，特别是他们的仇恨。

　　政府自身也只是一派，排斥异己，总是焦虑而又强暴，人数最少，却最为人鄙视。这是一个弑君者的小团伙。它几乎完全由二流的革命者构成，他们或者只是在暴民当中追随最为凶恶的罪犯，或者只是犯下了暧昧的罪行，同时躲过了恐怖和其后的反动。他们把共和国看成安全的藏身之处。但根本上他们中的大多数人所能紧紧抓住的不过是共和国提供的统治和欢乐。他们多疑，沉湎声色，只剩下他们过去的精力。引人注目的是，几乎所有在这革命的漫长精力中灰心气馁的人，在革命传给他们的所有罪恶中，他们却总是保持了某种类似于混乱野蛮的勇气的东西，这种东西帮助他们发动革命。有很多次，在他们处于困境和危险当中时，他们酝酿和希望能够恢复恐怖。他们在果月事变后有此企图，在牧月事件②之后也试图恢复恐怖，但却徒劳无功。这里可以发表一些值得注意的评论。

642　　在一场暴力革命的开端，平常时期所建立的法律要比突然间被新的激情所坚硬的民情要柔和。但其后，法律最终比民情更为强硬，而民情却以其懈怠使这些法律陷于瘫痪。最初，可以说，恐怖爆发，但立法者并未卷入；其后，立法者竭尽全力来引发恐怖。

---

① 在垃圾 B(rubbish b)中的一页纸上写有"在这里是否应当加上这些话"；其全部治理不过是受到节制的无政府状态。一种混乱的状态，确切地说来，既非叛乱也非服从。在其统治过程中，公民们最终对公共事务感到厌恶，却又不能专心料理他们自己的事情。民族所追求的不过是休息，其政府却从不能给他提供宁静的安身之处。

② 共和五年果月政变之后，王党受到密切监控，雅各宾主义再度抬头，但共和国却丧失了权威。共和八年牧月三十日(1799 年 6 月 18 日)，议会在罢免了被选入督政府的 Treilhard 之后，不得不迫使 Philippe-Antoine Merlin de Douai、Louis-Marie de La Revellière-Lépeaux 也从督政府辞职。他们被不太知名的国民公会议员 Gohier, Roger Ducos 和 Moulin 取代。关于获月二十四日(1799 年 7 月 12 日)法律恢复的恐怖统治，参见第 661 页以下。

1793 年最为残酷的法律体现出的特征要比 1797 年、98 年、99 年制定的一些法律少一些野蛮。未经审判而把人民代表和记者遣送圭亚那的法律，授权督政府随意逮捕和流放那些在它看来很危险的神父的法律，以强制税为名而征收的、剥夺了富人的所有收入的累进税，关于人质的著名法律，它们一起体现出一种国民公会时期的法律所不具备的完善了的残酷，但它们却不能恢复恐怖……在对暴政的理解上，提议制定这些法律和措施的人和他们的前任一样大胆，一样毫无顾忌，甚至更加聪明，而且，这些法律几乎未经辩论就被投票通过，未经反对就被颁布。之前准备和建立恐怖的大多数法律往往激起强烈的争议，引发一部分国民的反抗，而这些法律却在一片沉默中被接受。但人们却从来不能完全实施这些法律，最引人注目的，是为其制定提供便利但又削弱其效果的同一原因。大革命在其漫长的过程中如此刺激了法国人却又使他们非常厌倦，以至于即使当最暴力、最残酷的法律被颁布时，他们也既不会震惊，也不会反感。但心灵的消沉使同样的法律的日常实施变得困难；公众的民情不再顺从；对于政府的暴力，民情以被统治的大众的消极却几乎是不可消除的反抗来加以抵制。督政府的力量被耗尽了。

　　确实，这个政府虽然在制造革命手段上颇有成效，但在组织权力方面，却罕见地拙劣无能。它从来都没有以巧妙建立起来的政府来填补它所缺乏的民众热情。在这个政府的手中，暴政总是缺乏组织，其牺牲品中的大多数得以逃脱，因为没有足够的人手来执行命令抓捕他们。一言以蔽之，它一直不懂得那些著名专制者的重要准则——我们很快就会看到这条准则的运用，那就是要使一个民族屈服并一直陷于这种屈服当中，有用的不是严酷但得不到遵行的法律，而是温和但被一个完善的行政体系常规地自如运用、时时刻刻针对所有人的法律。①

643

──────────

①　托克维尔在这句话中的 que 下面划线以备日后修改。在手稿 B(Ms B)中有一段加了括号的话：激情的消退，民情的萎靡不仅仅体现在革命法律得不到实施这一点上，而且体现在酷刑的选择上。人们用流放代替断头台，流放经常比死亡更加严酷，但人们不能目睹它的执行，它虽然满足了人们的仇恨，但对痛苦的令人不愉快的展示却被免除。

督政府末期，人们看到雅各宾俱乐部重新开放。①它们恢复了它们的标记、语言、格言。雅各宾派没有什么变化，而一个值得注意的现象是，他们在思想和行动上的集体表现比他们中的个人更加不妥协。因此雅各宾派所推行的就是他们在恐怖时期的行动，但却不能复活恐怖。他们的影响不过是使民族对他们感到恐惧，因此再度更迅速地摆脱自由。

在果月事件所赋予它的强大权势中，督政府经过了未经对抗、几乎不受限制的统治、什么都干涉、什么都尝试之后，逐渐坍塌，在1799年6月（共和七年牧月三十日）走到了其使命的尽头，未经挣扎。曾被督政府肢解的立法机构，部分地被重组，一直被认为是督政府的产物，这次它重新成为主人，控制局势。但胜利者很快就不知道该如何处置其凯旋。到这时候，政府的机器毫无规则地运行；此刻，这个机器看上去停止了。人们清楚地看到，立法机构在加强或限制政府方面经常表现得令人钦佩，但在治理事务上，比最糟糕的政府还要笨拙。

主权权力刚刚回到立法机构手中，一种普遍的失灵扩展到全国的行政管理中。无政府状态从个人扩展到公共官员当中。虽然没有反叛，但每个人都不再服从。这就像一支溃败的军队。过去很难征税，现在则征不到了。应征入伍的士兵到处宁愿结伙当土匪也不愿加入军队。人们一度认为他们将不仅仅脱离文明社会的正常秩序，而且将脱离文明本身。财产的安全，人身的安全，道路的通行状况都遭到损害。应当在公务员与政府的通信中——其残片存在于国民档案——来审视这一不幸的图景。正如当时的一位部长所说，因为"在向公众公布的记述中，应当提供让人放心的结果；而在远离人民视线的政府可以进行商议的安全地带，应当畅所欲言"。

在1799年9月（共和七年果月）警察总署关于共和国的形势的一份秘密报告当中，人们可以看到法国呈现的图景。②结果，在构成

644

---

① 雅各宾俱乐部于1799年7月初重新开放，但1799年8月13日（共和七年热月）在西耶斯的命令下再度关闭。

② 托克维尔在第44号卷宗当中收集了从国民档案警察总署卷宗（AFⅢ47，卷宗172）、特别是共和七年果月二十日到三十日警察总署的旬报中摘抄的笔记，该旬报分析了各省行政和军事领导的通信。

本来意义上的法国（我把占领地区排除在外）的 86 个省当中，有 45 个完全陷入混乱或内战中。土匪团伙攻击监狱，杀死卫兵，释放囚犯；收税官被洗劫、杀害或伤残；市政官员被割喉，财产主被勒索，土地被践踏，驿站被关闭。200、300 甚至 800 人构成的匪帮四处肆虐。那些应征入伍的新兵聚集在一起，手拿武器，在各处抵抗那些征召他们的权力机构；人们到处拒绝遵守法律，在这里是为了放纵激情，那里是为了服从自己的信仰。一些人利用这种局势抢劫旅客，另一些人则重新敲响那些沉寂了很久的钟，或者在被践踏的墓地上再次举起天主教的标志。

人们对这种混乱秩序进行镇压的手段既暴力又无效。在这些报告中，我们看到当一个拒绝服从的新兵试图逃离那些看押他们的士兵时，后者经常把他杀死来杀一儆百。公民的私人住宅不断被迫开放以接受住宅搜查。那些流动纵队几乎和他们追击的匪帮一样不守秩序，攻击村庄，因为缺少供给和军饷而对这些村庄进行勒索。

巴黎遭到压制，但很不安定。关于大混乱的谣言在市里四处传播。一些谣言说将发动一场大运动反对督政府，支持民主；另一些谣言则称将发生支持保王派的起义，将有一场大火灾作为信号。人们听说：傻子才支付租金，因为将爆发一次行动，所有债务都会被偿还；不久将开始流血。这就是这些报告的语言。值得注意的是汇报局势的官员看到这幅普遍混乱的景象时所感到的绝望以及他们提出的解释和解决办法。一些人说，公民们陷入极大的冷漠当中，另一些人则说公共精神被摧毁了。一些人说：土匪到处都能找到庇护之处；另一些人则说，党派的阴谋诡计和罪行的逍遥法外在爱国者的心灵里散播了一种令人悲哀的无所用心。一些人颁布命令反对狂热的制造者，很多人要求对逃亡者、神父和女信徒制定更强暴的法律。大多数人震惊不已，感到发生的这一切不可思议。这一使督政府官员感到震惊的隐秘的疾病，这一使得所有权力均堕入到瘫痪状态的内在的、不可见的邪恶，它是心灵和民情的状态。法国拒绝服从其政府。

人们常常很容易搞错那些在漫长的革命中预示重大事件的到来的信号，因为这些信号随着时间流逝发生很大的变化。随着革

645

命拖延，它们甚至会完全改变性质。

最初，公共舆论活跃、警醒、不宽容、傲慢、多变；在革命衰弱时，它变得顽固阴沉。就好像在什么也不愿意容忍之后，人们再也看不到有什么不可以忍受的；人们虽然仍然屈服，但却越来越难以调和；每天，不适的感觉在加强，蔑视在强化，仇恨在屈服当中活动。民族不再拥有革命开始时能够迅速把政府推入深渊的力量和能量，但是整个民族一致抛弃了政府。

1799 年法国就是这样；她蔑视和厌恶其政府，但却服从它。①

我们那时呈现了一幅悲惨的图景：法国到处都表现出革命运动长期延续后造成的这种道德衰退。

所有的革命，即使是最为必要的革命，事实上都会在一段时间后产生这种影响。但是我相信我们的革命的这一影响强于任何其

---

① **在手稿 B 中下面有一段被框起来的话**：在公共权力没有被赋予一个适合它的、有生命力的组织机构的时期，心灵的这一内在反抗足以使公共权力陷入瘫痪。/今天我们多次看到行政管理在领导它的政府垮台后依然存在。当国家的重大权力机构被推翻或者陷入混乱或者失去效力，次要的权力机构仍然继续符合常规地、坚定地处理其事务。人们处在革命当中，但不是处在无政府当中。/其原因是，在今天的法国，行政管理系统在国家里在某种意义上说在主权之外形成了一个特别团体，有其特殊的习惯、属于其自身的规则，并仅仅属于它的执行人，以至于在一段时期内呈现出这一现象，身体在与头分离后仍然运转。这是拿破仑的作品。我们将看到，他在建构这个强大的等级制时使得革命在我们中间更加容易发动，但也更少破坏性。/我们正在讨论的时代却不存在类似的事情。过去的权威被摧毁了，然而事实上还没有新的权威取而代之。行政管理像整个国家一样缺少连贯性、混乱，像它一样没有规则，没有等级，没有传统。恐怖曾把这些没有锻造好和连接好的零件拼凑在一起；但是当恐怖无法继续、公共精神丧失时，整个权力机器崩塌为一片废墟。**托克维尔在《旧制度与大革命》一书的一则准备性的笔记中阐述了同样的观点（卷宗 43 文件夹 K）**："波拿巴建造的行政管理机器的完善性。在那些像今天统治我们的那些人一样平庸、无赖的残废的手中，这个机器运转得很轻便，几乎和它在那些杰出的头脑的推动下可能做到的一样运转良好。这足以证明这个机器的完善性。它制造其产品，无论工人的价值如何。这个现象从来没有像此刻那样如此明显，对第一个能够抓住使机器运转的曲柄的人来说，政府从来没有显得如此容易操作。/集权很像手摇风琴，在最笨拙的手中像在帕格尼尼的手中一样挥洒自如，即使一个盲人也可以演奏，甚至一个独臂人也能够像别人一样玩得很好，只要人们把他剩下的那只手放在曲柄上就行。"

他革命,我不知道我们是否能够在历史上找到一个这种类型的事件,它比我们的革命对其后的世代贡献了更大的福祉,而对创造它的这一代人造成更大的道德败坏。这有很多原因,首先是征服者党派没收的巨大财富。法国大革命极大地增加了这些来历可疑的财产的数量,法律对这些财产提供保障,良心则感到忧虑:那些出售这些财产的人不确定他们是否有权利转让它们;那些购买的人不确定他们是否有权利拥有它们。到那时为止,这在任何民族的内部冲突中都没有出现过。在出售者和购买者那里,最通常的情况是,懒惰或愚蠢阻止了他们在这个关键的问题上形成一种坚定的看法,而利益则总是阻止大多数人仔细审视这个问题。

这把几百万人的灵魂置于一种糟糕状态当中。

在 16 世纪带来宗教改革的大革命中——唯有它可以和法国大革命进行比较,人们没收教会的财产,但那些财产没有被拍卖。一小部分大领主将它们据为己有。在我国,不仅仅是神职人员的土地,而且是大多数大财产所有者的土地,不仅仅是某个团体的财产,而且是数十万的家庭的财产被瓜分。请注意,人们不仅仅通过廉价收购大量被没收的土地来致富,而且通过虚假偿还的方式清除巨大的债务来致富:这些收益是非常合法的,但却非常不道德。①

如果我进一步深入这一比较,我发现 16 世纪的革命仅仅对人类舆论的一部分进行了质疑,仅仅在几个方面扰乱了那些已经确立的民情:在大多数人中,诚实立足于已然形成的看法和习惯而非理性思考,它仅仅受到了震动;而法国大革命同时攻击政治信仰和宗教信仰,希望同时改革个人和国家,试图在所有事情上同时改变古老的风俗、约定俗成的舆论、已经养成的习惯,结果这造成了道德世界的普遍震荡,导致良心在各个方面失足跌倒。

然而,在漫长的革命中最为败坏人的,与其说是他们在信仰的热忱和他们的激情中所犯下的错误,不如说是他们最终对这些曾推动他们行动的信仰的蔑视;当他们感到疲惫、幻灭、失望,他们最

---

① 托克维尔在这里使用了他于 1852 年在诺曼底对人们从法国大革命所得的收益进行的研究,他把这一研究用到了下一章以及《旧制度与大革命》第二卷的第一章:"为什么封建权利在法国变得比在任何其他地方更让人民憎恶。"

终转过头来反对自己，发现他们的希望是幼稚的、热情是可笑的，而他们的献身尤其特别可笑，这时这种蔑视就产生了。我们无法想象那些最强大的灵魂的活力如何在这种堕落中崩溃。人被这种堕落压垮，以至于他非但不能达到伟大的美德，反而人们可以说，他甚至在行大恶上也变得无能为力。

那些看到法国人倒退到这种状况的人认为他们从此不再能够进行任何伟大的道德努力，他们错了；因为，如果我们的美德总是让道德家感到忧虑，我们的邪恶应能总是让他们看到某种基本的希望。真实的情况是，我们从来没有深入进入到美德或邪恶中，以至于我们无法从中走出去。

在1789年曾经热爱或者不如说自认为充满激情地热爱自由的法国人，他们在1799年不再会心无杂念而依然热爱自由。他们在赋予了自由各种想象的魅力之后，这时他们甚至不再能看到其真实的品质，他们只感觉到其带来的束缚和危险。事实上，十年来，他们从自由那里所认识到的仅仅是束缚和危险。根据一个同代人非常有力的说法，共和国不过是一种充满动荡的奴役罢了。人们何曾在人类历史上的其他时代看到那么多人的私人道德遭到如此强暴，暴政如此深入到私人生活中？什么情感、什么行为能够避开束缚？什么习惯、什么习俗受到尊重？人们强迫普通的个人改变其工作和休息日、日历、度量、甚至语言。当人们迫使他参加在他看来徒劳可笑的仪式时，人们事实上是迫使他秘密地履行他相信应当献给上帝的崇拜。他不得不每时每刻地违背法律来追随他的良心和趣味。我不知道这同样的状况是否能被坚韧的民族如此长久地忍受，然而在不同的时期，我们的耐心或者我们的叛逆却没有边界。

在大革命期间，有很多次法国人曾相信他们就要幸运地走出这场大危机了。有时他们寄希望于宪法，有时是议会，有时是行政权。他们甚至有两三次想象他们将愿意自己拯救自己，这总是他们能想到的最后的办法。所有这些希望都落空了，所有这些努力都是徒劳。革命丝毫没有停下。确实革命不再有显著的新意；但它依然继续让一切陷入摇摆之中。这好比一个事实上只是在空转的轮子，但它似乎将永远这样转下去。

648

甚至今天也很难想象,一次如此漫长、如此可怕和如此徒劳的努力把灵魂抛入了一种什么样的极端的疲惫、厌倦、冷漠或者说对公共事务的蔑视当中。很多民族曾展现过同样的情形,但是因为每个民族都会在一个对其他民族来说是相同的处境中带入仅仅属于它自己的东西,人们看到法国人这次以一种充满激情的活力和快乐来自暴自弃。对逃避不幸感到绝望,他们快乐地尝试着对其不管不顾。一个同代人写道,巴黎的快乐从来没有一时一刻被接连不断的危机和那些人们感到恐惧的危机搅扰。演出和公共场所从来没有如此频繁地被光顾。人们在蒂沃利(Tivoli①)说,我们将变得前所未有的糟糕,人们称祖国为病人,但人们照旧跳舞。②警察局的一份报告说,人们在自由女神像的脚下挂着一个告示,上面写道:"我们的政府好像死人的弥撒,没有荣耀圣歌,没有信经颂,冗长的奉献祭品礼,而最终,没有祝福。"时尚从来没有发挥如此怪诞、如此多变的影响。奇怪的是,绝望使得过去的民情中的所有轻浮再次出现。这种轻浮只有几个新意:它变得怪异、混乱,并因此可以说是革命性的;像那些严肃的事物一样,它也失去了限制和规则。

政治建构像宗教一样,通常敬拜在信仰消失之后还会延续很长时间。在这个不再关心自由也不再相信共和国并且所有的革命热情都已经熄灭的国家里,政府仍然顽固坚持革命的所有例行公事,看到这一点让人觉得奇怪。在 5 月,政府投入地参与了人民主权节;在春天,参与了青年节;在夏天,参与农业节;秋天,老人节。8月 10 日,政府把公务员召集在祖国祭坛周围,要求他们发誓效忠宪法、憎恨暴君。③

649

---

① 18 世纪中期到 19 世纪上半期巴黎的一座很著名的公园,是现代游乐园的前身。——中译注

② 托克维尔这里重述了《拉法耶特将军的回忆录、通信和手稿》(Paris, H. Fournier, 1837—1838, t. V, p.66)里的一段话,日期为 1799 年 7 月。

③ 共和四年确定的节日表包含五个道德节日:青年节、老年节、配偶节、感恩节和农业节;五个纪念日:7 月 14 日,8 月 10 日,葡月一日,1 月 21 日,热月九日。此外还设立了人民主权节。参见 Mona Ozouf, *La Fête Révolutionnaire 1789—1799*, Gallimard, 1976。

论革命:从革命伊始到帝国崩溃

　　1799 年时弗朗索瓦・纽夫沙托(François de Neufchâteau)是内政部长,在外敌窥伺、内乱深重的局面下,他首先关心的是如何安排好公民节日。他说他非常重视通过演出来激发爱国主义和一切私人美德。确实,他是参与政治的最愚蠢的文人之一。①

　　因为没有人愿意把这些可笑的节日当回事,人们制定了一项法律(共和六年热月十七日)要求商人在庆祝节日的那些天关闭商铺,违者处以罚款和入狱;同样在旬日,以同样的惩罚来禁止人们在公共场合或者能够看见公共场所的地方从事任何工作。因为公民称号已经变成了一种辱骂(一种粗鲁的词语,没有人原意使用它),人们在所有的公共场合贴上粗字体写成的这些话:"这里,我们以公民称号为荣。"

　　拥有权力的革命派同样在官方表述里保存了所有的革命风格。一个党最后才抛弃的东西是其语言,因为在党派内部,正如在其他地方,粗俗之辈在语言问题上制定标准,而他们更愿意脱离人们给予他们的观念,而不是那些他们一旦学会的语言。当人们再次阅读这个时期的演讲,人们发现任何东西都不再能通过简单的方式进行表达。在这里所有的士兵都是战士;丈夫是男配偶;妇女是忠诚的伴侣;孩子则是爱情的保证。人们从来不谈论诚实,而总是谈论美德,人们所承诺的,除了为祖国和自由献身,没有其他。②

　　最为悲惨的是,发表这些讲话的大多数雄辩家自己和所有其他人一样疲惫、幻灭和冷漠;但这就是那些重大激情的悲惨状况,这些激情最终在语言中留下了痕迹,虽然它们已经对心灵失去了影响。那些仅仅听记者说话的人会相信自己身处对自由最具激情、

---

①　在第 44 号卷宗关于与共和七年督政府有关的国民档案的文件的笔记当中,托克维尔对纽夫沙托进行了严厉的批评:"曾经参与政治的最愚蠢的文人。这是个认为装成年轻人的样子、说说年轻人的话就可以变得年轻的老无赖。"他写的通报"可以被拿来作革命文体的范本,以其浮夸花哨的语气在革命时代之后依然延续"。

②　**手稿 B 的旁注:**也许应当采用米肖在《告别巴拿巴》当中的新颖思想(共和七年笔记本,收于国家图书馆),随着听众和读者的精神变得更不轻信,风格就越发夸张。因为大家知道人们总是会狠狠砍价,所以就必须要价很高。包含这个思想、紧接着原来的内容的一句话会很合适。应当引用米肖的名字。

650

对公共事务最为关切的民族当中。在他们就要进入十五年的沉默时,他们的语言从来没有如此火热、他们的叫嚷从来没有如此激动。如果人们想了解舆论界的真实力量,应当予以注意的不是舆论说了什么,而是人们听这些舆论的方式。有时候,恰恰是舆论的热忱本身宣告了其软弱,预告了其终结。舆论的喧嚷及其危险经常有同样的原因。它叫得那么响,是因为其听众变得听而不闻,而正是公众的耳聋最终使得它不受惩罚地退入到寂静之中。

尽管公民此后对国家的事务像外国人一样身处事外,但不应当以为,对于这些事务可能会让他们经历的危险,他们也无动于衷。恰恰相反。可能正是在他们不再愿意关心政治的时刻,法国人出于对自己的考虑,对政治事件的后果感到前所未有的恐惧。在政治上,恐惧是一种以消耗其他激情为代价而增长的激情。当人们对任何事物都缺乏热忱的欲望,他们往往对什么都感到害怕。此外,法国人表现出一种愉快的绝望,这种绝望经常蒙骗他们的主子。他们取笑他们遇到的灾难,但这并不能让他们感受不到灾难。这些人即使在自私地打点自己那点小事情、即使在享乐中晕头转向时,仍然被对政治的忧虑折磨;一种几乎无法承受的恐慌,一种人们无法言说的恐惧抓住了所有人的内心。

尽管人们1799年经历的危险从总体上来说要远远小于大革命初期人们遭遇的危险,但它们却激起了远为强大和更为普遍的恐惧,因为那时民族的能量、激情更少,经验却更多。十年来蹂躏民族的各种不幸在其想象中聚集起来形成未来的画卷;以前这个民族对最可怕的灾难毫不畏惧,甚至毫无预见,它迅速坠入这些灾难,而现在它自己移动时的影子都让它颤栗。通过阅读这一时期的作品,人们可以注意到,那些彼此间最为对立的事情依次、甚至同时让人们感到害怕:这些人害怕财产被剥夺,那些人担心恢复封建权利。同一个人经常在对一种危险感到恐惧之后,几乎立刻会对另一个危险感到恐惧;早晨害怕复辟,晚上则担心恐怖的回潮。很多人害怕表现出他们的恐惧;仅仅在雾月十八日的危机之后,看到大家的满意如此广泛、快乐如此强烈,人们才认识到,大革命在这些萎靡的灵魂里开掘的怯懦的深渊是多么深。

无论人们应当多么习惯于人的前后不一的多变,看到一个民族

651

的道德取向发生如此巨大的变化，还是有理由感到震惊：如此多的利己主义接替如此多的献身，如此多的冷漠接替如此多的激情，如此多的恐惧接替如此多的英雄主义；人们对曾经狂热欲求并付出巨大代价来获取的目标，如今强烈鄙视。

　　要对如此全面迅速的转变进行解释，应当放弃道德世界的通常法则。我们的民族的本性如此特别，以至于对人性的普遍研究不足以理解它。它甚至不断地让那些致力于单独研究它的人感到吃惊：这个民族比任何其他民族更有天赋来毫无困难地理解并投身于那些不同寻常的事业，有能力完成只需要一蹴而就的事业——无论这次努力多么重大，但却没有能力长久坚持于一项重大的事业，因为它从来只有激情而没有原则；它是世界上所有文明民族中的文明民族，然而在某个方面却比这些民族中的任何一个更接近于原始状态；因为原始人的特点就是凭一时冲动而作出决定，对过去毫无记忆，对未来也毫无想法。

652

第二章　何以这个民族虽然不再是共和的,但却仍然是革命的

　　王权派看到这个民族已经对自由感到厌倦,以为它已经准备回到旧制度。那些被征服者总会犯这样的错误,他们以为人们如果憎恨他们的继承者,那就意味着人们喜欢他们,他们没有看到对人们来说,稳固地停留在仇恨当中要比稳固地停留在眷恋当中更容易。不再热爱共和国的法国仍然深深地依恋革命。这一事实后果深远,必须停下来从容不迫地对其加以考察。

　　随着时间流逝,随着人们远离旧制度,人们更加坚持认为丝毫不愿回到旧制度。这是一个独特的现象:革命越是让这个民族受苦,革命对它来说就更为珍贵。

　　根据这一时期的作品,人们看到没有比这一景观更让革命的敌人费解的了。当他们把革命使人们经受的不幸和人们愿意保存革命的坚定态度加以比较,法国在他们看来陷入了一种暴烈的疯狂。

　　然而是同一个原因带来了如此对立的后果。

　　革命建立的糟糕的政府存在的时间更长,革命让人受的痛苦就更多,然而这一段时间使得革命产生的新习惯得以扎根,使得需要革命的众多利益不断增加和分化。这样就好比随着这个民族的前进,在其身后树立了很多的障碍,这些障碍日渐阻止其退后。

　　从革命开始起,几乎所有法国人都积极地参与公共事务,通过各种公共行动支持革命。他们在某种程度上感到对随后产生的不幸负有责任。随着这些不幸延伸并变得更加严重,这一责任似乎也在增长。因此,恐怖甚至让那些成为其牺牲品的人对重新产生一个主子感到无法克制的厌恶,因为这个主子将可能有很多罪行要追究、有很多侮辱要报复。

　　在所有的革命中人们看到类似的景象。那些对人民折磨得最为严重的革命只要能够持续,就会使得旧状况的复辟几乎是难以忍受的。

　　此外,大革命并非以一种相同的方式来折磨国家的所有人:有些人没有从革命中受什么苦;在那些承受革命的重压的人当中,很多人在革命中获得了非常宝贵的收益,而这些收益和革命造成的恶混杂在一起。我相信民众的福祉遭到的损害远比人们通常想象的要少。至少在他们的不幸中他们的负担大大减轻了。

　　很多出色的工人被征募进了军队,或者自己加入了军队,那些留在法国的工人能够以高得多的价格出售自己的劳动。人们看到,虽然发生了各种各样的公共的和私人的灾难,工资仍然上涨,因为工人阶级人数的减少快于工业的削弱。

　　大革命的最大的敌人之一马莱·杜庞(Mallet du Pan)在1796年写道:"工人今天比1790年挣得多。"①弗朗西斯·迪维尔纳瓦爵士(Sir Francis d'Ivernois)在革命的十年期间每年都致力于向英国人证明法国已经被不幸耗尽,仅仅只有六个月可活,在他1799年②写的小册子当中不得不承认,从革命爆发以来工资到处都上涨了,而小麦的价格则下降了。③

　　至于农民,我不需要提醒大家,他们以低廉的价格购买了很多土地。人们无法估计他们从中获得的好处,除非……④

　　所有人都知道大革命废除了很多沉重的或侮辱性的税,如什一

---

① 　引自马莱·杜庞的《回忆录》,第2卷第262页,"工人挣得和1790年一样多,甚至更多。"

② 　**手稿B的边注**:书名《导致波拿巴将军篡权以及将促成其垮台的一些原因》(*Des Causes qui ont Amené L'usurpation du Général Bonaparte et Produiront sa Chute*,伦敦,1800)。

③ 　**手稿B把这一段话框了起来,在边上写道**:就不同时期的工资问题和帕希(Passi)、布朗基(Blanqui)以及所有关注这些问题的人深入交谈。仅仅说得到科学认可的事情。

　　托克维尔在这里采用了他于1852年在托克维尔(其家乡)所进行的关于人们在革命中的获利情况所进行的研究,他把相关材料放在了1856年出版的作品的准备性文件的O扎中。为了进行这一研究,他就工资的上涨和小麦的降价咨询了他在法兰西学院的两个同事,两位自由主义经济学家:伊波利特·帕希(Hippolyte Passy, 1793—1880)七月王朝时期和第二共和国时期多次担任部长,还有阿道尔夫·布朗基(Adolphe Blanqui, 1798—1854)。

④ 　这句话在这里中断了。**手稿B中的边注**:我要努力了解(1)财产没收的范围(2)农业阶层所获利益的范围,把这一研究的概要放在书稿当中。

税、封建租税（以这些名字……①而为人所知）、劳役、盐税、人头税等等；这些税收当中，一些不会再被恢复，其他只是被局部恢复，或者是在我正在谈论的这一时期之后被恢复。今天人们无法想象其中的很多税收多么让人难以忍受，或者是因为其带来的祸患，或者是因为这些税收所体现的观念。

654

1831 年我在加拿大和法裔农民聊天的时候，我发现在他们的口里，军役税（taille）这个词成为不幸和痛苦的同义词。②他们谈起一桩非常令人气愤的事件时会这样说：这真是军役税。我相信，这一税收在加拿大从未存在过；总之，该税收半个多世纪之前就被废除了。没有人知道它到底是如何构成的，只有它的名称还保留在语言当中，作为对它所激起的恐惧的一种无法磨灭的见证。

没有被充分注意到的是革命让一大批贫穷的负债人获得的收益，这些收益更间接、更不规律但不是小数目。严格意义上的债务在法律上从来没有被废除，但事实上，在纸币开始发行后不久，这些债务就被清理了。人们现在知道，在法国的很多省，89 年之前已经存在很多小土地所有者。有理由相信（尽管无法完全证明）这些小土地所有者大多数都负债累累，因为他们承担了捐税的主要负担。即使在今天，虽然公共税收的重担由所有人平等地承受，他们仍然是债务最多的。

城市本身充斥了很多混乱的小财产，因为法国始终是一个由不安分的人组成的国家，每个人的虚荣和欲望总是多于其财富。

最后应该注意的是，在大革命之前，就像我们今天一样，租地农阶层人数众多，因为总体上来说，我国有很多非常小的出租地。

纸币的迅速贬值仿佛使所有债权遭到了一场大火，把所有的租金几乎削减为零。

甚至人们欠国家的债也从没有完全偿还，也没有按时被偿还。那一时期的混乱，更糟糕的是公共管理的无能阻止了这样做。共和国的财政状况让我们看到，国家从来不能征收到仍然维持的税

655

---

① 这句话在这里中断了。**手稿 B 中的边注**：可能的话在书稿中说明（1）这些不同税收的大体数额（2）它们被什么取代，什么时候。

② 参见《北美游记》1831 年 8 月 27 日和尼尔森（Neilson）的谈话，《著作集》Oeuvres, t.1, Pléiade, pp.57—58。

和后来建立的新税的四分之一以上。国家通过纸券、实物税和战
利品来维持。正如蒂博多在其《回忆录》中正确指出的，纸券的贬
值毁灭了大土地所有者和靠定期收益维生的人，使得农民和承租
人致富[第一卷，第54页]。

我前面引用过的马莱·杜庞在1795年写道，农村因为城市的
贫困而致富；农村获利惊人。佃农用一袋小麦可以支付一块土地
的租金。农民变成了会算计的人和投机商；他们争抢流亡者的财
产，不交任何税。①

一个有头脑的外国人在同一时期跑遍了法国，在他的游记中写
道："今天法国真正的贵族是佃农和种田人这些贵族。"②

确实，这个因此减轻负担的种田人经常受到内战的骚扰，为士
兵提供住宿，成为政府征调物资的对象；但这些有限的、一时的事
故不会让他厌恶革命带来的好处。相反，这些事故使他更加依恋
对这些好处的享受；人们忍受这些灾难，就像人们忍受冰雹和洪
水，它们不会让人们抛弃好土地，而只会让人们更加急迫地等待从
一个好季节获益。

当人们看到我们的第一次革命的作者们以什么样的方式推动
革命以争取农村居民的认同，通过什么样的巨大恩惠来激励小财
产所有者和穷人——也就是说民族的大多数人，从而使这些人不顾
当时的不幸和悲惨来支持他们的事业，人们会对我们今天的某些
革命者的幼稚感到惊叹，他们相信把自由而不是利益与战利品给
予一个非常文明的民族，就可以很容易地让它耐心地忍受剧烈的
政治变化所必然带来的动荡。③

---

① 马莱·杜庞，《回忆录和通信》，第2卷，第154页。

② 雅克布-海因里希·梅斯特（Jakob-Heinrich Meister），《关于共和五年我最后一
次巴黎之行的回忆》（Zurich, Orell, Gessner, Fussli et Cie, 1797），第48页，也
参见672页。

③ 参见《1848年革命回忆录》第二部分第五章[本书第808页]："（1848年的革命
者）追随过去的榜样却没有理解它们，他们幼稚地相信，只要号召人群参与政治
生活，就足以让他们支持他们的事业；并且他们以为，要使人们热爱共和国，给
予权利而不为他们获得利益，就足够了。"托克维尔这样解释革命者在制宪议会
的选举中遭遇的失败。

　　发动革命的资产者尤其是城市资产者在获胜者当中是主要承受革命重担的阶层。其成员比权贵承受了更大的痛苦,其财产与权贵所受的损失也差不多。其实业部分被毁灭了,其工业也部分被摧毁了;很多资产者赖以维生的小职位被废除了。但是这一事件使其破产,也使其获得支配地位。革命已经把权力交给了他们,允许他们很快就能独自享用公共财富的大部分。

656

　　此外,大革命以其暴政的暴烈和混乱的努力突然制造了种种新事物,而其中的大多数已经在整个 18 世纪期间被人们预告、提倡和欲求。甚至对于那些利益被这些新事物损害最大的人,它们也满足了他们的理性、吸引了他们的心灵。①人们责备于这些新事物的仅仅是它们的代价太高。但他们所付出的代价使许多新事物显得更加珍贵。人们虽然受苦、恐惧,但都没关系,总是有一件事情看起来比痛苦和目前的不确定更加糟糕,那就是回到过去的状况当中。

　　一个保王派在 1796 年的饥荒当中写道:人民叫喊、咒骂,反对共和国。但如果你对他讲道理,告诉他说,他以前更幸福;他回答说贵族想用饥饿和恐惧来让人们要求得到国王,而他宁肯吃铺路石。②

　　我们今天一些有头脑的人曾致力于复兴旧制度。首先我认为,当人们只是不再相信有可能恢复一个政府时才开始赞扬它,这是一个政府之良善的坏标志。对我来说,我对旧制度进行判断不是依靠我对旧制度的想象,而是通过它在那些忍受和摧毁了它的人当中所激发的情感。在这一如此压迫人和如此残酷的革命中,对旧制度的仇恨总是在法国人的心中超出了所有其他仇恨,而且在革命中深深扎根,在仇恨的目标不复存在之后它依然存在,从突然的激情变成持久的种族特征。我注意到,在前六十年最为危险的动荡起伏中,对旧制度回归的恐惧在这些多变焦虑的心灵中总是淹没了所有其他恐惧。这对我来说已经足够了。在我看来,考验

---

①　**手稿 B 边上有一些加框的文字**:不能忽视那些使人们依附于大革命的道德和非物质的原因。理性得到的满足;司法、平等和社会原则等问题在 18 世纪形成的各种意见所得到的满足。

②　引自马莱·杜庞 1796 年 1 月 28 日写给圣-阿尔德贡德(Sainte-Aldegonde)的信;《回忆录和通信录》,第 2 卷,第 207 页。

已经进行了,旧制度已经得到了审判。

此外,让法国人回到旧秩序的不可能性,在法国人走出旧秩序之后就立刻被他们感到了。米拉波立刻指出了这一点,在新制度的最大对手中,很多人马上发现了这一点。我在蒙洛西耶①先生于流亡期间(1796 年)出版的一本小册子找到了下面这段话,它可能是这一有力但奇怪的头脑所创造的最为显著的作品。他写道:

"我们的权利和特权在君主制那里得到庇护,君主制在它们的重压下崩塌了。我们应当牺牲这些权利和特权以使它能够恢复。人们向我们保证,所有人都诅咒革命。哦!我相信。我只是想搞明白,在诅咒大革命和愿意重建旧秩序之间是否有一些区别。法国只想保持现状,只想要和平。没有人原意失去由他们的才能或者这些事件给他们带来的果实。军队里的将军不愿意再次成为士兵,法官不愿意再度成为办事员,市长、省长不愿再成为农民或者工匠,那些获得我们的财产的人不愿意把它们还给我们。事情已经完了。整个法国都诅咒的大革命已经侵占了整个法国。应当进入这个大杂烩当中,面对其真实情形,在其中寻找我们的位置,说服自己承认我们不可能像过去受到的厚待一样得到对待。"②

大多数流亡者持有很多其他想法。这些国外的保王派在没有权力的贵族阶层③的毫无价值的偏见当中得到滋养,他们很长时间

---

① Francois Dominique de Reynaud, Comte de Montlosier(1755—1838),出身贵族,1791 年曾当选制宪议会议员,支持王权派,制宪议会解散后流亡德国,后居英国,1801 年回到法国。政治作家,代表作有《论法国君主制》(4 卷,1814—1815)、《关于大革命、执政府、帝国、复辟和复辟之后的主要事件的回忆》(2volumes, 1829)。——中译注

② 蒙洛西耶伯爵(Comte de Montlosier),《论法国事务中暴力和节制的影响》(*Des Effets de la Violence et de la Modération dans les Affaires de France*),Londres, J.Deboffe, 1796。托克维尔在这里合并了这个小册子中的第三封信当中的几个段落。

③ **手稿 B 的边注**:清理债务办公室主任贝热拉(Bergerat)就 1798 年流亡者的债务状况撰写了一份报告,通过这份报告我们看到,塞纳省一省的流亡者的债务等于其他省**所有**流亡者债务的总和,因为法国的所有大财产所有者都居住在巴黎。没有什么比这一事实更好地表明这一权贵(noblesse)如何不再是(政治**划掉**)贵族(aristocratie),而仅仅成为某种上流社会,以及他们如何放弃了现实权力而热衷于宫廷的显赫。

生活在流亡当中,如果人们不了解这一点,他们的疯狂看起来不可理解。

流亡的痛苦的残酷之处在于它让人遭受很多痛苦,却不能对流亡者有什么教导。某种意义上它使得忍受流亡的人的思想变得停滞,把他们囚禁在过去形成的观念或者在流亡开始时流行的观念当中。对流亡者来说,在国家里出现的新事实和形成的新民情是不存在的。这好比时针始终停留在人们使其停止的那个时刻,虽然时间依然继续。人们说这种状况只是某些流亡者特有的某种怪癖。我认为这是流亡产生的共同的不幸;很少人可以避开。

所以,在他们的特权永远丧失之后的很长时间里,这些流亡者依然生活在拥有这些特权的想象当中。他们所想的只是,有朝一日他们重新拥有他们的土地和附庸之后他们该干什么,但他们不去想他们的这些附庸目前正让整个欧洲颤栗。让他们最为忧虑的,不是共和国的延续,而是王朝没有像其毁灭之前那样一模一样地被重新建立;他们憎恶制宪议会议员甚于恐怖派,谈论的只是一旦他们重掌大权后将采取的正义的严厉措施,而在等待这一天到来的过程中,他们彼此倾轧;一言以蔽之,他们不遗余力地在法国人当中制造对他们的蔑视和憎恨,让法国人想象出一个比他们已经摧毁的旧制度远为可怕的旧制度。

在对保王党和对雅各宾派的恐惧的双重压迫之下,大多数法国人在寻找出路。人们热爱大革命,人们对可能让保王党或雅各宾派卷土而来的共和状态感到害怕。人们甚至可以说这两种情感相互强化;正是因为法国人觉得大革命确保他们获得的某些利益非常珍贵,他们对一个阻碍他们享受这些利益的政府犹为不满。在十年来他们获取或得到的一切事物中,唯一他们愿意放弃的是自由。他们准备放弃这个大革命一直仅仅向他们承诺的自由,目的是最终平静地享受革命让他们充分享受的其他好处。

党派遭到清洗,变得冷漠懈怠,它们甚至希望在压迫中得到片刻喘息,只要这个压迫由一个中性的力量施行,同样地作用在它们自己和它们的对手身上。这一笔完成了这幅画卷:当那些大的政治党派开始淡化它们的爱却丝毫没有削弱它们的仇恨,并且最终到达这个地步,它们更愿意阻止敌人成功甚于自己取得胜利,这时应当为奴役做准备；主子已经近了。

人们可以轻易判断，这个主子只能从军队里出来。

很有趣地是通过这一漫长的大革命的不同阶段来追溯军队逐步走向主权权力的进程。最初，军队在聚集起来、没有武装的人群面前溃退，或者毋宁说在公共舆论的迅速运动中解体。在很长一段时间内，军队对其内部发生的事情好像局外人一样；巴黎人民凭其意愿任命或罢黜军队领袖，就像任命和罢黜法国的主子一样。不过，大革命有其自身的进程。它所制造的热忱逐渐冷却，在议会中领导革命的那些老练的人死了或者隐退了，政府在衰弱，它所强化的民情日渐懈怠，无政府状态四处蔓延。在这段时间里，军队组织起来，在疆场上得到锤炼，声誉渐起；产生了卓越的将军。人们在军队里形成了共同的目标，共同的激情，而整个民族却不再拥有共同的目标和激情。简言之，公民和士兵在同一段时间里、同一个民族内部形成了两个完全不同的群体。一个群体的纽带在加强，另一个的纽带则在松弛。

1795 年葡月十三日，军队从 1789 年以来第一次在国内事务中扮演角色：它使得国民公会取得优势，使资产者取得胜利。1797 年（果月十八日），军队帮助督政府不仅仅征服了巴黎，而且征服了立法权机关，或者毋宁说选择了立法权机关的整个国家。牧月三十日（1799 年），军队拒绝支持同样这些督政官，军队把它遭受的失败归咎于他们，结果他们在立法机构面前垮台了。

从葡月十三日起，人们不再可能在缺少军队的情况下统治国家。很快，人们只能通过军队来统治。到了这个地步后，军队只愿意自己统治国家。军人在成为主子之前很久，他们已经摆起了主子的腔调和架势。有一个瑞士人，他热烈拥护革命，是共和国的好朋友，他在 1798 年跑遍了法国，很伤感地评论说，如果人们在公共节日中看到军人游行时表现出来的傲慢，看到他们对公民施加的权力，看到他们驱逐人民时的狂妄，他们一定会感慨以前在王家节日中人们从来没有像这样蔑视人民。①

---

① **手稿 B 的边注：**《一个德国人在巴黎的游记：经瑞士返回》。1800 年在洛桑出版的小册子，前言的署名人是 Heinzmann。

注意到军队的影响在上升的共和国的朋友们安慰自己说,军队总是表现出非常共和主义的热情,当国家的其他部分不再表现出这种热情时,军队看起来仍然被它强烈激荡。

被他们当成对共和国的热爱的更多的是对大革命的热爱。事实上在法国人当中,军队成为唯一一个所有成员都毫无区别地赞成革命,并且出于个人利益维护革命的阶级。所有将官的头衔都应当归功于革命,所有士兵都应当感谢革命让他们有可能成为将官。事实上,军队就是站立着、武装了的大革命。当军队带着某种狂热高呼"共和国万岁",这是为了对抗旧制度,后者的拥护者高呼"国王万岁"。根本上军队对公共自由毫不在意。对外国人的仇恨和对领土的热爱通常构成了军人的全部公共精神,①即使在自由民族当中也是这样。在一个达到了法国当时的状况的民族中就更是如此。因此法国军队像世界上几乎所有军队一样,对代议制政府的复杂缓慢的机制一窍不通;它厌恶并且蔑视议会,只能理解一个简单强大的政府,只想要国家的独立和胜利。

一场新革命需要的一切都准备就绪,不过不应当认为人们对即将发生的革命有清醒的认识。有很多时候,世界就像我们当中的一个启幕之前的剧院。人们知道将观看一场新的演出。人们已经听到了舞台上有种种准备;人们几乎触摸到了演员,但看不到他们,不知道要演哪一出。因此,1799年底,人们从四面八方感到一场革命的到来,却无法想象这场革命到底会是怎么回事。看起来不可能停留在人们所处的状况中,但同样看上去也不可能从这种状况中走出来。那时所有通信中的一句话就是:目前的状况不可能持续下去。②没有更多的话。想象力本身也懒惰了,人们已经对期待和预见感到疲惫。民族自暴自弃,为恐怖所充斥,同时也充满怯懦,无精打采地四处乱看,想看看有没有人可以帮助他。人们清

---

① 手稿B中这段末尾的没有划掉的原稿是:"在一个国家里,军队是对一种有规则的自由的趣味和理解最后才会出现的地方。如果人们在那里遇到这一趣味和理解,人们才能确信它们已经无处不在了。"最后的定稿出现在另一张纸上。

② 手稿B边上方框内的文字:"目前的状况不可能持续下去"。拉法耶特的信。1799年4月:"反革命危机只能被迅速发生的爱国者危机阻止。目前的状况持续下去是不可能的。"引自拉法耶特将军的《回忆录》,t.v, p.21, 92。

楚地看到，这个拯救者只能来自军队。他将是谁？有些人想到皮什格吕（Pichegru），有些人想到莫罗（Moreau），其他人想到贝尔纳多特（Bernadotte）。①

661　　菲耶伟先生在他的回忆录中写道："退隐到波旁省偏僻的乡下后，只有我观察到的一件事让我想起政治：我在农田、葡萄园或树林里遇到的每个农民都走上来向我打听，是否有波拿巴将军的消息以及他为什么不回法国；没有一个人向我打听督政府。"②

---

① 三人均为大革命时期著名将军。——中译注

② Correspondance et Relations de J. Fiévée avec Bonaparte, Premier Consul et Empereur, Pendant Onze Années（1802 到 1813 年，《菲耶伟先生和波拿巴将军——第一执政和皇帝十一年间（1802 到 1813 年之间的谈话）的通信和谈话》），由作者本人出版，1836 年，3 卷。托克维尔补充写道"在波旁省。菲耶伟事实上在香槟省"。约瑟夫·菲耶伟（1769—1839）热月政变之后加入保王派，果月政变之后藏匿到乡下。此后他倒向波拿巴，他向波拿巴寄非常反革命的秘密报告，特别是来自英国的报告。1810 年担任行政法院审查官、1813 年任涅夫勒省省长，在复辟时期由于其极端保王党立场而被边缘化。

附　　录

关于恐怖的笔记
普遍的厌倦。冷漠
停下来和退后的愿望
在表现出来很久之前就已经出现的情感

最早在 91 年或 92 年就出现这种情况。①

民族的厌倦和不惜一切代价获得休息的愿望比我们想象的要早得多。

我有理由相信对大革命的厌倦抓住整个民族（特别是农业阶层）的时间比我们认为的要早得多，而且从很早开始，法国人就听任事态发展而不是采取行动。人们可以从恐怖结束时发现这一现象的踪迹。看看当时的作品。看看葡月十三日，这一事件显然是一种民族情感造成的。看看果月十八日，人民在选举议会三分之二成员时所表现的一致性，选举被取消后，人民又一致采取相反立场选举山岳派成员代表回到议会。②（这个民族有一种难以置信的

---

① "普遍的厌倦"标题之下的笔记被收集在卷宗 44 当中，根据托克维尔对马莱·杜庞的著作的两次引用，这些笔记的日期可能是 1852 年春天。托克维尔当时打算就共和国的内政构思比较长的第二章。

② 这里托克维尔首先谈到 1795 年（共和三年）的事件：果月五日（8 月 22 日）法令规定选举会议必须在国民公会成员中选举新议会的三分之二代表；果月十三日（8 月 30 日），另一法令明确规定如果没有达到这个比例，国民公会自行遴选其成员补足空缺。附带这一规定的共和三年宪法被广泛通过了，但葡月十三日（10 月 5 日），巴拉斯和波拿巴不得不镇压王党的叛乱，葡月二十日（转下页）

听天由命的能力，听任自己像一群牲畜一样在同样的轨道上被摆布；应当在其软弱当中寻找那些蹂躏它的手所做的强大有力的事情的根源。这是很让人感兴趣、也是核心的问题！但如何对其进行很好地说明并加以解决？）同样明显的是从很早开始，法国人就充满激情地拥护大革命带来的重大后果，以至于对大革命的厌恶和对其后果的拥护几乎从革命爆发后就并行不悖。

那些拥护大革命纯粹政治的方面、诚实地认为大革命就是共和国的人的不幸的、可笑的处境。第二章。在蒂博多和我自己的记忆的帮助下（因为在这一点上，两个共和国很相像）。很好地描绘诚恳的共和派的不幸并几乎是可笑的处境；这个诚实的第三党派，追寻一个理想的却总是消失的共和国，受到想要恐怖的人和想要君主制的其他人的双重的挤压，竭力使这个没有共和派的共和国生存下来。①如果允许人们嘲笑良好的信念和诚实，那么这种情况合适不过。

662

解释了恐怖期间人民的耐心的原因（除了下面这个原因之外的原因：一旦权威看起来最为强大时，人们自然地会很容易屈服并忍受一切，听任其摆布，就像人们在乡下听任死亡饥饿摆布一样，主要原因，性格特征）。以下的情况有助于理解，一个像法国大革命初期统治了法国的这样一个如此暴力、如此专制同时又如此混乱的政府为什么能够持续这么长的时间：在这个糟糕的政府的统治

（接上页）（10 月 12 日）开始的选举在过去的国民公会成员中主要选举了温和派，而另外三分之一新成员则主要由王党和天主教徒构成。选举结果没有被取消，但督政府遭遇的困难最终酿成了果月十八日的政变（1797 年 9 月 4 日）。

中译补注：1797 年 3 月议会选举中，君主立宪派和王党获胜占据了多数席位，王党利用两院攻击督政府。这一结果不利于督政府和拿破仑。波拿巴派奥勒罗将军从意大利带兵回巴黎支持督政府，果月十八日发动政变，清洗议会。果月政变后，督政府打击王党势力，但民主共和派抬头，于 1798 年 4 月举行的选举中获得胜利，这就是托克维尔所说的"人民又一致采取相反立场选举山岳派成员代表回到议会"。结果督政府故伎重演，于 5 月 11 日（共和六年花月二十二日）宣布 106 名议员当选资格无效，史称花月政变。

① Antoine Claire Thibaudeau, *Mémoires sur la Convention et le Directoire*（《国民公会和督政府时期回忆录》），Paris, Baudouin Frères, 1824, 2 vol. 托克维尔自己在 1848 年也属于这一非常诚实却无力的第三党，它由共和国的真诚的支持者构成，他们试图捍卫共和国，抵抗波拿巴派和保王派。

下,普通民众所享有的状况远比人们想象的要幸福得多。真正受苦的阶层是那个没有推翻政府的阶层(即使在这个我认为受了苦的阶层当中仍然有很多个人从大革命当中获益,甚至在恐怖时期也是如此:他们是土地购买者,还了债的债务人……)

革命的运动
恐怖①

大革命在国内的运动。

恐怖。它不可能在法国之外产生在我国所产生的特征。普遍原因造成的结果,而地方原因将其推离了一切限制。产生于我们的民情、我们的性格、我们的习惯、中央集权、整个等级制突然毁灭……

其手段,其真正的形式,其强大的组织,在一切事物的混乱和明显的无政府状况中它具备一种压垮一切的统一性。

描写其后的时期的普遍特征,经历了反动、幻灭、疲惫、对议会和自由感到厌倦的大革命的普遍运动;军事权力的不断上升的重压;大革命越来越明显的军事特征……

★

为什么法国人如此容易地屈服于革命的艰苦和不幸。阻止他们尽快恢复到某种秩序的原因。

在我写到恐怖的时候还是在此之前用一个章节讨论这个问题?1856?

人民不像我们想象的那样不幸。他们虽然遭受了革命的严酷仍然拥护革命的原因。

法国②在变得更为灵巧(industrieuse)时还没有工业化(indust-rielle)。这不是一个工业国家,也就是说一个人口众多的国家,需

663

---

① 在"革命的运动"这一标题下收集的笔记散见于卷宗 44 中。这些笔记属于不同时期:第一段与 1852 年最初的研究计划的内容相似,并且被插入这一时期的稿纸扎当中,很可能是托克维尔最初的思考。其后的段落在此之后。

② **这一段的开头提到"放在关于路易十六统治下的法国的进步这一章中。可能在最后"**,这似乎表明最初与《旧制度与大革命》的第三卷有关。

要并认为绝对需要内部和平以生存下来。

虽然法国在精神的精致、在某种程度上甚至在奢侈方面颇为发达，但这不是一个每个人都有享受舒适的习惯的国家。这里的生活得到装饰，然而缺少很多细微的舒适，在今天，这些细微的舒适对人民来说逐渐变得很必要，让他们愿意以一切代价换取安宁。

法国人如何如此轻易地屈服于大革命的艰辛和不幸

与今天的法国人相比，那时的法国人不那么投入于制造业、商业，生活不够舒适，其财富与国家的财富混合较少，不那么热衷于物质福利，更为关心观念和情感，民情更为朴实直率，习惯更为单纯刚毅。

法国的工业发展缓慢。大革命的原因之一。这一观点很有意思，可以从两方面加以考察：

1. 很重要的一方面在于说明何以出于这个原因人们对革命不那么畏惧，也不那么容易被对福利的激情所控制。①

2. 这证明这一激情不像今天这么强烈。

工业民情今天成为民族的民情。

大革命之前法国已经工业化的情况

对与这一问题有关的事实从两个角度加以研究是非常有益的：

1. 为了说明大城市特别是巴黎工业人口和工业发展的情况；这为骚乱提供了方便。

664

2. 工业（它所产生的需要，它所表明的精神和心灵的习惯）何以在法国还不够发展，这解释了为什么法国人在很长一段时间内屈服于大革命的严酷。

为了了解关于这个问题的真相的一个主要因素是商业督察托

---

① 关于这一点，参见《民主在美国》第二卷第三部分"为什么大规模的革命变得罕见"。

洛桑(Tolosan)先生 1788 年撰写的报告或书。[1]

为什么虽然财政状况很糟糕大革命仍然能够延续,也没有因为缺钱而毁灭,虽然人们预言它会如此。

这里不应当解释财政原因,在这一点上我不擅长。应当解释的是普遍的和政治的原因。

很多需要参考马莱·杜庞。[2]

为什么大革命没有也不能产生内战。并不是因为不喜欢革命的或者试图对抗革命的人人数少或者士气虚弱。缺少抵抗中心,既不能围绕某些中心人物,也不能围绕某些地方组织抵抗。

相反,为什么大革命造成了暴乱,为什么大革命通过暴乱和突然袭击而发展。

流亡(Emigration)

大规模流亡是一种很新、很不同寻常的方式,可以通过贵族团体和上层阶级在历史上遭遇的同样很新、很不同寻常的形势来加以解释,这个贵族团体一千年来扎根于法国,突然间被连根拔起,发现自己在旧地无法立足;上层阶级无法在构成民族的其他阶级中的任何一个找到可以加以团结的抵抗力量,也找不到同情和共同利益……这个阶级好像一个遭到所有士兵开火的军官团。

这是它遭到的审判,在个别情况下,是其借口。

这种现象只会在法国发生。在法国,除了事情的一般原因之外,还有一种精神倾向,它使得所有人在同一边追随那个时刻的盲目激动以及当时的利益或者激情,这种利益或激情使得贵族的孤

---

① Jean-François de Tolosan, *Mémoire sur le Commerce de la France et de ses Colonies*《论法国和殖民地的商业》,Paris, Moutard, 1789。

② 参见关于马莱·杜庞的笔记,第 669 页。

立相比于人们对它的不满更为突出。

665　　　阶级之间多少都比较狂暴持久的仇恨不仅仅产生于社会状况中多少都很严重的弊病，而且产生于改变了社会状况的斗争（1858年6月）

人们发现，在贵族阶层看上去像在法国一样傲慢、一样碍手碍脚、一样不公的其他国家，其过去激发并依然激发的仇恨远远不像在我们当中那样苦毒、那样狂暴、那样激烈，于是人们对此感到吃惊；人们没有注意到这一点：那些点燃、激发、加剧并延续了贵族所激发的仇恨和阶级怨恨的因素并不仅仅是不公正的严重性，而且是这些不公正引发的斗争的漫长和剧烈。一个非常不公正的贵族阶层在岁月的作用下崩溃，或者在某种外因的打击下迅速倒塌，或在一个同时压迫各个方面、发动革命而没有引起战争的权力的行动的作用下突然瓦解；不过，在其垮台之后或者甚至在其垮台还没有完全发生之前，这一性质的贵族相比于另一种贵族所激发的仇恨、制造的怨恨要少得多，身后留下的名誉也不那么糟糕，后者的不公正程度没有前者那么严重，但却是在漫长的国内斗争中崩溃或毁灭。而且，正如我前面指出的，人们不应当仅仅从贵族阶层造成的不公正来解释贵族在其终结之后留下的感情，而且需要考虑到它被改变或摧毁的方式。

这个思想不缺少真实性和深刻性，但需要在一个更简洁、更雄健、更具震撼性的句子里得到表达，这样才不会显得平庸，事实上这个思想很不平庸。

法国大革命的有害影响

福格特先生①（在1848年9月）推动法兰克福议会与德意志的

---

①　Karl Christoph Vogt（1817—1895），德国博物学家，1844年到1847年在巴黎居留，后来回到其家乡吉森（Giessen），担任动物学教授。他是激进派，巴枯宁的朋友，1848年当选为法兰克福议会议员。1850年被剥夺教授职位，1852年在日内瓦成为教授，捍卫物质主义和达尔文主义。托克维尔1854年到达波恩后做了这些笔记，他在那里研究当时德国的状况及其旧制度。

大国断绝关系,就马尔默停火协议①大声说道:"人们对如果停火协议被拒绝后我们的形势感到恐惧。我们的形势将是法国在 1793 年面临的形势。当时法国像我们一样内交外困,她在民众力量的支持下创造新人(elle créa des hommes),让军队平地而生,结果欧洲被征服了。是一个国民公会做了这些;只有一个国民公会可以再次实现这些伟大的事情。"

国民公会以其狂暴对其时代的人犯下了如此多的、突然的罪行,以其榜样犯下了一个永恒的罪行。国民公会创造了不可能的政治(la politique de l'impossible),关于疯狂的理论,对盲目大胆的崇拜。

人们没有看到法国和欧洲这时所处的特殊局势使得国民公会取得胜利,人们相信只要像它那样去尝试看上去不可能的事,以一种疯狂的暴力和盲目的大胆去尝试,就能取得成功。(1854 年 6 月 20 日)

666

关于蒂博多的笔记②

"国民公会的多数并不比国家的多数更倾向于采取恐怖政策。但是这个多数不能也不敢表示不同意,保持一种阴郁的沉默。过

---

① 马尔默停火协议:1848 年德国革命期间普鲁士和丹麦的冲突产生的停火协议。1848 年 3 月,属于丹麦的公爵领地的石勒苏益格的日耳曼人叛乱,被丹麦镇压。德意志人不满。法兰克福议会的前议会以全德国的名义对丹麦宣战,法兰克福议会说服普鲁士军队参战。后来英国和俄国干预,普鲁士退兵。法兰克福议会被羞辱,被迫签订马尔默停火协议。——中译注

② 托克维尔在这些笔记中提到最近发生的、导致 1851 年 12 月 2 日政变(路易·波拿巴为谋求总统连任于该日发动政变,解散议会,12 月 20 日选民投票赞成他连任总统,任期十年)的事件[参见 667 页],这表明 44 卷宗的这些笔记为 1852 年所做,那时托克维尔刚刚开始历史研究工作。托克维尔这里评论的是蒂博多的《国民公会和督政府时期回忆录》。蒂博多(1765—1864),1792 年被选入国民公会,山岳派,投票赞成处死路易十六。热月九日他反对罗伯斯庇尔。后被选入五百人院,果月十八日保持中立,共和六年未能当选。雾月十八日政变的共谋,后担任吉伦特省省长和国务委员,1809 年成为帝国伯爵。复辟时期遭流放,1830 年后回到法国,后支持拿破仑三世,后者任命他为参议员。

243

去冗长、狂风暴雨般的会程现在大多数时候很安静、冷清，持续仅仅一个或两个小时。多数只能利用还剩下的一点自由的影子来讨论一些无关紧要的问题。"[第一卷，第48页]

需要进行描述的是革命时期总是掌握在少数手里的控制权；总是同样的革命的运行机制：使得少数的暴政变得可能并将其带向……的多数的精神状况。

"让我自己完全脱离各种事务将会使我毫无意义地受到怀疑。对于那些处于支配地位的人来说，右侧的成员在其沉默中保持一个被征服了的党派的态度，或者那些中间派仍然保持中间派的立场，这些都不要紧。但是某个不管多么不起眼的代表通过他的无所作为表现出不满的态度，这对于山岳派来说是不可容忍的。"[第一卷，第70页]——党派生理学的有趣分析。

一个王权派1794年写给一个流亡者的信①……在很多东西当中人们发现一句话，它可以运用到大革命的好几个时期："在法国，人不再存在，只有事件存在"；另外一句话几乎出自于一个深刻的思想家："共和国将扼杀共和国，革命者将结束大革命。这或者发生，或者永远不发生。"[第一卷，第100页……]

对神父和宗教的狂暴的仇恨是所有革命激情当中最为强烈、最后才熄灭的激情，这一点是明显的，需要仔细研究其原因。整个12章特别是106页说明了这一点。②人们看到最后仍然遭到迫害的是神父，对他们的迫害在对所有其他人的迫害停止之后仍然发生。针对他们的恐怖直到督政府统治下仍然继续。对他们的愤怒比对那些仍然拿武器的流亡者的愤怒还要强烈、持久……

共和五年的选举之后立法机构的成员发生了分裂。政府比议会和民族更为革命。革命军队出于对王国和议会的仇恨仍然很革

---

① 1794年9月28日一个身份不明的流亡者写给普拉得（Pradt）神甫的信，勾勒了热月政变之后的法国的情形。

② 蒂博多，《国民公会和督政府时期回忆录》，第2卷，第12章"宗教和神父"。

命。克里希俱乐部(Club de Clichy)，对它的描述很像人们可以对普瓦提埃街(Rue de Poitiers)进行的描述(《回忆录》第十八章，第170页①)……

督政府和立法机构之间的冲突搅乱了法国的存在的一点点行政管理，这时的行政机器立足未稳，还不能单独运转。主要权力机构之间的混乱状态在行政管理系统和整个国家导致了真正的混乱状态。与我们今天看到的情形不同。

在果月政变之前发生的事情和1851年12月2日之前发生的事情完全可以类比。督政府发动攻击的图谋。更换部长，调动军队。把暴徒引向巴黎。②危险清楚地足以让那些受到威胁的人警觉起来，但没有清晰到足以让他们联合起来共同行动。他们也试图联合，但失败了。人们希望等到督政官违背宪法后也来违背宪法行事。在等待时，人们威胁他们，通过一些小的手段骚扰他们。您如果阅读第二卷的第22章，就好像您阅读描写最近六个月发生的

---

① 王党在共和五年的选举中获胜，立法机构发生了分裂：支持督政府的亨利·乔治·布莱·德拉默特(Henri-George Boulay de La Meurthe)或者玛丽·约瑟夫·谢尼埃(Marie-Joseph Chénier)为革命措施辩护，宪法派如让·艾蒂安·玛丽·波塔利斯(Jean Etienne Marie Portalis)和蒂博多拒绝流放当选的王党代表；被蒂博多称为"白色雅各宾派"的克里希俱乐部成员与宪法派保持距离、支持王权派。托克维尔把克里希俱乐部的会议与第二共和国时期地"普瓦提埃街"聚会进行比附。第二共和国时期，很多君主派包括奥尔良派和正统派政治人物如梯也尔、莫莱伯爵、基佐等在普瓦提埃街进行聚会。当时的行话称他们为城堡指挥官(Burgraves)，后者本来指的是雨果1843年的同名戏剧当中的那些装腔作势、非常可笑的老头。

② 获月二十八日(1797年7月16日)督政府解除了几位部长的职务：查尔斯·高雄·德拉巴郎(Charles Cochon de l'Apparent)、克罗德·路易·佩蒂埃将军和皮埃尔·贝内泽拾(Pierre Benezech)，任命塔列朗(Talleyrand)担任外交部长，奥什(Hoche)担任国防部长，纽夫沙托(François de Neufchâteau)担任内政部长。为了威慑反对派，奥什调动九千军人往巴黎开进，借口是为远征爱尔兰调动驻防。这一事件是左派督政官勒贝尔(Jean-françois Reubell)、拉勒维里埃-勒波(Louis-Marie de la Reveillière-Lépeaux)和巴拉斯(Paul Barras)对曾经是共和派后来成为保守派的卡尔诺(Carnot)和巴泰勒米(François Barthélemy)所取得的第一次胜利。

事情的历史一样。

真正的共和派的困境,他们在恐怖派和王党中间受到挤压,就好像他们最近在山岳派和城堡指挥官(Burgraves)当中一样受到挤压,充满绝望。没有什么比蒂博多的书里关于果月十八日的描写更为精彩的了。奥勒罗发誓用脑袋来担保立法机构的安全。这完全就是圣阿尔诺(Saint-Arnaud),第 251 页①……

流放取代了断头台。暴力政权在懦弱的民情和疲惫的民族当中可以采用的方式。这样人们可以杀人而看不到流血、听不到断头台上的惨叫。

再次发动恐怖的困难。果月政变的胜利者试图恢复恐怖。应该指出,他们构想和拥护的恐怖要比 93 年的恐怖派更系统,甚至更广泛、更不公正。提议把所有贵族流放。第二卷,第 319 页。②

正式服装(Costumes):在整个法国大革命的可怕时期没有正式服装。只是在政治权力落到督政府的可怜的手中时,人们才为督政府发明一种正式服装,而立法机构在果月十八日遭到清洗和羞辱之后,人们才想象出一种紫色外袍来装扮立法机构。第二卷,第 331 页。

668　　这一时期法国工业的毁灭。对此我找到一个小证据,但很独特:当时不可能在法国找到人生产立法机构需要的外袍,不得不到英国购买,虽然双方还在战争当中。让这一可笑的事情的荒谬达

---

① 这里果月十八日(1797 年 9 月 4 日)被托克维尔比附为 1851 年 12 月 2 日。两次政变的准备有相似之处:1851 年 10 月 27 日被任命为国防部部长的圣阿尔诺(Armand-Jacques Leroy de Saint-Arnaud)将军于 1852 年 11 月 17 日在国民议会中明确他对合法性的尊重,同时他在准备政变。山岳派和秩序党(议会中的奥尔良君主派和正统君主派)之间的不团结使得国民议会无法抵抗路易-拿破仑·波拿巴。

② 托克维尔这里评论的是果月十九日和二十二日(1797 年 9 月 5 日和 8 日)颁布的特别法。法律一方面针对的是返回法国的流亡者或者王党,一方面针对拒绝向宪法宣誓的教士。西耶斯希望驱逐所有贵族,这将完成其于 1789 年在《第三等级是什么》当中发布的威胁。结果他们仅仅被剥夺了公民权利。但约有 1 000 名教士被逮捕,其中 263 人被流放到圭亚那服苦役。

到极致的是这批货被海关扣押了。第二卷,第331页及其后①……

签订和平协议之后和远征埃及之前波拿巴的态度。波拿巴从意大利回来后得到的接待。巴拉斯的饶舌。波拿巴的风格简洁,不同寻常的含糊:"需要制定共和国的组织法律,代议制政府的时代开始了。"[第二卷,第325页]

观察各派别,表面上看他没有支持任何派别。他与热月党人如巴拉斯、塔利安(与西哀耶斯相比,他已经变成温和派)关系密切。雅各宾派有奇特的识别敌人的本能,对其进行攻击(虽然他曾经为他们服务过);其同胞阿雷纳(Arena)说他是自由的最危险的敌人(正是这一点开始为他效劳:在革命中,舆论比某些人走得快,他们不断加以诋毁的恰恰得到人民的称赞)。"公共舆论支持他,为他提供方便,让他敢于为所欲为。人们对那些他们不知道什么时候会结束的破坏感到厌倦,为了获得休息,整个民族投入到一个人的怀抱里,相信他足够强大,可以停止革命,足够慷慨,将会巩固革命带来的好处。"[第二卷,第339页]

波拿巴的无所作为让舆论感到吃惊,将其推到各种位置。督政府对他的在场感到厌倦,想尽办法让他远离巴黎。他则表现出中立懈怠,看上去只想休息,在沉默中观察他眼皮下发生的一切。[第二卷,第341页]

督政府和他是竞争对手:他们或者开战,或者分开[同上,第349页]。在意大利战役期间,他就经常想到远征埃及,其信件可以提供证明。同上,第343页。

人们给予他任何权力使他进行准备。

在革命激情平息之后,行政权必然对立法权取得一种自然的、不可阻挡的优势。"在十一人委员会(该委员会草拟了共和三年宪

---

① 直到果月十八日,执行使命的议员只有一条三色带。果月十八日之后,蒂博多写道"人们把参议院的紫袍给予人民代表,就好像在国王死了之后,人们仍然用王国的所有装饰来装扮国王。这可笑的虚荣没有阻止尸体腐烂,也没有阻止这些名字最终湮没无闻!人们把骑士的或者封建时代的服装给予督政府,把希腊或罗马的服装给予立法机构。"这些外套在边境被督政府扣下,督政府向议会玩了一次恶作剧。

法)中，我们认为权力平衡不过是幻想，在赋予督政府大权的同时，我们使得立法机构获得优势，采取一切必要措施来保证其独立免受行政权的侵犯。"第二卷，第337页。

这没有阻止几个月之后果月十八日政变的发生和立法机构几乎完全的屈服……

669

关于马莱·杜庞的笔记
恐怖政府的组织和资源
写于1794年①

第二卷第1章的(对恐怖)阐释和描述比我读过的都要精彩。应当再读一遍，以便更好地理解这个让人不可思议的独裁的运转机制、其架构、其行动的通常方式、其原则、其规则，因为这个独裁具备这些东西。②

至于其财政资源，他用这句话进行总结："共和国比反法联盟的所有君主加起来还要富裕，所支配的财富也比他们要多。因为这里是一个帝国的国民财富、是一个世纪以来这个帝国积累的财富和某几个君主的可怜的收入进行对抗。"[第21页]

他应当说：这是资本对抗收入，在这一对抗中，如果斗争的时间比较短，资本总是获胜。

通过恐怖(la terreur)来进行的恐怖统治(la Terreur)。马莱·杜庞非常生动地描述了这一现象，第二卷，第56页。他用几句话

---

① 卷宗44当中关于马莱·杜庞的著作《马莱·杜庞的回忆和通信：用于法国大革命史的写作》(*Mémoire et Correspondance de Mallet du Pan pour Servir à L'histoire de la Révolution Française*，由A. Sayous收集整理，Paris，Amyot et Cherbuliez，1851年第2卷)第2卷的笔记。托克维尔1852年春天读了这本书，参见《托克维尔—博蒙通信集》1852年6月23日的信，《托克维尔通信全集》第8卷第3册，第53页。雅克·马莱·杜庞，瑞士政论家(1749—1800)，与伏尔泰以及兰盖(Linguet)关系密切，1789年成为君主派。1791—1792年期间路易十六派遣马莱·杜庞到德意志各国游说各国君主对法国革命进行干涉，他后来不得不在法国军队的入侵下逃亡，1799年到英国居住，在那里创办了《英国信使》。

② 边注：他(马莱·杜庞)说，这一权力发展为这一奇事，它对混乱进行组织，把专制的力量和无政府的力量结合起来。第39页。

248

恰当地说明了这些人的精神状况。他们的暴行首先是出于对革命的敌人的仇恨、这些敌人的反抗和反革命在他们当中激发的恐惧。之后,当这些敌人被征服之后,他们继续其暴行,出于对革命者自己的恐惧;他们首先因为对敌人的恐惧而变得狂暴,之后因为对他们的朋友的恐惧而变得更加狂暴;害怕自己被恐怖吞噬而加剧恐怖;为了不被杀而杀人;他们为了保住性命被迫成为独裁者,被迫对人类进行永恒的战争,因为如果他们一旦恢复人类的原则他们就要失去性命……以后我如果打算简单地谈论一下这一时期,我应当重读这些话。

为什么救国委员会不能够想要和平。因为其权威的手段和公共防御的手段是一致的。"没有战争,就没有借口勒索、劫掠、强制征兵、征调土地和工业的所有产品、进行普遍的破坏……战争对于救国委员会来说是必要的,奥唐多(Hottentot)认为有可能为共和国获得和平,这是不可原谅的",第二卷,第 59 页……

670

欧洲的古老政府面对法国大革命。它们的无能、陈旧的俗套、由来已久的嫉妒、缺乏团结、缓慢、自私短浅的眼光;没有看到这一事件的重大之处和新意,没有看到对于它们来说首要的不是借机扩张,而是生存。

"只要反法联盟没有……他们的救国委员会,或者一个拥有全权的代表组成的会议——这些代表得到普遍性的、绝对的指令……可以在形势的要求下尽可能地迅速推动行动,我们将失去代价如此高昂的努力所获得的成果。"[第二卷,第 77 页]

描述这个面对革命政府的创新的古老的、被统治着的欧洲。大革命就像炮弹一样落在这个古老的机器中间,人们既没有看到大炮,也没有看到炮手;革命在其强力之外,以其新颖、出其不意、奇特击败了一切。

特别要说明就当时的古老政府和大革命的情况而言,何以后者必然会胜利。从来没有哪一次胜利更少取决于偶然。要很好地突出这一点。

恐怖结束后的派别(1794—1795)。作者的分析很有意思。这些派别的分类和各自的力量，第二卷，第129页及之后。他尤其很好地描述了宪政派，也就是资产者和农村中的有产者的党派，人数最多，被迫处于无所作为和伪装当中，但有很深的根基，一旦共和主义者的暴政削弱，他们便会从四面八方发动反击。这个派别比任何其他派别都能更好地把共和国转化为温和的君主制……

在人类的重大革命中法国大革命的独特的、崭新的面貌。革命爆发后，同代人，特别是个人而不是君主就感觉到了这一点，虽然只是隐隐约约。

"丝毫没有变化的是革命教义的本质……它支配了行政管理、行政分支、俱乐部；每个城市、乡镇和村庄的民众社团是其依托和支持，下层民众每天晚上都会到这些社团去……这是那些作家和无知的推理家所不能理解的，他们不断把革命说成是地方性的，是法国特有的原因造成的，是由于对抗外国战争的必要性而持续下去……革命体制可以运用到所有国家。①其基础是适宜于所有气候、反对一切政府的哲学原则。这个反社会的理论是真正的宗教。"［第二卷，第134页］

正是这一点要加以明辨和予以强调。法国大革命的突出特点，这些特点使其真正地成为普遍性的和人类的或至少是欧洲的、不仅仅是法国的事件；使其与所有其他革命区别开来；像他说的那样使其成为新的宗教，其传播超出了民族的利益，即使在那些被革命劫掠、屠杀、压迫以至于陷入绝望的国家中也一样传播。人类精神的最独特、最活跃、最有传染性的疾病之一。在这里，我踏上了一条不同寻常的道路。②

不可能回到旧制度。从大革命的最初时刻起这一点就比较明显了。为什么？要加以研究。在这一点上米拉波毫不动摇地确信。参见其通信。法国大革命的毫不妥协的敌人、马莱·杜庞通

---

① **在前面这句话的边上**：它（大革命）像伊斯兰教一样通过武器和舆论来扩张和传播。它一手拿剑，一手拿着人权。

② **在这段话的边上**：反对旧世界、旧社会的叛乱，同样的目标到处产生了同样的激情和同样的观念。正如所有的自由激情同时反对天主教的共同枷锁。这一切的基础何在？这一事件的真正的新意在哪里？它从哪里获得这一扩张的激情？要探究、分析，挖掘根源。

过各种方式表达这一看法。逃亡的普拉得神父说,"不可能再造旧制度,正如不可能用路上的灰尘建造罗马的圣彼得教堂一样。"①第二卷,第142页、153页……

恐怖之后农民的福祉,这时城市仍备受折磨。"在罗伯斯庇尔的统治下遭到践踏,农村今天可以喘息了(1795年7月),因为城市的悲惨而致富,他们获得了惊人的收益。一袋麦子就可以交一块地的地租。富裕农民成为会盘算的人、投机分子、讲究的家具的购买者,他们争相购买流亡者的财产,不缴任何税,每天都在庆祝什一税和封建租税的废除;在这一繁荣发生变化之前……他们对自己的命运感到足够满意,以至于可以毫无怨言地接受共和国。他们接受但并不相信共和国,因为在热爱目前的制度的同时,他们所有人都认为有一天他们会回到某个国王的统治下的。"第二卷,第154页。

这一画幅多么逼真!研究这一农民阶层在大革命中的命运。他们比任何其他阶层遭受了更少的痛苦、获得了更多的收益。这是一个重要的原因,和其他很多原因一起解释了整个国家在看上去很可怕、事实上也是很可怕的一段时间内为什么表现出极端的忍耐。

流亡者引起的恐怖使革命得以延续……流亡者的错误和愚蠢。国内的保王派更为理智,也更愿意妥协,虽然他们经受了更多的痛苦……为人所知的一个现象是,在党争时期,人们憎恶持不同意见者甚于憎恶敌人。在流亡者当中,由于各种缺陷和各种偏见,由于他们与民族分离,在外国生活在自己人当中,承受流亡带来的绝望,人类心灵的自然不幸被推向疯狂。这些值得加以描述……②

人民对大革命的热爱。马莱·杜庞的一个通信者给他写信说[第二卷,第207页,1796年]:"人民叫喊、咒骂,反对共和国。但如果你对他讲道理,告诉他说,他以前更幸福;他回答说贵族想用饥饿和恐惧来让他们要求得到国王,而他宁肯吃铺路石。他仍然

672

---

① 事实上是马莱·杜庞对普拉得神甫所说的话。
② 托克维尔在这里评论的是马莱·杜庞著作的164页及以下。托克维尔很年轻时就认为流亡是一个错误:"我们可能更愿意看到那些流亡者不离开法国,必要的时候在他们希望捍卫的君主制的废墟中躲藏。"他在1828年2月的一份公诉状中写道。《杂编》(Mélanges),《托克维尔全集》第16卷第46页。

很愤怒。"①

"对不幸和贫困的习惯、巴黎人在罗伯斯庇尔统治下遭遇的可怕处境使他们认为他们目前的处境是可以接受的。"（1796 年 3 月）第二卷，第 223 页。事实上罗伯斯庇尔把幸福的标准降得如此之低，使人们满足于能够活着，结果他为那些普通的暴政和常见的不幸恢复了名誉。

能够忍受另一个民族可能无法忍受的事物，在那些无法忍受的不幸中也承受自己那一份，并很快把这些当成习惯：这与其说是人的特征，不如说是法国的特征。加以分析。深入发掘，注重特殊时期和通常的性情……

大革命如何因为其持续而巩固，尽管它造成的痛苦也在持续。"尤其让我害怕的是，人们通过使共和国延续来转售那些被没收的财产。新财产主的数量不断增加，当这一切被卖光之后，谁能来剥夺两百万的侵略者？"第二卷，第 225 页（1796 年 4 月）

波拿巴：他进入舞台时并无多大名气。马莱对他的一个朋友（1796 年 4 月）讲述法国人最初在意大利取得的胜利和后来被称为蒙特诺特（Montenotte）战役②的战役时，甚至没有提到将军的名字。他们是否知道他的名字都很成问题。从来没有在更晦暗的地方产生更大的辉煌。第二卷，第 229 页……

恐怖结束后一年法国和巴黎的状况（1795）

匿名著作，但作者一定是一个很有头脑的人，书名为：《关于我的最后一次巴黎之行的回忆》，共和五年（1796 年）印刷。不过涉及的是共和四年（1795 年），恐怖结束后的一段时期以及葡月十三日事件。③

---

① 参见 656 页相关注释。

② 在意大利战场上，拿破仑·波拿巴率领的法国军队取得的第一场胜利，发生于 1796 年 4 月 12 日。

③ 苏黎世，1797 年。卷宗 44 中的笔记，没有日期。托克维尔引用的著作是苏黎世作者雅克布-海因里希·梅斯特（Jakob-Heinrich Meister，1744—1826）所写，此人在旧制度的最后二十年期间住在巴黎，是狄德罗的朋友。

作者可能是外国人,我认为是瑞士人。他不喜欢大革命,爱好上流社会的精致娱乐,他在大革命前经常光顾这一上流社会,它后来被大革命摧毁。但他很冷静,似乎不会被党派激情支配。

民族的多数听任革命把自己卷入其中,而不是全心全意地投身革命。"我在路上不费力去寻觅就能看到的,最经常的就是不安、焦虑、疲惫、不满的表情,并且还有一种对事物的新秩序的成功与失败的漠不关心。尽管这一革命显然比任何其他革命都更让很多人关注并激发他们的激情——这是它的独特功绩,但事实上国家的大多数人都保持中立,而且如果他们形势的迫切的必要性和革命专制的可怕暴力允许的话,他们可能更是如此。"第55页。

"很多在大革命中购得国家资产的人成为他们的所有邻居的仇恨和轻视的对象,或者因为人们对那些被他们取代了位置的人感到遗憾,或者是因为人们非常清楚,他们通过什么卑鄙的手段得以占有了这些财产……我向一个驿站马车夫询问谁是这个美丽城堡的目前的主人:哎,先生,这是一个以前身上长跳蚤的人。"[第69页]

恐怖的破坏没有人们想象的那样普遍:这个激流在它所到之处摧毁一切,但没有到处横流。"我发现我经过的法国的那些地方在某些方面有很大变化,而让我吃惊的是在其他方面又很少改变……在某些地方,大革命几乎没有留下什么……我经过村庄、城市,甚至整个郡(canton),在那里,人们毫无热情也不发怨言地屈服于新形式,人们能够'消除暴政的暴力并维持秩序与和平'……人们劫掠和摧毁很多城堡,但仍然留下了很多,那些依然存在的城堡让旅行者感觉不到城堡的数量减少了。在我刚刚经过的长长的路途上,我觉得我看到过的这种被毁坏的城堡不超过三个。最少被放过的是女修院、修道院、钟楼特别是十字架。"[第27页及以下]

"法国的真正的贵族——今天所有人都有权利对他们感到愤怒,是佃农和农民构成的贵族——这个新贵的贪婪看起来很丑恶,其行为举止粗暴、令人厌恶。……没有一种专制比一个沉醉于自己的财富的农场主的专制更为压迫人,也没有一种贪婪比他的贪婪更

无情；您可以去问所有曾不幸依附于他生活过的人。"[第 48 页]

674　　　　巴黎的状况。他于 1795 年 9 月 22 日到达巴黎。

巴黎的外观变化很小。有几个地方被装饰过，修建了昂但马路（Chausée d'Antin）。圣日耳曼郊区的荒凉。晚上十点剧院关门后，巴黎让人感觉凄惨。以前这时候是巴黎最活跃、最有光彩的时候；人们去吃饭、娱乐。现在，从这时候起，巴黎像坟墓一样安静，碰到一辆马车就很不寻常；除了巡逻兵之外，行人很少……在白天，私人马车很少，甚至出租马车也很少……[第 93—94 页]

普遍的投机、倒卖旧货："这一普遍投机的范围和活跃超出了我们在很远的地方所能想像的。你在路上走一步，不会看不到这一点：几乎家家户户的门前，几乎所有宽一点的国道都成了商店，人们在这里买卖家具、旧衣服、画、版画……你几乎到处都可以看到以前只有在圣米歇尔桥上或者中央市场的柱子下面才能看到的同样的货架。人们会说，以前在家里放的东西现在统统都放在街上展出了。世界首都看上去像一个巨大的旧货市场。人们会认为巴黎在搬家……每走一步，你会碰到男女老少，各种各样的人，每个人胳膊下都有一个包裹。这种倒卖旧货和投机的狂热既是因为过多的艰辛，也是出于极端的贪婪，也是因为一时的富有所带来的焦虑……所有价格的共同标准处于持续的不确定和变化当中，人们总是很强烈地担心没有能够尽快买卖，以至于最重要的交易总是非常草率地进行，你如果没有亲眼见过会很难相信这种草率。在巴黎有一个府邸在两周内被卖了四次，而可能没有一个买主看到过它……有人每天从家里出来，口袋里塞满了纸券，没有其他目标，就是想购买一切他发现很划算的东西，他可能迅速暴富。这就是很多人所擅长做的：S 子爵是其中之一；他在巴黎有一家商店，是巴黎的最好的商店之一，这没有妨碍他在观点和玩笑上表明自己是最坚定的贵族……人们在面包上投机，这些面包本来应该是发给那些凭证领取的人。"[第 95—108 页]

"在巴黎最让我吃惊的是一种很奇怪的不确定和不安定的特征；在所有人的脸上都会看到一种焦虑、怀疑、充满痛苦而往往很憔悴的神情[第 111 页]……在我看来我好像再次看到一个很宝贵的住所，被它以前的主人抛弃了，目前被一些外国人占据，但这些外国人在这里感觉不自在，他们甚至不确定他们会留在这里。我再次看到同样的事情，但在我看来没有什么在它的位置上：那些过去在屋里的人现在在外面，过去在院子里、仓库里或在门厅里的现在出现在客厅里。总之，没有什么是稳固的、没有什么是牢靠的，没有什么在它本来应该在的位置上。"[第 115—116 页]很多人穿着资产者的服装，但留着长须，佩戴长剑。妇女装饰很夸张，与她们并不相配……有些盛妆打扮的妇女靠在无套裤汉的胳膊上……有些妇女虽然穿着非常朴素，但其举止表明她们不同寻常……那些老神甫，还剩下的那些灰白的头发打成结……那些受尊敬的老人被迫步行，而他们以前的佃户和仆人把泥污溅在他们身上；一群一群的士兵，他们的前所未闻的胜利威胁到了整个世界，他们面色苍白，衣衫褴褛……这些籍籍无名之辈仿佛在法庭之上向整个欧洲颁布法律，穿着最肮脏、最不起眼的制服，上面的带着金穗的三色围巾显得非常刺眼，他们自己试图藏身人群之中，却不能避开行人的诅咒……庄严的葬礼不过是由一两个人拿三色旗盖住棺材的悲惨的入殓仪式罢了。不再允许人们佩戴哀悼标志……人们比以前任何时候都更自由地在巴黎的大街小巷行走，除了围绕国民公会的那些地方，以及一块很大的区域——从旺多姆广场（place de Vendôme）到游乐园（Carrousel），从圣罗贺（Saint-Roch）到王家桥（Pont-Royal）；人们只有特别通行证才能出入这些地区，行政区颁发的普通证件是不够的……①

　　在这一如此凄凉、令人痛苦的景象当中，我们看到很多奢华、傲慢、排场和轻浮。"人们在各个方面折磨巴黎，把那些与她的趣味最为背道而驰的态度教给她，然而一切徒劳，她总是保存了那种狂热的精力，能够让她活下去，保存了那种带来幸福的快乐，能够让她开心并从一切不幸中都能得到安慰。"[第 135 页]在我看来变化最少的就是剧院的表演；从来没有如此多的剧目吸引了如此多的观众。第 80 页及以下。

_____

① 托克维尔这里概述了梅斯特《关于我的最后一次巴黎之行的回忆》121—123 页的内容，保留了作者的一些表述。

[关于邦雅曼·贡斯当的笔记]
邦雅曼·贡斯当的书《论当前政府的力量》(1796)①

676
　　对某些保王党的描绘。当我谈论这一派别时,可以加以概括:

"这些人,既满心苦毒又很轻浮,麻木但又渴望复仇,得到安慰但并没有被平息,忘记了他们对祖国的情感但没有宽恕他们的祖国;当他们追逐享乐时,可以分心或者得到补偿,但一旦发动仇恨则立刻又充满懊悔。"[第 57 页]

　　"为了美德而革命比为了犯罪而革命要危险得多。当一些恶棍破坏规则来打击诚实的人,我们知道这是又一次犯罪……但是当诚实的人破坏规则来打击恶棍,人民则不知道该怎么办了。规则和法律在他面前表现为正义的障碍。他沾染了我不了解的习惯,他建立了我不了解的关于公正的专断的某种理论,这一理论颠覆了所有观念。"[同上,第 100—101 页]

　　这是真实的,非常深刻并且表达出色! 当我要描绘督政府及其事业的末期中法国人的精神状况时,要加以引用。值得注意的是,1796 年写下这些话的的贡斯当在 1797 年对果月十八日大加赞赏,因此以一种务实的方式厕身于那些不那么危险的无赖当中,他们破坏了法律,但至少考虑到仅仅针对诚实的人来破坏法律!②

---

①　卷宗 43 中的笔记,K 扎中"各种观点"。这一卷宗是在《旧制度与大革命》完成之后收集的,包括了 1856 年之前的笔记。邦雅曼·贡斯当的小册子《论法国当前政府的力量及与其联合的必要性》(De la Force du Gouvernement Actuel de la France et de la Nécessité de s'y Rallier)出版于 1796 年 4 月,针对的是反革命派;这个小册子试图表明与一个在舆论中根基很浅的共和国联合的必要性。在引用的段落之外,托克维尔在这个小册子当中可能找到对"恐怖派"的谴责,恐怖派"这个新的种族,似乎从深渊中产生,为了拯救和毁灭大地,打碎一切枷锁和一切法律,使自由和耻辱一起凯旋。"(第 32 页)"新的种族"这个表达后来被托克维尔采用(第 720 页)。

②　1797 年 4 月的局部选举之后,反革命派寄希望通过和平的方式获得权力。果月十八日的政变之后在果月十九和二十二日颁布了非常法,把保王党、顽固派教士流放或判死刑,压制舆论。贡斯当参与了政变的准备工作,认为恐怖的恢复对于拯救共和国是必要的。参见其果月三十日在宪政俱乐部中发表的演讲。(《政治作品和演讲》(Ecrts et Discours Politiques,Pauvert,1964,2 vol;t.i,pp.115—128)

《论政治反动》同一作者①

　　一代人被恐怖吞没了。我们今天处在那些处于童年期的老人和那些教养很坏的儿童之间。

　　"我们被某种几乎是物质性的推力裹挟，同时远离自由观念和革命罪行。"同上。

　　关于马莱·杜庞②主编《英国信使》的笔记（1798 年 12 月—1799 年 12 月）。

　　尽管这文集特别是其中在雾月十八日到来时的文章非常显著，但是相比他与欧洲君主的通信而言，不够自由，判断的冷静也较为逊色。我们看到作者被愤怒驱使，他为那些被反对法国大革命和反对法国的愤怒所支配的公众写作。与同一时期的其他作者相比，他的温和不同寻常；在绝对真理方面，他非常激烈。

677

　　在他的最后一本著作里，人们看得最清楚的是法国大革命在其兴衰起伏当中对外的扩张和征服。首先，人们看到的是在 1798 年末期和 1799 年初期，对撒丁王朝和那不勒斯王国的破坏，对瑞士的占领，全权特使在拉施塔特（Rsatadt）会议上③的傲慢的语言，法国政府在大革命的所有敌人当中激起的蔑视和恐惧，被征服、发狂的欧洲，对抵抗法国的强大力量感到绝望；法国军队的不可阻挡；各国内阁（英国除外）的忍耐和虚弱。那些仅仅考虑如何从欧洲的分割中获利的那些小国的嫉妒和贪婪；普鲁士的无所作为，被法国

---

① 贡斯当《论政治反动》（Des Récations Politiques），1797 年出版的小册子，其前言标注的日期是芽月十日。这个小册子的意图是为督政府辩护。这部作品中包括最早使用"自由主义的"（libéral）这一形容词的一些例子，作者用这一形容词界定政治温和。托克维尔分析的这一段属于第 5 章。

② 卷宗 44 当中关于《英国信使或者马莱·杜庞关于同时代的事务的历史性和批判性评论》（Mercure Britannique ou Notices Historiques et Critques sur les Affaires du Temps par J.Mallet du Pan）。和关于马莱·杜庞的通信的笔记一样，这些笔记是 1852 年所作。托克维尔对第 2、3、4 卷（从 1798 年 12 月到 1799 年 12 月）作了笔记。

③ 拉施塔特会议：1797 年 11 月神圣罗马帝国各邦国在德意志南部城市拉施塔特召开的会以，讨论在对法战争失败后失去领土的邦国获得赔偿的问题。会议时断时续，持续到 1799 年 4 月。——中译注

践踏和劫掠的民族的怒火——法国支配了这些民族当中的革命倾向。（拉法耶特的《回忆录》验证了这一点）

然后，春天到来的时候，当俄罗斯第一次登场、奥地利人又一次拿起了他们的武器的时候，人们看到的是：法国人遭到失败，法国的敌人既感到快乐又感到震惊，对其力量的蔑视和之前对其力量的压倒性的评价同样夸张，其敌人的期望迅速膨胀而发展到想征服法国。人民开始回应其统治者的呼吁，但没有人们期待的那样热切。统治者对人民可以给予他们的支持和人民的冷漠一样感到害怕，他们只希望从他们那里得到金钱和人力。

最后，接近夏季时，在被人们认为战无不胜之后又被视为软弱无能的法国革命政府革新了其军队，在瑞士击垮了俄国，在德国取得了战争的胜利，虽然没有重新征服失去了的意大利，但与敌人打了个平手，此后进入了冬天，大革命通过雾月十八日发生了转化而仅仅成为军事性和征服性的。

在革命特别是法国大革命方面政治经济学的错误。①

英国经济学家把他们的科学的普遍规则运用来解释法国发生的事情，尤其是弗朗西斯·迪维尔纳瓦（Sir Francis d'Ivernois）爵士，他总是能学究式地证明法国不行了或者就要不行了，法国将不可救药地走向彻底的毁灭、陷入最糟糕的虚弱和悲惨。他们缺少工具来量度这样一次革命所产生的全新的、陌生的和无法衡量的力量。有一些医生在遇到一个处于痉挛中的病人时，在估计他可能爆发的力量时，仍然根据一个处于通常状态中的人所能爆发的

678

---

① 和前面的笔记一样，这些是关于《英国信使》第 14 期（1799 年 3 月 10 日）的笔记。该期刊登了弗朗西斯·迪维尔纳瓦爵士下面著作的节选：《大革命和战争对法兰西人民造成的人口、农业、殖民地、制造业和商业上的损失的历史和政治描述》(*Tableau Historique et Politique des Pertes que la Révolution et la Guerre ont Causées au Peuple Français dans sa Population, son Agriculture, ses Colonies, ses Manufactures, et son Commerce*, Londres, P. Elmsley et D. Bremner), 1799 年 3 月。弗朗西斯·迪维尔纳瓦爵士（1757—1842），日内瓦律师，1782 年起流亡。他在英格兰避难，是边沁的朋友。他虽然取得了英国国籍，但在维也纳会议上代表日内瓦。他撰写了很多关于大革命和帝国时期法国财政史的作品。

力量进行推算；这些经济学家就像这些医生。有人根据法国在这种状态下能做的来推断法国在正常状况或者几乎正常的状态下能做什么，他们犯了类似的错误；一般情况下，我们可以说每一场大革命都会使人们犯下巨大的错误：它首先让人们对其所不能做的缺乏认识，它轮流欺骗其敌人和朋友。

弗朗西斯·迪维尔纳瓦爵士写道："人们将看到发烧之后是最令人哀叹的虚弱，而流俗之辈今天还把这种发烧当成力量的象征。"新的愚蠢的错误：①大革命通过摧毁已经获得的财富而破除了阻止人们获取财富的障碍；大革命创造出吞噬了已经获得的财产的行动和激情，由此它产生了创造财富的行为、激情和需要，因此只是在这个摧毁了工业和生产的所有工具以及由这些工具制造的所有财富的时代之后，法国才前所未有地灵巧多产。[第二卷，第339页]

革命是一种剧烈短暂的疾病，它总是有助于工业的发展。只有革命的延续会延缓工业的发展甚至使其停止。关于第一种情况甚至可以看西班牙，后一种情况可以看西班牙殖民地。

在与欧洲的斗争中法国人的优势。

在腓特烈大帝1738年写给伏尔泰的一封信中，人们可以看到他在路易十五的疲乏统治的中期所作的一个判断："您所做的比较清楚地说明了法国人的力量和包围法国的列强的虚弱。这一比较找到了这种情况的理由，允许人们去想象在我们之后的世纪里法兰西王国将继续壮大，这一壮大源自一个牢固的原则，总是拥有在一个专制君主统治下汇聚的统一的力量，这位专制君主从各方面看起来都将有一天吞噬其邻居。"[第二卷，第371页]

法国和德国的比较允许人们作出这一预见。大革命取代了腓特烈大帝提到的这一专制君主，在他所理解的专制力量上加入了他毫无所知的革命力量；大革命几乎在他预言后的六十年实现了这一切。但是搅乱了腓特烈的德国并几乎吞噬它的打击最终使其得到更新和坚固，有理由相信这位大人物不会再如此冒失地发布这样的预言……

---

① 原文为英文 blunder。

受到法国人侵略的民族在革命开始时表现出的冲动，马莱认识到这一点。①

679　　"许多资产者、文人、闲适的手艺人醉心于身份的平等，而穷人则热衷于财富的平等。所有人都认为遇到了黄金时代。一支共和国部队出现在边境，它激起了希望。兄弟们和朋友们走出大学、柜台、商店甚至沙龙来迎接这些如此健谈的哲学家士兵，把他们视为造福人类的人；在各个地方，统治者在他们的军队的行列中，甚至在他们的首相的办公室中遭遇到对抗、冷漠，遇到阴谋分子或者无动于衷的人。如果我们获得了胜利会怎么样？到处都呼求和平。而如果我们遭到了失败？和平，总是和平……从王宫到军营，从城堡到修道院，从学院到工场，这些充满耻辱的呼告不断重复。因此这种普遍的疯狂在任何地方都支持革命，或者是出于原则，或者是出于激情，或者是出于对安宁的热爱，或者是出于对动荡的热爱。在公众的这种精神状态当中，战争进展得很糟糕，这并不让人奇怪；而战争没有完全毁灭那些参与战争的国家，这真是奇迹。"[第三卷，第91页]

马莱补充说，这种狂热让位于相反的情感。这是真的，但并没有发展到他想象的那种程度。在遭到掠夺和践踏的民众的内心深处，对大革命的热爱（在1790年）仍然与这些践踏激发的恐怖情感进行斗争，只有波拿巴的漫长压迫才能激起德国人进行全面深入的反抗。然而德国在向法国人叫嚣战争时，她仍然在隐秘中为大革命激动[……]

关于重大的社会危机，当这些危机持续发展时。对一个民族来说，正如对一个个体一样，印象的力量更多地在于其数量，而不在于其重大的程度或重要性。

在说明了庇护六世的废黜以及针对他的可怖的暴力之后，②马莱写道："这一事件像很多其他事件一样在欧洲的短暂感受当中稍纵即逝。在受到大革命打击的地方，每个人关心的只是忍受其不

---

① 引文出自《英国信使》第18期（1799年5月25日）："关于法国和欧洲的状况，在当前时期与1792年之间的某些差异。"
② 《英国信使》1799年5月25日第19期"把教皇移送到布里昂松（Briançon）——法兰西共和国对这位教皇及其领地的一般态度"。

幸或者对新的不幸有所预备；在其他地方，享乐像最繁荣的时期一样持续不断。对于那些直到那时逃避了法国的人中的大多数人来说，这个时期是一次狂欢。有人哭泣，有人跳舞。"第三卷，第137页。1799年5月［……］

　　大革命早期的幻象总是让人们在一个人身上发现一切问题的原因①。

　　"由于还没有被经验摧毁的某种偏见的影响，人们总是会机械地把大革命和共和国的起伏归咎于某个暂时取得重要地位的人物……从米拉波、奥尔良公爵到巴拉斯和西耶斯，人们在他们的手中传递控制革命的魔棒……而一个星期后，演说家遇到了嘘声，大臣被打发回到他的陋室中，将军退到幕后或遭到贬抑而没有在他的军队留下任何痕迹或遗憾。每次教义革命（révolution dogmatique）都建立在原则之上，它创造工具，从来不产生领导者。"［第三卷，第390—391页］

680

　　马莱在这里给出的解释很好，但没有说明所有问题。这一解释对于他称之为教义革命的革命的第一阶段是有效的。随着这些教义革命继续下去，一个新的因素产生了。出现了懈怠和厌倦，个人的影响这时候发挥作用，一个人可能成为教义革命的主宰，尤其如果他尊重其原则的话。还应当注意的是，在这种革命的开始阶段，最伟大的人物也不能有所作为，而在其结束阶段则可能会出现一个无所不能的平庸之辈，如果形势对他有利的话。

　　正是由于不了解这些不同的法则，法国大革命开始时人们相信一个人将能停止革命，而在革命结束时，最有头脑的人也认为没有人能结束革命，这个错误尤其促成了波拿巴的上台；每个人都认为他不过是一个偶然的过客。双重**错误**，②米肖（Michaud）③就落入了这样的错误。对人的独特价值的错误判断，对疾病的特别的和新的特征的错误理解……

　　花月三十日的演变。

---

① 《英国信使》第23期（1799年7月25日）："对巴黎上个月开始的革命的一些评论。"
② 原为为英文 mistake。——中译注
③ 关于米肖（Michaud），参见第696页注释。

论革命:从革命伊始到帝国崩溃

在大革命的尾声到来时,时代精神每时每刻都因为疲惫、恐惧、萎靡而停滞,它就像一条很深、流淌很慢的河流,最微不足道的事件都会在那个时刻在表面激起漩涡。①观众们看到一些物体突然逆流而上,大声叫好,或者相信水流方向与人们以为的不同。错误。在这些表面的摇荡中,水流主体缓慢地、深深地顺着把它带到可以扩展休息的地方的方向流淌[……]

花月三十日之后恢复恐怖的徒劳尝试。激情在松懈时,法律和政府的教条的暴虐在强化。革命结束时的特征。②

在重大革命开始时,在正常时期制定也是为了正常时期制定的法律比民情要温和,因为激情的狂暴使得民情变得残酷。在革命的末期,法律比民情更为冷酷,因为立法以及立法者的习惯是在这些狂暴的激情中形成的,而公众已经不再具有这些激情。在第一个阶段,恐怖(la Terreur)的发生可以说并没有政府的参与;在第二个阶段,政府为了进行恐怖而竭尽全力。恐怖,我指的是一个党派的暴力。因为政府自身可能犯下的暴行可能在革命的末期和在革命的初期一样残暴;即便仅仅是为了自身的安全或者个人野心,政府保存了对暴力的趣味、运用暴力的习惯、在革命中在长期运用所形成的对人和规则的蔑视,而民族在其衰颓的过程中,对任何事情都不再震惊也不再有强烈的反感,不再接受先例或者明确的学说,对那些领导他们的人也不再设置任何限制。在这种情况下,人们在普遍的冷漠当中看到种种暴行,其狂暴和放肆闻所未闻……

报纸的暴力没有减少,相反随着激情的消退和报纸的力量的衰

681

---

① 借助于托克维尔很熟悉的河流的比喻,他在这里对前面引述过的 7 月 25 日《英国信使》第 23 期的一篇文章中的一短话进行了发挥:"所有人都弄错了,正如在他们之前宪政派、布里索派、丹东派、恐怖派、热月党人、葡月党人也都搞错了,而其后那些前赴后继的派别还将搞错,直到最后曲终人散;这些派别只能依赖于那些一阵阵的叫嚣,不断制造举措和结果之间的反差,封闭在一个圈子里,这个圈子的所有光辉最终都陷入混乱。"[第三卷,第 396 页]

② 针对"七月一日以来精神状况和事态的进程"一文的思考(《英国信使》第 23 期,1799 年 7 月 25 日)。在这篇文章中,马莱评论了 1799 年 7 月 12 日元老院投票通过的镇压抢劫凶杀的法律。该法律采取扣押人质、没收财产和驱逐出境的惩罚。

弱反而在强化,并且在新闻自由被摧毁的前夜前所未有地强大。①

革命结束的迹象。当听众越来越冷淡时,需要叫嚷得更响,而当公众的精神越麻木,就越要对其进行击打。[……]

1799 年的失败当中的巴黎。②

正是在这些病态的奢侈和不合时宜的享受当中,对革命的恐惧在紧张、枯干的心灵当中传播得最为广泛,而这些猥琐疲惫的灵魂对自由的仇恨的强烈超出了一个精力充沛的专制君主对自由的仇恨。

尝试很好地描述在革命的末期,在懈怠和软弱的服从当中,对革命和自由的仇恨强化并发展到顶点。屈服的迹象本身背后掩藏着内心的最大反叛,它们能证明的仅仅是对公共动荡的厌恶发展到这个地步,以至于剥夺了人们对导致这种厌恶的状况加以抵制的兴趣[……]

(雾月十八日)对公众产生的印象。③

民族像个人一样,最难忍受的不是它们感到的痛苦,而是让他们担心的痛苦。一个糟糕的政府让人们觉得它有希望变好,一个好的政府让人们担心它会变坏,前者总是要比后者更容易让人承受。革命的原因当中,恐惧比痛苦更重要。

对共和三年到共和八年的小册子的分析④

共和三年

1794 年 9 月 23 日到 1795 年 9 月 22 日

一般来说(这些小册子)是对恐怖的某些事实的尖锐批评。居

---

① 对"法国。八月末以来共和国的事态和政党的状况"一文的思考(《英国信使》,第 26 期,1799 年 10 月 10 日)。

② 对"法国"一文(《英国信使》第 27 期 1799 年 10 月 25 日)的思考。

③ 对"法国。对 11 月的事件的进一步评论。最近的革命的特征、手段、行动者和结果"《英国信使》第 30 期,1799 年 12 月 10 日)一文的评论。

④ 卷宗 44 的笔记。下面的所有笔记都出自这个卷宗,但并没有被放在同一个文件夹当中,基本上都没有标明日期。托克维尔 1852 年 5 月在托克维尔(托克维尔家乡所在村庄。——中译注)研究督政府,1856 年 6 月《旧制度与大革命》出版之后他再次进行这一研究。

682

民大量被杀的市镇的叙述或者以这些市镇的名义进行的叙述。还有受到革命法庭起诉的恐怖派的辩护。5月31日被剥夺权利的代表的辩护。①如果有人想得到关于外省恐怖暴行的奇闻轶事，这里有丰富的资源。这里，一个父亲和他的女儿被逮捕，因为他们的鹦鹉叫"皇帝万岁"；那里，一个佃农的八岁的儿子，他的玩具是断头台，他整天在他的父母眼皮底下用它来砍鸟的脖子。

很多小册子的主题是国民公会规定其成员的三分之二必须再次当选的法令。值得注意的是这些小册子反对国民公会时所表现出来的自由和暴力。

这些出版物的总体特征（除了少数例外）：对恐怖派的极端猛烈的攻击。针对王党特别是权贵和教士的猛烈攻击同样充满了辱骂。在国民公会的末期，舆论自由看起来是最充分的，至少针对国民公会的舆论是这样；可以相信，人们反对王党时所表现出来的激情是真诚的或者至少是由舆论仍然很真诚的潮流所授意的。

共和三年

和政治没有直接关系的小册子

共和三年出现了各种无足轻重的小册子。大多数是关于学校开学时的演讲、关于道德或教育的说教。

在这些小册子中我们注意到：

1. 恐怖政体在文人当中激发的仇恨；

2. 虽然他们痛恨大革命罪行，但大革命的反基督教运动仍然很吸引他们。政治反动在他们那里没有成为哲学反动。非宗教的、伏尔泰主义的、百科全书派的冲动继续推动那些从事演讲和写作的人，而这个潮流在民众中已经停止，并且一个相反的潮流开始出现。这是所有革命中经常出现的现象，那些以某种特定方式说话写作来制造革命的人，在他们的公众的大部分人已经秘密地或者默默地开始改变看法时，他们仍然继续长时期地以同样的方式

---

① 1793年5月31日，巴黎各区民众攻击了国民公会，后者不得不在6月2日把29名吉伦特派代表从公会中排除出去。

264

说话写作。

人们借助某些话语来激发民众反对政府,以此来推翻政府。人们在革命之后继续以更自由、更高调的方式说话,因为人们已经成了统治者。人们制造的喧嚣淹没了人们真正造成的后果;当轮到那些制造了如此大的喧嚣的人自己被推翻时,他们很震惊地发现除了他们自己以外没什么人接受他们的看法。

共和四年
1795 年 9 月 23 日到 1796 年 9 月 22 日

出版物比共和三年大量减少。4 个纸盒,而不是 18 或 20 个。是因为人们出版得少还是国家图书馆收集得少? 我不知道。

几个小册子几乎公然表达其王党立场;很多小册子则是很暴烈的恐怖派立场。对宗教问题的关注。对反对教士的法律的审查和批评。宣誓教士和拒绝宣誓的教士的小册子。总的来说,前者努力试图重新进入天主教会。

[……]

和阅读这一时期的政治小册子一样必要的是通读那些并不以政治为目标的小册子以及出版的书籍——如果这一时期仍有书籍出版的话。是否曾经有一种书店手册可以让人们了解这一时期的所有出版物?

共和四年雨月二十日内政部写给督政府的很有趣的报告。①

如果我万一要描述法国在摆脱国民公会的控制时所处的状况,要重新阅读和抄录这些笔记。总体特征:混乱、到处发生尤其是在西部发生的抢劫。很难让公民接受市政的职位甚至是督政府的职位,很多辞职,有些是因为恐惧,有些是因为冷漠。大革命最初几年的热情踪迹全无。再也没有对伟大原则的激情,在越来越激烈的仇恨当中是对自由以及普遍的对政治的冷漠。道路几乎不能通行。神甫到处搅动农村。普遍的不幸。内战和政府的征收破坏了

684

---

① 1852 年 5 月在国家档案馆做的笔记。

农业。公共教育机构被摧毁。饥饿。然而巴黎的剧院总是满场。在普遍的萧条中，外国人蜂拥而至，咖啡馆不断增加。农民虽然从革命中获得很大利益，但仍然诅咒革命，进行比较，贬低革命。再读。抄写。

共和五年

由布勒瓦（Blois）主教、公民格里格瓦（Grégoire）呈交给巴黎的主教会议的报告。1796 年 12 月 8 日（霜月，共和五年）。①

对于了解教会分裂在这一时期造成的后果非常有意义。在这个报告里可以看到宪政教士的非常痛苦和艰难的处境，一方面他们遭到政府特别是恐怖派的恶意对待和轻视，恐怖派仍然插手政府，他们厌恶宗教特别是各种形式的天主教；另一方面，他们遭到没有宣誓的教士以及那些只承认这些教士的信徒的强烈的仇恨和蔑视。

格里格瓦神甫对恐怖派满腔怒火，对那些没有宣誓的教士兄弟也充满怨恨和指责。我们在这里看到这个不幸的、分裂的教士团体很贫穷，缺少牢固的根基，通常都以诚实的努力来认真实行他们的使命，至少表面上看起来他们取得了成功，也可以看到他们的殉道。

我们尤其会看到这种可怕的道德败坏，它是因为人民看到这两个教士团体争夺灵魂而产生的：一部分教士被认为是"僭越者"，他们受到国家的保护，主持公开的礼拜；另一部分则被尊奉为忠诚于上帝的人，他们受到迫害；在这一切当中，一个政府和一个处于统治地位的党派向一方或者另一方表达仇恨和蔑视，唯一的差别是，

①　格里格瓦在他的主教区进行了一次 72 天的考察之后做了一个 48 页的报告。格里格瓦（Henri-B Grégoire，1750—1831）神甫：裁缝之子，1789 年在洛林的一个村庄担任神甫，被选为三级会议代表。他是最初加入第三等级的教士代表之一，在 8 月 4 日晚表现活跃，提倡解放黑人奴隶。支持《教士公民组织法》，当选为卢瓦尔-谢尔（Loir-et-Cher）的主教。当选为国民公会代表，反对处死国王。合宪教会的领袖。——中译注

对后者更多的是仇恨，对前者则更多的是蔑视。

共和五年获月（1797 年 6 月）宪政社（le Cercle constitutionnel）①利伍弗（Riouffe）②的演讲，此时距离果月政变还有两个月。

宪政社是反对克里希俱乐部的力量的中心。这是宪政社成立仪式的演讲。在其中人们可以清楚地看到共和派已经被舆论抛弃了，共和国政府遭到那时的反动分子（réactionnaires）和逃亡者的军队的肆无忌惮的嘲笑。人们也在其中看到害怕和憎恶反革命的党派的恐惧和愤怒。

［……］

685

"我们以一种什么样的强烈的厌恶来拒斥这地狱般的制度，它用断头台覆盖了 25 000 平方里③的土地，威胁消灭 2 500 万人。噢！恐怖，你把匕首深深地插入了新生共和国的心脏，你的影响在你死亡之后仍然以一种残酷的方式存在，你这个由混乱、劫掠、暴政和君主主义组成的怪物，我们希望你遭到世世代代的诅咒"；在恐怖之后不久的这个时期，我们看到革命者自己并没有发明出我们今天的有头脑的人提出的体系来辩护或者淡化这个时期的恶行。

关于国家档案馆的督政府议事记录的笔记。1852 年 5 月。督政府的会议记录。

共和五年获月④的会议记录（第 83 页），可以让人了解督政府内部的场景，这种场景说明了督政府所存在的分裂：勒贝尔（Jean-françois Reubell）、拉勒维里埃（Louis-Marie de la Reveillière-Lépeaux）和巴拉斯（Paul Barras）站在一边，卡尔诺（Carnot）和巴泰勒米

---

① 1797 年在巴黎和外省由共和国的支持者成立的俱乐部。——中译注
② 利伍弗（Honoré Riouffe, 1764—1813），文人，吉伦特派，1793 年 8 月 4 日在波尔多被捕，在巴黎法院附属监狱（la Conciergerie）被囚禁到热月政变。后来支持拿破仑，他从 1804 年开始担任地方行政首脑。托克维尔这里提到的是以"形势"为理由来为恐怖进行的开脱，从督政府时期开始出现这一说法，后来在米涅和梯也尔的自由主义大革命史学和共和派当中得到发展。
③ Lieue：法国古里，约合 4 公里。——中译注
④ 关于共和五年获月二十八日（1797 年 7 月 16 日），参见第 667 页。

（François Barthélemy）①站在另一边。

议事由卡尔诺在大家毫无预料的情况下提出的提议开始，卡尔诺要求把四个部长解职，理由是他们让议会的多数不满。不仅这个提议遭到其他三个督政官的拒绝（理由是没有什么能证明这几个部长在议会中只得到议会少数的支持，而且，议会与任命部长无关），而且这三位当场又决定卡尔诺没有要求解职的部长将被解职，并且立刻用他们的朋友取而代之。

共和五年热月十二日的会议记录（第 133 页）。卡尔诺反对从商布尔-谋斯②调动九千人到西部（调动的秘密目的是把这支部队调到巴黎发动果月十八日的政变），他提出的理由值得注意：经验表明，在共和国的内部调动军队不可能不使之减少一半或者三分之二的士兵。

获月和热月的会议记录充满很多关于下面的事情的往往很不充分的记载：

1. 在巴拉斯、拉勒维里埃和勒贝尔这三个督政官和卡尔诺和巴泰勒米这两个督政官之间的深刻分裂；后两者经常受到前面三者的压制。

686
2. 在督政府的多数和五百人院之间的很激烈虽然很可悲的斗争。其中的讯问有的是要了解巴拉斯的年龄，有的是要知道谁把骑兵向拉弗尔特阿莱③调动（从来不知道谁发布了命令），有的是要知道为什么要从商布尔-谋斯的军队向西调动 9 000 人。

从果月起，这一经常很伤害自尊的斗争看上去停止了。

直到果月十七日，会议记录中没有什么内容表明危机的到来，除了警察总署向督政府呈交的某些报告中指出王党在进行活动，这些活动得到了被督政府解散的地方政府的容忍或支持。

17 日早晨，召开了一次很不重要的会议。同一天，在晚上，会

---

① 上述五人当时是共和国最高行政机构督政府的成员。——中译注
② Sambre-et-Meuse，1795 年法国政府在兼并的比利时领土成立的省。——中译注
③ La Ferté-Alais，巴黎南部四十公里处的一个市镇。——中译注

议继续进行。只剩下拉勒维里埃、勒贝尔和巴拉斯三人的督政府宣布持续运作,针对王党的一次阴谋颁布了一系列的决议,发布各种公告,制定各样措施,我想所有历史书都记载了这些措施。督政府的持续运作直到 19 日才停止。①

从 18 日早晨起,立法团体的精锐卫队和督政府的军队像兄弟一样团结起来,到督政府那里向督政府表达对忠诚。他们派出代表来保护督政官,这些勇敢的军人的慷慨的忠诚,根据会议记录,让所有人流出了感动的眼泪[第 224—239 页]。

24 日的会议记录。接纳两名新的督政官迈尔兰·德·杜埃(Merlin de Douai)和弗朗索瓦·德·纽夫沙托(François de Neufchâteau)。每个新督政官都发表了演讲。迈尔兰的演讲可能已经出版了,这个演讲可以作为典范来表达对被征服者的懦弱指控和对征服者的无耻卑劣的谄媚,他在演讲中歌颂拉勒维里埃的天才和巴拉斯的美德! 这里已经让人闻到了帝国的臭味![第 252 页]

其后的会议充斥的是对省政府官员、被选举的官员的罢免,督政府用他们的人加以取代。

希拉里昂·毕盖(Hilarion Puget)②(我相信巴尔邦塔纳家族的名字)《致共和派》。共和五年雪月(1797 年 12 月)。

这是奥尔良派投入到大革命的一名权贵,他谈论罗伯斯庇尔时

---

① 在果月十七日到十八日的夜里(1797 年 9 月 4 日到 5 日),军队控制巴黎之后,在十八日早晨,督政府的三位成员通过布告的形式通告说王党的一次阴谋被镇压了。在其后的几天里,议会投票清除 177 名代表,其中包括巴泰勒米和已经逃跑的卡尔诺,取消了很多省的行政和司法选举。新闻界被压制。右派的对抗被击败,在军队的支持下,议会的多数被推翻。

② 《希拉里昂·毕盖,法国公民,致共和派。请仔细阅读并判断》(Hilarion Puget, Citoyen Français, aux Républicains. Lisez avec Attention et Jugez)。米兰,雪月二十九日,作者希拉里昂-保罗-弗朗索瓦·毕盖(Hilarion-Paul-François-Puget),巴尔邦塔纳(Barbantane)侯爵(1754—1828)。他和奥尔良家族有姻亲关系,1789 年当选为巴黎贵族的候补代表,1791 年在南方军队担任旅长,后来被派遣到意大利,后来到东比利牛斯省担任少将,但 1793 年因其贵族身份而被解职,因为热月政变而得救,1797 年重新加入军队,1798 年提前退伍。毕盖敌视督政府和波拿巴,认为自己是置身于党争之外的"真正的共和派",以此要求重新入伍。

比那些根正苗红的革命派对他有更多的尊敬。这个小册子清楚地表明反革命在这些人当中造成的恐惧。他们害怕王党甚于恐怖派。要让人理解先于果月十八日并为其做了准备的反王党的激情和恐惧。

687　　　　　共和六年，1797 年 9 月 23 日—1798 年 9 月 23 日。
　　　公民格里格瓦递交给全国主教会议的报告（共和六年）①

　　这个小册子对于阐明法国的合宪教会（église constitutionnelle）②的历史很有价值。其心态，其行动，群众的心态。我们在这个报告中可以看到国民公会时期这一教会遭到的残酷迫害，这一时期叛教的主教、死于断头台的主教和逃亡的主教的人数。格里格瓦在国民公会内部第一次提议复兴宪政教会，结果在主席台的沉默当中，议员们大喊"共和国万岁"，拒绝了格里格瓦的提议。只是后来在布瓦西·得·昂格拉（Boissy d'Anglas）发表演讲之后，在舆论的压力之下这个提议被接受。

　　政府和行政部门容忍这一教会，但出于非常盲目的哲学上的仇恨对其一直充满敌意。这些显然与大革命妥协了的教士们几乎和革命者一样是王国的敌人。

　　这个教会的艰难与激情：虽然教会文体中总是充满着温情脉脉的漂亮辞令，宣了誓的教士也总是有强烈的愿望来效忠罗马教廷和普世教会，过去的教士们对合宪教会表现出强烈的敌意，它对这些教士同样也充满敌意。它的努力在这方面没有成效；它尝试通过全国性的主教会议来组织教会，这个尝试最初被放弃了，在我看来这既是由于政府的反对也是出于教士们的冷淡。主教会议最终在 1797 年 8 月 15 日（共和六年热月二十八日）在巴黎召开。

---

① 《公民格里格瓦递交给 1797 年在巴黎召开的全国主教会议的报告》（Compte Rendu par le Citoyen Grégoire au Concile National des Travaux des Évêques Réunis à Paris, 1797）。

② 指大革命期间由宣誓效忠宪法和接收《教士公民组织法》的神职人员领导的教会，与传统的、拒绝宣誓的天主教会相对。——中译注

大革命保持的宗教特征特别是反天主教的特征

建立一个哲学宗教的尝试。《共和六年的有神博爱教①徒（théophilanthropes）手册》（1798）。

反宗教的诗句、不虔诚的小出版物在督政府时期特别是在果月政变之前的时期继续出版，王党和教士在果月政变之前重新抬起头来。可以看我在国家图书馆看到过的很多这样的出版物，特别是《一个天主教徒的信，由一个共和派出版》（共和五年获月十日），谢尼埃（Chénier）②的《庇护六世和路易十八之间的对话》

共和七年

1798 年 9 月 23 日到 1799 年 9 月 23 日；

以及共和八年最初几个月

《论行政督政府采取的、与西沙尔平（cisalpine）共和国相关的制度》，作者为大使馆前秘书庇农（Bignon），共和七年果月（1799 年 8 月）③

在很多方面都很有意思。我们看到法国人通过什么样的暴力

---

① 有神博爱教：大革命期间某些革命者创造的某种自然和公民宗教，试图取代基督教，同时遏制非基督教运动，教义为上帝的存在、灵魂不朽、良心判断善恶、对同胞和祖国的义务。——中译注

② 《庇护六世和路易十八的神学和政治会谈，发现于多里阿（Doria）枢机主教的文件当中，由谢尼埃先生从意大利语翻译》，巴黎，共和六年（1798）。

③ 《论行政督政府采取的、与西沙尔平共和国相关的制度，以及关于在这个共和国最近发生的某些事件的某些细节，作者是公民庇农，驻西沙尔平共和国公使馆前秘书（果月十日）》（Du Système Suivi par le Directoire Exécutif, Relativement à la République Cisalpine, et Quelques Eétails sur les Derniers Événements qui ont eu Lieu dans Cette République par le Citoyen Ed. Bigenon, Ex-secrétaire de Légation en Helvétie, et près la République Cisalpine, Paris, F.Buisson, 共和七年）。这个小册子的附记说明该小册子完成于果月的最初几天。路易·皮埃尔·爱德华，庇农男爵（1771—1841），为了逃避牢狱，在 1793 年先进入海运部门然后参军。共和六年被塔列朗任命为瑞士公使团成员，次年到米兰，在奥地利军队加入米兰之后，他发表了这里提到的这个小册子，谴责督政府缺乏组织。米兰在 1796 年 5 月被法国军队占领。波拿巴在埃及期间（1798 年 7 月到 1799 年 8 月），督政府和欧洲重新开战。督政府的掠夺和混乱的政治在意大利累积了对法国人的敌意，法国人不得不在 1799 年 4 月离开米兰。

和掠夺使这个国家失去了对它的好感。

1. 督政府非但不尊重这个被其任命的新政府，反而以极其蔑视的态度对待它。第一次是督政府通过其大使特鲁埃（Troué）改变了宪法以及行政和立法机构的人员。其后不久，布鲁那（Brune）将军在没有得到督政府授权的情况下又变更了特鲁埃所做的；很快，新大使里沃（Rivaud）又大幅度调整了布鲁纳的安排。因此，在不到十个月的时间里，一个条约所承认的一部宪法三次被督政府或者其官员的混乱行动打乱，本来只能出自人民的所有权威被这些外国权力任意变更。

2. 在和平到来后，将军掌握了征服给他们带来的强权。①

3. 供应商的供应很不完整，其余物资必须通过征收来获得。负责供应粮食、草料、燃料的博丹公司禁止出口基本必需品，目的是用低价加以购买。

我们在这个小册子中可以看到：

1. 督政府既没有能力了解正在发生的事情，也不能使其官员服从其命令，也不能在他们不服从时加以惩罚；布鲁纳的行为充分说明了督政府的无能。

2. 在米兰已经存在一个由西沙尔平的众多狂热分子和来自全意大利的逃亡者组成的党派，它只期望统一意大利、推翻半岛上的所有国家。

3. 督政府不仅仅害怕这个党派并对其进行打击，而且总是害怕它所建立的无能的政府变得过于强大和独立。

这一切的后果在这段话里得到了清楚的说明："人们感到我们所做的一切仅仅是为了我们自己，我们的目的是把各个民族控制在我们手中，我们只是让这些民族的存在徒有其表，而为了避免他们的未来的解放，我们阻止他们的增长，我们想要的是奴隶而不是朋友。人们在我们的谋算不当的野心面前呻吟；人们对抗这个野

---

① **边上**：追随波拿巴的所有将军都试图同样行事，第 19 页。贝尔提揆（L. Alexandre Bertier，1796 年法国驻意大利军队的将军，1797 年攻陷罗马，组织了罗马共和国。——中译注）罢黜了与法国联盟的一个共和国的首要官员，根据自己的意愿任命其他人取而代之。

心，试图逃避；当我们的权力动摇时，人们不做什么努力来支持它，因为这个权力提供的不过是一个新的奴役，与其前任一样令人厌恶恐惧。"[第8页]

意大利军队士气低下，法国特色："如同几个月之前我们认为我们不可能被征服一样，我们这时候几乎相信我们不可能征服。"[第41页]

689

关于《月报》(Le Mois)①的笔记

《月报》是一份宗旨为文学和时尚的报纸。这是一份关于时尚的报纸，但比其主题要更严肃一些，与我们今天的《时尚》②相像，不过与其精神不同。对政治有一定的关注。

创刊号发行于共和七年芽月，即1798年3月。

[……]我们在这份很支持雾月十八日的小报的很多地方看到，在这一事件发生时，人们并不认为已经被裹挟着远离了自由。西耶斯的宪法总体上看起来是自由的一种新的形式，而不是对自由的剥夺。

革命精神的强大。革命舆论对第一执政官的反应，迫使他在宪法中加入永久驱逐流亡者的条款，而事实上他的看法和他的实际措施是让他们回来。这种暴力受到这份报纸的谴责，不过它是非常反对旧制度的。但是已经对暴力感到厌倦，民情因为怀疑和政治冷漠而变得温和。

雾月十八日并没有立刻产生振兴商业的后果。信心是一点一

① 《月报》：历史性、文学性和批评性的报纸，由一个文人社团主办。关于时尚的报纸在当时因为其对民风的讽刺而颇有影响。奇怪地是，托克维尔好像没有翻阅过和《月报》同时的、最有名的关于时尚的报纸《女士和时尚报》(*Journal des Dames et des Modes*，共和五年[1797年9月]到1839年)，该报纸由拉迈桑莱尔先生(M. de La Mésangère)创办。他也没有留下关于《哲学、文学和政治旬刊》(*La Décade Philosophique, Littéraire et Politique*)的笔记，该刊由皮埃尔-路易·甘贵耐在共和二年创办(1794年4月29日至1804年9月17日)。
② 《时尚》(La Mode)1829年由爱弥儿·德·吉拉尔丹(Emile de Girardin)和劳图尔-迈莱锐(Lautour-Mézeray)创办，是一份关于优雅风度的报纸，从1830年起成为正统派的尖刻的喉舌，有一些非常有天分的撰稿人，如巴尔扎克。

点恢复的。商业活动总是因为已经困扰了它一段时间的停滞而瘫痪。

总体上来说，人们很少做生意，人们冒险做的生意也很有限。[第306页]

[……]

这份报纸的主要读者为女士，其支配精神是旧制度文学的放纵的、色情的、哲学的和反宗教的精神。反宗教的精神尤其猛烈。它在革命精神之后依然存在。因为报纸的作者虽然非常敌视旧制度，但仍然热爱秩序，对恐怖派充满厌恶。虽然如此，伏尔泰和狄德罗的古老精神在他们当中正处于旺盛期。这显然是文人阶层的普遍精神，尽管在所有其他阶层，宗教的回潮显然不仅仅已经开始，而且已经确立，这一回潮带来了《基督教的特性》①。这表明，虽然可以认为一个民族的文学在一个长时段内反映了这个民族的精神，但是在一个特定的时刻，这样认为却可能是非常错误的，因为人们在开始其文学生涯时，通常是在之前已经学会了他们的行当。②

690   很多观点。所有作者都表现出足够好的文笔。没有什么思想。某种灵感在活动。很多废话，很多风格上的矫饰和做作的优雅。

随着督政府的终结的临近，在雾月十八日之前的最后几个月里，危机的所有症状在这份小报像在其他所有地方一样显露出来。通过谈论由于人们的焦虑而导致的商业的停滞、对未来的恐惧，通过讨论政治事件和军队的悲惨状况，它以自己的方式揭示这一危机。该报在果月末期写到，直到危机结束我们才会发表更多的关于时尚的文章。直到那时候，看起来是恐惧和忧虑控制了可爱的法国人。

甚至在散落在这份文学和时尚报纸当中的短小政论中，人们看到这个不幸的社会在对恐怖的恐惧和对旧制度的恐惧之间焦灼挣

---

① 夏多布里昂的著作。——中译注
② 托克维尔在这里对斯塔尔夫人在《在文学与社会制度的关系中考察文学》（1800）一书中的观点进行了细微的辨析。夏多布里昂的著作《基督教的特性》（1802年）是对斯塔尔夫人的回应。斯塔尔夫人把现代文学的特征归于可完善性观念的影响，夏多布里昂则把这些特征归因于基督教的影响。夏多布里昂的书取得的成功标志着一场宗教复兴的开始。

扎,不再相信现存的事物,不知道将来是什么样子,准备抓住第一个既非反革命也非恐怖的政府。

莫雷先生、雷缪拉先生和我关于大革命及其之后的时期的非常有趣的谈话(1855年4月3日)①。

非常有趣,指出了要追随的主要线索,虽然主要与恐怖之后的时期有关,当我讨论这一时期时应该非常有益。

雷缪拉说,巴朗特(Barante)②的著作总体来说是关于大革命的最忠实的著作,对于让人们了解事件和人物的行动最为有益,但是对那一时期的真实生活的描述则并不比其他著作优秀。作者理解一切,除了真正的激情。各种人物的夸大和坏品位总是使他相信这些方面扮演了某种角色。他没有把握严肃的一面。他无法想象在所有这些夸张当中有真诚、真实、热烈的东西。莫雷先生同意这一看法。他说,对于那些在这一时期生活的人来说,这部著作事实上缺乏那种内在的真切感;但是我没有在任何著作中找到这种亲切感。没有任何大革命史家能够充分把握时代精神,能够在他们的作品中让我再度经历那个时期。如果通读那个时期的所有不起眼的作品,会对那个时期有更好的理解。有一个时期对我来说比昨天还要更亲切,就是恐怖之后的时期,督政府时期。没有一部历史对它体现出任何理解。

雷缪拉继续说,刚刚出版了一本书,它比我读过的所有著作都

---

① 卷宗44中的笔记,收集于题为"恐怖之后的时期。关于大革命、督政府的初步看法,有趣的谈话"——马太-路易·莫雷伯爵(1781—1855),国务委员会办案员、审查官(1806年),在第一帝国时期担任黄金海岸总督(1807—1809),桥梁工程总管(1809—1813),司法部长(1813)。复辟时期和七月王朝时期多次担任部长。他欣赏托克维尔,他们也有亲戚关系。雷缪拉伯爵(François-Marie-Charle, Comte de Rémusat, 1797—1875),从童年期就认识莫雷,政论家,1840年担任内政部长,在七月王朝期间担任上家龙省(Haute-Garonne)议会代表,在1848年再度担任部长,同时与信条派和梯也尔接近。莫雷、雷缪拉和托克维尔三人均反对第二帝国,经常见面,特别是在法兰西学院。

② 巴朗特男爵(Prosper Brugière, baron de Barante):《国民公会史》(Paris, Furne, 1851—1853, 6 vol.);《法兰西共和国督政府史》(Paris, Didier, 1855), 3 vol.

能更好地让人了解你们谈论的这个时期。这是得莱克鲁斯①的《达维德②的工作室》。人们无法想象对这个过渡时期更为生动、刻画得更好的作品。雷缪拉补充说，最让我吃惊的是这个时代虽然有各种矛盾、罪恶、混乱，它在一点上强于我们这个时代。人们有真实的信念；每个人勇敢地、充满激情地追随自己的信念，致力于这一信念的实现而不是这个信念将让他扮演的角色，因此做出了最出格、最奇怪、有时是最可笑的事情，而这样做并非为了自我标榜。莫雷先生说这完全正确；对该时期的这一刻画是准确的；没有一本书能很好地刻画这一点，因此他所读的关于大革命的著作中没有一本能讲出真相或者与他自己的回忆相符。此外，也没有人能够再现从流亡返回的上层阶级所带来的景象。这一时期对我来说是一生中最让我留恋的时期。我们没有任何寻求物质福利的想法，我们对生意毫无兴趣，没有任何野心，我们活着仅仅为了精神性的事物，为了思想带来的心智乐趣和对艺术的崇拜。精神从来没有在不同身份之间的人之间创造如此真实的平等。

雷缪拉说，回到得莱克鲁斯的书，可以确定的是，在恐怖结束时，虽然达维德让很多人感到恐惧，但其才华打动了所有心灵；我的仆人带我去看过他。我知道三个名字：波拿巴、莫罗③和达维德。这是某种再生的热忱和激动。莫雷说，千真万确，虽然，有些人（他举出了一些人名）的全部家人丧生于断头台，他们的内心浸透了对恐怖派的痛恨，却仍会到达维德的工作坊学习，并对画家本人充满爱戴。

我们谈起拿破仑。莫雷先生说，还没有人刻画出那个我了解的

① Etienne-Jean Delécluze，《路易·达维德，其学派和其时代，回忆录》(Paris, Didier, 1855)。

② Jacques-Louis David(1748—1825)，1789 年以前就已经是著名画家，热情投入革命，加入雅各宾俱乐部，1791 年起担任巴黎的革命和共和国节日的指导。当选为国民公会代表，投票处死国王，1793 年 9 月当选为公安委员会成员。他被视为是罗伯斯庇尔的追随者，热月政变后入狱，1797 年开始与波拿巴交好。关于革命和帝国的著名作品有"网球场宣誓"、"拿破仑加冕"等。——中译注

③ Jean-Victor Moreau(1763—1813)，革命时期的著名将军，拒绝发动类似于雾月政变的政变获取权力，反对拿破仑。——中译注

拿破仑。雷缪拉接着说,梯也尔甚至还没能够接近拿破仑。[1]他写了一部令人钦佩的帝国行政史;但拿破仑其人,这个奇特的人物的真实情况,他没能把握。显然没有人能够刻画的是这样一个波拿巴:在还没有了解时就已经掌握了一切,在他统治一切事物的同时学习一切事物;在他的谈话中谈论一切主题,甚至那些他最不熟悉的,投入一切心智的冒险,投身于各条道路,从中获得乐趣,总是出人意料,尽情施展,敢于说几年之后他可能从来不敢说的话。这种在不了解的事物和在新事物中天才的激情爆发,谁能够加以描绘?

　　我们谈起了勒德雷尔[2]的新书,威桑思公爵(duc de Vicence)的没有出版过的回忆录——公爵当时遭到了贬黜非常不满,这些书让人们对波拿巴的不同方面有一些初步了解。帕斯奎耶(Pasquier)先生读过的非常有趣的著作。[3]

---

[1]　莫雷与拿破仑有过多次交谈。他在对托克维尔在法兰西学院的就任演讲(1842年4月21日)的回应中热烈颂赞拿破仑,参见《杂编》(Mélanges),《托克维尔全集》第16卷第270—280页。雷缪拉的父亲是 Augustin-Laurent de Rémusat,后者在革命前是普罗旺斯财税法庭总律师,拿破仑的侍从,在帝国时期担任皇室剧院总督;他的母亲是皇后约瑟芬的陪同夫人之一。

[2]　Pierre-Louis Roederer(1754—1835),制宪议会代表,巴黎省的总检察长,1792年8月10日为路易十六辩护,次年吉伦特派被打击后躲避起来,热月政变后复出。当选为法兰西学士院会员,热烈支持雾月政变。——中译注

[3]　笔记边上:勒德雷尔对刚刚迁入杜伊勒里宫的第一执政说,“这个住所让人悲伤”。“像伟大一样”,后者回答说。“P.L.勒德雷尔伯爵著作集,由其子 A.M.勒德雷尔男爵出版”(Paris, Firmin-Didot Frères, 1853—1859),8卷;1854年出版的第三卷包括以下章节“和第一执政的特别关系”和“和皇帝的特别关系”夏洛特·德索尔(Charlotte de Sor)在1837年收集和出版了《威桑思公爵(Armand-Louis Augustin Caulaincourt, duc de Vicence)回忆录》(Paris, A.Levavasseur),后来又出版了《威桑思公爵回忆录续》(Paris, G.Barba, 1845)。帕斯奎耶公爵(Etienne-Denis, duc Pasquier, 1767—1862),为拿破仑然后又为复辟王朝效劳,1837年被任命为首相。托克维尔和他过去有交往,在准备《旧制度与大革命》时曾咨询过他的意见。

第二部分 执政府和帝国

执政府

莫雷先生提供的信息①

关于这个时期几乎没有什么作品。蒂博多写的历史②仍然是最有启发的,唯一一本体现了那个时代的特征的书。特别是在与瑞士事务有关的内容上,第一执政的说法完全准确,这一点我自己很清楚。

莫雷先生说:"看到政府如此迅速地得以重建,我承认我充满惊奇和钦佩。我的年轻让我看不到当时的社会可以为这样一个成就提供资源;这是我的重大错误,我得承认。一切在我看来都被消灭、摧毁了,不再有任何资源。我无法想象如何能重建什么东西。"

莫雷先生补充说:"此外,如果拿破仑在我看来总是最为不同寻常的天才,即使在我最为崇拜他的时期,我也从来不承认他有真正的道德上的伟大。"(这证明我们可以很好地判断我们自己并不拥有的长处和功绩)。③

---

① 这些笔记没有标明日期。如同下面的所有笔记一样,除非说明,这些评论都保存在卷宗 44 当中。这次谈话和放在一起的 Le Peletier d'Aunay 和 Passy 提供的信息似乎属于托克维尔最早于 1850 年开展的工作,或者进行于 1852 年。关于莫雷,参见 1855 年 4 月 3 日的谈话,第 690 页。

② 蒂博多:《一个过去的国务委员关于关于执政府(1799—1804)的回忆》(Paris, Ponthieu, 1827)。

③ 莫雷,1836 年到 1839 年担任国务委员会主席,和托克维尔有亲戚关系,与托克维尔有亲切的关系,但这不妨碍托克维尔对莫雷保持某种距离。1837 年,(转下页)

很好地描述这一点，将其普遍化：旁观者的震惊和钦佩。

雾月十八日和十九日及其后数日发生的事件（官方文件集，事件发生之后立刻由隆东诺（Rondonneau）编辑出版）①。

我在这里注意到：

1) 元老院早晨 8 点钟开会，由勒梅西尔（Lemercier）领导的会议厅稽查委员组织。科尔奈（Cornet）做了报告，雷尼埃（Régnier）予以协助。

这两个文件的语调压抑着怒火、不知所措、夸张却又隐晦，含混地谈论某个阴谋，却又不加以解释。这表现出困窘和欺骗。运动（根本上是反雅各宾运动）的特征和精神在这里没有体现出来。在导致议会离开巴黎的原因中，雷尼埃指出在巴黎"有一群气急败坏的土匪流氓，被那个可憎的外国团伙从各个地方扔到、吐到我们当中，我们的所有不幸都是这个外国团伙造成的"（第 5 页，我本来以为这是王党，但现在我知道人们这里谈论的是皮特②和科布尔[Cobourg]③的党徒）。

转移议会的法令被投票通过了。向人民发布了一个和整个讨论一样含混模糊的公告。波拿巴进入议会，以他的风格讲了几句

（接上页）莫雷曾想支持托克维尔在瓦罗涅省竞选国民议会议员，结果使托克维尔的自尊受到伤害。莫雷于 1840 年被选入法兰西学院，支持其年轻的表弟参选院士，并于 1842 年 4 月 21 日参加了托克维尔就任法兰西学院院士的典礼，但是托克维尔的院士就职演讲表明了他和莫雷之间的分歧，他对拿破仑持强烈的批评性态度，而莫雷则非常钦佩拿破仑。第二帝国建立后莫雷退出政界，在这里他对拿破仑的态度与 1842 年相比更具批评性。

① 《共和八年雾月十八日、十九日及其后数日发生的事件，或者，涉及以下几个方面的事实、报告、演讲、舆论、法律、公告、政府信件和其他真实文件：两个立法机构的休会、立法委员会的建立及其权力的运用、法兰西共和国三执政的设立及权力的运用、雾月十九日的法律的实施给法国政府带来的变化》。

② William Pitt the younger（1759—1806），小皮特，1783—1801 年、1804—1806 年担任英国首相，在大革命和帝国战争中领导英国反对法国和拿破仑。——中译注

③ Frederick Josias de Saxe-Cobourg-Saalfeld 亲王（1737—1815），第一次反法联盟（1792）中的奥地利统帅，和小皮特一道在大革命期间被法国人视为欧洲反革命联盟的象征。——中译注

话,但却是他最糟糕的风格;很短,但含糊、不连贯;他说了很长的一句话,宽泛、夸张,好像被扔在中间,既没有铺垫也没有后续。他宣誓忠诚于和献身于共和国。总的来说,所有人谈的都是共和国,一切都在"共和国万岁"的呼声中进行。一切都表明这一行动比在我们看来的要困难和鲁莽。此外"共和国万岁!"意味着革命万岁!打倒反动王党!

　　2)议会在圣克罗(Saint-Cloud)举行的会议;两点钟召开的五百人院的会议。

694　　这是我们大家了解的场景。不过我以前不知道的是,人们最初声称不用武力解散五百人院,声称仅仅要恢复秩序。五百人院的多数议员当天晚上九点和其主席一起继续开会,首先宣称波拿巴和他的军队是祖国的光荣。

　　之后吕西安进行了很长的演讲,强烈谴责制造混乱的人,他们已经破坏了宪法一百次,并准备继续破坏,今天却打起宪法的旗帜。

　　当人们公开违背法律时,这是人们可以采取的立场的一个很好的榜样。这个榜样就在于对那些反对的人先发制人、主动予以攻击侮辱。这个方法和这个世界一样古老,当人们试图争取的民众只需要一个借口就可以提供帮助时,这个方法总是能取得成功。

　　布莱(Boulay)①的讲话:宪法是一切弊端的原因。必须获得和平以建立更稳定的政府和更灵活的外交。对个人安全和财产的保障很糟糕。人民主权原则的运用也很糟糕。选举不是自由进行的。公共权力的建立很糟糕。糟糕的组织,不稳定,不一致。权力的责任,一句空话。糟糕的管理。他说,总之,在法国既没有政治自由,也没有个人自由;所有人都在这里发号施令,没有人服从,总之,只不过有一个政府的影子罢了。

　　他最后得出结论,行政权力应当暂时交给三位执政官,两个立法机构暂时休会,留下两个委员会取而代之并准备新的宪政体制。

　　宪法的良好的一般原则:就是每个共和国政府的原则;人民主权,共和国的统一,权利平等,自由,代议制。

_____

① Boulay de la Meurthe(1761—1840),律师,督政府时期当选为五百人院议员,1799年支持雾月政变,后得到拿破仑重用。——中译注

支持他的卡巴尼斯(Cabanis)(的讲话)。这些讲话中没有什么表明人们试图摆脱自由,这一危机看上去和它之后的许多危机很相像,如果人们不知道那时正处于革命的结尾、而波拿巴正试图从政变中获利的话;而这是卡巴尼斯似乎没有想到的,他写道:"平等,自由,共和国,正规的名字,神圣的名字,我们的所有愿望、所有努力、我们的心灵的所有力量都属于你们;正是为了你们,我们才活着,正是为了捍卫你们,我们准备牺牲。"[第42页]

毫无疑问,那些支持雾月十八日的人当中,很大一部分人不相信他们正被推向专制,他们和卡巴尼斯犯了同样的错误:

其后颁布了一条法令,

1. 宣布督政府不复存在。

2. 从议会中驱逐61名代表。

3. 建立执政委员会,其成员是我们知道的。

4. 把立法机构推迟到共和八年风月一日(1800年2月20日)召开;在休会期间,立法机构成员保留他们的津贴。

5. 每个立法机构在解散之前任命一个由25人组成的委员会,该委员会在执政官的提议下,对行政、立法和财政的一切紧急问题制定法令;此外这两个委员会负责准备修改宪法,这一修改的目的是强化、保证人民主权、共和国、代议制、自由、平等、安全和财产,使它们神圣不可侵犯。(人们没有说明谁进行决定性的工作)

在解散之前,立法机构在卡巴尼斯的提议下投票通过一份告法国人民书。阅读这份文件。

之后吕西安发表演讲,他说自由"刚刚穿上了其阳刚的外袍:从今天起自由引发的所有混乱都结束了"(毫无疑问,因为病人已经死了)……"请你们听一听后人的崇高的呼喊:自由诞生于凡尔赛的网球场,在圣克罗的橘子园得到巩固……共和国万岁!"

执政官进入;他们宣誓效忠人民主权、共和国、平等、自由和代议制。会议在成千上百次"共和国万岁"的呼喊声中结束。[第55页]

3)在五百人院的早晨会议的同时,元老院也在召开会议;在那里,前一天没有被事先告知情况的人表示不满;反对派鼓起勇气,开始站出来反对。

四点半时,波拿巴进入元老院的会场。应当读一读这位天才的临场演讲,看看这位不同寻常的天才如何被试图公开演讲的粗俗之辈所遭遇的困难压垮;激情缺乏自我克制和自我表达的艺术,只能通过不连贯的话来表达;事先考虑好的想法在要表达这些想法的头脑中只剩下一些很突出的表达,这些表达可以总结这些想法,但当孤立地说出来时,则显得非常含混,与周围的情形完全不相称,许多打断和质问使得演讲者感到尴尬,这种尴尬转化为愤怒、暴烈的语言和思维的混乱;总之,这是从名人嘴里出来的最宏大、最浮夸、最笨拙的胡乱演讲(虽然充满狡黠之处)之一。

他出去之后,吕西安走了进来,他说一小撮拿着匕首的乱党支配了五百人院,但五百人院的多数支持元老院。

4)这些事件结束之后波拿巴被宣布为执政官。警察部的公告。司法部的通报。

总的来说,这是我们可以想象的策划和发动最为拙劣的政变之一,但由于推动其发生的各种前因的强大力量、公共精神的状况和军队的倾向而取得成功,前者比后两者更为重要。

《向凯旋的波拿巴的最后告别》
没有作者和出版者的姓名

我们知道这个出色的小册子的作者是德·米肖(de Michaud)①。

---

① Joseph François Michaud(1767—1839)在 1800 年出版了《告别波拿巴》和《向波拿巴的最后告别》;托克维尔这里引用的小册子写作于 1800 年 6 月,有几个版本。这两个小册子的目的是谴责共和派的幻想,尤其是要说明波拿巴的政体的脆弱,因为这个政体建立在篡权之上,所以被迫诉诸战争和民众的恐惧,而当时的法国正是强敌环伺。米肖比较了克伦威尔的政体的强大和波拿巴的统治的动荡的基础,前者立足于一个充满生机、信仰坚定的国家。他在复辟时期作为基督教作家和极端王党记者而出名。他研究了十字军的历史,他也是 1796 年《日报》(La Quotidienne)的主编。米肖的小册子是托克维尔在 1852 年 6 月关于马莱·杜庞的笔记中引用的[参见第 680 页],我们可以把关于这个小册子的笔记的日期定在 1852 年初。

其日期是 1799 年 5 月。但显然应该是 1800 年,因为它是雾月十八日政变发生六个月之后、在马伦哥战役期间写的。

　　评论。目睹不同寻常的事件和极端的情感,这导致人们惯于用夸大和浮华的风格写作,这个小册子对这种作风进行了细致的分析。

　　"法国人的想象遭到如此多的不同寻常的形象的震撼,长期以来一直停留在一种兴奋当中,并使法国人远离那种良好的心灵状况,这种状况让人寻找真相并很容易地接受真相。"为了使读者接受某些观念,可以说必须把这些观念提高到它们之上;"过去人民很轻信,今天在很多问题上已经完全不再相信什么;十年来他们对最荒谬的故事也能相信,结果现在他们对最简单的事情也不相信。这导致了即使是最独立的作者也不得不有必要夸大其词,可以说不得不就他们的思想过分要价(surfaire);疑虑重重的公众总是试图砍价(rabattre),人们如果能够让人相信一半他们想要证明的事情,就应该感到很高兴了。"[第 5 页]

　　延长了的革命让人总体上来说对人、特别是对自己的同胞充满轻视。"波拿巴把枷锁加在一个堕落了的民族身上;除了那种类似于大自然作用于其试图分解的机体的运动,这个民族没有能力进行其他运动,而对于这些机体,大自然会在其中植入导致腐败的活跃的酵母。克伦威尔统治下的英格兰可以表现出一个年轻、充满活力的奴隶的形象,这个奴隶充满激情,而主人可以加以利用。对于波拿巴统治下的法国,如果用一个披着锁链、习惯了骄奢淫逸的老朽之徒加以比喻,可以说恰如其分,对于那些使他陷入奴役的人,他所贡献的是把他的罪恶和朽败传染给他们。"[第 142 页]与 1789 年那种无止境的骄傲以及无限可完善性的学说相比,这是多么大的堕落啊!

　　作者的独特错误:关于波拿巴将用来进行统治的手段。"波拿巴的最大错误在于为了维持其不合法的权力,他借助于已经失去了魅力的观念和对于人民来说已经毫无意义的语词。我知道宗教在今天相比于克伦威尔时代而言已经不再是一个有力的杠杆,但

697

哲学原则和自由观念的徒劳堆砌并不能取代宗教。"[第 144 页]

很独特的是看到波拿巴被指控陷入哲学原则和自由观念当中。除非人们把他所继承的那一部分革命成果称为哲学原则和自由观念,然而事实上这部分革命成果恰恰是通常最不会被人们认为属于哲学原则和自由观念。

波拿巴被指控争取各党派的次要的、被人鄙视的那部分人。"波拿巴虽然拉拢各个派别的人,但他开始时却让共和派和保王党感到不悦。"(第 156 页,也就是说,他拒斥了那部分最坚定最活跃的人,这些人可能永远不会愿意屈服于其意图)"为了展示其权威,他很不慎重地仅仅争取那些软弱而没有品性的中间阶层①——整个民族中最卑劣、最令人鄙视的部分,争取那些没有勇气坚持自己的意见、更没有勇气捍卫政府的人,争取那些习惯于更换主子的奴隶,他们曾经烧香膜拜大革命的一切偶像,如今俯身在大执政官面前,以后也会对他的继承人屈膝。"[第 47 页]

一个很有魅力的说法。那些时刻准备依附支配性的权力和支持现存政府的英国人在他们的神秘的怯懦中发明了这个说法:他们称他们这样做是"信靠天意"。

这本小书旨在对照使克伦威尔掌握权力的革命和提升波拿巴的革命,从这个对照中我们得出结论:波拿巴要保住他篡夺的权力要比克伦威尔难得多,像蒙克(Monck)②那样把权力交还给合法的主权持有者,则要伟大得多。这本书表明,在波拿巴成为主子的时候人们对他的了解非常有限,其内政上的天才还没有被人们充分认识到,人们没有立刻看到这将是革命的一个全新阶段——置身法国之外的马莱·杜庞对此一目了然。一些人以为这不过是对共和国修修补补,另一些人则认为这只是一个过渡性的专权罢了,波拿巴则在这些错误的恐惧和错误的希望当中开拓他的道路。

共和八年获月二十五日(1800 年 7 月 14 日)内政部长吕西

---

① **边注**:如果一个政治人物希望运用某党派当中的观念、激情、偏见或邪恶来产生与这个党派所期待的后果不同的一般后果,他实际上只能利用这一阶级,他只能通过尾巴抓住这个党派——如果可以这样说的话。

② George Monck(1608—1670),英国内战和克伦威尔统治时期中支持克伦威尔的著名将军,但后来又支持查理二世复辟。——中译注

安·波拿巴在马尔斯殿(le Temple de Mars)发表的纪念 7 月 14 日的讲话。①

雾月十八日发生十八个月之后:可以在这里找到其兄长的全部理论:古老的王朝已经朽败、必然灭亡。7 月 14 日是一个伟大的日子。描述那些导致革命偏离正道的暴行和恐怖。

雾月十八日认可了人们在 89 年 7 月 14 日所希望的一切。前者源于后者,也将忠诚于后者。法国人不再遭遇他们厌恶的一切,他们拥有了他们发动大革命所希望得到的一切,他们拥有了真正的大革命。让我们为此感到喜悦!

1852 年 2 月
关于拉法耶特将军回忆录的笔记。②

共和国不是自由。没有什么比从果月十八日到雾月十八日的历史更好地证明了这一点。拉法耶特 1798 年 1 月写道:"我自己宣告,虽然我热爱共和国甚于君主制,但我热爱自由甚于共和国,我远不认为自由目前存在于法国。"[第四卷,第 401 页]

对政府的仇恨成为波拿巴可以利用的一种力量。虽然人们不信任他的道德,并且葡月事件还留在巴黎人的记忆里,尽管他拥有的更多是党徒而非朋友,人们如此需要变化,对当时的制度如此厌倦,因此只要能够推翻现存制度,就足以得到民众的支持。1799 年 10 月,第五卷,第 138 页。

拉法耶特对波拿巴的评判和感受。总的来说,我们看到拉法耶

700

---

① 《共和八年获月二十五日(1800 年 7 月 14 日)内政部长吕西安·波拿巴在马尔斯殿发表的纪念 7 月 14 日节和协和节的讲话》吕西安·波拿巴在此断言:"数个世纪的无情之手把王冠推向了毁灭"[第 2 页];"雾月十八日完成了 1789 年 7 月 14 日的工作"(第 10 页),他呼吁构建一种"保守的情感"[第 5 页]。
② 《拉法耶特将军的回忆、通信和手稿》。托克维尔的笔记针对的是第四和第五卷(从督政府末期到帝国结束)。该书是由托克维尔的朋友科赛尔(Francisque Corcelle)编辑,科赛尔和博蒙一样娶了拉法耶特的一个孙女。为了研究美国人对法国大革命的看法,托克维尔于 1858 年再次读了这本书(参见《托克维尔—科赛尔、托克维尔—斯维金娜夫人通信》,1858 年 6 月 10 日托克维尔致科赛尔的信,《托克维尔全集》第 15 卷第 2 册第 219 页)。

特高兴地看到雾月十八日的发生，他欣赏波拿巴，他很愿意让波拿巴担任终身总统。每时每刻他都做出努力以不被这位不同寻常的人物的魅力折服，虽然他在本性上对这位人物的优点与邪恶都有某种本能的排斥。

对于盛大仪式、奢华场面、强力外表的必要性的观念。伟大的人物很少有这样的观念，但它却在波拿巴的内心根深蒂固。我相信这种观念是与波拿巴的趣味嫁接在一起的，这是其内心的一种概念，从其灵魂的低下部分中产生。

波拿巴和拉法耶特的闲聊。"您可以对政府表示不同意，把我当成专制者；有一天人们将看到，您将看到，我是为了自己还是为了子孙后代工作……但最终我成为这个运动的主宰者，是大革命、是您、是所有的爱国同胞我把带到了我目前所处的位置；如果我把这些人（流亡的王侯）召回国，这将意味着把你们所有人交在他们的复仇当中。""这些情感以一种非常高贵的方式表达出来，他谈论法国的光荣是如此之好，我握着他的手，向他表达他给我带来的快乐。"

我们在拿破仑那里看到他对大革命有一种儿子对父亲的情感；在这里可以清楚地看到，所有对这一革命负责的人都感到必须维护这一革命，即便只是为了阻止王权卷土重来。第五卷，第178页。

"我总是看到，在一切与我们的政治利益或者法国的光荣有关的事情上，他都以一种最令人敬慕的信心全力以赴；在谈论法国的光荣时，他魅力无穷。"第五卷，第190页。

伟大的心灵总是会触摸到道德上的伟大，即便只是不时地；即便是腐败的人也能触摸到这一伟大，虽然他们只是有时抓住了这一伟大而从来未能持守；我不知道是否存在过一个非常伟大的心灵在其行动上没有投入某种伟大的情感。

波拿巴关于教会的政策。针对18世纪的精神采取的谨慎措施。削弱和争取教会。与其进行妥协，使其反对旧制度，接受专制；使其处于他的政府之下，但高于其余一切。与其联盟反对自由精神，后者是双方的共同敌人。"他对我说，'您不会抱怨，我重新使神甫处在比您留给他们的位置要低的地方：一个主教自认为在

701

警察局长家吃饭是一件很荣幸的事情……您对那圣水（petite fiole）
感到……①，我也一样，但您得相信，让教皇以及所有这些人反对波旁
王朝的正当性，这对于国外和国内都很重要。每天我都觉得这些谈判
很愚蠢。法国的教区仍然由那些被我们的敌人雇佣的主教治理。'"

　　教士们急于揣摩波拿巴的心思，不仅仅接受枷锁而且亲吻枷
锁。拉法耶特在这一点上详细讨论，有些刻薄，但颇为雄辩［请看
第五卷，第183页］，最后以这句名言结尾："有我的省长，我的卫兵
和我的神甫，我总是可以做我想做的事情。"

　　波拿巴对沙龙对他表现出的敌意感到恼火。他对沙龙的趣味。
第五卷，第185页。旧制度的习惯，新贵初次置身于这种名流云集
的地方所感到的怨恨；拉法耶特在这一点上明显高出一筹，因为他
曾是大领主：坦率地表现出恨恶，既无嫉妒也不为之吸引……

　　对自由的恐惧把波拿巴推向了权势的顶峰。对于所有在自由
的事业中曾经崭露头角而现在可以作他的招牌的人，波拿巴都努
力使他们与他妥协并使他们无法再为自由做出贡献，他坚持让这
位1789年的英雄成为他的参议员，被拒绝后很恼火：
　　"——您觉得太忙以至于不愿意成为参议员？
　　——并非如此，我认为退出政界最适合我。
　　——再见，拉法耶特将军，和您一起度过这段时光真是非常愉
快。这时他已经站到了后室的门口。"第五卷，第192页。

　　波拿巴的科西嘉特点，永远不能忽视这一点。"在我到来不久
后，一个有头脑的人向我描绘波拿巴，说他有某种骑士色彩。不过
他立刻补充说，让我们搞清楚，这不是一个法国骑士，而是一个科
西嘉骑士。"第五卷，第192页。

　　在漫长的革命之后，何以受到打击、感到绝望懈怠的派别有一 702
点好处便心满意足，并且在最微薄、有时是最荒谬和最矛盾的希望
中自我幻想。某种老年人或者儿童般的愚蠢轻信驱使人们相信他
们想要的东西。对波拿巴最有帮助的一点，是他在大革命初期置
身事外，对于为了支持或反对革命而进行了斗争的人来说，这一点
让他们都不会对他不抱有希望。

---

① 原文为 Vous vous f…de la petite fiole et moi aussi。——中译注

他对我说："大革命的敌人对我没有什么可指责的。对他们而言我是成功了的梭伦。"第五卷，第234页。

对于雅各宾派而言，他的优点是"喜欢共和国甚于自由，穆罕默德甚于耶稣，学士院甚于将军头衔。此外人们感谢他对教皇、教士、权贵的关注，对他的某种君主口气和宫廷趣味感到满意"。同上，第235页。

每个人都听任波拿巴取悦于人的一面使自己顺从地走向他，半是有意半是无奈地忽视他的其他方面。

局势的适宜促成了波拿巴的高升。漫长暴烈的革命中的中立权力的好运。所有的党派仇恨对它们保持宽容。人们喜爱这些权力并非因为它们发挥出的权势，而是由于被它们阻止而无法发挥的权势。

帝国

当我的研究进行到帝国时，对这个作品要很好地加以分析：个人专制树立在民主基础上；这是一个最完全的结合，而根据时间和人，它可以带来最无限制的专制，这个专制得到了法律和神圣利益——最大多数人的利益的表象——的最佳支持，然而同时它也是最不负责任的。对于一个起源于民众选举的政府（至少假设如此），这一点不同寻常，但它却是真的。

这里，进行比较。对罗马帝国的回忆。研究和概述这个政府的本性、原因、组织；在哪一点上它在这些方面类似于皇帝的想法，这个想法被他的侄子更完全地实现了。

通过例子（在帝国的初期肯定有这些例子）来揭示类似于特洛隆的法学家的行动；对于通过暴力和强力建立的权力，法学家建构其理论和哲学。①

---

① **一则注释予以了说明**："关于执政府和帝国的章节/从您看到一个专制者出现时，请相信您将很快遇到一个法学家，他将向您博学地证明暴力是正当的，被征服的人是有罪的。/在某个地方讨论一下特洛隆这样的人物，他们会不可避免地在专制者身旁出现。"特洛隆（Raymond Théodore Troplong, 1795—1869），最高上诉法院参事，1846年成为贵族院议员，写了很多司法著作，1851年12月2日政变后被任命为国务委员会主席（1852—1869）。他对第二帝国政权的逢迎使之成为雨果的《惩罚》一书最受关注的靶子之一。

特别是自从罗马法研究广泛传播以来,欧洲的所有国家的例子证明没有任何暴政缺乏法学家,正如其不缺乏刽子手。这两种人在专制统治者的手里大量出现,没有任何一个平庸的篡权者不会找不到一个法学家来证明暴力就是权利,暴政是秩序,奴役是进步。

罗马帝国
和作为大革命产物的帝国的类似之处。
罗马帝国的民主特点。
关于这个帝国的原则和活力的研究
（用于关于帝国的引言中）

发生在法国和罗马的不同革命之间的差异和类似之处,这两次革命导致自由被专制取代。

同样的方式:以人民为名义进行统治,但是没有人民的参与;代表数量,通过受教育的阶层来进行管理;通过一系列方式满足下层阶级:通过承认他们的方式来代表他们,废除所有羞辱他们的中间等级,满足嫉妒以及以最粗俗的方式（所有人屈服于同样的奴役之下）表现出来的平等情感;对于上层阶级,则通过工业和职位来保证他们的物质秩序、他们对财富的拥有、他们的舒适和致富,以此来满足他们。

不同之处:罗马革命努力与过去联系,取消事物的存在时仍然保留其名字。法国大革命则自负地创造新天新地,从革命中产生的专制**一定程度**上也声称如此。这一差异源于两个革命的不同起点。

在罗马,存在于人们的习惯中的,是自由;在法国,则是专制。奥古斯都在消除共和政府的实质时不得不保存其外表。波拿巴则没必要如此慎重。对前者来说,需要让国民脱离民情;而对于后者而言,则是让国民回到民情中。

需要参考的著作,虽然该书很可憎地片面赞同帝国:《帝国统治下的罗马人历史》,作者是梅里瓦尔。①这本书有一点令人印象深

704

① 1853 年 1 月所做的这则笔记主要受到了夏尔（法文）查尔斯（英文）·梅里瓦尔（Charles Merivale）的《帝国统治下的罗马人历史》（*A History of the Romans under the Empire*，1850 年到 1851 年,3 卷)的启发。在准备《旧制度与大革命》一书时,托克维尔同样读过爱德华·吉本的《罗马帝国衰亡史》(伦敦,8 卷)。

刻。奥古斯都及其最初的几位继承人在自封为罗马人民的代表以及（这一点更为模糊）民主的捍卫者的同时，完全依赖贵族（确实，这些贵族或者是皇帝敕封的，或者被皇帝置于紧紧依附皇帝的地位）来进行统治；他们只给民众行动一点很小的空间，让元老院扮演主要角色，这不仅仅帮助皇帝进行统治，而且让他们直接统治罗马的一部分省份（最为安定以及没有驻军的省份），至少在奥古斯都时期是如此，这样皇帝看上去更多的是体制的奠基者而不是贵族制的摧毁者。

值得注意的是，同样是在奥古斯都时期，他仍然保留了徒有其表的选举和平民权力，同时很小心地让这些表面文章空洞无力；用付薪水的职位取代共和国没有薪水的职位；增加职位；设置常备军，一部分军队第一次在罗马驻扎；永久最高统帅的权力使皇帝可以完全支配军队，这使他可以在表面上在政府中维持贵族制和民主制；保民官的权力让他不可侵犯，尽管当初建立这种不可侵犯性的理由已不复存在；审查权力使他可以任命元老；大祭司的权力使他成为宗教领袖；最后，罗马人所分立的所有权力——对于这些权力中的每一个，他们为了他们设定的目标把国家可以在一个共和国（权力的较短任期和选举允许进行决断，甚至通过权限的重大和宽泛弥补了权力的较短期限和不稳定而给官员带来的软弱性）所拥有的全部权力都赋予了他——所有这些权力可以说都集中在一个人身上，并且永久性地掌握在他的手里。

为了掩盖专制的建立、实现向专制的平稳过渡，奥古斯都比拿破仑以及我们的时代采用了更多的机巧、更多的预防措施。

罗马帝国的民主外表。普林尼说图拉真（Trajan）不愿意同意工人互助团体的存在，"这不是符合我们时代的特征的事情"①（小普林尼《书信集》，第10部）。

图拉真本人，伟大而有德性的图拉真在帝国政府未受挑战地统治了一个世纪之后，不能容忍工人联合起来互相帮助；他坚持这一原则，主权者是罗马人民的唯一代表，在主权者面前只允许孤立个体的存在。

---

① 原文为拉丁文：ne que enim secundum est nostri seculi morem。

研究罗马世界的民主君主制。重大的相似之处：市镇奴役取代市镇自由，嫉妒得到平息比享有自由重要。对于卑下平庸的心灵来说，在主人面前的平等比在法律面前的平等更为宝贵，法律听任持久性的社会不平等的存在，在免除人们遭受社会不平等的压迫的同时要求人们接受它。

罗马政府：并非像一些无视他们使用的词汇的意义或者不愿意承认其意义的人卑劣愚蠢地所说的那样，罗马政府是民主形式的一种；它是这样一种政治形式，民主平等非常轻易地引导人们走向它，而在平等中产生的糟糕的激情和败坏的本能让他们接受甚至热爱它。

维尔曼（Villemain）在 1830 年关于中世纪文学的课程的第二讲中提到，西塞罗在一封信（哪一封？查找）中写道，他在乡下的时候，很吃惊地看到所有农民都站在凯撒党的一边。[1]他只是在和他们聊天的时候才注意到这一点。我们会以为这是在法国！

（53 年 1 月）我在法兰西学院读到一篇非常博学的论文，其中有这样的内容：当罗马的自由在皇帝的军事力量下屈服之后，共和国的形式依然保存，政权易手，但旧宪制并没有被推翻；[2]最高权力在理论上仍然属于人民。事实上，乌尔比安和盖攸斯指出君主的意志是法律，并说明了这一法律的理性；该法律在所有的统治开始时出现，把人民的所有权利转让给了君主（quum omne jus suum populus in principem transferat）。

国家监狱：和德·布莱瓦纳先生的谈话（1852 年 4 月 1 日）

“我属于国务委员会的很多助理干事的一员。人们通过抽签把

706

---

[1]　《维尔曼先生在巴黎大学文学院讲授的法国文学课，由作者审定。法国、意大利、西班牙和英国的重视文学概况》(Paris, Pichon et Dider, 1830, 2 vol. T.I, p.56)。

[2]　托克维尔当时正在阅读寄到道德和政治科学学院的五篇论文，这些论文的主题是学院的道德科学部 1852 年提出的："研究在基督教建立之前的古代所讲授的道德哲学的不同体系的历史。让人们了解这些体系从中产生的社会环境对这些体系的发展的影响，以及这些体系反过来对古代世界所产生的影响。"参见《杂集》，《托克维尔全集》第 16 卷第 221—225 页。

我们分配到不同的部,我落到了罗威阁公爵①领导的公安部。他的一个朋友向他特别推荐了我。一天他把我召来对我说:有人说您既不害怕隐退也不害怕工作,并且您很喜爱象棋。我有一个重要的任务交给您。在一段时间里您要住在塞尼山(Mont-Cenis)②旅社里。那里有一位修院院长,他是象棋好手,您可以完成一项重要的使命。我对要去的地方表示不满,问他我去那里干什么。我最终明白我的工作是观察每天从这个意大利和法国的交界处经过的旅客并且作汇报,和他们一起吃饭,也就是当间谍。我拒绝了这项差事,但是以很委婉的方式,我没有因此冒犯部长。过了一段时间,他对我说:我向您提议一项新工作。皇帝通过一项法令(我相信是一项元老院法令)修建了八所监狱。但是皇帝的很多意图没有实现。我的任务是管理这些监狱,首先是对它们进行监察。他问我是否愿意有一位医生,某某先生,作为我的助手? 这次,我同意了。我们首先应当检查一下文森那(Vincennes)监狱,我们以为那里的状况应该比其他地方好,我们应当把它作为典型。我们不需要去看囚犯,甚至不需要了解他们的姓名和经历,而仅仅是观察对这些监狱的管理是如何进行的。我的好奇心却不受欢迎,三个星期后,我的同伴,那位医生,向我坦白说他被秘密交代要监督我,看看我是否想知道得太多。他接着问我是不是我也对他负有类似的任务;我没有这样的任务。

"罗威阁公爵告诉我们,皇帝的意图是国家监狱内设有干净的、适于各种身份的囚犯的囚室。他补充说,最后我可能想把我的一个兄弟或者叔叔关到这些囚室里。我希望他们在这里得到和他们的地位相称的对待,他们在这里可以有沙龙、书房、弹子房……

"但结果没有能够对监狱体系进行这些完善。当我在1811年底或1812年初巡查这些监狱时,只有五个监狱有囚犯,总的来说,这五个监狱都很糟糕。其他的监狱还只是在文件上。打算用作监

---

① 罗威阁公爵(Aimé Jean Marie René Savary, duc de Rovigo, 1774—1833)1804年主持了对昂根公爵(duc d'Enghien)的处死。他是拿破仑的亲信,1810年6月3日取代了富歇成为公安部部长,采取了恐怖政策。
② 拿破仑在塞尼山中修了一条可通车的路,重建了旅社,1801年使修士入住。

狱的城堡甚至已经不存在了。蒙通奈尔（Mont-Tonnerre）省的某某监狱（我忘记了名字）就是这种情况。当我们去那里考察时，城堡在皇帝颁布法令前已经被摧毁了。但事实上，很多国家囚犯被监禁在一些普通监狱里。我们没有被要求考察这些监狱。我只有证据表明有大量这样的囚犯。

　　"因此我们从文森那监狱开始考察。在城堡主塔的顶部，我发现一个西班牙人，他颇受优待。他有几本书，一支笛子，一些颜料，一群他自己在他的隐居地饲养的鸽子。但后来我知道他就是在萨拉戈拉斯被捕的著名的帕拉福克斯，①我不知道为什么皇帝认为有必要让他消失。人们以盛大的仪式用一大块劈材取代他下葬。所有人都认为帕拉福克斯已经死了。他的家人、他的妻子也犯了同样的错误。他住在文森那主塔的顶部。我还看到，在一个楼梯下面住着一个年轻的德国伯爵，他没办法站直。这个年轻人只有十八岁，被控企图谋杀皇帝，因萨克斯国王的求情而被免于一死。在这个可怕的地方他已经病了，后来死了。

708

　　"在位于萨瓦山中的迈奈斯特莱勒（Menestrelle），我发现很多主教和神父。他们抱怨说没办法在这个雪山里活下去，他们有道理这样说。在比这里更远的一个地方还有一个国家监狱（我记不清它的名字），我看到大约两百个那不勒斯人，大多数都出身下层，但其中有几个同一国家的大领主。

　　"所有这些监狱的维护都很糟糕，没有任何保证。决定建立国家监狱的法令②所规定的任何程序都没有得到遵守。把你抓起来关在那里；只要愿意就可以一直把你关在那里。

　　"我知道国家囚犯有很多；但我说不出准确的数字，因为他们分散在法国的所有监狱里，而我的任务，像我说的那样，只是巡察那些被称之为国家监狱的监狱。"

---

①　José de Robolledo Palafox y Melci（1776—1847）1808 年成为萨拉戈斯（Saragosse）反拿破仑的民众反叛的领袖。他成功地抵抗了拿破仑军队对叛乱的第一次围堵，第二次围堵时被捕，关入文森那监狱，在那从 1809 年 4 月呆到 1813 年 12 月。

②　1810 年 3 月 3 日的法令决定重建国家监狱，规定每年由国务委员每年进行巡察。1814 年，这些监狱大约关了 2 500 名囚犯。

帝国时期各地征兵数的不平等

关于 1809 年各省征兵数量的分配的报告。

这个报告由当时的战争部长①撰写，很不慎重地在国务委员会中散发，马上又立刻收回。但德奥奈（L. d'Aunay）把他那份放在了口袋里，这唯一的样本被他拥有，我从中抄录了下面的内容（1853年 3 月 27 日）：

"战争部的目标是为了不仅仅依据人口来规定每年的征兵额。这一比例应当根据不同原因增加或减少。"

709   把帝国的总人口和可服兵役的人口或者列在征兵表上的男子数量相比，我们发现普遍人口与各种类型的可服兵役人口的比例为 125 比 1。

为了使每个省应征入伍的男子数量对应于这个省的人口数量，应当使人口数量与每个类型的可服兵役人口处于同样的比例；但是我们看到这个比例在不同地区有很大差异：在埃纳（Aisne）省这个比例是 111，在罗讷（Rhône）省则是 165，在塞纳省则是 206。因此，如果以人口数量为基础确定每个省的征兵额，我们在罗讷和塞纳征募的士兵几乎是埃纳省的双倍，而前两个地区男人总的来说比较弱，而在后一地区男子则较为强壮。

列举了其他几个应当和总人口数量一起加以考虑的因素之后，他补充说："其他所有使得作为基本因素的人口应当据以调整的因素主要有三类：

1. 人种

2. 与人口相比，土地的面积、性质和需要

3. 各省的精神状况

"1. 在某些省，几乎所有男人都适于服兵役；在其他省，大约有

---

① 从 1802 年 3 月 12 日起，战争部长是德让（Dejean）。共和六年果月十九日（1798年 9 月 5 日）法律建立了由入耳当将军提倡的征兵制度。每年由立法机构、然后由帝国法令确定征兵人数，从 1805 年起，由省长和区长在各省分配。共和七年葡月十一日（1798 年 10 月 2 日）指令组织了复审委员会。

一半男人无法承受战争带来的疲劳。如果两个省人口相同，但一个属于前一种类型，另一个属于后一种类型，这种情况下仍然规定同样的征兵额，这显然是不公平的。

"在制造业地区，儿童过着封闭的生活，这种生活对身体的发育非常不利；在贫困的省份，劳动力的缺乏迫使人们过早地开始劳动；在某些地区，地方性的疾病延续不绝。在这些地方，大量入伍的人提前退伍……我们认为，提前退伍的士兵的数量也应当影响到征兵额的划分。

"2. 每个省的面积与人口的比例，其土地的肥沃或贫瘠程度，这些在我们看来都是应当加以考虑的因素，这些因素将增加或减少各省应当征召的士兵数量……如果土地肥沃、多产，供养一群强壮的人口，我们每年征召一定数量的年轻男子，这在某种意义上是让数量不断增长的男人有一件新的工作可做。但如果我们要求一个贫瘠、出产微薄的地区征募同样数量的士兵，这样将进一步减少该地区的人口，很快这里的人将可能堕入到最糟糕的状况中。

710

"丈量土地并计算其资源，估量农耕和工业的需要；明确了解人口的质量和习惯；看看哪些地方人口过多，哪些地方人口过少；确定人口能够做出的牺牲；表明人口所需要的促进其更新的措施；这些工作都属于内政部，很快我们对这些问题将具有确定和广泛的认识。但是在等待这个时刻到来时，我们认为应当请求陛下允许我们依靠以前的征兵给我们提供的认识。

"3. 道德因素对征兵的结果也产生非常重大的影响，也应当加以考虑。今天，和以前一样，几乎全部东部和北部地区的人毫无困难、甚至充满热情地在军旗下飞奔。帝国的中部地区不费力地响应征召。西部地区也服从，没有抱怨。南部则加以抵抗；如果是在其他君主的统治之下，这一抵抗可能无法加以征服。我们应当运用强力和权威来让所有这些地区表现出同样的精神？或者我们应当依靠明智的调和办法和不动声色的婉转方式？从各方面来看我相信后者更为可行。如果太严格地诉诸前一种手段，我们将增加有罪的人的数量，这样我们也就保证他们不会得到惩罚。

"尽管我确信必须把各方面的因素都考虑在内，陛下，我并不建议您让每个因素都发挥其看上去应该予以承认的影响。我的某些观察并非建立在长时期连续发展的事实之上;另一些观察还没有获得时间将赋予它们的确定性。而且,过于迅速和剧烈的变化并非不会产生重大的不便之处。

711　　"在我很荣幸地呈交给皇帝的关于划分 1809 年征兵额的表格中,我仅限于提议在我看来确实很公正并且必要的调整。让日后经验给我们提供更可靠的认识。"

杂感

关于拿破仑·波拿巴的性格
波拿巴

　　我们可以说,在人们知道他的名字前,他已经震惊了世界。因为在第一次意大利战役期间,人们看到他的名字被人以不同的方式拼写和发音;其中在共和五年有一首歌颂他的颂歌,题为"波拿巴代(Bonaparté)最初的胜利献诗"①,在其中我们看到有这样半句诗:

> 您,后人,
> 充满您的荣誉,幸运的波拿巴代……

波拿巴。
甚至外国人的看法也是他应当掌握最高权力

　　穆尼埃在其题为《归因于哲学家的影响》(图宾格,1801,第 215 页②)的书中提到,从督政府时期起,维兰德(Wieland)在谈话中分析和批判雅各宾体制时,认为为了结束法国的灾难,应该把所有的权力集中在一个人的手里,而这个人应该是波拿巴。

---

① 这首颂歌的作者是 Michel de Cubières,又名 Palmezeaux(1752—1820),多产的剧作家、诗人、公民诗的作者。
② 关于穆尼埃的这部著作,参见第 463 页注释。

拿破仑，他的性格。人们对他的评价。

皮特1800年的讲话。维尔曼（在他的18世纪文学课中）引用过这个讲话。皮特在讲话中对波拿巴的观点和性格做了精彩的分析，预言说他将被拖入无休止的战争：读一读这个讲话。

维尔曼在同一课中谈到，在亚眠和约生效期间，福克斯（Fox）　　*713*
去觐见第一执政，他的印象是拿破仑对自己所做的感到非常满意，他所期待的仅仅是充满荣耀的和平。这个可爱的年轻人，满脑子认为可以调和黑白的哲学思想。找到这个有趣的轶事的出处。①是在福克斯的通信中吗？

维尔曼对拿破仑政府的切实深刻的批判（第313页）："他习惯采用的武器并非（暴力）②。秩序的维持、法律的正规实施、远离无用的残酷手段，甚至对正义的趣味构成了其政府的总体特征。但是对人们的意志的专制、社会状况中人的性格的堕落，同时在战场上对勇气的崇拜，这些也是政府的原则和支持。"③

我给上面几个字加了重点。应当注意的是，拿破仑希望引导而不是剥夺人们的热情；他试图取消灵魂的所有重大努力，只留下一个并使之获益，这个努力就是让人赴死疆场。这位伟大的天才懂得，总是需要有某种重大的激情来唤醒人的心灵，没有这一激情，心灵将堕入腐化和败坏。他可能从来不会设想让所有的头脑和心灵仅仅关注个人的福祉。

皇帝的天才当中属于意大利的一面，或者至少是属于南方的一面。

---

① "十八世纪文学总论"，《法国文学课程》（1829年出版，4卷），第4卷，第19课，第259—260页。该课程为维尔曼在1828—1829年讲授。
② 手稿中没有该词，根据维尔曼的著作补充。
③ 引自维尔曼课程的第18课，前引书，第4卷第373页。但托克维尔的引文与原文并不完全一样。

★

在这个极富创新精神的头脑中，旧制度留下了不可消灭的印象。

★

拿破仑对待他的将军就像猎人对待他的狗，他听任这些狗吞吃动物的尸体，从而让它们热爱打猎。

714　　我在这个如此不同寻常的人具备的素质当中发现的最为不同寻常的是他的灵活，如果用科学语言（生理学）来表达，就是其天才的收缩性，这个素质使他可以在需要时扩大自己的视野以便可以毫不费力地把握整个世界的事务，然后又猛然收缩以便能够毫不困难地抓住最微小的目标。

【政治社会】

雾月十八日是在其之前发生的事件中没有先例的一次事件，在我们的大革命的历史中也没有任何类似事件。

不应当夸大行政机器的弊病对民族的命运的影响。善恶的主要源泉总是源自操纵机器的人的头脑中。这一真理已经充分显现出来。
这个观点也许可以运用到中央集权开始改革的时刻。

如果要知道谁能够或应该终止革命，
要考虑的不是所遭遇的障碍的强度或力量，而是整个形势。

在某些时刻，一位巨人也没有强大到可以停止革命的进程，但在其他时刻，一个侏儒就足以停止它。
在法国大革命开始时，每时每刻都有人相信它将被终止，或者被这个人，或者被那些人。到了大革命要结束时，人们认为革命是不可停止的；看上去所有试图停止革命的人都会立刻或马上被一切事物的运动卷进去。双重错误。在关于执政府的一章说明这一点。

> 　　同样的事情对于同一个民族有时候
> 　　是可以忍受的，有时是不可忍受的，
> 这取决于这些事情是支配性的舆论所认同的还是排斥的。

　　波拿巴掌握权力后征收了 25 生丁的附加税（vingt-cinq centimes additionnels）；人们毫无怨言。人民没有反对他：他所做的基本上得到了人民的支持。临时政府在 1848 年采取同样的措施，很快在诅咒中垮台。①前者发动了人们需要的革命；后者发动的是人们不需要的革命。

　　请看弗朗西斯·迪维尔纳瓦爵士在 1800 年的小册子当中对第一执政的财政措施的评论。②

【教士阶层】

　　在关于执政府恢复宗教的一章中讨论。

　　（天主教地区）教士的新立场，他们更热心于其宗教义务，信仰更为坚定，更为忠诚于教皇，在宗教事务中更倾向于独立于政治权力；在政治事务中则更为顺从，更加缺少公共美德，对国家的激情和利益更为陌生，更加缺少公民责任。

　　这一切出于同样的原因：神甫不再拥有财产；而同时由于他也不会成为一家之主，所有与公民社会的联系都不存在。

　　在作品的末尾和开头，当我说大革命并没有被发动来反对信仰

---

① 在执政府初期，波拿巴遭遇了严重的财政困难，不得不采取紧急措施。同样，为了避免破产，临时政府在 1848 年 3 月 17 日颁布法令对直接税增加 45 生丁的附加税。

② Sir Francis d'Ivernois，《导致波拿巴将军篡权以及促成其垮台的一些原因》（Londres，J.Deboffe，1800 年 6 月 15 日）。

时,对这一重要观点要予以阐释。①

716　　随着每个阶层遭到了大革命的严重威胁,宗教对国家的每个阶层开始重新产生影响:1793 年的上层阶级,1848 年②的中产阶级,那时底层民众也被触及——或者至少这些民众中拥有财产的人——并且因为恐怖而回到对信仰的尊重和重视。

　　人们抱怨天主教教士有一种支配本能。确实如此,但不值得讨论。

　　一个团体是一个强壮的人;孤立个人的所有激情会存在于以这种方式联合起来的人当中。

　　一个团体是利己主义的和喜欢支配的,这一点证明这个团体组织得很好,它与一个人的构成类似。如果天主教教士团体首先是教士团体并且具有支配性,那是因为这个团体组织得很好,这个团体具备某种个体的利己主义;这并不是因为教士团体宣告天主教教义,而是因为它形成了一个构成很好的团体。保留组织的形式,改变其目标,这总是会实现同样的结果。

【思想运动】
共和国和帝国时期的文学的特征

　　(谢尼埃的《文学概览》,勾画了 18 世纪末期法国的文学状况。③读这本书。)

---

① 托克维尔在《旧制度与大革命》第 2 卷第 9 章中对有财产者教士的德性进行了分析。

② 1851 年 9 月 13 日托克维尔写给科赛尔(Corcelle)的信中把 1848 年宗教精神的回归归于两个原因:"首先是对社会主义的恐惧,社会主义一时间在中产阶级当中造成的影响类似于法国大革命以前对上层阶级的冲击;其次,是**大众政府**(*gouvernement de masses*),至少在目前,这一统治重新使教会和财产所有者获得 60 年来他们从没有过的影响,甚至可以说 60 年前他们就不再有这一影响了;因为那时候他们的影响是权力的一种反射,而今天这一影响来自于人民的内心。"(《托克维尔全集》第 15 卷第 2 册第 48 页)

③ 谢尼埃(Marie-Joseph Chénier)《呈现给皇帝陛下和国王以及国务委员会的关于文学的状况和进步的历史报告》(1808 年 2 月 27 日)。这部作品 1815 年后再版了几次,改名为《1789 年以来法国文学状况和进步之历史概览》。

维尔曼在他的 18 世纪文学课的倒数第二课①中讲道："在这个在征服者的专制统治之下走出废墟的社会当中,你们看到文学争议占据了公众的大部分注意力。政治激情消失了,隐藏起来,掩蔽在文学和批评某种投机利益之后。接替了那些震撼世界的理论的是关于品位的阐述。这个征服者民族,在国外是主宰,但除了关于是 17 世纪还是 18 世纪更为卓越的争论,似乎就在没有其他讨论,没有其他公共的思想性活动。这是主子在他的帝国中留给精神活动的唯一空间。"[第 336 页]

717

谢尼埃负责就十年奖(prix décennaux)提交报告;这是等级制和官方文学的措施,接近于中国文学。②

在这个人造文学背后,从大革命中诞生的真正的文学开始出现。斯塔尔夫人、迈斯特先生和夏多布里昂先生。

当我讨论这个问题时,把这个片段再全部读一遍。

维尔曼在有力地描绘官方性奖励文学的贫乏努力的同时,似乎相信某种文学行动可以在政治行动消失后幸存下来。但很容易看到,文学成了过去的政治敌人之间仍然可以继续战斗、相互攻击的唯一竞技场,因此在自由死亡之后幸存下来的文学运动并非是因为政治激情死亡而得以诞生,而是由于这些政治激情依然残存并采取了这一形式。

维尔曼说(同一课或者下一课)拿破仑自己在《导报》上发表了批评《科琳娜》(Corinne)的文章;在《科琳娜》中,对奥斯瓦尔德(Oswald)的称赞被认为是糟糕的法国人的行为。维尔曼说,这是一篇刻薄而充满灵性的批评文字。(第 360 页)③

读一下《导报》上的这篇文章。

唤醒文学生活的方式不是摧毁政治生活。④

---

① 事实上是维尔曼一书的第二十三讲。
② 十年奖是共和十二年果月二十四日(1804 年 9 月 10 日)拿破仑颁布法令设立的;1810 年第一次颁奖。
③ 斯塔尔夫人的小说《科琳娜或意大利》(1807 年 3 卷)的情节发生在 1795 年的意大利。斯塔尔夫人支持意大利独立,没有给法国人保留地盘,这让拿破仑不满。
④ 下面的论述收于《旧制度与大革命》的准备文件中(卷宗 43 中 k 文件夹)。

一个被迫不过问公共事务的文明民族似乎应该更加热切地追求文学乐趣。但并非如此。人们在文学上和在政治上一样迟钝贫乏。有些人相信如果把最伟大的问题从人们的思考中夺走，这将使人们在他们被允许做的一点点事情上更为活跃、更为有创造力。这些人是根据物质规律来处理人类精神。蒸汽机和水流会让小轮子转得更快更好，如果人们把大轮子上的力量转移开的话。但是机械规则不能运用到我们的灵魂中。几乎人类精神的所有杰作都诞生于自由的时代；如果自由被摧毁时文学和艺术刚刚看起来有了新的飞跃并达到了更高的完善，这一发展不会持续下去。当人们仔细审视其后发生的事情，他们将看到，自由的民情和制度创造了力量、精神的行动、想象的自由，而这些绝对政府继承了这些。对于被它们所摧毁的政府所创造的一切心智财富，这些政府所能做的仅仅是贡献出它们能够提供的唯一的好处，也就是平静；有时它们看上去似乎比它们的前任更有创造力，但这不过是骗人的假相，很快就会被时间揭穿，因为随后社会将依附于统治它的政府，而该政府特有的影响也将最终支配社会。这解释了奥古斯都、梅第奇家族和路易十四。那些照耀了我们称之为奥古斯都、列奥十世和路易十四时代的时期的伟大人物，培育他们的土壤是罗马共和国、佛罗伦萨的民主、在宗教战争和福隆德运动中仍然存在的封建自由。这一点的证据是，随着这些君主建立的，或者在那些时代产生的新政体逐渐巩固之后，被宣称为由这些政体带来的影响不断消失，最终人们落入到事物的本性中，也就是说专制带来的平静和贫乏。①

一个有头脑的人在谈到被他称为帝国的文学贫乏的现象时说，这一时期的头脑很平庸，因为这一时期的事业很伟大。但是当没

---

① 这段话最后四行的边上有这些被划掉的文字：拉罗什福柯。《波尔-罗亚尔修道院》。勒萨日（Lesage，1668—1757，法国小说家、剧作家。——中译注）。托克维尔这里提到的应当是圣伯夫的《波尔-罗亚尔修道院》的前三卷（由 E. Renduel 分别于 1840 年、1842 年和 1848 年出版）。

有什么伟大的事情在国家里发生时,头脑都苏醒了,并且创造出美丽的事情。

这些学说对于那些在目前的制度下生活的人来说很令人安慰。但我相信这些都是错误的说法。只有自由才能在所有的时代创造出杰作和伟大的行动。只有正在发生或者刚刚发生的伟大景观才能引发崇高的思想;重大事件的碰撞才能震撼人类心智的火炬,使其迸发出最灿烂的光芒。政治平庸和奴役从来只会制造乏味的文学。在希腊是自由的时候,文学在希腊灿烂辉煌;人们称之为奥古斯都时代的时期是罗马的自由和罗马征服世界的时代。在被人们称为路易十四时代中,群英荟萃,然而这些杰出的人物成长于这样一个幸福的时刻:封建自由仍然保留了其在灵魂中所激发的活力的踪迹,而人类精神已经开始变得精致。18 世纪本身是思想表达较为独立的时代;人们甚至可以说它同样是一个伟大的时代;因为虽然当时的景观沉闷渺小,但人们相信发现了一个辉煌广阔的未来。帝国是一个贫乏的时代,这个说法甚至也不对;这一时期歌颂皇帝或者在皇帝的前厅发财的作家,那个时代的迈瑞和梅里美们①无疑或者是极其平庸的作家,或者至少是些非常二流的头脑。但是那些与皇帝斗争、为了争取人类的权利而反对他的作家则拥有杰出的才智。显然,带来斯塔尔夫人和夏多布里昂的十年不会是平庸的十年。而且,今天人们可以预言,心智的伟大只会存在于那些抗议其政府、在普遍的奴役中仍然保持自由的人那里。如果在那里出现伟大的头脑,这显然不是因为这个国家里没有发生什么伟大的事情,而是因为存在一些人,在他们那里保留了更美好的时代的印记。(1853 年 7 月)

719

---

① Joseph Méry(1796—1865),波拿巴主义者,1831 年以反对佩里埃内阁的小册子《复仇女神》出名。多产作家,和奈尔瓦尔(Nerval, 1808—1855,法国作家、诗人)合作写作剧本,写了很多诗集、中篇小说、二十部长篇小说、很多歌剧小册子。托克维尔和梅里美很早就有交往,而梅里美和皇帝家庭的友谊使他们彼此疏远。

第三部分 ［大革命总结］

［总体思考大革命的遗产①］
［民情和情感］

法国大革命在世界上产生了或者看上去产生了一种新型的革命者。

确实人们看到从法国大革命中形成了一种看上去是新型的革命者，这种革命者充满暴力和破坏性，总是准备打倒，但却不能去创建，这种革命者在革命之后依然存在；他们不仅仅采用暴力，蔑视个体权利，压迫少数，而且他们宣称应该如此——这是一个新现象。他们的教义是不存在个体权利，因此也不存在个体，只存在大众（masse），对于大众来说，为了达到目的可以为所欲为。

类似的事情在所有大革命后都能见到，但（在我们的革命中）有一些特别的原因：（1）我们的革命的民主特征，这一特征导致对个体权利的蔑视和暴力，因为革命以人民作为主要工具。（2）革命的哲学特征，这一特征甚至试图建构某种关于暴力的理论。（3）这一革命并没有局限在一段较短的时间内，而是延续了六十年，仅仅改变了剧场，结果这个革命种群（race révolutionnaire）不断更新，总会在某些地方相遇，有其自身的传统和学校。②因此，六十年来总是存在着一个革命大学校，在世界上的某个地方充分地向公众开放，所有焦虑、暴烈的头脑、所有负债累累的人……都去接受训练和教育。

---

① 下面的文本被归在《旧制度与大革命》的准备文件当中，收在 1852 年—1853 年杂感当中。

② 这段文字可以与同一时期写作的《回忆录》进行比较："因此大革命又开始了，因为总是那同一个革命。"（《回忆录》第 2 卷第 1 章，下文第 780 页）

这是某种特别的疾病，对规则的厌恶，对运气、冒险的热爱，各种激情、错误、罪恶、疫气混合形成的产物，这种疫气类似于在医院中产生、但成为一种独立并且有自身特征的疾病，尽管这一疾病产生于成千种不同的恶。

［政治社会］

上层阶级是自由的敌人，下层阶级是放纵的朋友，这就是法国。

我们的革命的来回往复让人产生幻觉，如果我就近观察的话。

最初，一定是推动分权的某种政策。1787，1828，1848。①最终，则是集权的扩张。

在革命开始时，人们追随其原则的逻辑；结束时，人们则服从其习惯、激情和权力的逻辑。

总之，最后获胜的总是集权，事实上，即使集权在表面上被抑制，在根本上它仍然得到强化，因为社会的工作（le travail social）、社会元素的个体化（*individualisation*）和孤立在这一时期总是继续发展。（需要深入思考）

在各种例子中，关于大革命针对旧制度的行动方式的例子

在旧制度中，法官不断参与行政，行政不断介入审判。各种权力之间的自然界限没有得到清晰地界定，行政和司法领域经常在很多方面相互渗透。②

---

① 关于1787年省议会（assemblées provinciales）的改革，参见《旧制度与大革命》第3卷第7章，"何以一场重大的行政革命先于政治革命，其后果"。1828年1月任命的马提纳克内阁于1829年1月向议会提交了两项市镇和省行政改革的法案，但没有被议会通过。托克维尔的父亲当时发表了支持分权的一个小册子：《论省级章程》（*De la Charte Provinciale*）（Paris, J.J.Blaise, 1829年）。1848年正统派和共和派联合要求进行内政改革，特别值得注意的是1848年10月18日关于宪法的改革所引起的辩论。

② 关于司法部门和行政部门的交叉，参见《旧制度与大革命》第2卷第4章，"行政司法和公务员的保障是旧制度的制度"。1846年在行政与行政法庭的关系这一问题上，托克维尔就已经同时强调大革命与旧制度之间的延续和断裂。

　　大革命把法官严格地封闭于其领地当中，但它听任行政部门像以前一样跃出自己的领地，结果消除了阻碍权力的弊端，但保留了服务于权力的弊端。革命打垮了成千上百种丝毫没有终结的诅咒之一，但却对另一个诅咒予以合法化和常规化。

722　　这说明了所有问题。大革命仅仅摧毁了旧制度中与身份平等和权力的统一不相容的方面。它保留了旧制度的所有其他方面。

　　革命所消灭和所保留的事务说明了革命的真正特征。您可以总是通过这一点来考察革命的深层特征。

　　大革命所创造的这个新社会的自然的政府形式和最终的政府形式是什么？①

　　也许应该在结尾处讨论这个问题；当我说如果我在这里停笔，这并非因为大革命结束了，我们也不知道革命将把我们带向何方。也许在前言中讨论。

　　那些目睹了第一共和国的人对我说……我自己虽然还没有到达人的生命的通常极限，我已经在我经过的岁月里有四次听到人们说，大革命所创造的新社会终于找到了其自然的和永久的基石，然而其后的事件证明他们错了。

　　在我幼年时，人们明确地说，帝国正是适宜于法国的政府。为什么……解释这一点。我看到帝国的崩溃。

　　在我们这样的社会，专制不过是偶然现象，无政府状态会自然产生专制统治者。有节制的政治自由才是自然状态……在我年轻的时候，我听到公共作家和政治人物如此谈论。不久后我看到复辟政府倒台了。我听到其征服者说……理由。在新的革命摧毁了他们的作品时，他们还是重复这些说法。在革命后幸存的共和国也同样有其哲学家，他们试图说明其持续和终结的原因。每个新政府都产生其诡辩派，在这个政府走向死亡时，他们仍然竭力证明

① 第二共和国的经验强化了托克维尔的信念，即政府形式并不重要。参见其于1848年8月27日写给博蒙的信："根本上，法国需要的不是这种或那种政府形式，而是一个坚固稳定的政府。"《托克维尔—博蒙通信集》，《托克维尔全集》第8卷第2册第31页。

这个政府是不朽的。

　　为什么爱国主义在理性面前可以自我辩护,在理性看来它不仅仅是一种伟大的美德,而且是首要的美德?

　　当人们以普遍的视野俯瞰人的义务时,爱国主义看上去是一种错误、狭隘的激情,虽然它曾创造过伟大的行动。爱国主义所提示的这些伟大的努力应当归功于人性,而不是封闭在特定边界当中的人类的这一小块碎片,这一碎片被称为民族和祖国;初看上去,这些道德主义者特别是基督教的道德主义者这样想是有道理的;他们似乎为了只考虑对人类的义务而忘记了对国家的义务,因为对邻居的义务而忘记了对同胞的义务。然而如果我们迂回一下,我们最终发现他们错了。

　　人,就上帝所创造(我不知道为什么)的状况而言,随着他的爱的对象更为广大,他对这一对象的情感就越弱。他的心灵需要将其对象具体化、加以限制,这样心灵才能以一种坚固持久的方式抓住它。只有非常少的一些伟大灵魂能够因为对人类的爱而燃烧。上帝(la Providence)听任留给人(鉴于人的状况)的唯一可以使我们每个人为人类的普遍福祉而奋斗的方式,是把人类划分为许许多多的部分,让每个部分成为构成这一部分的人的爱的对象。如果每个人在这个部分都履行其义务(在这个部分的边界里,义务不会越过人在道德和理性引导下的自然力量),人类的普遍福祉将产生,虽然很少有人直接致力于这一福祉。我相信,如果让每个人爱一个具体的国家,这将比让他为了全人类而燃烧更有助于人类的利益,因为无论一个人怎么做,他对人类的审视永远只能是遥远的、不确定的和冷淡的。①

----

① 　在《民主在美国》第一卷"论美国的公共精神"中,托克维尔已经讨论了爱国主义,他在这里深化了这一思考。

附录 本书相关历史编年

1774

5月10日路易十五去世。其孙路易十六继位

8月24日财政总监特雷(Terray)和掌玺大臣(司法大臣)莫普(Maupeou)被免职,杜尔阁成为财政总监

9月13日杜尔阁规定在各省之间实行谷物自由流通,希望依据季节和需要来使粮食获得正常和合理的价格

11月12日国王恢复高等法院及其他相关司法机构

1775

6月11日路易十六在兰斯加冕

7月21日马尔泽尔布入阁,担任王室国务秘书

1776

2月12日国王颁布敕令取消王室劳役,以二十分之一税的附加税予以取代。国王通过御临法院使高等法院登记这一敕令。

3月12日国王御临高等法院,高等法院登记废除行业团体和行会的敕令①

5月12日杜尔阁被免职;马尔泽尔布辞职

7月4日美国宣布独立

1777

6月29日内克被任命为财政总监

---

① 该法令旨在打破团体和行会对雇佣劳动的限制,实现劳动力的自由流通。但该法令不久在1776年8月就被废除了。大革命期间,1791年国民议会通过Le Chapelier法彻底废除了行业团体和行会。

1778 年

5 月 30 日伏尔泰去世

7 月 2 日卢梭去世

7 月 12 日：御前会议颁布法令在布尔日①（Bourges）行政区建立省议会，其职能是征收和分配税收。这一举措延续了杜尔阁和马泽尔布的改革思路

1781

2 月 19 日《财政总监内阁 1781 年 1 月呈交国王的报告》出版

5 月 19 日由于国王拒绝任命内克为国务大臣和支持其省议会改革，内克辞职

1783 年

11 月 3 日卡洛纳被任命为财政总监

1786 年

8 月 20 日卡洛纳向国王呈交《改善财政计划要览》，提议对所有不动产收入征收土地税，建议由有产者构成省议会来征收该税

12 月 29 日：路易十六宣布召集显贵会议

1787 年

2 月 22 日显贵会议在凡尔赛召开，其任务是解决王国的财政危机；会议延续到 5 月 29 日。卡洛纳的开幕讲话在很多方面批评了内克，提议进行根本性的改革，其核心举措是对所有拥有和耕种土地的人包括此前免税的贵族和神职人员不加区别地征收一种土地税。卡洛纳同样提议建立省议会，把王室劳役转化为金钱税，通过出售教士掌握的封建权利来偿还教士的债务。在出席会议的 144 名显贵代表中，有 7 位王公、36 位公爵、元老和元帅，还有高级教士、各高级法院的成员、省三级会议代表和大城市的市长

4 月 8 日卡洛纳被国王免职，显贵们普遍敌视他。他在显贵会议中最顽固的敌人之一、图鲁斯大主教布里耶纳取而代之，5 月 1 日任王室财政委员会总管

5 月 25 日布里耶纳重启卡隆的计划，但未能让显贵会议采纳其财政改革

6 月：颁布建立省议会的法令（6 月 22 日被高等法院注册）；关于谷物自由的王室敕令（6 月 25 日登记）；支持把劳役转化为金钱税的王室敕令（6 月 28

---

① 处于法国中部。

日登记）。提高印花税的敕令和设立土地税的法令未能在高等法院登记，这将强化政府和高等法院之间的紧张关系

7月16日高等法院发表抗议书，要求召开三级会议

8月6日国王御临高等法院，强制登记关于土地税和印花税的法令

8月7日巴黎高等法院宣告昨天的登记无效，并决定对卡洛纳展开调查，后者已移居伦敦

8月15到9月20日：巴黎高等法院被流放到特鲁瓦

9月17日美国制宪会议通过宪法

9月19日设立土地税和增加印花税的法令被取消；恢复二十分之一税

9月20日国王宣布恢复巴黎高等法院

11月19日国王御临高等法院。路易十六命令登记恢复二十分之一税和借款的法令。奥尔良公爵（未来的菲利普·平等）抗议。掌玺大臣拉姆瓦尼翁承诺召开三级会议，但未确定日期

11月21日奥尔良公爵被流放到维莱科特雷（Villers-Cotterêts）①；高等法院的参事弗雷托·德·圣茹斯特（Fréteau de Saint-Just）和萨巴捷（Sabatier）遭到逮捕

11月29日颁布宽容法令，允许新教徒获得公民身份（1788年1月29日登记），但同时明确指出，只有天主教享有"公共敬拜的权利和荣誉"

1788年

4月13日高等法院向国王抗议1787年11月19日法令的非法登记。国王于17日予以回应

4月28日布里耶纳发布《呈交国王的总结报告》，在其中承认巨额赤字

5月1日掌玺大臣拉姆瓦尼翁的司法改革。王室敕令废除酷刑，取消特别法庭；关于司法的法令：减少高等法院的职位、职权和领主司法权，从而强化行政区法院；重建最高法院（cour plénière）

5月3日巴黎高等法院发表"王国基本法宣言"，声明法官不可被解职，抗议拉姆瓦尼翁的司法改革，宣称只有三级会议有权力同意国王征税，强调高等法院有权力检查国王颁布的法令条文，要求尊重财产权

5月6日逮捕巴黎高等法院参事德普雷麦斯尼尔和瓜拉尔·德·蒙萨贝尔，他们是反抗运动的主要发起人

5月5日—8月5日最后一次法国教士大会。6月，教会批评了布里耶纳的措施，仅仅同意给予他要求的资助的四分之一，这迫使布里耶纳要求召开三

---

① 法国北部城市。

级会议

5月8日国王御临巴黎高等法院迫使其登记司法改革法令,法院抗拒。
外省骚乱:外省高等法院反抗,6月外省多处爆发骚乱,特别是在图鲁斯、格勒
诺布尔和布列塔尼

6月7日格勒诺布尔的"瓦片日"。格勒诺布尔高等法院法官拒绝登记司
法改革法令,被流放。民众抗议,阻止他们离开。在抗议者和军队士兵之间产
生暴力冲突,后者遭到石头和瓦片袭击;5天后,法官被迫离开;只是在10月,
高等法院才被恢复

6月14日在穆尼埃的提议下,101位地方显贵在格勒诺布尔开会,要求恢
复高等法院和召集多菲内省的三级会议并给予第三等级双倍人数代表

7月5日御前会议决议召开三级会议,要求收集关于召集1614年三级会
议的所有文件。此后出版大量论战文字和小册子

7月21日维齐耶会议。三个等级的491位代表要求召开多菲内省和全国
的三级会议,呼吁给予第三等级双倍代表。多菲内三级会议于1788年9月到
1789年1月在罗芒召开

8月8日国王把三级会议开幕时间定为1789年5月1日

8月24日布里耶纳辞职

8月26日内克被任命为财政总监;27日被宣布为国务大臣

9月14日掌玺大臣拉姆瓦尼翁辞职

9月23日王室敕令宣布三级会议于1789年5月1日召开,恢复法庭的运
作。恢复高等法院,放弃司法改革

9月25日巴黎高等法院登记了23日的王室敕令,请求国王按照1614年
的形式召开三级会议(各等级单独议事),此举使其丧失民心

10月5日御前会议决定在凡尔赛召开1787年曾召开的显贵会议,商讨
三级会议的召开方式。显贵会议于11月6日到12月12日在凡尔赛召开,支
持三等级共同议事

11月西耶斯发表《论特权》

12月12日王公向路易十六递交报告,支持在三级会议中各等级单独
议事。

12月27日根据内克的一份报告,御前会议决定倍增第三等级代表人数,
并且尽可能根据每个行政区的人口和税收按比例安排代表数额

1789

1月西耶斯出版《什么是第三等级?》

3月开始选举三级会议代表;在召开选举会议期间撰写陈情书

5月5日三级会议开幕

5月6日第三等级要求三个等级共同审查代表资格,并自称"平民议会"(Assemblée des Communes)

5月11日贵族院宣告成立,在13日拒绝与第三等级合并

5月20日教士代表放弃税收特权,承认所有人平等纳税原则;5月22日,贵族代表做出同样决定

5月27日第三等级"以上帝、和平与民族利益为名"向教士等级提议把两个等级合并起来

6月3日巴伊当选为平民议会主席

6月17日第三等级组成国民议会

6月19日教士代表决定加入第三等级。贵族代表要求国王维持等级的区分

6月20日网球场誓言:代表们誓言在为王国制定出宪法之前绝不分开

6月23日路易十六出席三级会议,命令三个等级分开议事。第三等级的代表和部分教士代表拒绝离开会议厅。米拉波做出如下著名宣告:"请告诉那些派你们来的人:我们在这里奉人民的意志议事,只有用刺刀才能把我们赶走。"路易十六在知道代表们拒绝离开之后,听任他们留在那里。国民议会宣告其成员不可受到侵犯。当晚,内克辞职,被国王拒绝

6月27日国王命令教士和贵族代表加入第三等级代表。整个三级会议转化为国民议会。

7月9日国民议会宣称为制宪议会

7月11日路易十六罢免内克,引发抗议。拉法耶特向国民议会提交其《人权宣言》草案

7月14日攻占巴士底狱。国民议会决定"宪法将包括《人权宣言》"

7月15日巴伊被宣布为巴黎市长,拉法耶特成为巴黎的国民卫队的司令

7月16日国王召回内克;30日他回到巴黎时,受到凯旋般欢迎

7月底:爆发"大恐慌",也就是经济危机和巴黎革命引起的农村骚乱

7月22日在巴黎,国务参事富隆和总督贝尔捷·德·索维尼被杀害,群众指控他们制造谷物投机

8月4日国民议会在夜间废除了特权,投票通过赎买封建权利

8月23日国民议会宣告信仰自由;次日宣布出版自由

8月26日议会通过了人权和公民权宣言的十七个条款

9月10日议会拒绝了王政派的两院制提议

9月11日议会授予国王搁置否决权,使国王有权力在议会的两个任期(也就是4年)内搁置颁布议会通过的法律

9月22日通过宪法第一条:"法国政体是君主制;在法国,没有高于法律的权威;国王依法统治,他只能依据法律要求服从。"

10月5日—6日巴黎妇女派代表团前往凡尔赛。王室被迫返回巴黎。不久国民议会离开凡尔赛,10月19日在巴黎举行第一次会议

12月22日议会颁布把王国的行政组织划为省市的法令概要

1790①

3月15日国民议会通过法令规定了平等继承的权利,取消了长子和男性的优先继承权

3月31日罗伯斯庇尔当选雅各宾俱乐部的主席

6月19日废除世袭贵族制和贵族头衔以及相关服饰纹章

7月12日颁布教士公民组织法法令概要

7月14日在巴黎举办联盟节

9月4日内克辞职。国民议会管理国库

9月6日正式废除高等法院和其他旧制度法庭

11月伯克发表《思考法国大革命》

1791

4月2日米拉波去世

6月20日国王和王后逃离,21日在瓦伦被截回

7月17日马尔斯校场枪杀事件。民众在此聚集要求废黜国王,拉法耶特命令国民卫队开枪驱散人群,造成人员伤亡

9月14日路易十六宣誓服从宪法

9月30日制宪国民议会最后一次会议

10月1日立法国民议会第一次会议。由于制宪议会投票通过禁止其成员在立法议会中连选连任,因此立法议会没有任何制宪议会成员

1792

4月20日法国对奥地利宣战

8月10日巴黎发生起义。起义者进攻杜伊勒里宫,国王逃到立法议会避难,其权力被悬置;13日国王一家被关入圣殿塔监狱

9月2—5日巴黎监狱屠杀

---

① 托克维尔的笔记中没有任何针对1790年到共和二年热月九日(1794年7月27日)这一时期的细致分析。

9 月 20 日瓦尔密大捷。立法议会最后一次会议,宣布公民身份世俗化(脱离教会控制)。国民公会第一次闭门会议

9 月 21 日国民公会第一次公开会议,宣告"法国废除君主制"

9 月 22 日国民公会决定从当天开始把公共文件的日期标明为"法兰西共和国第一年"

1793 年

1 月 15 日国民公会成员一致宣布国王犯有阴谋反对公共自由的罪行

1 月 16 日—18 日:国民公会投票处死路易十六。马尔泽尔布(托克维尔的外曾祖父)等人为路易十六辩护。国王 21 日被处死

2 月 1 日法国向英国和荷兰宣战

3 月 7 日向西班牙宣战

3 月 10 日建立革命法庭。旺代战争开始

4 月 6 日建立救国委员会。罗伯斯庇尔 7 月 27 日加入该委员会

5 月 31 日巴黎各区民众起义,进攻国民公会

6 月 2 日巴黎区民众再度进攻国民公会。吉伦特派代表被清洗;他们在10 月 31 日被处死

9 月 5 日国民公会开始实行恐怖政策。从 1793 年夏天到 1794 年夏天,50 万人被关入监狱

10 月 5 日国民公会通过革命历

10 月 16 日(葡月二十五日)王后玛丽·安东内特被处死

1794

3 月 13 日(风月二十三日)埃贝尔派被逮捕;他们在 3 月 24 日(芽月四日)被处死

3 月 30 日(芽月十日)丹东和德穆兰被捕;4 月初他们被处死

6 月 8 日(牧月二十日)在杜伊勒里花园举行最高主宰节,罗伯斯庇尔主持

6 月 10 日(牧月二十二日)通过革命法庭法,取消举证的必要、事先审问和辩护手段。开始大恐怖

7 月 27 日(热月九日)国民公会投票逮捕罗伯斯庇尔和他的弟弟以及库通、圣鞠斯特等人

8 月 1 日(热月十四日)废除 6 月 10 日(牧月二十二日)关于革命法庭的法令

11 月 12 日(雾月二十二日)国民公会命令停止雅各宾俱乐部的活动

12月8日(霜月十八日)因为反对1793年5月31日起义而被监禁的73名前国民公会成员重新进入国民公会

1795年
1月—2月在与旺代叛乱者成功谈判后,西部部分地区安定下来
2月21日(风月三日)颁布宗教自由法令
7月21日(热月三日)在基贝隆半岛(法国西部布列塔尼地区),奥什(Hoche)击败了在英国舰队帮助下登陆的一支流亡者部队
8月18日(果月一日)国民公会通过"三分之二法令",依据该法令,将要产生的新议会必须包括三分之二的国民公会成员
8月22日(果月五日)国民公会通过新宪法。立法机构由两个议院组成:五百人院和元老院。五百人院提出法案,元老院接受或拒绝。有五名成员组成的督政府掌握行政权
9月23日(葡月一日)颁布共和三年宪法
10月5日(葡月十三日)波拿巴在巴拉斯的命令下镇压了王党在巴黎的叛乱
10月12—21日(葡月二十至二十九日)立法议会选举
10月26日(雾月四日)国民公会解散。波拿巴取代巴拉斯被任命为国内军(armée de l'Intérieur)司令
10月31日(雾月九日)立法机构选举产生5名督政官:巴拉斯(Paul Barras)、拉勒维里埃(Louis-Marie de la Reveillière-Lépeaux)、勒图尔纽尔(Letourneur)勒贝尔(Jean-françois Reubell)和西耶斯。西耶斯拒绝就职,被卡尔诺(Carnot)取代
11月3日(雾月十二日)督政府开始履职,任命部长

1796年
2月27日(风月八日)督政府命令关闭雅各宾俱乐部和王党俱乐部
3月2日(风月十二日)波拿巴被任命为意大利方面军司令;意大利战役于4月10日(芽月八日)开始
4月27日(花月八日)贡斯当发表《论法国当前政府的力量及与其联合的必要性》。

1797年
3月5日(风月十五日)通过抽签在五百人院和元老院中挑出离任的三分之一代表

5 月 20 日（牧月一日）立法议会的新会期开幕，王党力量占了主导

7 月 16 日（获月二十八日）督政府内部产生冲突，温和派巴泰勒米（François Barthélemy）和卡尔诺与另外三个督政官巴拉斯、拉勒维里埃和勒贝尔之间产生了对立，这三个人敌视议会中的王党多数

9 月 4 日（果月十八日）这三位督政官发动政变，由奥勒罗将军执行，打击议会中的王党力量。次日，49 个省的议会代表选举被宣布无效

9 月 8 日（果月二十二日）德·杜埃（Merlin de Douai）和弗朗索瓦·德·纽夫沙托（François de Neufchâteau）当选为督政官，取代巴泰勒米（François Barthélemy）和卡尔诺

12 月 25 日（雪月五日）波拿巴当选为法兰西学士院院士，取代逃跑了的卡尔诺

1798

2 月 23 日（风月五日）波拿巴向督政府提交报告，支持放弃登陆英格兰的计划而发动埃及远征。远征于 5 月 19 日（花月三十日）开始

4 月 9—18 日（芽月二十至二十九日）立法机构选举更新三分之一代表，此次选举有利于雅各宾派

1799 年

4 月 9—18 日（芽月二十至二十九日）立法机构选举新的代表替代即将离任的三分之一代表；政府支持的候选人失败，雅各宾派在选举中占据优势

6 月 16 日（牧月二十八日）五百人院和元老院的多数谴责督政官，认为他们应该对严峻的战争形势负责，法国军队在意大利和德意志的所有前线遭遇失败

10 月 13 日（葡月二十一日）听说波拿巴回到法国，巴黎充满欢乐。他将在 10 月 17 日受到督政府正式接见

10 月 23 日（雾月一日）吕西安·波拿巴当选为五百人院委员会主席

11 月 7 日（雾月十五日）波拿巴与西耶斯和警务部部长富歇就政变时间达成了一致

11 月 9 日（雾月十八日）波拿巴发动政变。巴拉斯、迪科（Ducos）和西耶斯这三名督政官辞职，另外两名督政官被捕

11 月 10 日（雾月十九日）波拿巴在五百人院遭遇失败，后者拒绝废除宪法。他弟弟吕西安·波拿巴结束了议程，否则他将会被宣布为不受法律保护。军队驱逐了议会成员。两个委员会选举产生三位临时执政：波拿巴、迪科和西耶斯

12月1日（霜月十日）波拿巴拒绝了西耶斯的宪法草案。该法案试图把波拿巴限制在荣誉性的"大选举人"的角色上

12月13日（霜月二十二日）通过了新宪法；波拿巴被元老院（Sénat）任命为第一执政，任期十年

12月15日（霜月二十四日）颁布共和八年宪法；开始执政府时期

1800 年①

1月1日（雪月十一日）立法院和保民院成立

2月17日（雨月二十八日）颁布关于行政组织的法律。政府在每个省任命一名省长（préfet），在每个区任命一名区长（sous-préfet），在城市里任命市长

3月18日（风月十八日）颁布关于司法组织的法律，在各省建立初审法院和刑事法庭；建立二十九个上诉法庭；在巴黎建立终审法庭。法官终身任职，由第一执政官任命

1801 年

7月15日（获月二十六日）和教皇签订《教务专约》

1802 年

4月18日（芽月二十八日）颁布《教务专约》

4月26日（花月六日）在流亡名单上尚未被除名的流亡者如果宣誓效忠执政府政权，他们将被赦免

8月4日（热月十六日）颁布共和十年宪法。波拿巴被任命为终身执政，获得了缔结条约的权力和赦免权。他主持元老院，可以通过任命的方式增加元老院的成员

1803 年

1月23日（雨月三日）重新组织学士院。取消道德和政治科学分院

1804 年

3月21日（风月三十日）处死昂甘公爵。发布《民法典》

5月18日（花月二十六日）颁布共和十二年宪法："共和国政府交给皇帝掌握，皇帝的头衔是'法国人的皇帝'"。皇位继承采取男性长子世袭制

12月2日（霜月十一日）拿破仑一世在巴黎圣母院登基加冕

---

① 托克维尔的笔记仅仅涉及执政府和帝国时期的内政的几个方面。

1814

4 月 6 日拿破仑无条件退位

4 月 28 日拿破仑登录埃尔巴岛

5 月 3 日路易十八返回巴黎

6 月 4 日庄严颁布宪章

上海三联人文经典书库

已 出 书 目

1. 《世界文化史》(上、下) [美]林恩·桑戴克 著 陈廷璠 译

2. 《希腊帝国主义》[美]威廉·弗格森 著 晏绍祥 译

3. 《古代埃及宗教》[美]亨利·富兰克弗特 著 郭子林 李凤伟 译

4. 《进步的观念》[英]约翰·伯瑞 著 范祥涛 译

5. 《文明的冲突:战争与欧洲国家体制的形成》[美]维克多·李·伯克 著 王晋新 译

6. 《君士坦丁大帝时代》[瑞士]雅各布·布克哈特 著 宋立宏 熊莹 卢彦名 译

7. 《语言与心智》[俄]科列索夫 著 杨明天 译

8. 《修昔底德:神话与历史之间》[英]弗朗西斯·康福德 著 孙艳萍 译

9. 《舍勒的心灵》[美]曼弗雷德·弗林斯 著 张志平 张任之 译

10. 《诺斯替宗教:异乡神的信息与基督教的开端》[美]汉斯·约纳斯 著 张新樟 译

11. 《来临中的上帝:基督教的终末论》[德]于尔根·莫尔特曼 著 曾念粤 译

12. 《基督教神学原理》[英]约翰·麦奎利 著 何光沪 译

13. 《亚洲问题及其对国际政治的影响》[美]阿尔弗雷德·马汉 著 范祥涛 译

14. 《王权与神祇:作为自然与社会结合体的古代近东宗教研究》(上、下) [美]亨利·富兰克弗特 著 郭子林 李岩 李凤伟 译

15. 《大学的兴起》[美]查尔斯·哈斯金斯 著 梅义征 译

16. 《阅读纸草,书写历史》[美]罗杰·巴格诺尔 著 宋立宏 郑阳 译

17. 《秘史》[东罗马]普罗柯比 著 吴舒屏 吕丽蓉 译

18.《论神性》 [古罗马]西塞罗 著 石敏敏 译

19.《护教篇》 [古罗马]德尔图良 著 涂世华 译

20.《宇宙与创造主:创造神学引论》 [英]大卫·弗格森 著 刘光耀 译

21.《世界主义与民族国家》 [德]弗里德里希·梅尼克 著 孟钟捷 译

22.《古代世界的终结》 [法]菲迪南·罗特 著 王春侠 曹明玉 译

23.《近代欧洲的生活与劳作(从15—18世纪)》 [法]G.勒纳尔 G.乌勒西 著
    杨 军 译

24.《十二世纪文艺复兴》 [美]查尔斯·哈斯金斯 著 张 澜 刘 疆 译

25.《五十年伤痕:美国的冷战历史观与世界》(上、下) [美]德瑞克·李波厄特
    著 郭学堂 潘忠岐 孙小林 译

26.《欧洲文明的曙光》 [英]戈登·柴尔德 著 陈 淳 陈洪波 译

27.《考古学导论》 [英]戈登·柴尔德 著 安志敏 安家瑗 译

28.《历史发生了什么》 [英]戈登·柴尔德 著 李宁利 译

29.《人类创造了自身》 [英]戈登·柴尔德 著 安家瑗 余敬东 译

30.《历史的重建:考古材料的阐释》 [英]戈登·柴尔德 著 方 辉 方 堃
    杨 译

31.《中国与大战:寻求新的国家认同与国际化》 [美]徐国琦 著 马建标 译

32.《罗马帝国主义》 [美]腾尼·弗兰克 著 宫秀华 译

33.《追寻人类的过去》 [美]路易斯·宾福德 著 陈胜前 译

34.《古代哲学史》 [德]文德尔班 著 詹文杰 译

35.《自由精神哲学》 [俄]尼古拉·别尔嘉耶夫 著 石衡潭 译

36.《波斯帝国史》 [美]A.T.奥姆斯特德 著 李铁匠等 译

37.《战争的技艺》 [意]尼科洛·马基雅维里 著 崔树义 译 冯克利 校

38.《民族主义:走向现代的五条道路》 [美]里亚·格林菲尔德 著 王春华等
    译 刘北成 校

39.《性格与文化:论东方与西方》 [美]欧文·白璧德 著 孙宜学 译

40.《骑士制度》 [英]埃德加·普雷斯蒂奇 编 林中泽 等译

41.《光荣属于希腊》 [英]J.C.斯托巴特 著 史国荣 译

42.《伟大属于罗马》 [英]J.C.斯托巴特 著 王三义 译

43.《图像学研究》 [美]欧文·潘诺夫斯基 著 戚印平 范景中 译

44.《霍布斯与共和主义自由》 [英]昆廷·斯金纳 著 管可秾 译

45.《爱之道与爱之力:道德转变的类型、因素与技术》 [美]皮蒂里姆·A.索罗金 著 陈雪飞 译

46.《法国革命的思想起源》 [法]达尼埃尔·莫尔内 著 黄艳红 译

47.《穆罕默德和查理曼》 [比]亨利·皮朗 著 王晋新 译

48.《16世纪的不信教问题:拉伯雷的宗教》 [法]吕西安·费弗尔 著 赖国栋 译

49.《大地与人类演进:地理学视野下的史学引论》 [法]吕西安·费弗尔 著 高福进 等译 [即出]

50.《法国文艺复兴时期的生活》 [法]吕西安·费弗尔 著 施诚 译

51.《希腊化文明与犹太人》 [以]维克多·切利科夫 著 石敏敏 译

52.《古代东方的艺术与建筑》 [美]亨利·富兰克弗特 著 郝海迪 袁指挥 译

53.《欧洲的宗教与虔诚:1215—1515》 [英]罗伯特·诺布尔·斯旺森 著 龙秀清 张日元 译

54.《中世纪的思维:思想情感发展史》 [美]亨利·奥斯本·泰勒 著 赵立行 周光发 译

55.《论成为人:神学人类学专论》 [美]雷·S.安德森 著 叶汀 译

56.《自律的发明:近代道德哲学史》 [美]J.B.施尼温德 著 张志平 译

57.《城市人:环境及其影响》 [美]爱德华·克鲁帕特 著 陆伟芳 译

58.《历史与信仰:个人的探询》 [英]科林·布朗 著 查常平 译

59.《以色列的先知及其历史地位》 [英]威廉·史密斯 著 孙增霖 译

60.《欧洲民族思想变迁:一部文化史》 [荷]叶普·列尔森普 著 周明圣 骆海辉 译

61.《有限性的悲剧:狄尔泰的生命释义学》 [荷]约斯·德·穆尔 著 吕和应 译

62.《希腊史》 [古希腊]色诺芬 著 徐松岩 译注

63.《罗马经济史》 [美]腾尼·弗兰克 著 王桂玲 杨金龙 译

64.《修辞学与文学讲义》 [英]亚当·斯密 著 朱卫红 译

65.《从宗教到哲学:西方思想起源研究》 [英]康福德 著 曾琼 王涛 译

66.《中世纪的人们》 [英]艾琳·帕瓦 著 苏圣捷 译

67.《世界戏剧史》 [美]G.布罗凯特 J.希尔蒂 著 周靖波 译

68.《20世纪文化百科词典》 [俄]瓦季姆·鲁德涅夫 著 杨明天 陈瑞静 译

69.《英语文学与圣经传统大词典》 [美]戴维·莱尔·杰弗里(谢大卫)主编 刘光耀 章智源等 译

70.《刘松龄——旧耶稣会在京最后一位伟大的天文学家》 [美]斯坦尼斯拉夫·叶茨尼克 著 周萍萍 译

71.《地理学》 [古希腊]斯特拉博 著 李铁匠 译

72.《马丁·路德的时运》 [法]吕西安·费弗尔 著 王永环 肖华峰 译

73.《希腊化文明》 [英]威廉·塔恩 著 陈恒 倪华强 李月 译

74.《优西比乌:生平、作品及声誉》 [美]麦克吉佛特 著 林中泽 龚伟英 译

75.《马可·波罗与世界的发现》 [英]约翰·拉纳 著 姬庆红 译

76.《犹太人与现代资本主义》 [德]维尔纳·桑巴特 著 艾仁贵 译

77.《早期基督教与希腊教化》 [德]瓦纳尔·耶格尔 著 吴晓群 译

78.《希腊艺术史》 [美]F.B.塔贝尔 著 殷亚平 译

79.《比较文明研究的理论方法与个案》 [日]伊东俊太郎 梅棹忠夫 江上波夫 著 周颂伦 李小白 吴玲 译

80.《古典学术史:从公元前6世纪到中古末期》 [英]约翰·埃德温·桑兹 著 赫海迪 译

81.《本笃会规评注》 [奥]米歇尔·普契卡 评注 杜海龙 译

82.《伯里克利:伟人考验下的雅典民主》 [法]樊尚·阿祖莱 著 方颂华 译

83.《旧世界的相遇:近代之前的跨文化联系与交流》 [美]杰里·H.本特利 著 李大伟 陈冠堃 译 施诚 校

84.《词与物:人文科学的考古学》修订译本 [法]米歇尔·福柯 著 莫伟民 译

85.《古希腊历史学家》 [英]约翰·伯里 著 张继华 译

86.《自我与历史的戏剧》 [美]莱因霍尔德·尼布尔 著 方永 译

87.《马基雅维里与文艺复兴》 [意]费代里科·沙博 著 陈玉聃 译

88.《追寻事实:历史解释的艺术》 [美]詹姆士 W.戴维森 著 [美]马克

H.利特尔著　刘子奎　译

89.《法西斯主义大众心理学》　[奥]威尔海姆·赖希　著　张　峰　译

90.《视觉艺术的历史语法》　[奥]阿洛瓦·里格尔　著　刘景联　译

91.《基督教伦理学导论》　[德]弗里德里希·施莱尔马赫　著　刘　平　译

92.《九章集》　[古罗马]普罗提诺　著　应　明　崔　峰　译

93.《文艺复兴时期的历史意识》　[英]彼得·伯克　著　杨贤宗　高细媛　译

94.《启蒙与绝望:一部社会理论史》　[英]杰弗里·霍松　著　潘建雷　王旭辉　向　辉　译

95.《曼多马著作集:芬兰学派马丁·路德新诠释》　[芬兰]曼多马　著　黄保罗　译

96.《拜占庭的成就:公元330～1453年之历史回顾》　[英]罗伯特·拜伦　著　周书垚　译

97.《自然史》　[古罗马]普林尼　著　李铁匠　译

98.《欧洲文艺复兴的人文主义和文化》　[美]查尔斯·G.纳尔特　著　黄毅翔　译

99.《阿莱科休斯传》　[古罗马]安娜·科穆宁娜　著　李秀玲　译

100.《论人、风俗、舆论和时代的特征》　[英]夏夫兹博里　著　董志刚　译

101.《中世纪和文艺复兴研究》　[美]T.E.蒙森　著　陈志坚　等译

102.《历史认识的时空》　[日]佐藤正幸　著　郭海良　译

103.《英格兰的意大利文艺复兴》　[美]刘易斯·爱因斯坦　著　朱晶进　译

104.《俄罗斯诗人布罗茨基》　[俄罗斯]弗拉基米尔·格里高利　耶维奇·邦达连科　著　杨明天　李卓君　译

105.《巫术的历史》　[英]蒙塔古·萨默斯　著　陆启宏　等译　陆启宏　校

106.《希腊-罗马典制》　[匈牙利]埃米尔·赖希　著　曹　明　苏婉儿　译

107.《十九世纪德国史(第一卷):帝国的覆灭》　[英]海因里希·冯·特赖奇克　著　李　娟　译

108.《通史》　[古希腊]波利比乌斯　著　杨之涵　译

109.《苏美尔人》　[英]伦纳德·伍雷　著　王献华　魏桢力　译

110.《旧约:一部文学史》　[瑞士]康拉德·施密特　著　李天伟　姜振帅　译

111.《中世纪的模型:英格兰经济发展的历史与理论》　[英]约翰·哈彻　马克·

欢迎广大读者垂询,垂询电话:021-22895540

图书在版编目(CIP)数据

论革命:从革命伊始到帝国崩溃/(法)托克维尔
著;(法)弗朗索瓦丝·梅洛尼奥编;曹胜超,崇明译.
—上海:上海三联书店,2021.12
(上海三联人文经典书库)
ISBN 978 - 7 - 5426 - 7578 - 1

Ⅰ.①论…　Ⅱ.①托…　②弗…　③曹…　④崇…　Ⅲ.①法国大
革命-研究　Ⅳ.①K565.41

中国版本图书馆 CIP 数据核字(2021)第 219765 号

论革命:从革命伊始到帝国崩溃

著　　者／[法]托克维尔
编　　者／[法]弗朗索瓦丝·梅洛尼奥

译　　者／曹胜超　崇　明
校　　对／崇　明
责任编辑／殷亚平
装帧设计／徐　徐
监　　制／姚　军
责任校对／张大伟　王凌霄

出版发行／上海三联书店
　　　　　(200030)中国上海市漕溪北路 331 号 A 座 6 楼
邮　　箱／sdxsanlian@sina.com
邮购电话／021 - 22895540
印　　刷／上海展强印刷有限公司

版　　次／2021 年 12 月第 1 版
印　　次／2021 年 12 月第 1 次印刷
开　　本／640 mm×960 mm　1/16
字　　数／500 千字
印　　张／24.5
书　　号／ISBN 978 - 7 - 5426 - 7578 - 1/K·656
定　　价／98.00 元

敬启读者,如发现本书有印装质量问题,请与印刷厂联系 021 - 66366565